Peter Fehrenbach / Helmut Kapferer

An Investmentfonds verdienen

An Investmentfonds verdienen

Woran Anleger die Spitzenfonds erkennen
Welche Fondsstrategien die besten Renditen versprechen
Wie Anleger mit Fonds optimal fürs Alter vorsorgen

von
Peter Fehrenbach und
Helmut Kapferer

Haufe Verlagsgruppe
Freiburg – Berlin – München – Zürich

Die Deutsche Bibliothek – CIP-Einheitsaufnahme

Fehrenbach, Peter:
An Investmentfonds verdienen : woran Anleger die Spitzenfonds erkennen, welche Fondsstrategien die besten Renditen versprechen, wie Anleger mit Fonds optimal fürs Alter vorsorgen / von Peter Fehrenbach ; Helmut Kapferer. – Freiburg i. Br. ; Berlin ; München ; Zürich : Haufe-Verl.-Gruppe, 1999
ISBN 3-448-04009-6

ISBN 3-448-04009-6 Best.-Nr. 02025

Lektorat: Dipl.-Volkswirt Paul Lauer

Umschlagentwurf: Buttgereit & Heidenreich, Kommunikationsdesign, Haltern am See

Satz: Fotosetzerei G. Scheydecker, Freiburg i. Br.

Druck: Freiburger Graphische Betriebe, Freiburg i. Br.

Vorwort

Die Standortbestimmung für die deutsche Investmentszene an der Schwelle zum nächsten Jahrzehnt kommt an zwei Sachverhalten nicht vorbei: Einerseits ist Deutschland mit einem Pro-Kopf-Investmentvermögen von 4.900 DM im weltweiten Vergleich noch immer Fonds-Provinz. Nicht nur in den USA (36.062 DM), Frankreich (17.901 DM) oder Großbritannien (8.135 DM) haben Investmentanlagen einen ungleich höheren Stellenwert als hierzulande. Auch Länder, bei denen es nicht unbedingt zu vermuten ist – etwa unsere nördlichen Nachbarn –, haben noch immer höhere Investmentpräferenzen als wir. Andererseits aber: Unter allen Anbietern von Finanzdienstleistungen haben die Investmentgesellschaften in Deutschland die höchsten Zuwachsraten während der letzten zehn Jahre, weit vor den Lebensversicherungen oder dem Geschäft mit Bankeinlagen.

Was auf den ersten Blick widersprüchlich aussehen mag, beschreibt in Wirklichkeit nur die erhebliche Dynamik, mit der sich Deutschland auf den Weg gemacht hat, sein Defizit aufzuholen. Dass diese Dynamik robust ist und anhalten wird, darf erwartet werden: Erstmals verwaltete zum Jahresende 1998 jene Gruppe, für die das Fondsprinzip seinerzeit erfunden wurde – nämlich die Aktienfonds –, auch in Deutschland das größte Volumen. Hinter den Rentenfonds und den Offenen Immobilienfonds spielten sie bis dahin, lange Zeit deutlich abgeschlagen, nur eine Nebenrolle. Ihre neue Position ist auch von gesamtgesellschaftlicher Relevanz. Ohne die Aktienfonds scheinen einige der zentralen Modernisierungsprojekte, vor denen Deutschland steht, kaum realisierbar. Weder der Einbau einer starken privaten Komponente in die Altersversorgung noch die Erhöhung der Eigenkapitalquote der deutschen Wirtschaft lassen sich ohne stark wachsende Aktienfonds nicht nachhaltig erfolgreich vorstellen.

Nicht mehr Rentenfonds oder Offene Immobilienfonds werden also zukünftig schwerpunktmäßig gemeint sein, wenn Anlegern ein Investmentprodukt angeboten wird. Auch auf der Ebene des einzelnen Anlegers und mit Blick auf seine Interessen ist es grundsätzlich nur zu begrüßen, dass es die Aktienfonds sein werden. Sinn und Nutzen der anderen beiden Fondsgruppen sind schließlich – unseres Erachtens zu Recht – umstritten. Nur die Aktienfonds bieten beides gleichermaßen: eine werthaltige Dienstleistung des Fondsmanagements durch Titelauswahl und Risikostreuung und eine nachvollziehbare, marktbestimmte Wertentwicklung mit erheblichem Potenzial.

* * *

Das vorliegende Buch heißt zwar, wie sein in drei Auflagen erschienener Vorgänger, wieder „An Investmentfonds verdienen"; dass der Verlag den eingeführten Titel nicht aufgeben wollte, fand durchaus unser Verständnis. Doch es handelt sich nicht um eine vierte Auflage, sondern um ein völlig neu geschriebenes Buch. Zu tiefgehend sind die Veränderungen in der Investmentfondslandschaft seit dem ersten Erscheinungstermin 1992, als dass wir ihnen nur mit der Überarbeitung von Aussagen und Aktualisierung von Tabellen und Grafiken hätten gerecht werden können.

Ihrer neuen Rolle entsprechend, bilden die Aktienfonds eines der Zentren des Buches. Wir haben sie unter verschiedenen Blickwinkeln betrachtet. Drei ziehen sich durch das gesamte Buch: Welche Einschränkungen müssen der Feststellung hinzugefügt werden, dass Aktien bzw. Aktienfonds langfristig die ertragsstärkste Anlageform sind, welche Gefahren für das Entstehen zweistelliger jahresdurchschnittlicher Wertsteigerungen entstehen aus der zyklischen Entwicklung der Märkte, welche Anlageergebnisse wurden real in der Vergangenheit erzielt?

Die Datenbank für die Entwicklung deutscher Aktien seit 1954, mit der wir diese Szenarien durchspielen, besteht teilweise aus den von Lothar. H. Bimberg in seiner Untersuchung „Langfristige Renditeberechnung zur Ermittlung von Risikoprämien", Peter Lang Verlag 1991, erarbeiteten Zeitreihen; ab 1992 wurde die Wertentwicklung des DAX verwendet. Indem wir die Auswertung der Daten konsequent nach der Methode gleitender Anlagezeiträume vornehmen, wählen wir zwar eine hierzulande nicht eben verbreitete Analysemethode, die deswegen unter Umständen gewöhnungsbedürftig sein mag. Ihr Vorteil liegt jedoch auf der Hand: Nur so entsteht ein repräsentatives Bild zum tatsächlichen Ertragspotenzial von Aktien: Will man sich ein solches Bild stichtagsbezogen machen, liefert man sich dagegen Zufall und Willkür aus – mit beiden lässt sich leicht manipulieren.

Manipulationen etwa dergestalt, dass zweistellige jährliche Wertsteigerungen zu den eingebauten Merkmalen von Aktienfonds gehören: Angesichts der fulminaten Börsenentwicklung der letzten Jahre können wir uns gut vorstellen, dass sie auch ungewollt und ohne besseres Wissen vorkommen. Wie auch immer – gerade, weil im Expansionsprozess der Aktienfonds zunehmend auch Anleger ohne größere Wertpapiererfahrung zu Anteilsinhabern werden, und weil deren Anlagen zunehmend existenzieller Art sein werden, halten wir die Aufklärung über die Chancen und die Risiken auch der längerfristig geplanten Aktienfondsanlage für besonders wichtig. Nur wenn ihnen auch die Risiken bekannt sind und sie bewusst eingegangen werden, wird auch der Expansionsprozess der Aktienfonds von Dauer sein können. Sowohl zu den Chancen als auch zu den Risiken gibt es kein besseres Material als die gesamte Fülle der in der Vergangenheit erzielten Anlageergebnisse. Die zunehmende Verwendung von Rechenschiebern im Investmentvertrieb, die so tun, als folgten die Aktienmärkte der Logik einer Zinseszinstabelle, ist dagegen ein ausgemachter Skandal! Vor allem in den Kapiteln B, H und K finden Sie Analysen und Materialien.

* * *

Ein anderer Blickwinkel beleuchtet die Einsatzmöglichkeiten von Aktienfonds unter besonderer Berücksichtigung ihrer zunehmenden Segmentierung. Keine noch so entlegene Anlageregion, kein noch so exotisches Marktsegment, kein noch so spekulativer Branchentrend, für die mittlerweile nicht eine ganze Reihe von Aktienfonds um die Anlegergunst konkurrieren. Bieten sie in erster Linie Vorteile gegenüber den breit streuenden Aktienfonds – oder steht an erster Stelle die Gefahr, dass sich Anleger im Dickicht der vielen modischen und vielleicht kurzatmigen Einflüsterungen heillos verheddern?

Aufgrund der Erfahrungen mit früheren Segmentierungswellen muss das Zweite befürchtet werden. Weder die Spezialwertefonds (erste Welle) noch die Emerging-Market-Fonds konnten seinerzeit die hochgesteckten Erwartungen erfüllen. Umso wichtiger erschien es uns, die vollmundigen Versprechungen in den einschlägigen Fondsprospekten zu der neuerlichen Segmentierungswelle genauer unter die Lupe zu nehmen. Den Unsinn, den wir dabei zuweilen fanden, geben wir kommentiert weiter; vielleicht hilft dies im Einzelfall, die großen Fragezeichen hinter den suggestiv verpackten Werbebotschaften zu entdecken. Von diesen Themen handeln insbesondere die Kapitel C, F und H.

* * *

Natürlich steht daneben die tägliche Anlagepraxis rund um die Investmentfonds im Zentrum des Buchs. Da das Fonds-Universum für alle denkbaren Anlageziele und -strategien benutzt werden kann, aber beileibe nicht jeder Fonds sich für alle Zwecke eignet, ist eine gründliche Analyse der eigenen Ziele und der individuellen Risikofähigkeit unabdingbare Voraussetzung für den erfolgreichen Fondseinsatz. In Kapitel A schlagen wir hierzu ein Raster vor. Den rechtlichen Rahmen der Fonds finden Sie, mit vielen Lesehilfen zu den Fondsinformationen, in Kapitel D.

Wie Investmentdepots eröffnet werden, und was Sie danach alles damit machen können, finden Sie mit zahlreichen Mustertexten und anderen praktischen Hinweisen in Kapitel E, das Ihnen auch die steuerliche Vorteilhaftigkeit vor allem der Aktienfonds erläutert. Profi-„Wissen und Werkzeuge für die Optimierung von Anlagestrategien“ finden Sie in Kapitel G. Dort wird die Kostensituation beim Fondseinsatz ebenso analysiert wie Ihre Möglichkeiten, möglichst kostengünstig anzulegen, Sie erfahren alles Wissenswerte zu den wichtigsten Indizes, zu Risikomaßstäben, zu den verschiedenen Performance-Messmethoden usw.

Die Kapitel I, J und K schließen das Buch ab. Sie handeln von den verschiedenen Strategien, die bei der Vermögensanlage, beim Sparen und bei der Altersvorsorge mit Investmentfonds eingeschlagen werden können.

* * *

Viele haben uns bei den Recherchen zu diesem Buch unterstützt – dafür auch an dieser Stelle besten Dank! Ein besonders herzliches „Dankeschön“ geht nach Hürth bei Köln, und dort an Dieter und Elke Reitz von FCS Finanz Computerservice für die Erlaubnis, Grafiken und Wertentwicklungen aus ihrem Fondsanalyse-Programm für dieses Buch zu verwenden. Wir haben davon reichlich Gebrauch gemacht – vielleicht auch ein Fingerzeig für unsere Leser, sich dieses vielfältigen Programms mit seinem ausgezeichneten Preis-Leistungs-Verhältnis zu bedienen. Vor allem für ambitionierte Anleger und im Investmentvertrieb halten wir diese Analyse-Unterstützung für ein Muss!

Peter Fehrenbach
Helmut Kapferer

Im September 1999

Inhaltsverzeichnis

A

Ein ganzes Universum für Ihre Finanzplanung

A Ein ganzes Universum für Ihre Finanzplanung

1 Was Sie erwartet

Für Ihre nähere Beschäftigung mit Investmentfonds mag es eine Reihe von Gründen geben. Der vermutlich wichtigste: Sie wollen – oder können – sich die Ineffizienz der in Deutschland traditionellen Formen von Vermögensanlage und Kapitalaufbau nicht mehr länger erlauben.

Die schlichte Schlussfolgerung aus der Struktur der Geldanlage der Deutschen – vgl. Grafik 1 – lautet, dass sie ihr Geldvermögen von 5,5 Billionen DM im Durchschnitt mit einer Rendite von gerade eben 4 Prozent – vor Steuern – angelegt haben. Dass jeder Deutsche, vom Säugling bis zum Greis, zumindest statistisch noch immer 14.000 DM auf dem Sparbuch mit gesetzlicher Kündigungsfrist liegen hat, gehört dabei zu den kaum mehr nachvollziehbaren Details der Geschichte vom Umgang der Deutschen mit ihrem Geld.

1.1 Im Vordergrund: Chancengleichheit für hohe Erträge

Dass es auch anders, besser geht, wird Ihnen täglich vor Augen geführt. Gleichgültig, wann Sie welches Exemplar der zahlreichen Zeitschriften, Magazine und Informationsdienste rund ums Geldanlegen zur Hand nehmen oder sich im Fernsehen oder im Internet informieren – stets finden Sie verlockende Storys von 40, 50 oder mehr Prozentzuwächsen, mit denen Investmentfonds ihre Anleger in den vergangenen 12 Monaten beglückten. Immer stellt sich zwar bei genauerer Betrachtung heraus, dass solche Fabelrenditen Eintagsfliegen sind, auf deren zukünftiges Eintreten Sie besser nicht bauen.

Doch aus dem verfügbaren Zahlenmaterial über die Wertentwicklung der Fonds lässt sich eben auch ableiten, dass Ihre Chancen auf eine jährliche Rendite im unteren zweistelligen Bereich ausgesprochen gut zu sein schei-

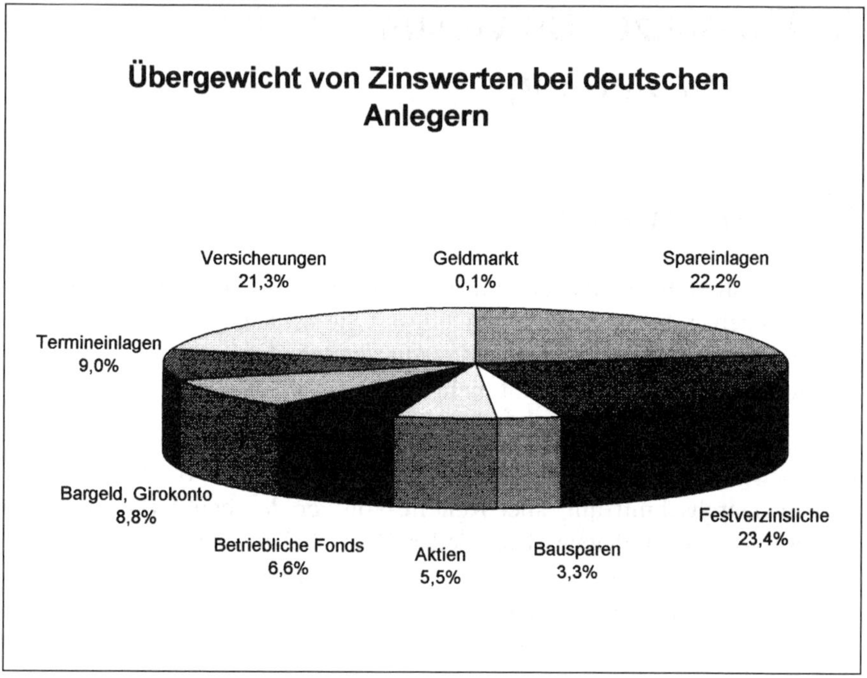

Grafik 1: Zinswerte dominieren – Aktien sind unterrepräsentiert. Auf Dauer werden sich die Deutschen diese Vermögensstruktur nicht leisten können.

nen, wenn Sie an den richtigen Fonds geraten und diesen für längerfristige Ziele einsetzen. Wozu also die Ersparnisse noch auf die Bank tragen oder einer Lebensversicherung anvertrauen, wo sie allenfalls halb so schnell wachsen werden?

Wie stark sich schon scheinbar kleine Renditeunterschiede auswirken, wenn untersucht wird, was am Ende eines Anlagezeitraums in Mark und Pfennig herauskommt, zeigt die Zinseszinstabelle, zum Beispiel für einmal anzulegende 100.000 DM (oben in der jeweiligen Zeilengruppe) oder 100 DM, die über den jeweiligen Zeitraum monatlich angelegt werden (unten in der jeweiligen Zeilengruppe):

Was aus 100.000 DM/monatlich 100 DM werden ...
bei einer jährlichen Rendite von ... %

in ... Jahren	2%	4%	6%	8%	10%	12%
5	110.408 6.301	121.665 6.617	133.823 6.947	146.933 7.293	161.051 7.655	176.234 8.032
10	121.899 13.258	148.024 14.668	179.085 16.246	215.892 18.010	259.374 19.984	310.585 22.190
15	134.587 20.940	180.094 24.464	239.656 28.689	317.217 33.757	417.725 39.840	547.357 47.140
20	148.595 29.422	219.112 36.382	320.714 45.341	466.096 56.895	672.750 71.819	964.629 91.111
25	164.061 38.786	266.584 50.882	429.187 67.625	684.848 90.892	1.083.471 123.322	1.700.006 168.604
30	181.136 49.125	324.340 68.524	574.349 97.446	1.006.266 140.845	1.744.940 206.267	2.995.992 305.171

Eng verbunden mit ihren hohen Wertsteigerungschancen ist, dass mit den Investmentfonds eine ganz neue Qualität in Ihre Anlegerfreiheit eintreten kann. Keinen Aktienboom in einem noch so entfernten Land, keine Sonderentwicklung einer modernen Branche müssen Sie mehr an sich vorbeiziehen lassen, weil Sie schlichtweg nicht wissen, mit welchen Aktien Sie Ihr Vorhaben sinnvollerweise bewerkstelligen. Sehr weit fortgeschritten ist die Investmentbranche in ihren Bemühungen, für alle auch nur einigermaßen eingrenzbaren Märkte und deren einzelne Segmente Investmentfonds bereitzustellen:

Beispiel

Sie setzen auf Japan, dort aber besonders auf die kleineren Aktiengesellschaften? Sie glauben, dass Griechische-Drachmen-Anleihen vom anstehenden Beitritt Griechenlands zum Euro überdurchschnittlich stark profitieren werden? Sie meinen, dass die Internet-Aktien das ganz große Geschäft der Zukunft sind? Alles kein Problem mehr; selbst für exotischste Anlagewünsche können Sie in der Regel unter einer ganzen Reihe von Investmentfonds wählen.

Kein „Geheimwissen“ wird mehr für die Verwirklichung benötigt; die Chancengleichheit, zentraler Demokratie-Bestandteil, hat mit den Investmentfonds auch in der Welt des Geldanlegens Einzug gehalten.

Chancengleichheit auch unter einem anderen, nicht minder wichtigen Aspekt: Die Investmentfonds ermöglichen professionelle Anlagestrategien auch für den „kleinen Geldbeutel“. Nicht erst ab fünf- oder mehrstelligen Anlagebeträgen können Sie Profis für sich arbeiten lassen; in aller Regel sind die geforderten Mindestanlagebeträge von jedermann/-frau zu erbringen.

Beispiel

Weit und breit bieten die Fonds die einzige Möglichkeit, bei vernünftiger Risikostreuung mit monatlichen Sparleistungen – häufig ab 150 DM, teilweise auch weniger – auf attraktiven Märkten langfristig Kapital aufzubauen: So ist es zum Beispiel bei einem vor kurzem aufgelegten Fonds möglich, mit einem monatlichen Sparbeitrag von nur 100 DM breit in 80 Unternehmen des „Neuen Marktes“ zu investieren.

Bei der Bewältigung einer der größten gesellschaftlichen Herausforderungen unserer Zeit – nämlich der Altersvorsorge eine effiziente private Komponente hinzuzufügen – werden deswegen die Investmentfonds eine zentrale Rolle spielen. In anderen Ländern – nicht nur in England oder den USA, sondern z.B. auch in Skandinavien – werden sie auf breiter Front (und teilweise steuerbegünstigt) bereits eingesetzt.

1.2 Bestechende Sekundärtugenden

Effizienz für Ihr Geld und die vielfältigen Gestaltungsmöglichkeiten, die Sie dabei haben, mögen die am meisten ins Auge stechenden Attraktionen der Investmentfonds sein. Ihre „Sekundärtugenden" jedoch sind auch nicht von Pappe:

- Wo sonst noch haben Sie die perfekte Transparenz, wie Ihr Kapital verwendet wird – bei gleichzeitiger Sicherheit, dass Vollständigkeit und Richtigkeit der Ihnen von den Fondsgesellschaften vorgelegten Berichte aufs Strengste staatlich überwacht werden? (Was viele nicht wissen: Die Investmentgesellschaften sind in einem eigens für sie gemachten Gesetz den Banken gleichgestellt, genauer gesagt: Sie sind Banken, allerdings mit einer sich aufs Auflegen von Investmentfonds beschränkenden Lizenz; und sie werden, wie die großen Universalbanken auch, ständig vom Bundesaufsichtsamt für das Kreditwesen kontrolliert.)
- Wer sonst noch bietet Ihnen die – gleichfalls staatlich überwachte – Sicherheit, börsentäglich und uneingeschränkt über Ihr Kapital verfügen zu können? Und das in Anwendung einer Wertermittlung, welche die Höhe Ihres Vermögens vielfach zwar schwanken lässt, bei der es aber keinerlei Manipulationsmöglichkeit gibt, weil sie auf Basis der täglich an den Börsen gehandelten Kurse der im Fondsvermögen befindlichen Wertpapiere vorgenommen werden muss?
- Und last but not least: Wo sonst noch bei Finanzdienstleistungsprodukten finden Sie die Kosten, die Sie für jede Dienstleistung nun einmal bezahlen müssen, so offen ausgewiesen, und wo ist das Preis-/Leistungsverhältnis so günstig?

So manche Anlagemöglichkeit kann nicht einmal eine einzige dieser Sekundärtugenden vorweisen; in ihrer Summe werden sie nur von Investmentfonds erreicht.

Diese Summe der Eigenschaften verhilft den Investmentfonds zu einer einzigartigen Stellung unter den diversen Produktlinien im Kapitalanlagebereich: Als Einzige sind sie grundsätzlich für alle Anlageziele einsetzbar.

Beispiel

Während kein vernünftiger Mensch auf die Idee kommen sollte, Kapital in einer Lebensversicherung anzulegen, wenn kein Absicherungsbedürfnis gegeben ist, können umgekehrt Investmentfonds höchst attraktive Bausteine einer mit Kapitalbildung versehenen Absicherung sein. Vergleichbares gilt fürs Bausparen oder die private Rentenversicherung bis hin zur Kassenhaltung: Immer mehr Anleger-Leben werden sich zukünftig, komfortabel und effizient, ausschließlich in der Investmentwelt abspielen.

1.3 Die Branche boomt, die Unübersichtlichkeit steigt

Ausgesprochen zeitgemäß sind sie also, die Investmentfonds, und nichts ist bekanntlich so mächtig wie eine Idee, deren Zeit gekommen ist. Seit einigen Jahren boomt die Fondsbranche bereits, und keine andere Produktlinie im Finanzdienstleistungsbereich hat auch nur annähernd so hohe Zuwachsraten aufzuweisen. Unter rund 3.500 einzelnen Fonds können deutsche Anleger mittlerweile auswählen und wenn sie die steuerlichen Nachteile der in Deutschland nicht zum Vertrieb zugelassenen Fonds in Kauf zu nehmen bereit sind, bietet sich ihnen mehr als das Zehnfache an. Davon sind fast 1.500 Fonds „deutschstämmig“, d.h., sie sind entweder in Deutschland oder von deutschen Muttergesellschaften im Ausland, vornehmlich Luxemburg, aufgelegt. 1990 bestand diese Fondsgruppe gerade eben aus 400 Fonds.

Im gleichen Tempo wuchs auch das von den deutschstämmigen Fonds verwaltete Vermögen, das von 200 Mrd. DM im Jahr 1990 auf fast 600 Mrd. DM im Jahr 1999 angestiegen ist. Bei jährlichen Wachstumsraten von ca. 15 Prozent wird die magische Grenze von 1.000.000.000.000 (1 Billion) DM rechnerisch im bereits Jahr 2002 erreicht sein. Zum Vergleich: Das von den deutschen Lebensversicherungen verwaltete Vermögen stieg seit 1990 im Jahresdurchschnitt lediglich um 10 Prozent, Bausparkassen brachten es auf Zuwachsraten von 5 Prozent, Spareinlagen auf 7 Prozent.

Vieles spricht dafür, dass die hochgerechnete Billionen-Prognose auch schon früher aufgehen könnte. Nachdem das Dritte Finanzmarktförderungsgesetz von 1998 die von den Investmentfonds einzuhaltenden gesetzlichen Vorgaben liberalisierte und an ausländische Standards anpasste, ist die Fondsbranche neuerlich in die Offensive gegangen.

Beispiel

„Alters-Sondervermögen“ und „Dachfonds“ heißen dabei die wichtigsten Wunderwaffen. Die erste dieser neuen Produktlinien soll dabei ganz neue Kundenkreise erschließen und zielt ins Geschäftsfeld der etwas ins Gerede gekommenen Lebensversicherungen; die zweite ermöglicht kompakte und steuerlich optimierte Vermögensverwaltung auf Basis von Investmentfonds und verspricht, in die universelle Einsetzbarkeit von Investmentfonds größeren Komfort zu bringen.

Und natürlich nutzen die in den Medien immer stärker präsenten Fondsgesellschaften auch – wer will es ihnen verdenken? – die Gunst der Stunde und bereichern die traditionellen Produktsegmente mit zunehmend fantasievoll ausgerichteten Fonds. Neben den bereits genannten Branchenfonds scheinen die jüngste Modeerscheinung solche Fonds zu sein, die für die Jugend gemacht sind. Sie knüpfen am Markenbewusstsein der Kids an und haben sich also auf Aktien wie Sony, Coca-Cola, H&M, McDonalds etc. spezialisiert.

Wo genau solche Fonds im großen Niemandsland zwischen Unsinn, geschicktem Marketing und Erziehung zur modernen Geldanlage anzusiedeln sind, ist schwer zu entscheiden. Aufschluss werden wir erst in einigen Jahren erhalten, wenn die erzielten Wertentwicklungen auf den Prüfstand gestellt werden können. Die beträchtlichen Mittelzuflüsse dieser Fonds zeigen: Bei den Anlegern scheinen sie anzukommen – ein weiteres Indiz, dass der Boom der Investmentbranche auch zukünftig anhalten wird.

2 Die Anforderungen an Sie steigen

Sind die Fonds also jene Vehikel für Ihr Geld, mit denen Sie alles richtig und nichts falsch machen können? Mitnichten. Schon die schiere Vielfalt des Fonds-Universums stellt erhebliche Anforderungen an das rationale Umsetzen individueller Anlagestrategien.

Die täglich wachsende Unübersichtlichkeit stellt Sie vor allem vor zwei Probleme:

- Mit welcher Art von Investmentfonds verwirkliche ich meine Ziele und
- welche Fonds innerhalb der eingegrenzten Spezies sind „die besten“?

2.1 Anlageergebnisse der Fonds richtig bewerten

Dass Deutschland noch immer „Geldanlageprovinz“ ist, in der das Denken in festen Zinsen tief verwurzelt und Erfahrung im Umgang mit kurssensiblen Anlageinstrumenten kaum vorhanden ist, erleichtert die Navigation im Fonds-Universum gewiss nicht. Ingo Narat berichtete im April 1999 im „Handelsblatt“ von folgender Begebenheit:

Beispiel

Ein Arzt war darauf gestoßen, dass ein Fonds in den letzten zwölf Monaten seinen Anlegern eine Wertsteigerung von 130 Prozent beschert hatte. Er nahm mit der Fondsgesellschaft Kontakt auf: Für die ein oder zwei Millionen, die er für ein halbes Jahr anzulegen habe, seien die 65 Prozent, die er in diesem Zeitraum kriegen würde, genau das Richtige …

Nur zu gut wissen wir aus unserer täglichen Praxis, dass das Begehren des Arztes nicht bloß eine kuriose Anekdote, sondern eher schon die Spitze eines Eisbergs ist. Anglo-amerikanisches Gelddenken hätte die dreistellige Wertentwicklung des Fonds vor allem als Hinweis auf eine sich mit größter Wahrscheinlichkeit nie mehr wiederholende Marktsituation im Investitionsfeld des Fonds verstanden (und sie in erster Linie als Maßstab für das Abschneiden des Fonds im Vergleich zu anderen Fonds mit ähnlichem Anlageschwerpunkt benutzt); dem deutschen Gelddenken dagegen liegt das Missverständnis nahe, dass die erzielte Wertentwicklung eines Fonds zu seinen unveränderbaren und also auch in der Zukunft jederzeit abrufbaren Eigenschaften gehört – genau so, wie dies beim Kupon eines festverzinslichen Wertpapiers der Fall ist.

Woher dieses typisch deutsche Gelddenken kommt, dafür gibt es einige Theorien, deren logischste uns diejenige zu sein scheint, dass die Deutschen im 20. Jahrhundert nicht viel Gelegenheit hatten, Erfahrungen mit Geldanlagen zu sammeln. Schließlich haben immer wieder Kriege und damit einhergehende wirtschaftliche Katastrophen einen sinnvollen und planmäßigen Vermögensaufbau ad absurdum geführt. Nach dem Krieg sorgte dann das deutsche Universalbanksystem nicht ganz uneigennützig dafür, dass die Deutschen zu Sparbuchfans wurden, anstatt sich mit einem sinnvollen Vermögensaufbau zu beschäftigen.

Beispiel

Dass sich aber auch in Deutschland der Investmentfondsgedanke schon festgesetzt hat, mag folgendes Gegenbeispiel zum zuvor geschilderten krassen Arzt-Fall zeigen:

Kürzlich trafen wir einen der wenigen schon seit mehr als zwei Jahrzehnten erfolgreich tätigen deutschen Investmentfondsvermittler, der uns freudestrahlend, nach seinem Befinden befragt, verkündete, dass er es nun geschafft habe. Keine schlaflosen Nächte mehr, weil er wegen schlechter Börse unter besorgten Anrufen seiner Kunden würde leiden müssen, denn er habe alle so erzogen, dass sie geradezu auf schlechte Kurse warten, um dann billig nachkaufen bzw. investieren zu können.

Wenn die „Performance“ so eingesetzt wird, wie es die Kunden dieses Vermittlers offenbar tun, dann machen auch die ansonsten meist viel zu kurzfristig gestalteten und damit den meist langfristigen Anlagezielen nicht gerecht werdenden Veröffentlichungen noch einen Sinn. Aber leider behindert die kurzatmige Performanceberichterstattung, die allerdings dem Redakteur nutzt, der so in kurzen Abständen immer neue Berichte verfertigen kann, den effizienten Einsatz von Investmentfonds allzu häufig, weil die Anleger so zu immer neuen teuren Fehlinvestitionen verlockt werden.

Die wichtigsten kontraproduktiven Konsequenzen dieses Herangehens sind:

Beispiel

Sie vertrauen Ihr Geld unversehens Märkten mit einem Risikoprofil an, das Sie meiden würden, käme es gerade nicht in einer Begehrlichkeit weckenden Performancezahl daher. Die Geschichte der Investmentwelt ist voll mit solchen Episoden, in denen Anleger zuhauf ihr berechtigtes Sicherheitsbedürfnis völlig über Bord warfen, weil die zweistelligen Renditen scheinbar kein Ende nehmen wollten. Am Schluss aber stand ein bitteres Erwachen, zuletzt etwa mit Anlagen in die asiatischen „Tigerländer“, wo 1997 über Nacht bis zu 80 Prozent des Kapitals vernichtet wurde. Ein Teil der Verluste ist seither wieder aufgeholt und vermutlich werden die meisten dieser Fonds irgendwann auch wieder in die Gewinnzone kommen: Doch für viele Anleger wird dies bis dahin mit einer Einschränkung ihres Lebensstandards einhergehen. Ihre subjektive Risikofähigkeit entsprach den objektiv vorhandenen Risiken nicht.

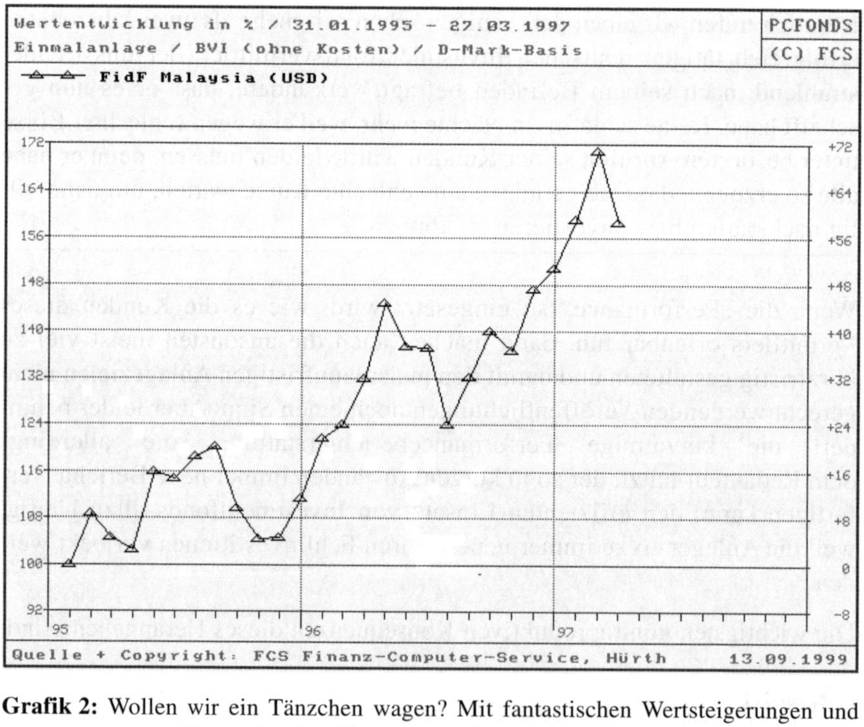

Grafik 2: Wollen wir ein Tänzchen wagen? Mit fantastischen Wertsteigerungen und „gesund“ aussehenden Charts präsentierten sich im Frühjahr 1997 die Asien-Fonds.

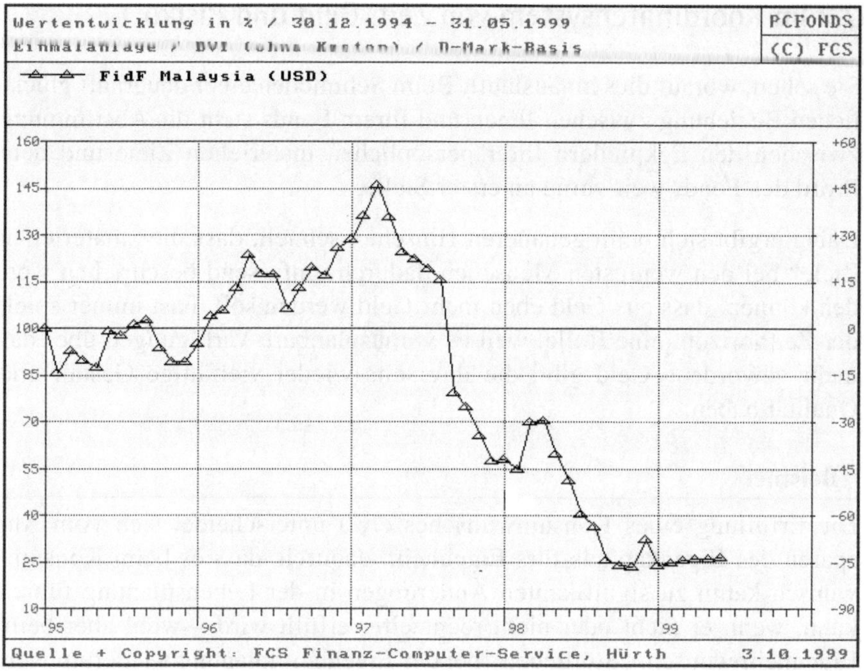

Grafik 3: … und so sah es gut zwei Jahre später aus: Von in der Spitze 180 DM waren 32 DM übrig geblieben.

Beispiel

Auch wenn Sie sich nicht in diese exotischen, engen und von hohen Schwankungen geprägten Märkte drängen lassen: Wenn Sie nicht davon ausgehen, dass ein mehr oder weniger ausgeprägtes Auf und Ab bei fast allen Investmentfonds sozusagen die Geschäftsgrundlage ist, kann auch das für Sie fatale Konsequenzen haben. Zwangsläufig kommen Sie dann beim ersten deutlichen Rückschlag oder der ersten längeren Seitwärtsbewegung zum Schluss, dass Ihre Anlageentscheidung falsch gewesen sein muss und einer Korrektur bedarf. Schließlich lesen Sie ja überall, dass andere Fonds im gleichen Zeitraum glänzend gelaufen sind. Und schon haben Sie sich von Ihrem Fonds getrennt – zum falschesten aller Zeitpunkte.

2.2 Im Koordinatensystem von Zeit, Geld und Risiko

Sie sehen, worauf dies hinausläuft: Beim Schmieden einer dauerhaft glücklichen Beziehung zwischen Ihnen und Ihrem Fonds steht die Abstimmung zwischen den Eckpfeilern Ihrer persönlichen materiellen Ziele und dem Profil des Fonds weit vorne an erster Stelle.

Dabei ergibt sich beim genaueren Hinsehen schnell, dass die „materiellen Ziele“ bei den wenigsten Menschen dadurch umfassend beschrieben werden können, dass aus Geld eben mehr Geld werden soll. Fast immer spielt der Zeithorizont eine Rolle, weil es vorausplanbare Verfügungen über das mehr gewordene Geld gibt, die ihrerseits wieder vielfältige Gestalt und Qualität haben:

Beispiel

Die Erfüllung eines Konsumwunsches etwa unterscheidet sich vom Ansparen des Eigenkapitals fürs Eigenheim dadurch, dass es beim Konsumwunsch kaum zu signifikanten Änderungen in der Lebensplanung führen kann, wenn er nicht oder nicht rechtzeitig erfüllt wird – wohl aber beim Eigenheimwunsch. „Störungen“ bei der Eigenheimplanung wiederum werden selten zu existenzieller Bedrohung führen – schnell jedoch entsteht diese Dimension dann, wenn mit den Verfügungen der Lebensabend bestritten werden muss, die Rechnung aber nicht oder nicht rechtzeitig aufgeht.

Dass Sie neben diesen qualitativen Aspekten auch Ihren Zeithorizont auf der Suche nach den für Ihre Zwecke richtigen Fonds berücksichtigen müssen, hängt mit den bereits aufgezeigten Schwankungen zusammen, die besonders für die wichtigste Fondsgruppe, die Aktienfonds, charakteristisch sind. Charakteristisch aber ist nicht nur das Risiko selbst, sondern vor allem die empirisch belegbare Tatsache, dass das Risiko immer geringer wird, je länger Sie sich ihm aussetzen.

Das Risiko etwa, in einem fünfjährigen Anlagezeitraum mit einem repräsentativen Korb deutscher Aktien eine jahresdurchschnittliche Wertsteigerung von 8 Prozent nicht zu erreichen, lag in der Vergangenheit bei 45 Prozent; wenn Sie sich für die 8 Prozent zehn Jahre Zeit ließen, betrug es nur noch 41 Prozent, und bei 15 Jahren war es schon auf 35 Prozent gesunken. Dieser Zusammenhang, den wir in Kapitel B näher beleuchten, wird in der Geldwelt auf folgenden Nenner gebracht:

Unser Rat

Denken Sie stets an Faustregel Nr. 1: Langfristig überdurchschnittliche Renditen erfordern kurzfristig überdurchschnittliche Risikobereitschaft.

Je nachdem nun, auf welchem Punkt zwischen den Koordinaten „verfügbare Zeit“ und „Risikofähigkeit“ Sie sich wiederfinden, kommt ein mehr oder weniger großer Teil des Fonds-Universums für die Verwirklichung Ihrer Anlageziele nicht in Frage. Wir wollen Ihnen diesen Zusammenhang exemplarisch anhand zweier Fonds illustrieren, die typische Vertreter einer bestimmten Gruppe von Investmentfonds sind.

2.3 Zwei typische Fondsprofile

Zunächst einer der bekanntesten Aktienfonds, der Templeton Growth Fund. In den „Rennlisten“ zum 30.05.1999 taucht dieser Fonds, der weltweit streuend investiert, mit einer jahresdurchschnittlichen Wertentwicklung von 12,6 Prozent während der letzten zehn Jahre, 12,2 Prozent während der letzten 15 Jahre und 14,9 Prozent während der letzten 20 Jahre auf.

Unser Rat

Stichtagsbezogene Zahlen dieser Art gelten nur für Anleger, die exakt vor 10, 15 oder 20 Jahren eingestiegen waren und die damals erworbenen Fondsanteile am 30.06.1999 noch hielten – sie erzählen also nur einen Bruchteil der gesamten Geschichte dieses Fonds. Ein ungleich realistischeres Bild erhalten Sie, wenn die jeweiligen Betrachtungszeiträume zerlegt werden in einzelne, kürzere Perioden.

Werden als Messperioden die Kalendermonate gewählt, ergibt sich ein Bild erratischen Auf und Abs: Im schlechtesten aller Monate während der zurückliegenden 20 Jahre war das Kapital der Anleger am Monatsende um

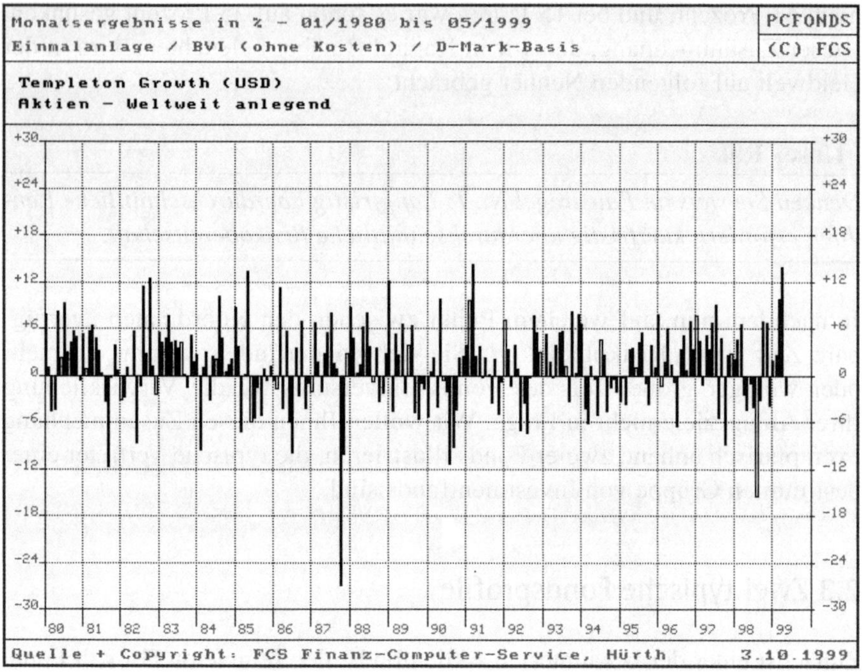

Grafik 4: Zwischen 26 Prozent Minus und 15 Prozent Plus innerhalb weniger Monate: Auch Standard-Aktienfonds verlangen manchmal gute Nerven.

rund 26 Prozent gegenüber dem Monatsanfang geschrumpft, im besten aller Monate um etwa 15 Prozent gestiegen. Offensichtlich auch: Außerhalb dieser Extreme beschreiben Schwankungen von monatlich +/– 6 Prozent die Normalität dieses Fonds. Und schließlich ergibt der bloße Augenschein, dass die Wahrscheinlichkeit für Ihr Risiko, in einen Verlustmonat zu geraten, bei rund 30 Prozent gelegen hat.

Welches Bild ergibt sich, wenn wir die Geschichte dieses Fonds in längere Einzelzeiträume, z. B. zwölf Monate, zerlegen, also untersuchen, welche Entwicklung das Anlegerkapital in den jeweils zurückliegenden zwölf Monaten genommen hat?

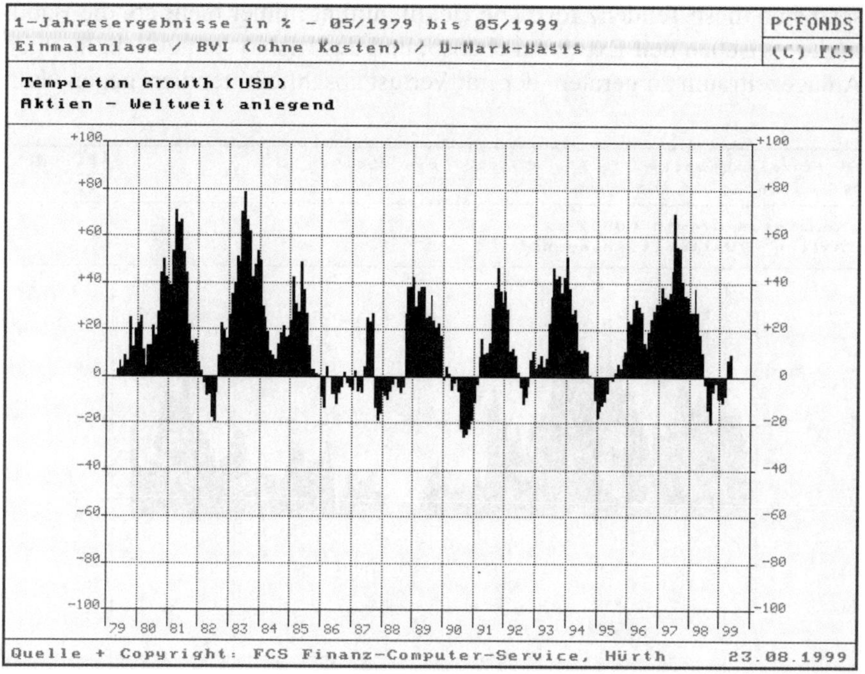

Grafik 5: Schroffe Gipfel, Täler unter Normal-Null: Auch einjährige Anlagezeiträume können mit Enttäuschungen enden.

Grafik 5 zeigt:

- Die Hektik, mit der sich positive und negative Wertentwicklungen abwechseln, ist deutlich geringer.
- Die Extreme nach oben und nach unten sind, auf den einzelnen Monat jedes Betrachtungszeitraums umgerechnet, deutlich geglättet (die ca. 80-prozentige Wertentwicklung des besten 12-Monats-Zeitraums entspricht einem Monatsdurchschnitt von 5 Prozent, die ca. 25 Prozent Verlust des schlechtesten entsprechen einem von 2,4 Prozent).
- Die Wahrscheinlichkeit für das Risiko, in einen mit Verlust abschneidenden 12-Monats-Zeitraum zu geraten, lag bei überschlägig 20 Prozent.

Werden in dieser Untersuchungsmethode die Einzelperioden, in welche die Gesamtgeschichte eines Fonds zerlegt werden kann, weiter ausgedehnt, setzt sich diese Tendenz fort: Die Hektik nimmt immer mehr ab, die Bandbreite zwischen den Extremen ebenso; und das Risiko schließlich, in einen Anlagezeitraum zu geraten, der mit Verlust abschließt, tendiert gegen Null.

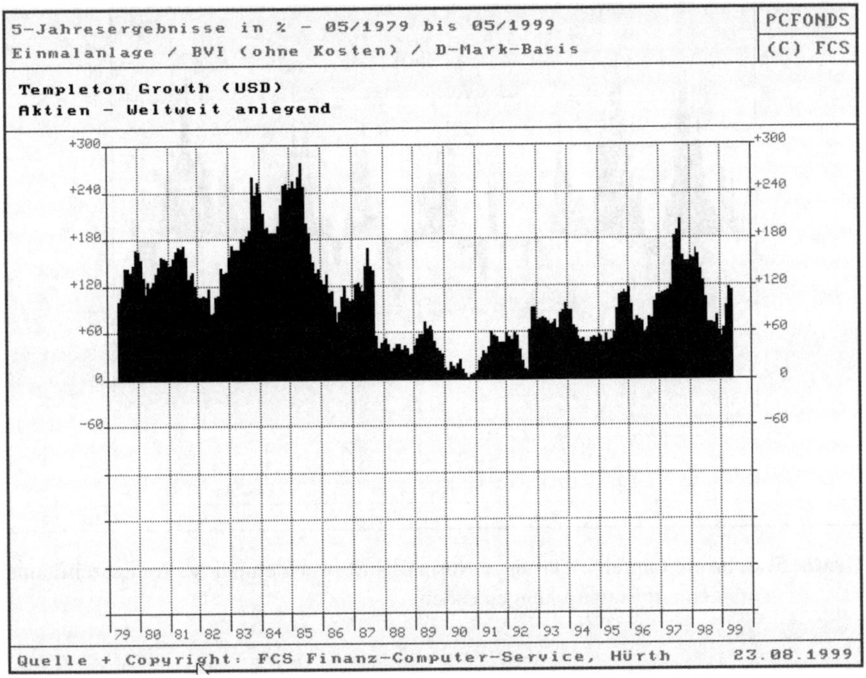

Grafik 6: Erst ein fünfjähriger Anlagezeitraum war bei unserem Beispielsfonds in der Vergangenheit die Garantie für ein positives Anlageergebnis.

Betrachten Sie unter diesen Blickwinkeln Grafik 6, die das Abschneiden des Beispielsfonds in 60-Monats-Zeiträumen untersucht: Aus den schroffen Gebirgen ist zwar noch keine sanfte Hügellandschaft mit weitgehend konstanten Erträgen geworden; immerhin aber lagen auch die tiefsten Täler über „Normalnull“.

Unser Rat

Anders gesagt, nämlich mit Blick auf den oben dargestellten Zusammenhang zwischen der individuellen Risikofähigkeit und der verfügbaren Zeit:

Voraussetzung für ein mit absoluter Sicherheit positives Abschneiden mit diesem Fonds war in der Vergangenheit, die Anteile mindestens fünf Jahre halten zu können. Ob dies nun ein gutes oder ein schlechtes Profil des Beispielsfonds ist, soll an dieser Stelle noch nicht interessieren. Entscheidend ist, dass es das typische Profil eines breit streuenden Aktienfonds ist.

Als Vertreter einer anderen, wichtigen Fondsgruppe wählen wir den Investmentfonds Unikapital, der zu den sogenannten „Kurzläuferfonds" gehört. Er stand am 30.05.1999 mit einer jahresdurchschnittlichen Wertentwicklung von 6,8 Prozent für die letzten zehn Jahre in den Listen; wesentlich längere Perioden liegen noch nicht vor, weil der Fonds erst 1986 aufgelegt wurde. Der deutliche Unterschied in der Höhe der Wertentwicklung gegenüber unserem ersten Beispielsfonds fällt als Erstes auf.

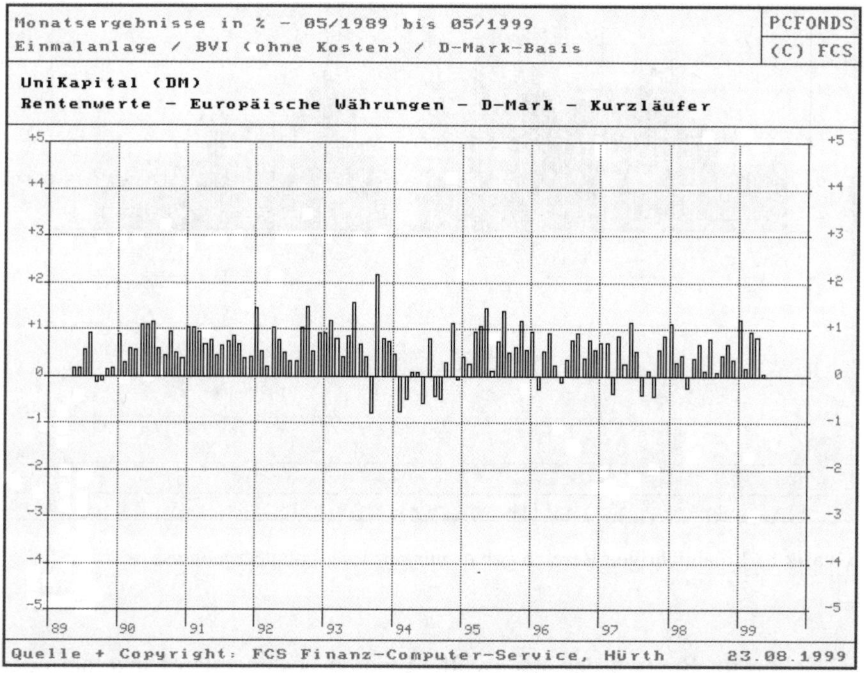

Grafik 7: Nur wenige Monatszeiträume brachten beim Beispielsfonds aus dem Kurzläuferbereich Verluste.

Sein deutlich verschiedenes Profil im Koordinatensystem von Zeit und Risiko ist jedoch mindestens ebenso signifikant:

- Das Zerlegen der Fondsgeschichte in einzelne Monatszeiträume ergibt, dass die Anleger dieses Fonds fast konstant positive Monatsergebnisse hatten. Die Wahrscheinlichkeit für das Risiko eines Verlustes betrug auf Monatsbasis wenig mehr als 10 Prozent. Sowohl nach oben als auch nach unten machten die Ausschläge nur einen Bruchteil der Ausschläge des Beispielsfonds aus dem Aktienbereich aus.

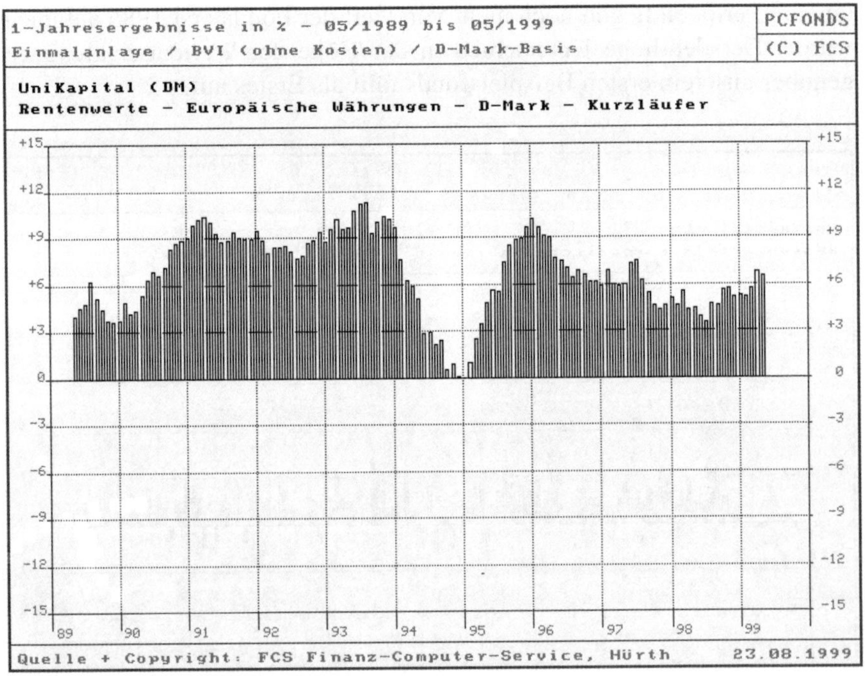

Grafik 8: Im einjährigen Bereich gab es nur positive Anlageergebnisse.

- Schon im Bereich der aus zwölf Monaten bestehenden Einzelperioden war das Verlustrisiko Null. Nach oben war allerdings bei rund 10 Prozent das Ende der Fahnenstange erreicht.

- Der Fünfjahresbereich schließlich zeigt ausgeprägte Kontinuität im sanften Wechsel von leicht ansteigenden und leicht abfallenden Plateaus mit Wertsteigerungen im Bereich zwischen ungefähr 30 und 50 Prozent für die jeweilige Periode von 60 Anlagemonaten. Das entspricht Jahresdurchschnittswerten zwischen 5,4 und 8,4 Prozent.

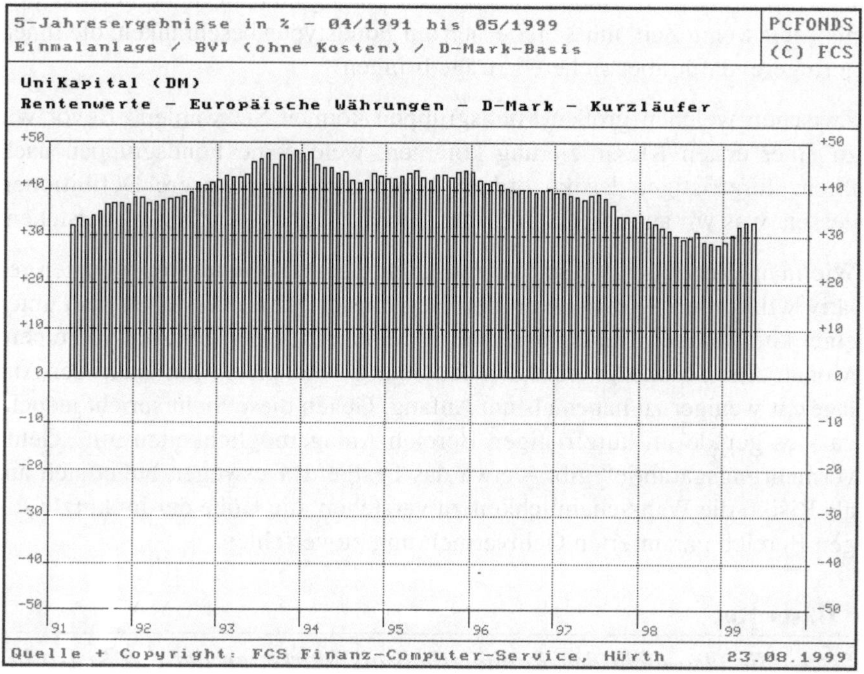

Grafik 9: Kaum mehr Schwankungen im Fünfjahresbereich – aber auch begrenztes Ertragspotenzial.

Unser Rat

Auch mit Blick auf diesen Fonds soll uns an dieser Stelle nicht interessieren, ob das gezeigte Profil eher positiv oder eher negativ zu bewerten ist. Entscheidend ist auch hier, dass es das typische Profil eines Kurzläuferfonds ist, der weit überwiegend im DM-/EUR-Bereich mit allenfalls minimalen Währungsrisiken anlegt.

3 Passt Ihr Profil auf das des Fonds?

Sie sehen: Zeit ist Geld. Je mehr Sie davon haben, desto eher kommen für Sie die gemeinhin als „riskant“ geltenden aktiengestützten Anlageinstrumente – hier: der international breit streuende Aktienfonds – mit ihrem hohen Ertragspotenzial infrage, ohne dass Ihr Sicherheitsbedürfnis dadurch objektiv verletzt wird. Haben Sie dagegen – bei gleichem Sicherheitsbedürfnis – nur wenig Zeit, müssen Sie sich auf Fondstypen beschränken, die Ihnen geringere, dafür aber sichere Erträge bringen.

Zwischen welchen großen Fondsgruppen können Sie wählen? Bevor wir zu einer ersten Klassifizierung kommen, welche die Fondsgruppen nach ihrem kurzfristigen Risiko ordnet, benötigen wir präzisere Definitionen dessen, was wir an dieser Stelle unter „Risiko“ und „kurzfristig“ verstehen.

Wie man „kurzfristig“ fasst, ist zwischen einem Tag und drei Monaten relativ willkürlich. Wir nehmen den Beginn der Mitte, verstehen also unter einer kurzfristigen Geldanlage eine mit einem Planungshorizont von einem Monat. Als „Risiko“ wird dabei landläufig verstanden, am Ende der Anlagezeit weniger zu haben als am Anfang. Gegen diese Sicht spricht jedoch, dass es gerade im kurzfristigen Bereich Anlagemöglichkeiten mit „Geldvermehrungsgarantie“ gibt – etwa das Festgeld. Deswegen bietet sich an, als Risiko die Wahrscheinlichkeit zu verstehen, die Höhe der im kurzfristigen Bereich garantierten Geldvermehrung zu verfehlen.

Unser Rat

Setzen Sie also nicht den Kapitalerhalt als Marke, an der das Risiko beginnt, sondern definieren Sie als „kurzfristiges Risiko“ die Wahrscheinlichkeit, schlechter abzuschneiden als es zum jeweiligen Anlagezeitpunkt mit einem einmonatigen Festgeld absolut sicher möglich gewesen wäre.

3.1 Das Profil von Chancen und Risiken bei den wichtigsten Fondsgruppen

Welche grobe Ordnung des Fonds-Universums ergibt sich also, wenn es nach dem kurzfristigen Risiko sortiert wird? Wir beginnen bei den Fonds mit den geringsten und tasten uns Schritt für Schritt zu denen mit den höchsten Risiken vor.

- *Gruppe 1: Geldmarktfonds, die in DM, in einer der Euro-Währungen oder dem Euro selbst anlegen.* Ihr Risiko ist Null oder ganz dicht daran – die Chance, mehr als bei Festgeld zu erzielen, allerdings auch.
- *Gruppe 2: Kurzläuferfonds, die in DM, in einer der Euro-Währungen oder dem Euro selbst anlegen.* Grafik 7 hat bereits gezeigt, dass ein gewisses kurzfristiges Risiko vorhanden ist. Sowohl die Wahrscheinlichkeit seines Eintretens als auch sein Ausmaß sind jedoch eher bescheiden – was spiegelbildlich auch für die Chancen gilt.
- *Gruppe 3: Rentenfonds, die in DM, in einer der Euro-Währungen oder dem Euro selbst anlegen.* Das Profil dieser Fonds zeigt, dass ihre kurzfristigen Risiken deutlich höher sind, als es ihr Sicherheit suggerierender Name eigentlich nahelegt. Auf der anderen Seite gibt es bei dieser Fondsgruppe auch deutlich ausgeprägte Perioden, in denen die kurzfristigen Chancen deutlich über dem jeweiligen Festgeldniveau liegen.
- *Gruppe 4: Aktienfonds, die in Weltunternehmen („blue chips") investieren.* Das vorne dargestellte Profil des Beispielfonds hat gezeigt, dass die kurzfristigen Risiken – sowohl die Wahrscheinlichkeit ihres Eintretens als auch das Ausmaß, das sie annehmen können – sehr hoch sind. Als Belohnung für Anleger, die sich dieses Risiko erlauben können, winken ebenso hohe Chancen.
- *Gruppe 5: Aktienfonds, die in speziellen Unternehmen oder Märkten investieren (Spezialitäten-Aktienfonds).* Zwar besteht diese Fondsgruppe aus einer schillernden Vielfalt von Untergruppen (etwa Branchenfonds, Emerging Market Fonds usw.), deren Profile sich im Detail unterscheiden. Durchgängig sind sie aber charakterisiert von kurzfristigen Risiken, die noch einmal deutlich höher sind als die der letztgenannten Gruppe der „Blue-Chip-Fonds". Vergleichbares gilt für die Chancen auf kurzfristig hohe Gewinne.

Zwei Anmerkungen zu dieser ersten Fondsgliederung sind erforderlich, bevor wir Ihnen illustrieren, wie Sie diese bei Ihrer Navigation im Fonds-Universum einsetzen können.

Wenn Sie sich schon näher mit den Investmentfonds beschäftigt haben, wird Ihnen aufgefallen sein, dass einige Fondsgruppen in der obigen Aufzählung fehlen. Das sind einmal die Offenen Immobilienfonds. Mit Blick auf ihr Profil wären sie in der Vergangenheit etwa in der Rubrik der Kurzläuferfonds einzusortieren gewesen. Die Investitionsfelder dieser Fonds unterscheiden sich jedoch grundlegend von denen der ansonsten in der Aufzählung berücksichtigten Wertpapierfonds und werfen eine Reihe von besonderen Fragen auf. Wir wollen deswegen der ganzheitlichen Betrachtung dieser Fonds in Kapitel F 5 nicht vorgreifen. Ebenfalls nicht aufgeführt ist die Gruppe der „gemischten Fonds", die das Fondsvermögen sowohl in Aktien als auch in festverzinsliche Werte investieren. Je nach den Grundsätzen, die sie dabei anwenden, kann ihr Profil der Gruppen 2 bis 4 zugeordnet werden, weswegen wir auch bei dieser Gruppe den entsprechenden Darstellungen (Abschnitt F 3) nicht vorgreifen wollen.

Die zweite Anmerkung bezieht sich darauf, dass in allen fünf Gruppen solche Fonds nicht berücksichtigt sind, die in ausländischen Währungen aufgelegt sind oder in Fremdwährungen investieren. Grund dafür ist, dass sie sich dadurch der Kategorisierbarkeit nach dem Kriterium des kurzfristigen Risikos entziehen. Maßgeblich ist dann (jedenfalls für Anleger, die in DM/Euro denken) die Stabilität der Fondswährung(en) gegenüber DM/Euro: Das Profil eines Geldmarktfonds etwa, der in Schweizer-Franken-Wertpapiere anlegt, verschiebt sich eher geringfügig gegenüber dem Profil der Gruppe-1-Fonds, das eines Dollar-Geldmarktfonds schon viel deutlicher und das eines Fonds für exotische Geldmarktpapiere dramatisch. Ohne weiteres können durch die gewählte Währung also die eher sicheren Gruppen 1 bis 3 das Profil der Gruppen 4 und 5 erhalten.

3.2 Ihrem Anlegerprofil auf der Spur

Wir haben nun den wichtigsten Galaxien des Fonds-Universums ein erstes, grundsätzliches Profil gegeben. Was jetzt noch fehlt sind Sie, genauer: Ihren Anlageabsichten ebenfalls ein Profil zu verschaffen, das deren Einpassung in das Fonds-Universum ermöglicht.

Um drei Fragen dreht es sich dabei im Wesentlichen:

- Was wollen Sie mit Ihrer Anlage bezwecken?
- In welcher Zeit soll/muss der Zweck erreicht sein?

- Was sind die Folgen, wenn Sie das Bezweckte nicht innerhalb der gesteckten Zeit erreichen?

Erster Schritt: Der Zweck Ihrer Anlage

Bitte beachten Sie bei Ihren Antworten: Bei der ersten Frage wird nach dem „Zweck“ gefragt und nicht nach dem „Wieviel“.

Ihre Antworten könnten also sein:

- „Ich will die laufenden Konsumausgaben aus der Anlage bestreiten.“
- „Ich will mir einen besonderen Konsumwunsch – z.B. eine Weltreise – erfüllen.“
- „Die Ausbildung der Kinder soll finanziell abgesichert werden.“
- „Ich will bauen und das dafür erforderliche Eigenkapital bilden.“
- „Ich will Vermögen aufbauen, das Grundlage für meine Zusatzrente im Ruhestand ist.“
- „Ich benötige schon jetzt neben der gesetzlichen Rente zusätzliche laufende Einnahmen.“
- „Ich brauche Rücklagen für die Generalsanierung der Eigentumswohnung.“
- „Für den Fall der Fälle brauche ich Sicherheiten, damit ich kreditwürdig bin/bleibe.“

Zweiter Schritt: Ihr Zeithorizont

Meist – jedoch nicht immer – ist mit dem Zweck auch schon die Zeitschiene mehr oder weniger genau vorgegeben. Für den Zweck „laufende Konsumausgaben“ haben Sie keine Zeit – sie fallen schließlich laufend an. Für den „besonderen Konsumwunsch“ legen Sie selbst fest, wann Sie ihn erfüllt wissen wollen. Auch beim Eigenheimwunsch ist – etwa durch die Familienplanung – die Zeitachse häufig mehr oder weniger genau vorgegeben, ähnlich beim „Vermögensaufbau für den Ruhestand“, wo Ihr jetziges Alter sowieso und häufig auch der Zeitpunkt Ihres Eintritts in den Ruhestand feststehen. Komplexer kann die Festlegung des Zeithorizonts beim Motiv „Kinderausbildung“ werden: Da spielt nicht nur eine Rolle, wie alt der Nachwuchs heute bereits ist, sondern auch, wie lange die von ihm schlussendlich gewählte Ausbildung dauert. Und noch weniger können Sie den Zeithorizont festlegen, wenn Ihr Ziel ist, sich aus bereits vorhandenem Vermögen eine sofort beginnende Zusatzrente auszuzahlen: Solange Sie leben, ist der Zweck nicht erreicht …

Dritter Schritt: Was ist, wenn der Worst Case eintritt …?

Im dritten Schritt fordern wir Sie nun auf, die Folgen des nicht innerhalb der gesteckten Zeit erreichten Zwecks auf einer Skala zwischen 1 und 6 einzuordnen.

Sie sehen, dass wir mit den einzelnen Bereichen auf der Skala Ihrer individuellen Risikofähigkeit abfragen, wie einschneidend sich dann Ihr Leben zwangsläufig ändert:

- *Bereich 5 bis 6:* Das ist der Bereich zwischen „Vernichtung Ihrer materiellen und physischen Existenz“ (6) bis „verheerende Konsequenzen für Ihre materielle und physische Existenz“ (5).
- *Bereich 4 bis 5:* Hier ordnen Sie sich ein, wenn mit dem verfehlten Zweck eine massive und nachhaltige Veränderung Ihrer Lebensplanung einhergeht.
- *Bereich 3 bis 4:* Ihr vorhandener Lebensstandard wird durch den nicht erreichten Zweck mehr oder weniger dauerhaft beeinträchtigt.
- *Bereich 2 bis 3:* Wenn für Sie die Folgen zwischen „punktueller (2) und dauerhafter Erhöhung des Lebensstandards (3) nicht möglich“ liegen, dann ist das der für Sie zutreffende Bereich.
- *Bereich 1 bis 2:* Dieser Bereich ist für die Glücklichen vorgesehen, für die Geld keine oder fast keine Rolle spielt. Entweder, weil sie schon soviel davon haben, dass sie sich trotz einer fehlgeschlagenen Geldanlage noch immer (fast) alles leisten können, was man mit Geld kaufen kann. Oder weil sie der Meinung sind, dass man mit Geld (fast) nichts kaufen kann, was das Leben lebenswert macht …

Lassen Sie sich nicht entmutigen, wenn Ihnen die hinreichend präzise Zuordnung zu einem dieser Bereiche schwerer fällt, als Sie es zunächst annehmen. Hauptsächlich drei Hürden tauchen erfahrungsgemäß häufig bei dem Profil-Test auf:

- Der Anlagezweck ist eher verschwommen, etwa: „Ich will eine finanziell breitere Basis haben." Lassen Sie dann Ihre Fantasie spielen und fragen Sie sich, wozu Sie diese breitere Basis einsetzen wollen. Wenn dabei dann drei oder vier Einzel-Ziele herauskommen, dann unterziehen Sie sich für jedes einzelne dem Test. Bleibt Ihr Bild eher unpräzise, dann ist dies meist ein Indiz dafür, dass Ihr Sicherheitsbedürfnis nicht alles andere dominiert. Auch Ihre Zeitschiene sollte dann nicht durch einen mehr oder weniger feststehenden Verwendungstermin vorgegeben sein. Sie können sich dann im Bereich der Marke 3 (oder besser) auf der Skala eintragen.
- Sie haben – neben der nun zu tätigenden Anlage – noch andere Vermögenswerte, etwa eine Lebensversicherung, Wertpapiere, Immobilienbesitz, die Sie bis zu einem gewissen Grad unabhängig davon machen, ob Sie den beabsichtigten Zweck innerhalb der gesteckten Zeit erreichen. Zweifellos steigt dadurch Ihre Risikofähigkeit. Doch bis zur Sorglosigkeit ist es ein weiter Weg, denn vielfach können Sie Nachteile haben, wenn Sie diese Vermögenswerte auflösen müssen, etwa mit Kursverlusten. Beziehen Sie diese in Ihre Analyse ein!
- Bei der Analyse des Zeithorizonts schließlich mag sich eine gewisse Flexibilität herausstellen. Besondere Konsumwünsche etwa erscheinen meist leicht verschiebbar, ohne dass dadurch gravierende Folgen entstehen: Das Geld ist schließlich nicht verschwunden – es reicht nur aufgrund einer ungünstigen Marktentwicklung zum eigentlich beabsichtigten Antrittstermin für die Weltreise usw. noch nicht aus. Doch auch bei den besonderen Konsumwünschen, die nicht rechtzeitig erfüllt werden, können gravierende Änderungen in der Lebensplanung der „Worst Case" sein – etwa wenn die Weltreise gleichzeitig auch eine Hochzeitsreise sein soll. Prüfen Sie also auch den Anschein vorhandener zeitlicher Flexibilität – besonders sorgfältig dann, wenn Ihr Anlagezweck komplexe Hintergründe hat. Ein Immobilienerwerb etwa mag für sich genommen um ein oder zwei Jahre verschiebbar erscheinen, ohne dass durch die Verschiebung gravierende Folgen entstehen. Soll er aber auch dazu dienen, Platz für die Aufnahme der Eltern im Alter zu schaffen, dann ist das nicht rechtzeitige Erreichen des Zwecks in vielen Fällen im Bereich 4 bis 5 der Skala einzuordnen.

Unser Rat

Nehmen Sie sich Zeit und Muße, Ihr Profil im Koordinatensystem von Zeit und Risikofähigkeit von möglichst allen Seiten zu beleuchten. Beziehen Sie gegebenenfalls Ihre(n) Partner(in) mit in die Überlegungen ein und auch alle anderen Personen, die von der zu treffenden Entscheidung betroffen sein könnten!

3.3 Wie passen Sie und die Investmentfonds zusammen?

Tragen Sie dann Ihren Standort auch bildlich in das Koordinatensystem ein, so wie wir es als Muster in Grafik 10 getan haben. Der dort gewählte Standort – dreieinhalb Jahre Zeit, punktuelle Beeinträchtigung des Lebensstandards bei Nichterreichen – könnte zum Beispiel für eine „normale" (also keine Hochzeits-) Weltreise zutreffen.

Hinweis zur erfolgreichen Nutzung unseres Fondsprofil-Tests

Erfahrungsgemäß hilft folgende Vorgehensweise beim Fondsprofil-Test: Verwenden Sie bei einem Anlagehorizont bis fünf Jahre Grafik 11 und bei einem Anlagehorizont von über fünf Jahre Grafik 12. Fertigen Sie zunächst einige Kopien der infrage kommenden Grafik an und tragen Sie dann zuerst denjenigen Parameter ein, der am leichtesten bestimmbar ist – meist wird es der Zeithorizont sein. Ziehen Sie die Linie einfach über die gesamte Grafik. Der weniger leicht bestimmbare, eventuell noch in der Diskussion mit Ihrem Partner befindliche Parameter stellt sich nun auch optisch in Form einer verschiebbaren Variablen dar, was Ihre Überlegungen und eventuelle Diskussionen erleichtert.

Im nächsten Schritt legen wir über Ihr Profil das Profil der Fondsgruppen, wie es sich aus der Auswertung ihrer charakteristischen Merkmale ergibt. Im kurz- und mittelfristigen Bereich sieht es so aus:

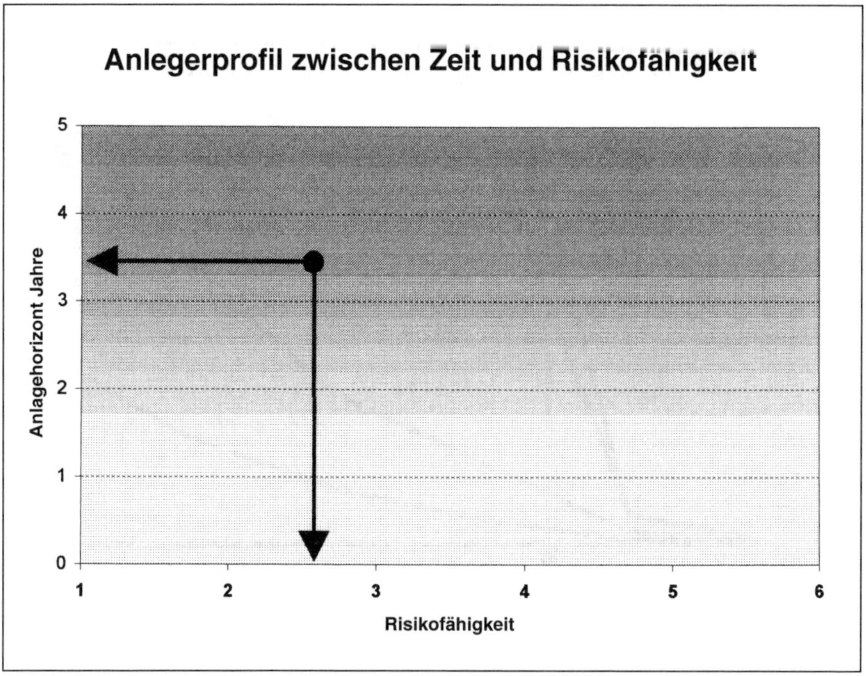

Grafik 10: Beispiel für eine Standortbestimmung zwischen Zeithorizont und Risikofähigkeit.

Unser Rat

Das sagt die Grafik aus: Alle Fondsgruppen, die senkrecht unterhalb Ihres Standorts liegen, kommen grundsätzlich für Sie infrage. Sie sollten Ihr Ziel mit jener Fondsgruppe verwirklichen, auf die Sie, von oben kommend, als Erste stoßen. Diese hat das höchste Wertsteigerungspotenzial – und das damit einhergehende Risiko können Sie sich leisten.

Im vorliegenden Fall liegen Ihnen zu Füßen: die Geldmarktfonds, die Kurzläuferfonds, die Rentenfonds und – gerade noch – die Blue-Chip-Aktienfonds. Sie sehen aber auch, dass schon eine unwesentlich geringere Risikofähigkeit – also eine Verschiebung nach rechts, aber noch immer innerhalb der Gruppe 2 bis 3 – zum Ausschluss dieser Fondsgruppe führen würde.

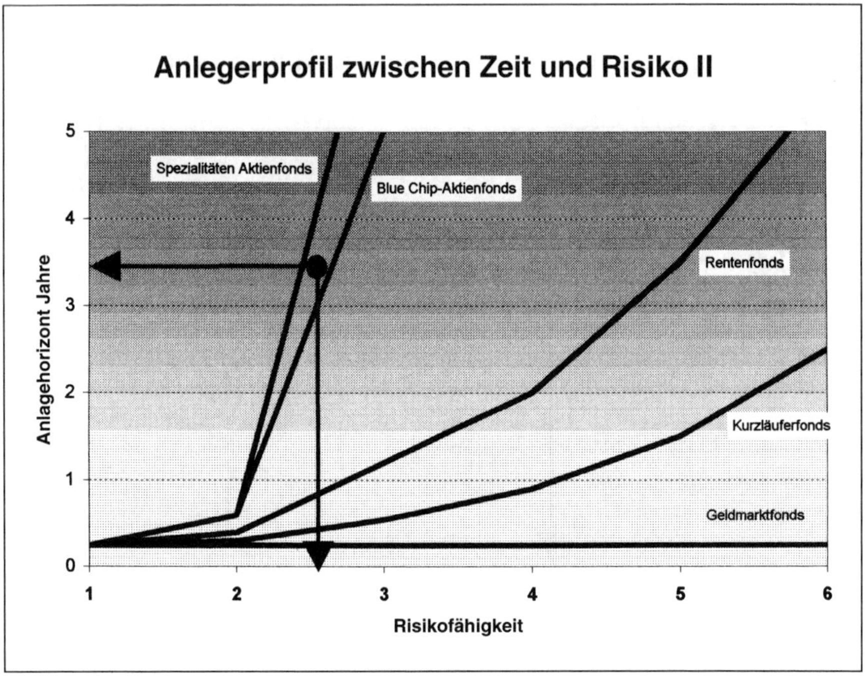

Grafik 11: Das Anlegerprofil zwischen den Kennlinien der wichtigsten Fondsgruppen.

Ergibt sich, dass auch Ihr konkret gefundener Standort ein solcher Grenzfall ist, sollte das für Sie Anlass sein, die Festlegung Ihrer Risikofähigkeit noch einmal zu wiederholen.

Der besseren Übersicht wegen haben wir die Profile der Fondsgruppen im längerfristigen Bereich in einer gesonderten Grafik dargestellt. Einen besonders markanten Punkt haben wir hervorgehoben: den Zeithorizont von 18 Jahren, der vorhanden sein sollte, bevor Blue-Chip-Aktienfonds bei höchstem Sicherheitsbedürfnis eingesetzt werden dürfen.

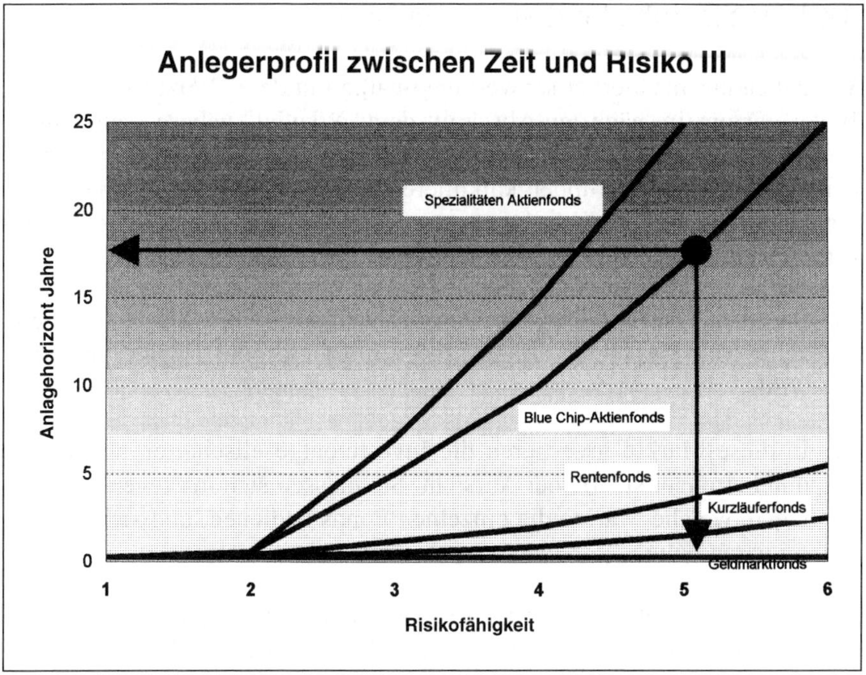

Grafik 12: Bei höchstem Sicherheitsbedürfnis bedarf es langer Planungshorizonte für den Aktieneinsatz.

Unser Rat

Dass sich aus Grafik 12 ferner ergibt, dass die Verwendung von Spezialitäten-Aktienfonds im Hochsicherheitsbereich kategorisch ausgeschlossen sein sollte, mag auf Widerspruch stoßen. Auch wir werden diese Aussage an anderer Stelle relativieren. Solange jedoch diese außerordentlich heterogene Gruppe von Investmentfonds nicht näher in ihre einzelnen Linien aufgegliedert ist, scheint es uns sinnvoll zu sein, mit ihrem kategorischen Ausschluss heftig vor dem unbedachten Umgang mit ihr zu warnen.

3.4 Was Sie unbedingt wissen müssen

Wir haben uns bis hierher schwerpunktmäßig mit dem „Wozu“ beschäftigt. Bevor wir uns im nächsten Abschnitt dem „Wieviel“ nähern – also untersuchen, mit welchen zukünftigen Wertsteigerungen Sie sinnvollerweise bei den einzelnen Fondsgruppen kalkulieren sollten –, wollen wir Ihnen noch einmal die wichtigsten Merkmale des Fonds-Universums ins Gedächtnis rufen:

1. Investmentfonds bilden – mehr oder weniger breit – Märkte oder einzelne Marktsegmente ab, auf denen mit Geld oder Kapital gehandelt wird.

2. In diese Märkte investieren die Investmentgesellschaften als Banken unter strenger staatlicher Aufsicht. Sie müssen sich ihr gegenüber festlegen, welche Märkte die einzelnen Fonds bedienen, und sich zukünftig daran halten.

3. Anders als viele der Ihnen vertrauten Anlageformen gibt es bei den Investmentfonds keine Zusagen oder Garantien auf zukünftig feststehende Erträge oder Wertsteigerungen.

4. Grundlage der Entwicklung des Vermögens, das die Investmentfonds verwalten, ist das Auf und Ab der Märkte, in welche die Fonds investieren.

5. Je nachdem, auf welchen Markt sich ein Fonds festgelegt hat, kann das Auf und Ab zwischen kaum spürbar und dramatisch ausfallen.

6. Investmentfonds gibt es für alle Zwecke – aber längst nicht für alle Zwecke eignet sich jeder Investmentfonds!

7. Dem optimalen Einsatz eines Investmentfonds geht eine gründliche Analyse Ihrer finanziellen Ziele voraus.

8. Es kann sich lohnen, wenn Sie Ihre bisher auf eine Reihe von Anlageformen zersplitterten Finanzdinge im Universum der Investmentfonds zusammenlegen.

9. Zeit ist Geld: Überdurchschnittliche Erträge, die für Aktienanlagen typisch sind, stellen sich nur dann sicher ein, wenn Sie darauf warten können.

10. Machen Sie Ihre Fondswahl nicht davon abhängig, mit welcher Wertentwicklung Ihnen ein bestimmter Fonds gerade präsentiert wird.

B

Vom richtigen Umgang mit Wertsteigerungen

B Vom richtigen Umgang mit Wertsteigerungen

Mit welchen Wertsteigerungen also können Sie beim Einsatz von Investmentfonds rechnen? Dass sich diese Frage – auch wenn langfristige und damit vom täglichen Auf und Ab unabhängige Untersuchungszeiträume zu Grunde gelegt werden – nicht pauschal für das gesamte Fonds-Universum beantworten lässt, haben wir bereits im vorigen Kapitel angedeutet. Da die einzelnen Fondsgruppen in unterschiedliche Märkte investieren, ist auch ihr Ertragspotenzial geprägt von dem Ertragspotenzial des jeweiligen Marktes. Wir wollen in diesem Kapitel vornehmlich das Ertragspotenzial des bei weitem wichtigsten Marktes für Aktien genauer betrachten.

1 Aktienfonds

Die Aktienmärkte der Welt sind gewissermaßen der Rohstoff für die Aktienfonds, den zu veredeln sie bestrebt sind. Dieser Veredelungsprozess mag in dem einen Fonds gelingen und zu überdurchschnittlichen Wertsteigerungen führen, in dem anderen nicht. Gerade aber bei längerfristigen Betrachtungen stellt sich heraus, dass die Marktentwicklung ein Gravitationszentrum für die Fonds darstellt, von dem sich allenfalls einige wenige Ausreißer signifikant nach oben, viele aber nach unten absetzen können.

Wir untersuchen in diesem Kapitel:

- Stimmt es, wenn Sie überall lesen, dass die Aktien langfristig alle anderen Wertpapieranlagen schlagen?
- Und wenn ja, was bedeutet das in Mark und Pfennig?
- Ebenfalls nicht unwichtig: Bei wie vielen Jahren beginnt „langfristig“?

Es wird sich für Sie lohnen, wenn Sie uns dabei folgen, diese Fragen näher zu beleuchten. Denn es werden sich dabei Antworten herausschälen, die Sie davon abhalten, dass Sie sich einfach nur reich rechnen oder von anderen reich gerechnet werden.

1.1 Verlockende langfristige Wertsteigerungen

Welches langfristige Ertragspotenzial haben Aktien? Beginnen wir bei sehr langfristig, nämlich in Deutschland zum Jahresbeginn 1954, also vor einem ganzen Erwerbsleben.

Beispiel

Was hätte der damals ausgelernte Lehrling heute in der Tasche, wenn er als 20-Jähriger zum Jahresbeginn seinen ersten richtigen Lohn von vielleicht 1.000 DM abgezweigt und in einen repräsentativen Korb deutscher Aktien investiert hätte?

Sie lesen richtig: Per Ende Juni 1999 könnte er, mittlerweile im Ruhestand angelangt, über ca. 230.000 DM verfügen, ohne seither auch nur eine einzige zusätzliche Mark auf die hohe Kante gelegt zu haben. Hätte er dies – mit monatlich 50 DM bis zum 30.06.1999 – getan, könnte er sich auf einen Lebensabend im Luxus freuen: Ziemlich genau 1 Million DM stünden ihm dafür – bei einem gesamten Aufwand von gerade eben 28.000 DM – zur Verfügung.

Sind die knapp 13 Prozent jahresdurchschnittlicher Wertsteigerung, die hinter diesem Wachstum des Kapitals stehen, also das Maß aller Dinge, weil sie in einem sehr langfristigen Zeitraum entstanden sind? Können Sie diesen Wachstumsfaktor unbedenklich für die Ermittlung Ihres Endkapitals heranziehen, wenn Sie nur langfristig anlegen?

Auch eine weitere Untersuchung der Aktienrenditen legt nahe, dass Sie dieser Zahl auch dann trauen können, wenn bei Ihnen der Anlagehorizont nicht ganz so langfristig ist. Misst man, welches Ergebnis mit einer in einen breiten Korb mit deutschen Aktien vorgenommenen Anlage im 15-jährigen Bereich von Mitte 1985 bis Mitte 1999 entstanden ist, kommt mit einer jahresdurchschnittlichen Rendite von ca. 12,5 Prozent fast derselbe Wachstumsfaktor heraus.

1.2 So rechnen Sie sich reich ...

Für Ihre Finanzplanung jedoch – und damit für den weiteren Verlauf Ihres Lebens – kann viel davon abhängen, dass Sie dem Charme dieser Werte nicht blind erliegen, auch wenn er fast unwiderstehlich ist.

Nehmen wir einmal an, Sie sind 50 Jahre alt und ein ganz normaler Mensch. Also erschrecken auch Sie jeden Tag ein Stückchen mehr über das absehbare Schicksal, das dem bisherigen deutschen Rentensystem blüht.

Beispiel

Sie kommen zum Schluss, dass Ihnen in 15 Jahren rund eine halbe Million fehlen wird, wenn Sie Ihren Ruhestand ohne nennenswerte Komforteinbußen genießen wollen. Überall lesen Sie, dass Aktien für die private Altersvorsorge bestens geeignet sind, und die durchschnittlichen 12 Prozent jährlich, mit denen Sie angeblich sicher kalkulieren können, begegnen Ihnen ebenfalls ziemlich häufig. Also schauen Sie in die Zinseszinstabelle für 12 Prozent (z.B. auf Seite 21 dieses Buches) und finden heraus, dass Sie heute knapp 100.000 DM zurücklegen müssen, wenn Sie in 15 Jahren eine halbe Million benötigen.

Mit einer Wahrscheinlichkeit von weit über 50 Prozent – exakt 66,5 Prozent – hätten Sie mit dieser Rechnung in der Vergangenheit Ihr Ziel verfehlt. Zu diesem Ergebnis gelangt man durch die naheliegende Überlegung, dass der 15-Jahres-Zeitraum von Mitte 1984 bis Mitte 1999 nur einer von vielen 15-Jahres-Zeiträumen in der Vergangenheit war. Er ist zwar der letzte (gegenwärtig für die Autoren) verfügbare und genießt deswegen besonderes Interesse; aber es wäre der blanke Zufall, wenn er auch noch repräsentativ für sämtliche 15-Jahres-Zeiträume wäre.

1.3 Exkurs: Wenn Grafiken schummeln ...

Folgen Sie uns, bevor wir Ihnen erläutern, wie wir zu diesem Wahrscheinlichkeitswert gekommen sind, in einen kurzen Exkurs. In ihm spielen drei Grafiken eine Rolle; jede einzelne stellt denselben Sachverhalt dar, jede jedoch wählt dafür eine andere Darstellungsweise.

Der Sachverhalt: Welchen Weg haben jene 1.000 DM Monat für Monat durchgemacht, die Anfang 1954 in einen repräsentativen Korb deutscher Aktien investiert worden sind?

Grafik 13 zeigt den Kapitalaufbau in der Darstellungsweise, an welche Sie vermutlich schon deswegen gewöhnt sind, weil sie fast immer gewählt wird. Sie besteht darin, dass das Kapitalwachstum in ein Diagramm eingetragen wird, in dem auf der senkrechten Y-Achse ein für jede Mark gleich großer Skalenschritt eingetragen ist.

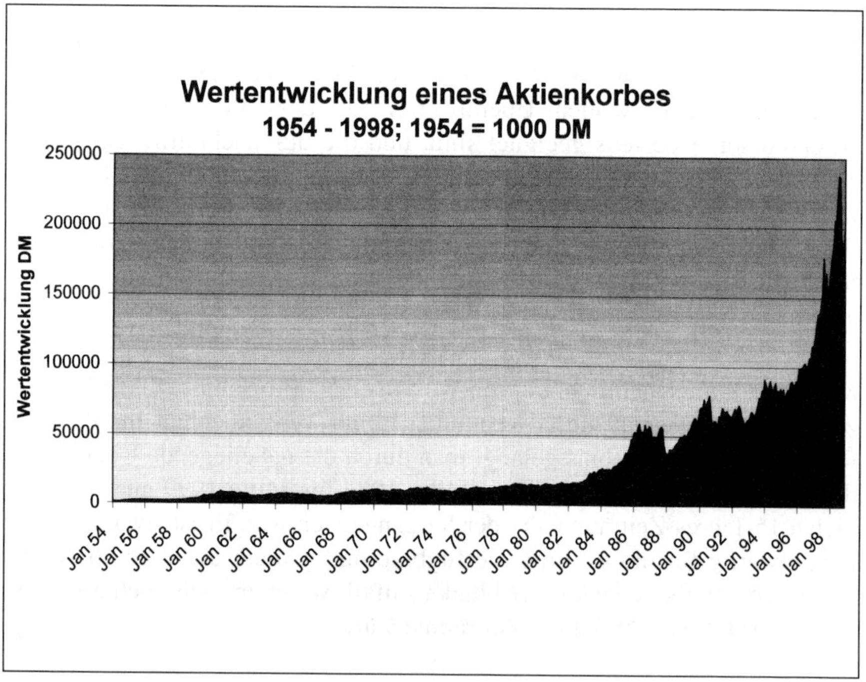

Grafik 13: Die gebräuchlichste Art von Wachstumscharts legt nahe, dass die wichtigen Ereignisse immer am Ende stattfinden.

Typisch für diese Darstellung ist, dass die wichtigen Ereignisse immer erst im letzten Viertel der waagrechten X-Achse stattzufinden scheinen. Gewaltig aufwärts geht's dort, allenfalls kurzfristig unterbrochen von Ereignissen, an die wir uns gerade noch erinnern mögen. Die weiter zurückliegende Vergangenheit verschwindet im milden Licht gleichförmiger Belanglosigkeit.

Würden Sie auf Anhieb glauben, dass Grafik 14 den identischen Sachverhalt darstellt – und dabei noch ein beträchtliches Stück „ehrlicher" ist? Der Unterschied zwischen beiden Grafiken besteht einfach „nur" darin, dass auf der Y-Achse nicht jede Mark des Kapitalwachstums auf einem gleich großen Skalenschritt eingetragen wird, sondern jedes Prozent. „Ehrlicher" ist diese logarithmische Darstellung, weil eine Veränderung um eine Mark keinerlei Qualität hat, wenn man nicht weiß, welcher Ausgangsbetrag vorhanden war. Wachsen 10 DM um eine, dann ist dieses Wachstum von erheblich höherer Qualität (10 Prozent), als wenn anfänglich 100 DM um eine (1 Prozent) gewachsen wäre.

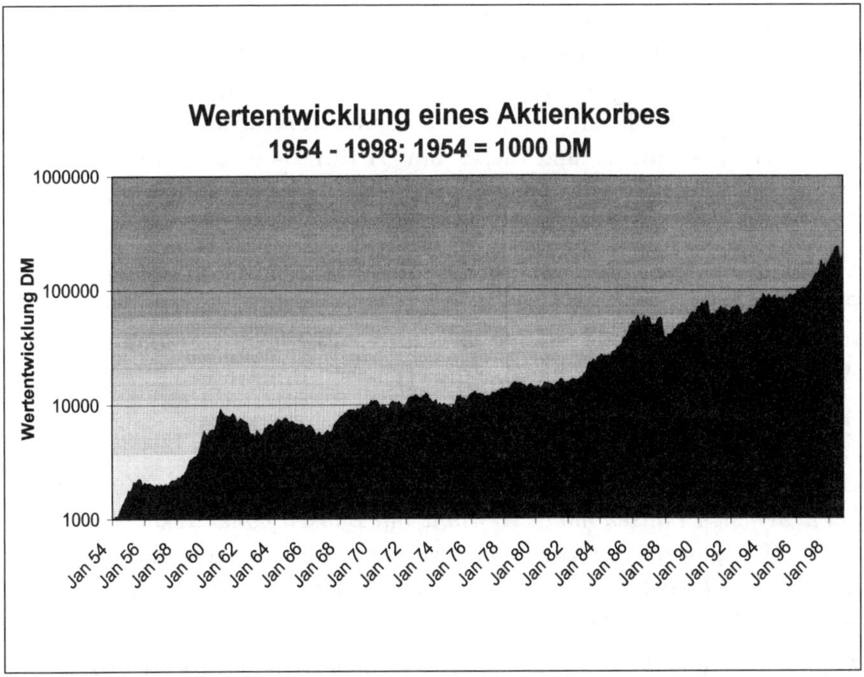

Grafik 14: Die logarithmische Darstellung zeigt, was für Anleger ausschlaggebend ist: das prozentuale Wachstum von Kapital.

Unser Rat

Plötzlich erzählt Ihnen, wenn nicht betragsmäßiges, sondern prozentuales Wachstum dargestellt wird, auch die ferne Vergangenheit spannende Geschichten. Die letzten Jahre dagegen sind ihrer sensationell anmutenden Einzigartigkeit beraubt. Immer schon gab es steile Anstiege und scharfe Abstürze, dazwischen lange Zeiten des Mittelmaßes. Und anders als bei Grafik 13, wo uns nur der steile Anstieg des letzten Viertels als typisch im Gedächtnis haften blieb, macht die logarithmische Darstellung plastisch: Für die Höhe des nach einem z. B. 15-jährigen Anlagezeitraums erzielten Ergebnisses kam es ganz erheblich darauf an, in welchem Bereich der Zeitachse die 15 Jahre lagen.

Das ganze Ausmaß der Dramatik, welche die 1954 investierten 1.000 DM durchmachen mussten, zeigt schließlich die dritte Darstellungsform. Auch Grafik 15 stellt prozentuale Veränderungen dar, nämlich diejenigen, welche die 1.000 DM im monatlichen Rückblick auf die letzten zwölf Monate feststellen konnten. Der erste Punkt der Kurve zeigt die Rendite, die sich bei einem Aktienanleger einstellt, der sich ein repräsentatives Aktienpaket am 01.01.1954 zulegte und dieses am 31.12.1954 wieder verkaufte, der zweite Punkt die Rendite beim Einstieg am 01.02.1954 und Ausstieg am 31.01.1955 usw.

Vielleicht blättern Sie zurück auf Seite 33: Das in Grafik 5 dargestellte Profil des Beispielfonds unterscheidet sich im Detail zwar von der Aktienfieberkurve in Grafik 15 – seine Struktur aber ist höchst ähnlich. Auch mit Aktienfonds durchlaufen Sie also die typischen Börsenzyklen!

Unser Rat

Gehen Sie immer davon aus: Aktienrenditen entwickelten sich in Zyklen, bei denen sich Phasen hoher Gewinne mit Phasen hoher Verluste abwechselten. Es gehört also zur „langfristigen Überlegenheit des Sachwerts Aktie“, dass Investoren auch Phasen durchstehen müssen, in denen an der Börse die Lichter auszugehen scheinen.

Kein Zyklus gleicht in Form und Länge dem anderen. Es ist also weder möglich, den unmittelbar anstehenden weiteren Verlauf des Zyklus exakt vorherzusagen, noch sind Aussagen zulässig, dass sich ein solcher Zyklus

„langfristig“ – also z. B. innerhalb eines Zeitraums von zehn Jahren – eingestellt haben wird.

1.4 ... und so schützen Sie sich vor dem Reichrechnen

Unser Exkurs sollte Ihnen verdeutlichen: Viel präziser als mit den Besonderheiten eines einzigen Stichtags lassen sich das Ertragspotenzial und die Schwankungen, denen es unterworfen ist, mit der Methode der monatlich gleitenden Anlagezeiträume ermitteln.

Das Schema veranschaulicht, wie diese Methode funktioniert: Der zu untersuchende Anlagezeitraum – zum Beispiel 15 Jahre – wird dabei Monat für Monat versetzt durch die Historie der Wertentwicklung geschoben und nach jedem Versetzen wird gemessen, zu welchen Ergebnissen die jeweilige Periode geführt hat.

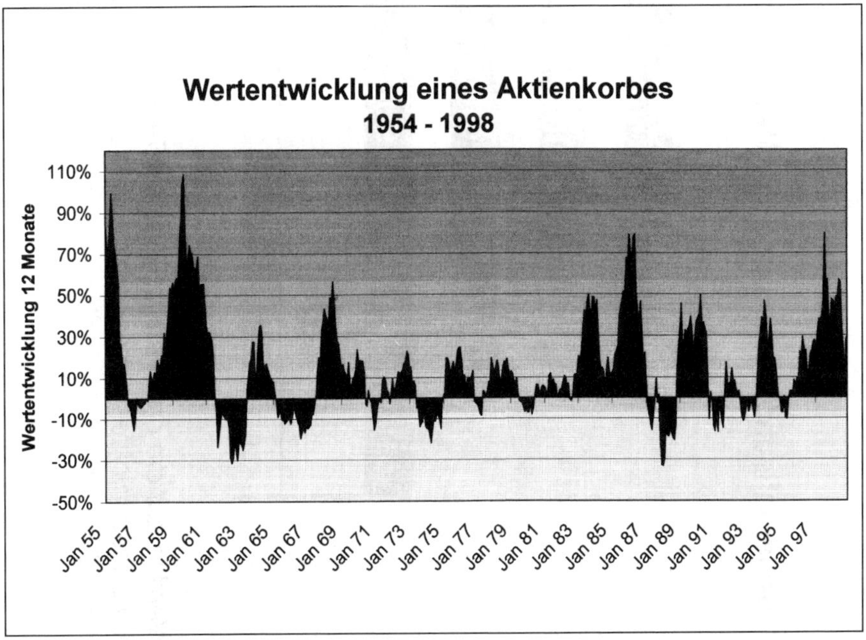

Grafik 15: Das Wachstum von in Aktien investiertem Kapital verläuft in Zyklen unterschiedlicher Dauer und Ausschläge.

Schematische Darstellung der Methode der gleitenden Anlagezeiträume

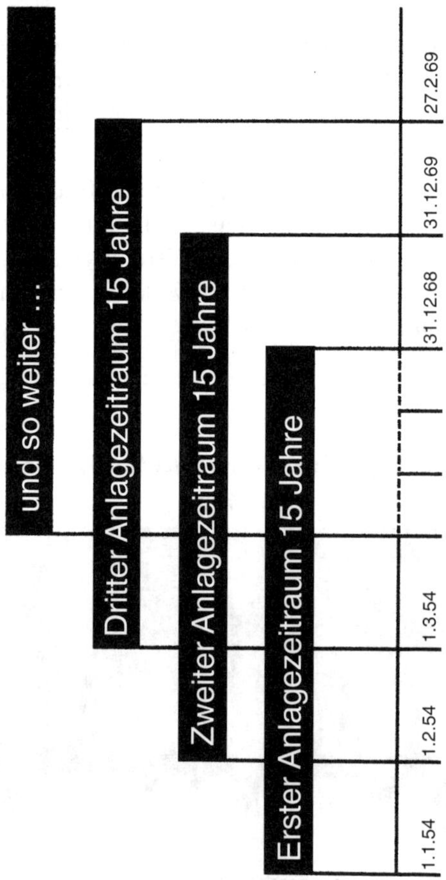

Werden auf die dargestellte Weise 15-jährige Anlageperioden durch die deutsche Aktiengeschichte „geschoben", dann entstehen bis Ende 1998 366 Einzelperioden, deren Ergebnisse Grundlage für repräsentative Analysen sein können.

Bei unserer bis auf den Jahresbeginn 1954 zurückreichenden Datenbasis stellt also der erste Anlagezeitraum dar, wie ein Anleger abgeschnitten hat, der am 01.01.1954 ein- und 15 Jahre bzw. 180 Monate später, also am 31.12.1968 wieder ausgestiegen ist. Der zweite misst die Wertentwicklung für den Zeitraum 01.02.1954 bis 31.01.1969, der dritte ermittelt sie vom 01.03.1954 bis zum 28.02.1969 usw., bis schließlich zum letzten 15-Jahres-Zeitraum, der das Abschneiden eines Anlegers misst, der am 01.07.1984 ein- und am 30.06.1999 wieder ausgestiegen ist.

Diese Auswertungsmethode führt zu einer Fülle von einzelnen Wertentwicklungswerten, die für gleich lange Anlageperioden zusammenkommen: Im 15-jährigen Laufzeitbereich etwa sind es 366 Einzelperioden, im 10-jährigen 426 Einzelperioden.

Unser Rat

Diese Datenmengen haben den entscheidenden Vorteil: Sie erlauben eine repräsentative Analyse des Wertentwicklungspotenzials, die sich davon freimachen kann, ob just zum Stichtag der Markt in sehr guter oder in sehr schlechter Verfassung ist. Schlechte Einstiegs- und Ausstiegszeitpunkte werden mit dieser Methode genauso erfasst wie gute und alle anderen Kombinationen.

Dass die Methode der gleitenden Anlagezeiträume nicht nur ein statistischer Winkelzug ist, sondern die Realität aus der Sicht der Anleger plastisch beschreibt, liegt auf der Hand: Es wäre der blanke Zufall, wenn ein Anleger just zu den Zeitpunkten ein- und ausgestiegen wäre, die durch die Betrachtung des Abschneidens an nur einem Stichtag – dem jeweils letzten, der vorliegt – vorgegeben ist.

1.5 Die Bandbreite der Wertentwicklungen

Zunächst werten wir die gewonnenen Daten so aus, dass wir abfragen, welches das je Laufzeitbereich beste und welches das schlechteste Ergebnis aller Anlageperioden des jeweiligen Laufzeitbereiches war.

Unser Rat

Die untere Begrenzung der so gewonnenen Bandbreite sollte in Ihr persönliches „Worst-Case-Szenario“ einfließen, anhand der oberen können Sie abschätzen, wie hoch die Belohnung dafür ausfallen könnte, dass Sie das „Worst-Case-Risiko“ eingehen.

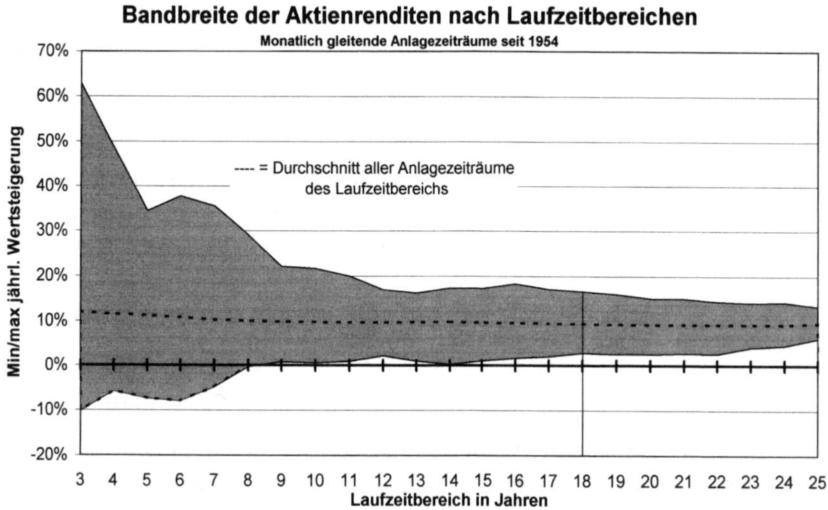

Grafik 17: Die besten und schlechtesten Wertentwicklungen je Laufzeitbereich rücken mit längeren Laufzeiten immer mehr zusammen.

Für alle Laufzeitbereiche zwischen drei und 25 Jahren haben wir also die jahresdurchschnittlichen Wertsteigerungen ermittelt, die von den jeweils um einen Monat versetzten Anlageperioden hervorgebracht wurden. Der graue „Schlauch“ in Grafik 17 zeigt Minimum und Maximum der Anlageperioden des jeweiligen Laufzeitbereiches. Im beispielhaft markierten 18-Jahres-Bereich ergab sich also eine maximale jahresdurchschnittliche Wertsteigerung von 17 und eine minimale von 3 Prozent.

Zwei Charakteristika weist Grafik 17 auf:

- Sie verläuft – nach unseren bisherigen Überlegungen zum Zusammenhang zwischen Zeit einerseits und dem Chancen-/Risikoprofil andererseits kaum überraschend – trichterförmig. Die Bandbreite der in der Vergangenheit tatsächlich erzielten Renditen nahm also ab, je länger die Anlage gehalten wurde.
- Sie zeigt, dass das Risiko, mit einer Aktienanlage Verluste zu erzielen, in der Vergangenheit erst bei einem Anlagehorizont von acht Jahren vollständig verschwunden war.

1.6 Welche Renditen wahrscheinlich sind

Wir kennen nun die Grenzen der Aktienrenditen in der Vergangenheit für die einzelnen Laufzeitbereiche, wissen aber noch nicht, was sich zwischen den Extrempunkten abgespielt hat. Ein weiterer Vorteil der Methode der gleitenden Anlageperioden besteht darin, dass sie Aufschluss auch darüber gibt: Wie häufig ist ein für einen bestimmten Laufzeitbereich gestecktes Anlageziel in der Vergangenheit tatsächlich auch erreicht worden, wie häufig wurde es verfehlt?

Beispiel

Welche Ergebnisse also liefert die Methode der gleitenden Anlagezeiträume, wenn sie auf Ihr Verlangen angewendet wird, in 15 Jahren aus einem Startkapital von 100.000 DM die benötigte halbe Million zu machen?

Die Fläche der Grafik 18 (linke Skala) zeigt, wie viel daraus in den 366 einzelnen 15-Jahres-Zeiträumen seit Anfang 1954 geworden ist, die Linie (rechte Skala) zeigt die zu jedem Endwert gehörende jahresdurchschnittliche Wertsteigerung; die durchgezogene Linie schließlich markiert den Zielwert von 500.000 DM.

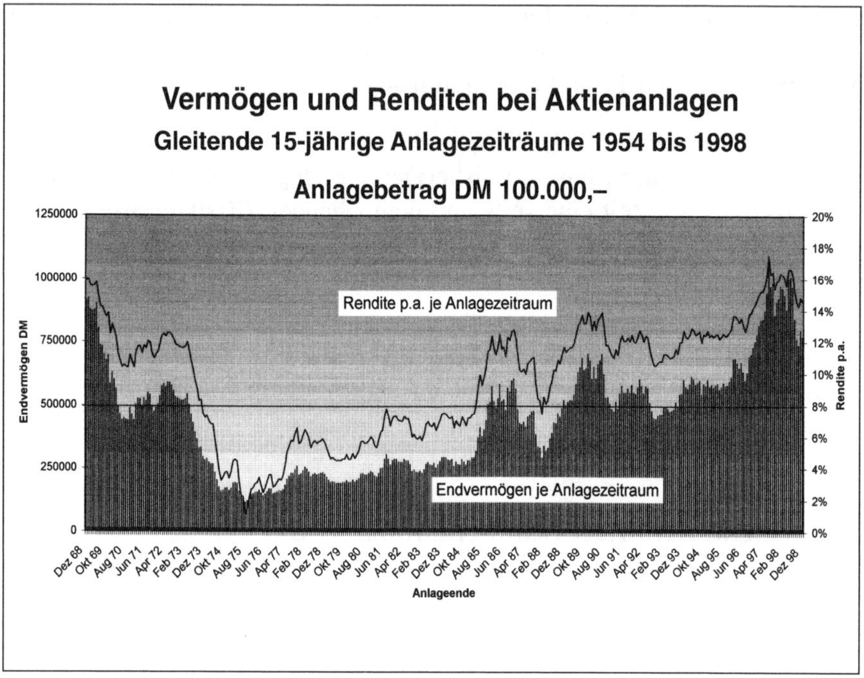

Grafik 18: Nur mit einer beträchtlichen Portion Glück hätte sich in der Vergangenheit eine jährliche Rendite von 12 Prozent eingestellt, die aus 100.000 DM nach 15 Jahren 500.000 DM gemacht hätten.

Beispiel

Sie können nun nachvollziehen, wie unsere Aussage entstanden ist, dass bei 15-jährigem Anlagehorizont in der Vergangenheit eine Zielrendite von mindestens 12 Prozent mit einer Wahrscheinlichkeit von 66,5 Prozent verfehlt worden ist: In 241 aller Zeiträume lag sie tiefer, und längst nicht immer nur so geringfügig, dass die Fehlbeträge vernachlässigt werden könnten.

Mit dieser Untersuchung haben wir eine empirische Grundlage geschaffen, die Wahrscheinlichkeiten für das Eintreten auch anderer Renditen in der Vergangenheit zu bestimmen. Grafik 19 zeigt diese Wahrscheinlichkeitsverteilungen nicht nur für die gleitenden 15-Jahres-Zeiträume, sondern zusätzlich auch noch für die gleitenden 10- bzw. 18-Jahres-Zeiträume. Für Ihren besseren Überblick haben wir die Einzelwerte der Grafik in der darunter stehenden Datentabelle festgehalten.

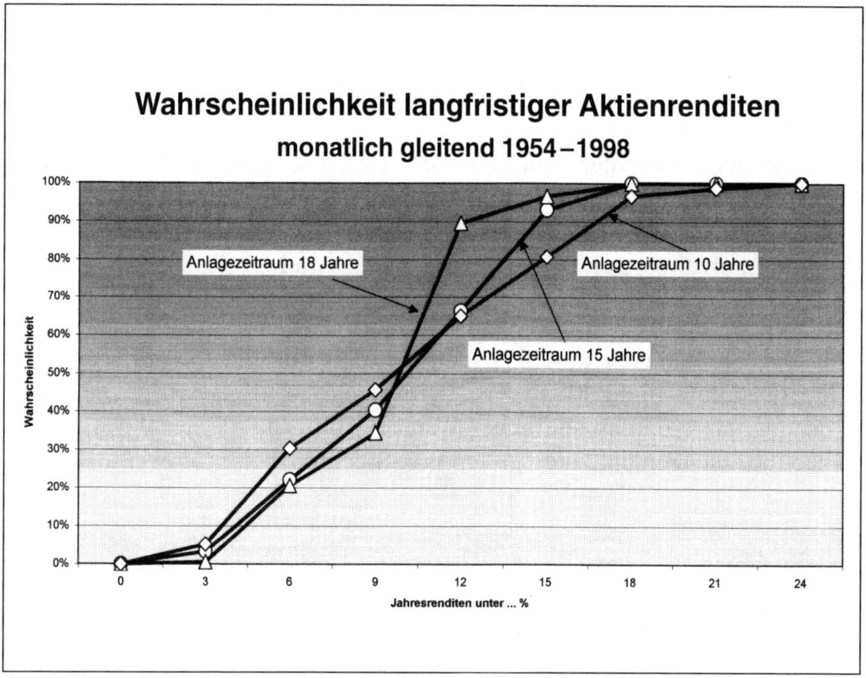

Grafik 19: Erst im 18-jährigen Laufzeitbereich stellt sich eine hinreichende Wahrscheinlichkeitsdichte für Wertentwicklungen über 9 Prozent ein.

Wahrscheinlichkeiten für jahresdurchschnittliche Wertsteigerungen von unter ... Prozent									
	0	3	6	9	12	15	18	21	24
10 Jahre	0,0%	5,2%	30,4%	45,8%	65,1%	80,8%	96,7%	98,8%	100%
15 Jahre	0,0%	3,3%	22,2%	40,4%	66,5%	93,1%	100,0%	100,0%	100%
18 Jahre	0,0%	0,6%	20,6%	34,5%	89,5%	96,6%	100,0%	100,0%	100%

Es gibt mehrere spannende Bereiche in dieser Wahrscheinlichkeitsverteilung: Zunächst:

- Das Verlustrisiko war in allen drei Laufzeitbereichen in der Vergangenheit Null. Am oberen Ende war das jährliche Wertsteigerungspotenzial (von einigen wenigen Fällen im 10-jährigen Laufzeitbereich abgesehen) bei 18 Prozent ausgereizt.

Der aus unserer Sicht spannendste Bereich liegt jedoch in der Mitte, in der die Wahrscheinlichkeitsverteilung aussagt:

- Das Risiko, schlechter abzuschneiden als 9 Prozent, sinkt von „erheblich" im 10-Jahres-Bereich auf „moderat" im 18-Jahres-Bereich. Die Wahrscheinlichkeit für höhere Wertsteigerungen als 9 Prozent lag im 18-jährigen Laufzeitbereich bei fast exakt zwei Drittel.

Und ebenso wichtig aus unserer Sicht:

- Die größte Wahrscheinlichkeitsdichte für ein einzelnes Renditespektrum liegt ebenfalls in der Mitte des 18-jährigen Laufzeitbereiches: Die Chancen, mit jahresdurchschnittlichen Wertsteigerungen zwischen 9 und 12 Prozent abzuschneiden, lagen in der Vergangenheit bei 55 Prozent.

Unser Rat

Anhand der Werte für den 18-Jahres-Zeitraum können Sie nun auch nachvollziehen, warum wir in Kapitel A 3.3 für die Verwendung von Blue-Chip-Aktienfonds einen Anlagehorizont von mindestens 18 Jahren vorgeschlagen haben, wenn höchstes Sicherheitsbedürfnis vorliegt: Erst im Bereich von 18 Jahren ergibt sich für das Eintreten attraktiver Wertsteigerungen eine so hohe Wahrscheinlichkeit, dass es sich rechtfertigen lässt, mit ihnen auch zu kalkulieren.

1.7 Der sinnvolle Renditeansatz in Ihrer individuellen Finanzplanung

Die Ergebnisse unserer umfangreichen Untersuchungen lassen sich auch so zusammenfassen:

Immer dann, wenn Sie zu feststehenden Zeitpunkten über das Ergebnis Ihrer Anlage verfügen müssen, gibt es auch bei Anlagezeiträumen jenseits von 15 Jahren im Aktienbereich keine Garantie, zweistellige jahresdurchschnittliche Wertsteigerungen erzielen zu können. Ihre Chancen, den zweistelligen Wertsteigerungsbereich zu erreichen, steigen in dem Maß, wie Sie es sich erlauben können, Ihre Anlage auch nach Ablauf der eigentlich beabsichtigten Dauer stehen zu lassen.

Beides – also sowohl das Risiko, auch bei längeren Anlagedauern unterdurchschnittliche Wertsteigerung zu erzielen, sofern ein Stichtag für die Kapitalverwendung feststeht, als auch die Chance, dieses Manko mit einem sich anschließenden Pufferzeitraum zu „heilen“ – gilt im Übrigen auch für den Kapitalaufbau mit laufenden Sparleistungen. Statistische Materialien hierzu finden Sie in Kapitel J.

Unser Rat

Wo bei einer auf 15 Jahre ausgelegten Anlage ein solcher Pufferzeitraum von 24, besser 36 Monaten möglich ist, halten wir es auch im „Hochsicherheitsbereich“ für vertretbar, die jahresdurchschnittlichen Wertsteigerungen mit 10 Prozent zu kalkulieren. Voraussetzung dabei ist natürlich, dass der oder die Fonds, die Sie verwenden, während der gesamten Zeit hohe Qualität abliefern. Die Kriterien, die für Fondsauswahl bzw. Fondswechsel gelten, erörtern wir in Kapitel G.

Auch bei feststehenden Verwendungsterminen für Ihr Vermögen liegt es an Ihnen, sich einen solchen Zeitpuffer zu schaffen. Den enormen Zuwachs an Sicherheit erhalten Sie natürlich nicht kostenlos – Sie werden aber sehen, dass sich der Zusatzaufwand in Grenzen hält. Die Methode, wie das zu bewerkstelligen ist, liegt auf der Hand: Sie müssen Ihren Einsatz erhöhen, um auf Basis eines Wertsteigerungsansatzes von 10 Prozent p.a. den benötigten Kapital-Endbetrag 24, besser 36 Monate vor dem eigentlichen Verwendungszeitraum erreicht zu haben.

Beispiele

Angenommen, Sie benötigen in 18 Jahren einen Kapitalendbetrag von 250.000 DM. Wieviel müssen Sie heute einmalig anlegen, um ohne Pufferzeitraum, also nach 18 Jahren, bei einem kalkulatorischen Ansatz von 10 Prozent p.a. den benötigten Betrag erreicht zu haben? Ein Blick in die Zinseszinstabelle zeigt Ihnen: Ihr Aufwand beträgt 45.000 DM.

Was kostet Sie der Zeitpuffer – also die Strategie, die 250.000 DM bereits nach 15 Jahren auf Ihrem Depot zu haben, wiederum bei einem kalkulatorischen Wertsteigerungsansatz von 10 Prozent p.a.? Der Blick in die Zinseszinstabelle zeigt, dass Sie dann heute 60.000 DM, also 15.000 DM mehr, aufbringen müssen.

Wenn Sie über diesen Zusatzaufwand aktuell nicht verfügen können, brauchen Sie dennoch nicht auf das Sicherheitspolster des Zeitpuffers verzichten. Den erforderlichen Zusatzaufwand können Sie auch mit laufenden Sparleistungen erbringen. Im Beispielsfall ist das Anlageziel von 250.000 DM nach 15 Jahren auch dann erreicht, wenn Sie anfänglich „nur" 45.000 DM anlegen, zusätzlich aber monatlich 150 DM sparen.

Soll die Sicherheit eines Zeitpuffers erzielt werden, wenn nach 18 Jahren ein Endvermögen von 250.000 DM nur mit laufenden Sparleistungen erreicht sein soll, dann gilt Vergleichbares: Sie können dann entweder die laufenden Sparleistungen erhöhen, oder aber, wenn möglich, eine Ersteinzahlung leisten. Im Beispielsfall muss die erforderliche monatliche Sparleistung von 430 DM (Sparplan ausgelegt auf 18 Jahre) auf 620 DM (Sparplan ausgelegt auf 15 Jahre) erhöht werden. Wenn die Erhöhung der Sparleistung das laufende Budget zu sehr belastet, kann der erwünschte Effekt auch mit einer einmaligen Zahlung von 18.000 DM erzielt werden.

Die Tabelle soll Ihnen unter Berücksichtigung eines Sicherheitspuffers von drei Jahren die Kalkulation im individuellen Fall erleichtern:

Pufferzeitraum 3 Jahre: Je 100 DM Endkapital müssen Sie anlegen						
	Verfügungszeitpunkt nach … Jahren					
	12	15	18	20	25	30
Einmalanlage	42,41 DM	31,86 DM	23,94 DM	19,78 DM	12,28 DM	7,63 DM
mtl. Sparrate	0,58 DM	0,37 DM	0,25 DM	0,20 DM	0,11 DM	0,07 DM

So lesen Sie die Tabelle, die auf Basis einer jährlichen Wertsteigerung von 10 Prozent aufgebaut ist: Wenn Sie einen Sicherheitspuffer von 3 Jahren für einen Verfügungszeitraum von 18 Jahren einbauen wollen, dann müssen Sie heute je 100 DM benötigtes Endkapital 23,94 DM einmalig oder eine monatliche Sparleistung von 0,25 DM aufbringen. Nach 15 Jahren haben Sie dann kalkulatorisch den Betrag von 100 DM erreicht.

Welche Situationen können eingetreten sein, wenn die 15 Jahre abgelaufen sind, und wie reagieren Sie situationsbedingt?

- Möglichkeit 1: Ihr Kapital ist größer als der benötigte Betrag, weil Sie mit jahresdurchschnittlichen Wertsteigerungen von über 10 Prozent in überdurchschnittlich günstige Börsenphasen geraten sind. Sinnvollerweise sichern Sie dann den benötigten Betrag in einer kursstabilen Anlage. Bei wirklich günstigen Börsenaussichten können Sie auch einen größeren Teil auf Ihrem Aktienfondsdepot stehen lassen.
- Möglichkeit 2: Ihr Kapital hat die Größenordnung des benötigten Betrags oder mindestens 92,5 Prozent davon erreicht. Sie sichern den Betrag in einer kursstabilen Anlage, deren Zinsen die unter Umständen noch erforderlichen 7,5 Prozent bringen.
- Möglichkeit 3: Ihr Kapital hat weniger als 92,5 Prozent des erforderlichen Betrags erreicht. Sie sind also in eine insgesamt eher schlechte Börsenphase geraten. Dies kann „normale" zyklische Ursachen haben oder aber strukturelle (etwa aufgrund einer tiefen Wirtschaftsdepression). Stellen Sie nach 15 Jahren fest, dass die eher schlechte Wertentwicklung zyklische Ursachen hat, dann stehen Ihre Chancen ausgezeichnet, in den verbleibenden drei Jahren mit Ihrem Aktienfondsdepot den Differenzbetrag „hereinzuholen". Gibt die Börse eine solche Hoff-

nung nicht her, dann haben Sie immer noch drei Jahre Zeit, den Differenzbetrag mit „frischem" Geld" aufzufüllen.

Unser Rat

Vor allem dann, wenn eine Aktienfondsanlage der Altersvorsorge dient, scheint uns der letztgenannte Aspekt der Wichtigste zu sein: Durch die Einschaltung eines Zeitpuffers erreichen Sie eine vom Soll abweichende Entwicklung Ihres Depots zu einem Zeitpunkt, in dem Sie noch im Berufsleben stehen und Erwerbseinkommen beziehen – also in dem Sinne noch leistungsfähig sind, dass Sie mit realistischen Chancen den Differenzbetrag aus anderen Quellen beisteuern können.

Zusammengefasst lauten also die Empfehlungen im Hochsicherheitsbereich: Quetschen Sie den Ihnen zur Verfügung stehenden Zeitrahmen nicht wie eine Zitrone bis auf den letzten Tag aus, und sparen Sie nicht an der falschen Stelle, indem Sie mit überzogenen Renditeansätzen den zu erbringenden Aufwand möglichst kleinrechnen.

Diese Ausführungen sollten Sie immer beherzigen, wenn Sie Ihr Anlegerprofil – vgl. Seiten 43 und 46 – im Bereich zwischen 5 und 6 einordnen. Auch Positionen zwischen 4 und 5 lassen es ratsam erscheinen, die Sicherheitsmaßnahmen zu beachten; Ihre etwas höhere Risikofähigkeit gibt Ihnen allerdings hinsichtlich der Dauer des Sicherheitspuffers und der daraus resultierenden Erhöhung des Aufwands größeren Spielraum.

Je besser Sie sich auf der Skala Ihrer Risikofähigkeit einordnen können, desto weniger spielt dann auch die Frage nach dem sinnvollen Renditeansatz eine Rolle. Schließlich entsteht kein so großer Schaden, wenn die Kalkulation nicht aufgeht.

2 Renditen im Zinsbereich

Da wir Zinsanlagen im langfristigen Bereich nur in absoluten Ausnahmen für sinnvoll halten – nämlich in ausgeprägten Hochzinsphasen, bei denen dann auch der Anlageerfolg durch die festen Zinsen weitgehend feststeht (es bleibt dann in der Performancebetrachtung nur die Frage der Wiederanlagezinsen) –, wollen wir nur der Vollständigkeit halber einige Anmerkungen machen.

- Knapp unter 7 Prozent beträgt langfristig die Performance der Rentenmärkte, wenn sie stichtagsbezogen (per Mitte 1999) in Nachkriegsdeutschland ermittelt wird. Auch ihre Schwankungsbandbreite fällt wesentlich geringer aus als im Aktienbereich: Im Bereich 15-jähriger Betrachtungsperioden kann sie zwischen 5 und 10 Prozent eingegrenzt werden.
- Im Bereich kurzer Restlaufzeiten kann als langfristiges Mittel eine jahresdurchschnittliche Rendite von ca. 5 Prozent angesetzt werden; die Schwankungsbandbreite 15-jähriger Betrachtungsperioden liegt zwischen 4 und 6 Prozent.
- Die über den genannten durchschnittlichen Werten liegenden Anlageergebnisse der Rentenfonds per Jahresmitte 1999 für die vergangenen zehn Jahre sind hauptsächlich darauf zurückzuführen, dass die aus dem langjährigen Zinssenkungsprozess resultierenden Kursgewinne die Performance aufbesserten (vgl. Kapitel F Abschnitt 4.7).

Darüber hinaus spricht auch die steuerliche Situation gegen den Langfrist-Einsatz von Renten: Im Aktienbereich können (unter Berücksichtigung der Sparerfreibeträge) deutlich sechsstellige Anlagebeträge steuerfrei bleiben; die vorgeschlagenen Renditeansätze können also in Fällen ohne Berücksichtigung eines steuerlichen Korrekturfaktors tatsächlich auch verwendet werden. Bei Zinswerten, auch wenn sie mittelbar über einem Rentenfonds gehalten werden, ist die Berücksichtigung eines steuerlichen Korrektursatzes bei der Ergebniskalkulation bei signifikant geringen Anlagebeträgen erreicht (vgl. insbesondere Kapitel E Abschnitt 3.10).

C

Wie Ihnen die Investmentfonds begegnen

C Wie Ihnen die Investmentfonds begegnen

In den ersten beiden Kapiteln sind wir quasi mit der Tür ins Haus gefallen. Ohne große Rücksichtnahme auf die vielfältigen Facetten und Details des faszinierenden Universums der Fonds haben wir uns zunächst mit den Grundlagen Ihrer persönlichen Finanzplanung befasst. Für deren Verwirklichung sind die Fonds da; keinesfalls sollte es umgekehrt sein, dass nämlich die Fonds-Moden Ihre Finanzplanung (bzw. was dann von ihr übrig bleibt) beherrschen. Dass die Fonds-Industrie heftig an solchen Verführern bastelt, um mit Ihnen in Kontakt zu kommen, zeigt Ihnen gleich der nächste Abschnitt.

1 Wie die Fonds sich Ihnen darstellen

Als vor ca. zehn Jahren die erste Auflage dieses Buches geschrieben wurde, beherrschte ein Thema die Fondsprospekte: Sicherheit. Sicherheit durch Anlagestreuung, Sicherheit durch Währungssicherungsgeschäfte, Sicherheit durch „das Geschick des Fondsmanagements"; „Ihre Sicherheit ist gesichert" textete seinerzeit gar der Bundesverband deutscher Investmentgesellschaften in einer Broschüre zu Aktienfonds. Hin und wieder tauchte zwar auch das Wörtchen „Risiko" auf – aber stets in dem Zusammenhang, dass die Fonds eben dazu da wären, es abzuschaffen.

Flachheiten dieser Art sind heute weitgehend aus den Werbebroschüren verschwunden; überraschend präzise und umfassend wird teilweise – wohl auch auf Druck der Wertpapieraufsicht – informiert, wie Fonds funktionieren, welche Chancen und Risiken sie aufweisen und wie sich diese auf die einzelnen Fondstypen verteilen (vgl. Kapitel H).

Unser Rat

Doch das heißt noch lange nicht, dass die Fonds suggestive Werbung nicht mehr einsetzen. Eher schon sollten Sie die Dinge so sehen, dass die Ehrlichkeit in der einen Hälfte der Informationen deswegen so groß ist, um in der anderen umso kräftiger vom Leder ziehen zu können.

Und dort, in der für alle Register der modernen Werbung freigegebenen zweiten Hälfte der Informationen, hat das aufregende Wort „global" die etwas angestaubte Sicherheit verdrängt.

„Global investieren – grenzenlos profitieren" heißt etwa eine in dieser zweiten Hälfte angesiedelte Broschüre einer der größten deutschen Investmentgesellschaften. Was wir dort lesen, ist eine eigenartige, fast schon mystische Beschwörung eines neuen, geheimnisvollen Zeitalters, eben das der Globalisierung. Sie ist „die neue Dimension", in der „fast nichts mehr an traditionell gewachsene Orte und Regionen gebunden" ist, und in der es „Zauberworte" bedarf, um die „Riesenschritte" und die „atemberaubenden" Entwicklungen zu erfassen.

Alles wird schneller, „am schnellsten aber läuft das Kapital auf der Suche nach der besten Anlagemöglichkeit um die Welt". Manchmal, nämlich wenn es von ganz weit her kommt, läuft es nicht, sondern fliegt: „Schnell und unspektakulär landen Milliarden Yen in Sekundenschnelle auf Konten in London oder Buenos Aires oder an irgendeinem anderen Ort der Welt." Wenn das keine Karriere ist: Früher musste das Geld noch für uns arbeiten.

Das noch-irdische Menschlein macht da – demütig oder dankbar oder überfordert? – Platz und verabschiedet sich ins Virtuelle: „Befreit von den Zwängen des tatsächlichen Lebens kann sich jeder via Internet eine Tele-Existenz nach individuellen Bedürfnissen aufbauen."

Und die Moral von der Geschicht'? „Wie die Menschheit damit umgeht, wird eine der spannendsten Fragen der Zukunft sein. Gleichgültig, wie jeder Einzelne zur Globalisierung steht: Was Sie heute schon gestalten können, ist die globale Ausrichtung Ihrer Geldanlage. Mit unseren Fonds, versteht sich."

Was also ist das, die „globale Ausrichtung“ der Geldanlage? Nach Lage der Dinge muss sie darin bestehen, den eigenen Märkern/Euros möglichst schnell Beine zu machen, auf dass sie mitwuseln können in den globalen Wettläufen um den großen Reibach. In der Tat winkt uns, während wir „mittags“ einen virtuellen „Abstecher ins Guggenheim-Museum nach New York“ machen, eine Parallelexistenz als Mini-Soros: 1.230 Milliarden Dollar nämlich „laufen“ täglich um die Welt, lesen wir. Nur drei Prozent davon würden der Abwicklung des Welthandels dienen. „Der Rest, stattliche 97 Prozent, sind reine Finanztransfers, Kapital, das rund um die Welt läuft, auf der Suche nach den besten Gewinnchancen.“

Wer dem suggestiven Sog der Globalisierungspoesie bis dahin widerstanden hat, reibt sich spätestens jetzt die Augen. Ist es nicht so, dass die Investmentfonds das Gros dieser Geschäfte, die hinter diesen Finanztransfers stehen, gar nicht machen dürfen? Dass in regelmäßigen Abständen düstere Visionen auftauchen, das ganze Geldgewusel könne die Menschheit womöglich in graue Vorzeit zurückbefördern, längst bevor sie die Segnungen der Totalglobalisierung genießt? Dass deswegen Regierungen, Nationalbanken, supranationale Finanzinstitutionen und selbst Herr Soros nach Regeln rufen, die Überblick und präventives Eingreifen ermöglichen? In der Tat: „Wie die Menschheit damit umgeht, wird eine der spannendsten Fragen der Zukunft sein.“

Für unsere gegenwärtigen Zwecke mindestens ebenso spannend ist die Frage, warum dem Prospekt-Texter niemand in den Arm gefallen ist. Hat in jener Investmentgesellschaft niemand gemerkt, dass die Fonds im Wortsinn unmöglich positioniert werden: in der Nähe von Geschäften, die sie nicht machen, mehr noch: gar nicht machen dürfen? Ist es nur einfach dumm gelaufen, dass da eher ganz normale Investmentfonds mit dem Hautgout der globalen Zockerei versehen werden? (Anmerkung: Andere Kapitalanlagegesellschaften gehen – sachlich vollständig berechtigt – zur großen Zockerei lieber auf Distanz. Bei Oppenheim lesen wir dankenswerterweise: „Dabei spielten exotische Finanzwetten ebenso eine Rolle wie die kreditfinanzierte Überdehnung der Geschäfte weit über das wirtschaftlich gebotene Maß hinaus. Solche Spekulation bleibt nicht ohne Schäden für die Anleger, aber auch für ganze Nationen. Uns allen sind die Bilder der Verzweiflung bekannt, nachdem über die Finanzmärkte massiv gegen die festgelegten Wechselkurse in Ostasien oder Südamerika spekuliert wurde. So flossen im Januar 1999, kurz vor der Freigabe des brasilianischen Real gegenüber dem US-Dollar, täglich 1,8 Milliarden Dollar Devisenreserven aus der größten Wirtschaftsnation Lateinamerikas ab.“)

Jede Wette, dass wir von einem Kalkül und nicht von einem Betriebsunfall berichten. Dass Fonds ausgezeichnete Instrumente sind, „mit Sicherheit“ aus Geld einfach nur mehr Geld zu machen, das war vor zehn Jahren eine vermutlich noch zündende Botschaft an das Anlegerpublikum. Damit alleine lässt sich heute kein Anleger mehr hinterm Sparbuch vorlocken. „Storys“ müssen her, womit die Marketing-Abteilungen so etwas wie identitätsstiftende Plattformen meinen: Eine Story ist dann gut, wenn sie der Befindlichkeit der zu gewinnenden Kundschaft, ihrem Lebensgefühl oder ihrem Glauben, ihrer Erfahrung oder ihrer Beschränktheit ein hohes Maß an Wiedererkennung bietet. Und da die Generation der Erben frivoler geworden ist im Umgang mit dem Geld, ist eine Story noch besser, wenn sie auch einen Hautgout hat. Dann, sagte uns neulich jemand aus der Branche, hat ein Fonds auch „Sex-Appeal“.

So viele Lebensgefühle, so viele Befindlichkeiten, so viele Glauben – so viele Fonds. Der Segmentierung der gesellschaftlichen Schichten entspricht die Segmentierung der Fonds; vielleicht ist es auch umgekehrt. Bei den anderen Investmentgesellschaften geht es gottlob zwar deutlich prosaischer, dennoch aber nach dem gleichen Muster zu.

„Was ist eigentlich ein Mega-Trend?“ fragt uns eine andere große KAG in einer Werbebroschüre zu einem Fonds für die 50 „Global Players“. „Wir verstehen“, so die Antwort, „darunter einen Trend, der große Teile der Bevölkerung betrifft, Jahre anhält und damit nicht nur heute, sondern auch langfristig hohe Wachstumschancen verheißt.“ Zum Beispiel der Trend zu Markennamen, die sich „weltweit auf dem Siegeszug“ befinden. „Selbst weitgereiste Globetrotter können sicher sein, dass sie auch in den entlegensten Winkeln der Welt nicht auf Coca-Cola … verzichten müssen.“

Die gute alte braune Brause. Seit Jahrzehnten schon schwappt sie ursuppengleich um den Globus, und schon immer konnten mit ihr wichtige Botschaften narrensicher verpackt werden. Einmal, das war nach unserer Erinnerung Ende der 60er Jahre, wurde sie in dieser Eigenschaft sogar zum Transporteur von Weltpolitik. „Kuba", so der damalige amerikanische Außenminister sinngemäß, „wird erst dann frei sein, wenn ‚Cuba Libre' wieder mit echter Coca-Cola gemixt wird." Nicht nur in diesem Fall gab es den Mega-Trend also schon, längst bevor er begrifflich erfunden wurde. Schon damals fuhren Globetrotter mit Toyotas durch die Wüsten der Welt, tankten Esso, schluckten bei Unpässlichkeit örtlich vorrätiges Aspirin und zahlten alles mit Reiseschecks von American Express.

Kann sein, dass dieses Mega-Marken-Konzept auch weiterhin aufgeht, obwohl es sich seltsam angestaubt anfühlt, und dass solche Marken auch zukünftig hohe Wachstumsraten erzielen können. Vielleicht aber haben wir es auch nur damit zu tun, dass deutsche Bankiers einen Mega-Trend erst dann entdecken, wenn andernorts die Uhren schon wieder ganz anders ticken? Wundern würde uns das nicht, so ist es eben in der Provinz.

Der Vollständigkeit halber aber wollen wir Sie auch daran erinnern, dass es eine ganze Reihe von Beispielen gibt, wo solche Dino-Marken gänzlich unerwartet ins Schlingern gerieten; der „Blaue Riese" ist davon wahrscheinlich der bekannteste Fall. Und apropos Coca-Cola: Fast hätte die größte deutsche Illustrierte im Sommer 1999 mit einem Titelbild aufgemacht, das eine solche Flasche als sinkende Titanic zeigt. Die Rechtsabteilung stoppte das Vorhaben in letzter Sekunde wegen befürchteter Schadenersatzklagen.

Von Trends, die Jahre anhalten, lesen wir denn auch in einer anderen Werbebroschüre derselben KAG nichts mehr, sondern, kurz und knackig, vom Gegenteil: „Die Trends an den Kapitalmärkten sind zunehmend kurzlebiger." Klar: Mit der Boschüre werden Trading Fonds verkauft.

Und schließlich ein drittes Beispiel, das illustrieren soll, mit welch heißer Nadel neue Fonds gestrickt werden: die Sache mit „life science". Von ihr weiß man zwar noch nicht so genau, was sie ist und wo sie beginnt und wo aufhört, außer, dass Hoechst sich schon seit geraumer Zeit in einen Life-Science-Konzern umbaut. Der dazu passende Fonds jedenfalls wurde schon einmal aufgelegt.

Wir lesen im Verkaufs-Flyer die gleichermaßen einfältige wie unbescheidene Selbsteinschätzung, der Fonds sei „das optimale Anlageinstrument". Vielleicht, vielleicht aber auch nicht. Die Initiatoren jedenfalls sind ebenfalls tolerant und nehmen es nicht so genau. Auf Seite 5 des Flyers bietet Life Science ein „besonders günstiges Ertrags-/Risikoverhältnis“; auf Seite 6 herrscht aber schon wieder „business as usual“: Dort stehen „erhöhten Risiken beträchtliche Kurschancen gegenüber“. Gesundheit!

Schier endlos könnten wir weiter zitieren: Mal sind es die großen Unternehmen, mal die kleinen, mal die alten und mal die neuen Marken, mal die Branchen A oder B, mal die Regionen Y oder Z, die in der globalisierten Zukunft die besten Chancen haben. Alles klingt lecker, plausibel und zunehmend auch milleniumsicher – bis Sie die nächste Werbebroschüre zur Hand nehmen.

Unser Rat

Gehen Sie davon aus: Was richtig ist und was falsch, wissen die Investmentanbieter selbst nicht. „Wer vieles bringt, wird manchen etwas bringen“, dieses Goethe'sche Motto und nicht das Wissen um die richtige Anlagestrategie bestimmt ihre Angebotspolitik. Die Konkurrenz tut ein Übriges: Wenn einer vieles bringt, müssen die anderen möglichst noch mehr bringen. Es könnte ja sein, dass ein Volltreffer darunter ist.

Wenn Sie nun meinen, dass wir eigentlich aus der Welt der ganz normalen Werbung berichten, dann liegen Sie richtig. Das Automobil X sollen Sie kaufen, weil es Freiheit verheißt, das Bier Y wegen Ihrer Nähe zum Adel trinken und die Klinge Z in Ihren Rasierer schieben, weil das direkt bei Ihrer Männlichkeit ankommt. Mag sein, dass Sie sich anschließend freier, königlich oder unwiderstehlich fühlen – dass Ihnen aber die versprochenen Attribute auch in der Wirklichkeit zufallen, kommt eher selten vor. Die Fondswerbung lässt Sie sich besonders raffiniert oder einer neuen Elite zugehörig fühlen – Folge und Realitätsgehalt wie oben. Der Unterschied allerdings ist: Bei einem normalen Konsumgut hält sich schon deswegen der Schaden in engen Grenzen, wenn die Verheißungen nicht eintreten, weil sie ohnehin nicht so recht ernst genommen werden.

Dass das beim Geld – neben Gesundheit und Recht (deren Berufsvertreter in Deutschland übrigens nur eingeschränkt werben dürfen) eines der wichtigsten Güter – anders ist, liegt auf der Hand. Insofern legen wir Ihnen ans Herz, der „ersten Hälfte“ der Informationen zu den Fonds besondere Aufmerksamkeit zu schenken, auch wenn sie häufig nicht einfach zu verstehen sind: In den gesetzlich vorgeschriebenen Informationen finden Sie die Wahrheit zu den einzelnen Fonds, jedenfalls ziemlich viel von ihr.

2 Wie Sie die Anlageergebnisse der Fonds sehen sollten

Zurück also zum gesunden Menschenverstand. Vielleicht haben Sie die Anlageergebnisse der Fonds in den vergangenen Monaten verfolgt. Unschwer ist Ihnen dabei zunächst aufgefallen, dass vor allem die Aktienfonds Wechselbäder durchlaufen haben. Startet die Betrachtung zur Jahresmitte 1996, dann sind die Aktienmärkte der westlichen Hemisphäre damals in eine stürmische Aufwärtsentwicklung gestartet, die zunächst bis in den Herbst 1997 anhielt. Dann fand über Nacht ein Crash statt, der als die „Asienkrise" in die Geschichte der Kapitalmärkte eingegangen ist: Die Tigerländer Südostasiens konnten die sich am US-Dollar orientierenden Wechselkurse nicht mehr verteidigen; mit den Wechselkursen gingen die Börsen, auch in der westlichen Hemisphäre, in die Knie.

Zumindest im Westen verzog sich das Gewitter überraschend schnell. Kein Jahr später waren im Sommer 1998 Höchstkurse erreicht, die selbst von den hartnäckigsten unter den Optimisten nicht für möglich gehalten wurden. Doch die Party war nur von kurzer Dauer: Spätsommer und Herbst waren geprägt von einem Crash in Scheiben, als die Clinton-Affäre auf dem Höhe- und die russische Wirtschaft auf dem Tiefpunkt angelangt war, ein Hedge-Fonds ins Trudeln geriet und für Lateinamerika ein ähnliches Schicksal befürchtet wurde wie ein Jahr zuvor für die Tigerstaaten. Nur zögerlich erholten sich die Börsen von diesem neuerlichen Rückschlag; die deutsche war im Sommer 1999 noch ein deutliches Stück von ihren Vorjahreshöchstständen entfernt.

Dennoch waren diese drei Jahre seit Mitte 1996 außerordentlich fette Aktienjahre. Anleger, die damals in die drei Indizes eingestiegen wären, hätten jahresdurchschnittliche Wertsteigerungen zwischen 25 Prozent (deutsche Aktien) und rund 30 Prozent (jeweils europäische bzw. amerikanische Aktien) erzielt.

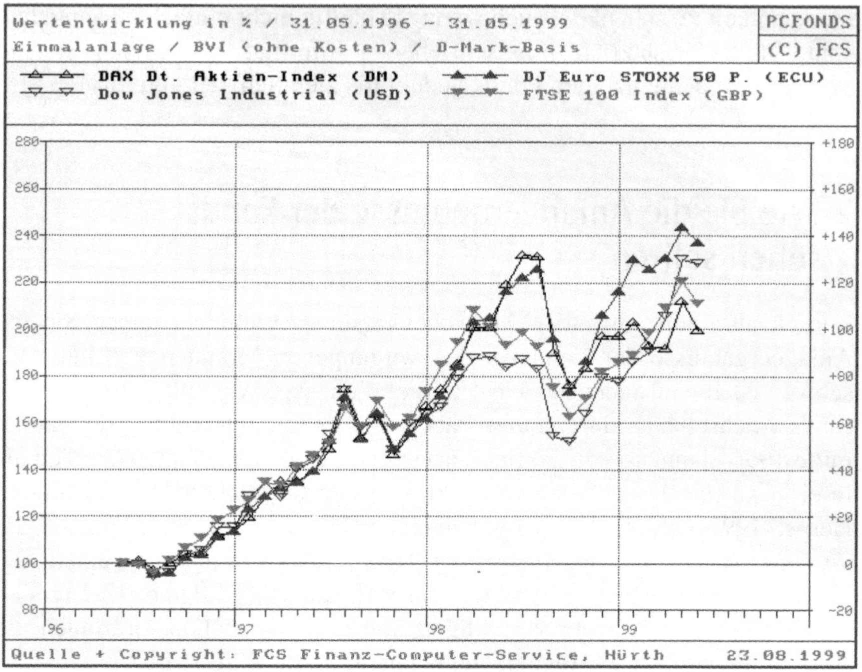

Grafik 20: Extreme Schwankungen, aber per saldo sehr hohe Wertsteigerungen kennzeichneten die westlichen Börsen 1996 bis 1999.

2.1 Welche Anlageergebnisse die Fonds zustande brachten

Wie gelang es den Investmentfonds, diesen vorgefundenen „Rohstoff Marktentwicklung“ zu veredeln? Diese Frage untersuchen wir in den nachfolgenden Tabellen für wichtige Märkte. Die Analyse des Abschneidens im dreijährigen Bereich haben wir ergänzt um die Ergebnisse aus den ein-, fünf- und zehnjährigen Anlagebereichen (alle enden am 31.05.1999). Für alle Bereiche und Anlagegruppen haben wir die Wertentwicklung des jeweils besten, schlechtesten und des Durchschnitts aller Fonds mit der Wertentwicklung des Index verglichen, der für das jeweilige Marktsegment am Gebräuchlichsten ist.

Marktentwicklung und Fondsergebnisse

Jahresdurchschnittliche Wertsteigerungen in %
Stichtag 31.05.1999

Aktienfonds Anlageschwerpunkt Deutschland

	Index DAX	*Bester*	*Durchschnitt*	*Schlechtester*
1 Jahr	–9,0	55,6	–7,1	–20,3
3 Jahre	25,9	59,1	22,0	9,5
5 Jahre	19,0	26,5	15,3	3,6
10 Jahre	13,7	15,2	11,5	4,4

Aktienfonds Anlageschwerpunkt Europa

	STOXX 50 P			
1 Jahr	10,2	24,6	0,2	–26,0
3 Jahre	34,3	37,9	24,3	5,2
5 Jahre	26,7	26,8	18,2	7,9
10 Jahre	n.v.	16,0	11,5	6,6

Aktienfonds Anlageschwerpunkt USA

	Dow Jones I			
1 Jahr	24,9	117,8	21,8	–28,9
3 Jahre	31,9	47,4	20,2	–11,4
5 Jahre	26,3	33,8	22,5	– 1,7
10 Jahre	14,9	20,9	13,6	3,1

Aktienfonds weltweit streuend

	MSCI Welt			
1 Jahr	17,3	206,3	11,3	–31,3
3 Jahre	23,0	43,4	13,5	–20,2
5 Jahre	17,0	26,5	9,7	–10,6
10 Jahre	8,4	17,8	7,9	– 3,0

Rentenfonds, Anlageschwerpunkt DM

	Index REX P	*Bester*	*Durchschnitt*	*Schlechtester*
1 Jahr	8,8	11,5	6,8	–2,1
3 Jahre	8,6	15,8	7,0	1,6
5 Jahre	8,7	13,5	7,1	1,2
10 Jahre	8,2	9,7	7,3	5,4

Rentenfonds, internationale Währungen

1 Jahr	n.v.	18,8	7,7	–4,0
3 Jahre	n.v.	16,4	7,9	4,1
5 Jahre	n.v.	11,9	8,2	3,8
10 Jahre	n.v.	9,0	7,0	5,2

Die drei wichtigsten Aspekte, die sich aus unserer Sicht für Ihre Beurteilung des Fonds-Universums aus den vorstehenden Übersichten ergeben, zeigen wir Ihnen in den nachfolgenden Abschnitten.

2.2 Lichtjahre zwischen den Besten und den Schlechtesten

Vor allem bei den Aktienfonds ergeben sich durchgängig Bandbreiten zwischen den besten und den schlechtesten Fonds, deren Ausmaß überraschen mag. Diese Bandbreiten sind zwar auch eine Folge unserer noch immer eher groben Fondsauswahl: So haben wir innerhalb der Fondsgruppen noch nicht differenziert z.B. zwischen Blue-Chip-Fonds und solchen Fonds, die sich auf Technologie-, Telekommunikations- oder andere Spezialbereiche konzentrieren. Aus diesen Bereichen kommen durchgängig die Überflieger der kurzfristigen Betrachtungsperioden.

Doch nicht nur, weil wir mit einer möglichst plakativen Darstellung Ihre Sensibilität auf die riesigen Qualitätsunterschiede zwischen den einzelnen Fonds lenken wollen, haben wir an dieser Stelle auf eine tiefere Aufgliederung der Fondsgruppen verzichtet. Für die Betrachtungszeiträume der letzten fünf und zehn Jahre erübrigt sich eine solche Differenzierung, weil es in diesen speziellen Marktsegmenten kaum Fonds gibt, die schon so lange am Markt sind.

So nehmen im Zehnjahresbereich durchgängig reine Blue-Chip-Fonds die Spitzenplätze ein. Die Schlusslichter bilden die auf kleine Kapitalgesellschaften spezialisierten Aktienfonds, die vor zehn Jahren gerade in Mode waren, weil sie sich in den zwei, drei Jahren davor außerordentlich gut entwickelten.

Auch in der deutlich homogeneren Selektion, zu der die zehnjährige Betrachtungsweise führt, erscheinen die Unterschiede zwischen Spitze und Durchschnitt vor allem dann immens, wenn sie in Mark und Pfennig gemessen werden:

Beispiel

Der beste in Deutschland investierende Fonds hätte 412.000 DM aus angelegten 100.000 DM gemacht, der schlechteste dagegen nur 154.000 DM.

2.3 Wenige sind besser, die meisten schlechter als der Markt

Wird die Entwicklung des Index, der die einzelnen Märkte beschreibt, als Messlatte an die Fonds der jeweiligen Gruppe angelegt, dann fällt bei den Fondsergebnissen auf:

- Der Durchschnitt der Fonds schnitt in fast allen Laufzeitbereichen und in allen Fondsgruppen schlechter ab als der Markt.

Diese Tatsache gewinnt durch ein Gedankenexperiment an Aussagekraft: Nehmen wir an, für jeden Fonds je Anlagegruppe und Zeitraum läge ein Los in einem Gefäß, und Sie müssten jenen Fonds nehmen, dessen Los Sie ziehen. Wie hoch waren in der Vergangenheit die Wahrscheinlichkeiten, einen Fonds zu ziehen, der besser als sein Markt abschnitt?

	Anlageschwerpunkt		
	Deutschland	Europa	USA
1 Jahr	46,2% (62 von 134 Fonds)	3,4% (5/146)	36,2% (34/94)
3 Jahre	3,8% (4/103)	3,3% (3/90)	30,7% (23/75)
5 Jahre	14,3% (12/84)	1,5% (1/69)	27,2% (15/55)
10 Jahre	11,8% (4/34)	n.v.	45,0% (9/20)

2.4 Überdurchschnittlich hohes Niveau am Stichtag

Der dritte Aspekt schließlich, auf den wir Ihre Aufmerksamkeit lenken wollen, geht aus den Übersichten zu den Fondsergebnissen nicht unmittelbar hervor. Diese weisen z.B. für die in Deutschland investierenden Fonds im Zehnjahresbereich im Durchschnitt aller Fonds eine jährliche Wertentwicklung von 11,5 Prozent auf. „O.K.“, mögen Sie sagen, „das ist zwar weniger als der Markt, aber als Durchschnitt aller Fonds im langjährigen Bereich scheint das eine repräsentative Größenordnung zu sein.“

Ist es nicht. Wir haben auch das Abschneiden des Durchschnitts der Aktienfonds mit Anlageschwerpunkt Deutschland nach der Methode der gleitenden Anlageperioden – vgl. Kapitel 2 – analysiert. Der großen Datenmengen wegen haben wir die Untersuchung auf die Zehnjahreszeiträume seit 01.01.1974 und darauf beschränkt, die Anlagezeiträume kalenderjährlich gleiten zu lassen.

Unser Rat

Ergebnis: Die 11,5 Prozent sind ein deutlich überdurchschnittlicher Wert, im Durchschnitt der 15 analysierten Perioden lagen die Fondsdurchschnitte bei 10 Prozent. Grafik 21 zeigt neben den Periodenergebnissen der Fonds auch die des DAX und bestätigt, dass es nicht die Ausnahme, sondern die Regel ist, dass der Fondsdurchschnitt den Marktindex deutlich verfehlt.

3 Wer hinter den Fonds steht

Die rund 3.500 Investmentfonds, die in Deutschland zum Vertrieb zugelassen sind, können in einer ersten Gliederung in zwei Gruppen eingeteilt werden:

- Investmentfonds, die nach deutschem Recht aufgelegt sind.
- Investmentfonds, die nach ausländischem Recht aufgelegt sind.

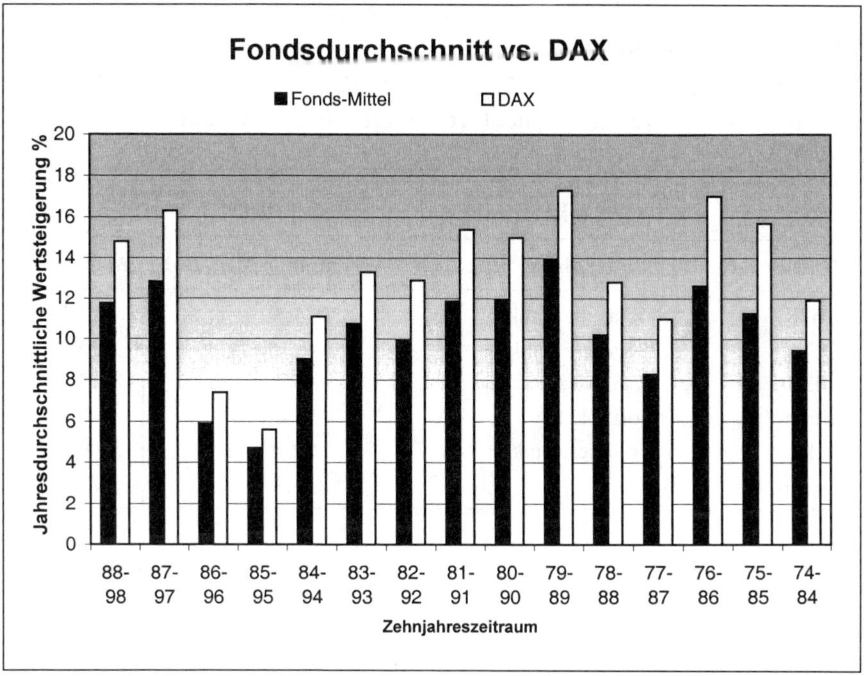

Grafik 21: Selten zu hörende Wahrheiten: 1. Fondsdurchschnittsergebnisse schlagen den Index nicht, und 2. zweistellige 10-Jahres-Ergebnisse sind nicht zwangsläufig.

3.1 Nach deutschem Recht aufgelegte Investmentfonds

Für diese Fondsgruppe gelten die Bestimmungen und Zulassungsvorschriften, die im deutschen Gesetz über Kapitalanlagegesellschaften (KAGG) festgeschrieben sind und die wir Ihnen in Kapitel D genauer vorstellen.

Auf den ersten Blick weist die Landschaft der nach deutschem Recht aufgelegten Fonds eine erfreuliche Vielfalt auf: Etwa 850 Fonds fürs breite Publikum zählt die Deutsche Bundesbank, die von 52 Fondsgesellschaften aufgelegt sind. Das Vermögen, das diesen Gesellschaften von Anlegern anvertraut wurde, beläuft sich auf ca. 405 Mrd. DM. Davon befinden sich ca. 320 Mrd. DM in den Wertpapierfonds und etwa 85 Mrd. DM in den Offenen Immobilienfonds (von acht Fondsgesellschaften aufgelegt).

Doch da das Fondsgeschäft nur betreiben darf, wer eine Banklizenz hat, überrascht der zweite Blick kaum: Den Löwenanteil des Kuchens der Wertpapierfonds teilen die „fünf Großen“ des deutschen Bankgewerbes unter sich bzw. unter ihren Investment-Tochtergesellschaften auf:

Marktanteile der „großen Fünf“			
Gesellschaft	**Mutter-Bank**	**verw. Vermögen in Mrd. DM**	**Marktanteil**
DWS	Deutsche Bank	74,3	23,2 %
DIT	Dresdner Bank	49,0	15,3%
DEKA	Sparkassen	48,2	15,1 %
Union	Volksbanken	33,4	10,4 %
Adig	Commerzbank	29,2	9,1 %
Gesamt		234,1	73,2 %

Fünf weitere Gesellschaften stehen, was ihre Größe betrifft, in der zweiten Reihe

Die „Fünf aus der zweiten Reihe“			
Gesellschaft	**Mutter-Bank**	**verw. Vermögen in Mrd. DM**	**Marktanteil**
Frankfurt Trust	BHF-Bank	8,8	2,8 %
DVG	Deutsche Bank	8,1	2,5 %
Allianz	Allianz	6,6	2,1 %
Oppenheim	Oppenheim	4,8	1,5 %
HCM	HypoVereinsbank	4,2	1,3%
Gesamt		32,5	10,2 %

Wegen ihrer Sonderstellung ist schließlich die Universal Kapitalanlagegesellschaft erwähnenswert, die eine Gemeinschaftsgründung einiger namhafter deutscher Privatbanken ist und die auf ein verwaltetes Vermögen von ebenfalls 4,2 Mrd. DM kommt.

Für die restlichen 33 Gesellschaften, die Wertpapierfonds aufgelegt haben, bleibt mit gerade eben 50 Mrd. DM nicht besonders viel übrig. So gibt es eine ganze Reihe von Investmentgesellschaften, die weniger als 1 Mrd. DM verwalten, die dann auch nicht selten auf Fonds mit wenigen Millionen Mark verteilt sind.

Unser Rat

Die Ursache für diese Zwei- oder Dreiteilung der Investmentlandschaft in Deutschland besagt nicht, dass die Fonds der kleinen Gesellschaften schlechter seien. Gute, mittelmäßige und schlechte Fonds sind vielmehr ziemlich gleichmäßig über alle Gesellschaften verteilt.

Fast ausschließlich sind die unterschiedlichen Volumina auf die gänzlich unterschiedlich dimensionierten Vertriebskanäle zurückzuführen:

- Die „großen Fünf“ verfügen mit den Bankschaltern ihrer Mütter über ein flächendeckendes Vertriebsnetz, die Sparkassen und Volksbanken auch in ausgesprochen ländlichen Gebieten. Zusätzlich haben sich einige der Großen die Vertriebspower von außerhalb des Bankensektors agierenden Vertriebsorganisationen gesichert, der DIT etwa mit dem größten dieser Strukturvertriebe, der DVAG.
- Die kleineren Investmentgesellschaften dagegen können kaum auf eigene Vertriebsstellen zurückgreifen. Die Vertriebsstellen der „Großen“ stehen ihnen in den seltensten Fällen zur Verfügung, da diese in der Regel nur den konzerneigenen Fonds offen stehen. Die Direktbanken sind die typischen Abnehmer ihrer Fonds, immer häufiger auch frei arbeitende Vermögensverwalter, Anlageberater und Maklerorganisationen. Dorthin – oder an die Investmentgesellschaft direkt – müssen Sie sich in der Regel wenden, wenn Sie im Angebot einer der kleinen deutschen Investmentgesellschaften eine Perle entdeckt haben, die Sie sich gerne anstecken würden. Von Ihrer Hausbank jedenfalls können Sie kaum erwarten, dass sie Ihnen das wertvolle Stück besorgt.

3.2 Ausländische Fonds

Nach EU-Recht aufgelegte Fonds

Von den mehreren zehntausend ausländischer Fonds sind jene privilegiert, die nach dem Recht eines Mitgliedslandes der Europäischen Union aufgelegt sind. Von einigen wenigen Formalitäten abgesehen, die sie erfüllen müssen, sind sie aufgrund der EU-Investmentdirektive 85/611 und nach § 15 des Auslandsinvestmentgesetzes automatisch in Deutschland und allen anderen Mitgliedsländern der Europäischen Union „zum Vertrieb zugelassen".

Die große Mehrzahl dieser gut 2.000 „EU-Fonds" ist in Luxemburg aufgelegt. Diese Konzentration der Fondsbranche auf das kleinste EU-Land geht im Wesentlichen darauf zurück, dass die gesetzlichen Vorschriften dort europaweit am liberalsten sind und der Fondsbranche hierzulande noch immer verschlossene Gestaltungsspielräume öffnen. Doch die Fondsgesetzgebung ist wohl nur eine der Attraktionen Luxemburgs; auch der Umstand, dass sich mit der steuerlichen Diskretion Luxemburgs bequeme Umsätze machen lassen, zählt aus Bankersicht zu den Standortvorteilen.

Jedenfalls nutzt auch die deutsche Investmentbranche ausgiebig die freundlichen Rahmenbedingungen des kleinen Nachbarlandes. „Luxemburger Fonds deutscher Provenienz" heißen die Sprösslinge, die von ihren Luxemburger Filialen in die Welt gesetzt wurden und 156 Mrd. DM schwer sind.

Das Geschäft teilen auch dort die „großen Fünf" mehr oder weniger exklusiv unter sich auf:

Die „großen Fünf" auch in Luxemburg dominant

Gesellschaft	Mutter-Bank	verw. Vermögen in Mrd. DM	Marktanteil
A.L.S.A	Commerzbank	30	19,2 %
Deka intern.	Sparkassen	31	19,9 %
Dam	Dresdner Bank	20	12,8 %
Dbim	Deutsche Bank	33,5	21,5 %
Union	Volksbanken	23,6	15,1 %
Gesamt		138,1	88,5 %

Daneben ist Luxemburg auch für eine schlagkräftige Phalanx nicht-deutscher Fondsgesellschaften die Basis für deren „Operation Kontinentaleuropa". Darunter im Wesentlichen die amerikanischen, etwa Fidelity, die weltweit größte unter den nicht von Universalbanken beherrschten Investmentgesellschaften, daneben mit Flemings, Schroder, Alger viele weitere bedeutende amerikanische Investmenthäuser, die an der Missionierung der europäischen Anleger in Sachen Investment mitverdienen wollen.

Auch das schweizerische Geldgewerbe ist stark in Luxemburg vertreten. Der Umweg über Luxemburg ist die einfachste Methode, der Isolation zu entkommen, in welche die Schweiz durch den Nicht-Beitritt zur Europäischen Union geraten ist. Mit ihren Filialen in Luxemburg kompensieren Credit Suisse, das Bankhaus Julius Baer usw. den Wettbewerbsnachteil, den originär schweizerische Finanzdienstleistungsprodukte durch ihren Ausschluss vom liberalisierten Kapitalmarkt innerhalb der EU haben.

Ein neuer Stern am Firmament der europäischen Fondsstandorte ist schließlich mit der Republik Irland aufgetaucht. Zunehmend nutzen neben internationalen Fondshäusern wie Pioneer oder Invesco auch deutsche Gesellschaften, darunter auch bereits die Fondsgesellschaft der Sparkassen, die vielfältigen Vorzüge, die auf der grünen Insel für Bankaktivitäten geschaffen worden sind.

Andere ausländische Fonds

Die EU-Variante ist jedoch nicht die einzige Möglichkeit für ausländische Investmentgesellschaften, die Zulassung in Deutschland zu erhalten. Schon bevor die Europäische Union Gestalt annahm, nutzten vor allem amerikanische Investmenthäuser die Möglichkeit des § 7 des Auslandsinvestmentgesetzes. Sie müssen danach ein aufwendiges Prüfungsverfahren durchlaufen und einen inländischen Finanzvertreter bestellen. Der Bedeutendste dieser sogenannten „§ 7-Fonds" ist sicherlich der eingangs bereits erwähnte Templeton Growth Fund, daneben nutzen Pioneer für eine Reihe seiner Fonds und einige schweizerische Investmentgesellschaften den § 7.

So sicher wie deutsche Fonds?

Vorbehalte hinsichtlich der Solidität, wie in Deutschland zugelassene ausländische Fonds mit Ihrem Geld umgehen, müssen Sie nicht hegen. Diese

Fonds unterliegen in ihren jeweiligen Heimatländern einer ebenso strengen Aufsicht, wie sie für deutsche Fonds gilt. Zwar geben die meisten ausländischen Investmentgesetze den Investmentgesellschaften und Fondsmanagern noch immer einen größeren Spielraum bei der Ausgestaltung von Investmentfonds und deren Anlagepolitik. Doch das früher erhebliche Gefälle zwischen dem (restriktiven) Deutschland und dem (liberalen) Rest der Welt ist spätestens seit dem Dritten Finanzmarktförderungsgesetz von 1998 stark eingeebnet (vgl. hierzu Kapitel D).

Die zusätzlichen Risiken, die Sie mit ausländischen Fonds unter Umständen eingehen können, kommen auf eher leisen Sohlen daher:

- Weil sie sich an ein globales Publikum richten, ist eine beträchtliche Anzahl der ausländischen Fonds in der „Weltwährung US-Dollar" aufgelegt. Ihr Anlageerfolg hängt – wenn Sie in DM oder Euro denken – also auch davon ab, ob der Greenback während Ihrer Anlagezeit steigt oder fällt.
- Bei den ausländischen Fondsgesellschaften ist die Spezialisierung auf Fonds, die kleine Einzelmärkte bedienen, sehr viel weiter fortgeschritten als in Deutschland. So kann man etwa bei Fidelity unter fast 20 Fonds wählen, die in einzelnen Ländern oder Regionen Südostasiens investieren und deren häufig engen Märkte ein enormes Schwankungspotenzial aufweisen.

Unser Rat

Beides spricht jedoch nicht per se gegen die ausländischen Fonds, sondern nur dafür, dass Sie sich diese Eigenschaften vor einem Engagement bewusst machen. Tun Sie das und sind diese Eigenschaften vielleicht sogar gewollt, dann können Sie die in Deutschland zugelassenen ausländischen Fonds genauso unbedenklich einsetzen wie deutsche.

4 Wo Sie Fondsanteile erwerben können

Die im vorangegangenen Abschnitt bereits angesprochenen Erwerbsmöglichkeiten wollen wir uns mit ihren Charakteristika und Vor- und Nachteilen genauer anschauen.

4.1 Banken

Rund 70 Prozent des Fondsabsatzes werden in Deutschland an den Bankschaltern abgewickelt. Das ist viel, vor allem im Vergleich mit den USA oder mit England, hat aber selten etwas mit wirklicher Vielfalt zu tun. Denn im Angebot einer Bank stehen fast immer nur die Fonds der mit dem jeweiligen Institut verbundenen Investmentgesellschaft. Nach uns vorliegenden Erfahrungsberichten scheinen unter den „großen Fünf" bei den Volksbanken die Chancen noch am größten zu sein, einen nicht-konzerneigenen Fonds angeboten zu bekommen.

Wegen dieser Beschränkung werden die Banken häufig kritisiert. Verdenken kann man ihnen dieses Verhalten aber schwerlich: Ähnlich geht es auch im normalen Leben zu, wo zum Beispiel Audi sein Händlernetz auch nicht für die Karossen von DaimlerChrysler öffnet, bei Benetton keine Jeans von Calvin Klein und bei der Telekom kein D2-Vertrag erworben werden kann.

Unser Rat

Dass Ihnen also am Schalter Ihrer Hausbank mit größter Wahrscheinlichkeit allenfalls der für Ihre Zwecke am besten geeignete Fonds des jeweiligen Konzerns angeboten wird, ist gewissermaßen Geschäftsgrundlage. Dass dieser Fonds aber selten der Beste insgesamt ist, sondern häufig nur unter „ferner liefen" rangiert, allerdings auch.

4.2 Versicherungen

Ähnlich gelagert sind die Interessen meist dann, wenn Ihnen der Repräsentant einer Versicherungsgesellschaft eine Investmentanlage empfiehlt. Auch die Versicherungsbranche ist bestrebt, in der „Zukunftsbranche Investmentfonds" Fuß zu fassen; mit eigenen Investmentgesellschaften wie etwa bei Gerling, Allianz, Zürich usw. oder strategischen Allianzen zwischen Versicherern und Investmentgesellschaften/Banken versucht sie Marktanteile zu sichern. Folge wie oben: Sie können nicht erwarten, dass dem Angebot eine objektive und neutrale Analyse des gesamten Fondsspektrums vorausgegangen ist.

Unser Rat

Am ehesten dürfen Sie von unabhängigen Versicherungsmaklern neutrale Beratung erwarten. Sie arbeiten mit einer Vielzahl von Gesellschaften zusammen und müssen sich nicht vertraglich auf die Vermittlung der Produkte nur eines Konzerns festlegen.

4.3 Direkt-/Discountbanken

Bei den Direktbanken wie Consors, Advance Bank, Bank 24 usw. können Sie davon ausgehen, dass niemand unmittelbar versuchen wird, Ihnen die Investmentfonds eines bestimmten Konzerns bevorzugt anzubieten. Ihr Geschäft besteht darin, auf die kostenträchtige Beratung zu verzichten: Es wird also von Ihnen erwartet, dass Sie wissen, was Sie wollen. Den gewünschten Fonds finden Sie in der Regel dann auch im Angebot der jeweiligen Direktbank.

Neben der großen Auswahl hat der Erwerb von Fondsanteilen bei den Direktbanken den zusätzlichen Vorteil, dass Ihnen bei den Einstiegskosten (Ausgabeaufschlägen) häufig ein Rabatt in der Größenordnung von 40 bis 50 Prozent gewährt wird. Nicht selten werden Sie allerdings feststellen, dass die Nachfrage mit der Rabattpolitik der einzelnen Institute quasi durch die Hintertür auf die Fonds des hinter der jeweiligen Direktbank stehenden Konzerns gelenkt wird: Bei diesen gibt's die höchsten Rabatte.

Unser Rat

Vor allem bei längerfristigen Engagements sollten Sie die Höhe der Ausgabeaufschläge nicht ins Zentrum Ihrer Entscheidung stellen. Ein guter Fonds hat eine Rabattdifferenz zu einem schlechten schnell wieder eingespielt.

Versuchen Sie ferner, anhand der Gebührenordnung der einzelnen Institute nachzuvollziehen, wie teuer Ihre Direktbank-Verbindung realistischerweise ausfallen wird. Wie hoch sind die laufenden Kosten, die für die Kontoführung und zukünftige Transaktionen anfallen? Fallen neuerliche Ausgabeaufschläge an, wenn Sie einen Fondswechsel vornehmen?

Stellen Sie sich schließlich darauf ein, dass der Erwerb von Fondsanteilen auf diesem Weg mit erheblichem bürokratischen Aufwand verbunden ist. So verlangt etwa das Geldwäschegesetz von den Direktbanken, dass Sie Ihre Identität mit einer Kopie Ihres Personalausweises nachweisen, die von einem „zuverlässigen Dritten" – etwa der Gemeindeverwaltung oder dem Pfarramt – beglaubigt sein muss.

4.4 Fonds-Shops

In vielen Großstädten gibt es mittlerweile Fondsshops, die auch als Supermärkte für Investmentfonds bezeichnet werden können. Ihre Inhaber haben mit einer mehr oder weniger großen Zahl von Investmentgesellschaften Vertriebsvereinbarungen geschlossen und bieten neben der Vermittlung von Anteilen einer Vielzahl von Fonds auch umfassende und neutrale Beratung an.

Das sinnvoll erscheinende Konzept hat jedoch erhebliche Tücken. Hauptsächlich das explosionsartige Wachstum und die Innovationskraft der Investmentbranche stellen erhebliche Anforderungen an die Shops, wenn sie immer auf der Höhe der Zeit sein wollen. Eine Selbstbeschränkung des Kerngeschäfts auf ausgewählte Fondsgesellschaften ist deswegen häufig betriebswirtschaftliche Notwendigkeit, die dann auch das Beratungsgespräch dominiert.

Erfahrungsberichte von Anlegern geben ferner Anlass zu der Vermutung, dass der eine oder andere Fondsshop nur eine clevere Fassade ist, hinter der mehr oder weniger ausgeprägt das Allfinanzgeschäft betrieben wird: Man geht hinein, weil man Anteile an einem guten Aktienfonds kaufen will, und kommt mit einer steuersparenden Beteiligung z. B. an einem Leasing-Fonds wieder heraus.

Unser Rat

Insofern fällt es schwer, die Vor- und Nachteile des Anteilserwerbs über Fondsshops pauschal zu beurteilen. In jedem Fall kann es nicht schaden, wenn Sie schon einige Erfahrung in Geldgeschäften mitbringen und ziemlich genau wissen, was Sie wollen.

4.5 Freie Finanz-, Anlage- und Vermögensberater

Schätzungsweise 200.000 Personen oder Firmen sind in Deutschland damit befasst, Finanzdienstleistungen zu vermitteln, ohne dabei von einer Bank oder einer Versicherung angestellt zu sein. Immobilien, Steuersparanlagen, Versicherungen und Finanzierungen gehörten bisher zu den bevorzugten Geschäftsfeldern dieser „freien Finanzdienstleister"; zunehmend wird auch die Vermittlung von Investmentanteilen zu einem wichtigen Standbein.

Ein Teil dieser Berufsgruppe hat in der Vergangenheit heftig am schlechten Image des gesamten Berufsstandes gearbeitet, indem für hohe Provisionen betrügerische, sinnlose oder unwirtschaftliche Anlagemodelle an Anleger verkauft wurden. Auch der Umstand, dass jedermann/-frau sich noch immer Berufsbezeichnungen wie „Finanzkaufmann" auf die eigene Visitenkarte schreiben kann, ohne auch nur eine einzige Prüfung auf fachliche Eignung absolviert zu haben, fördert das Vertrauen gewiss nicht.

Dennoch sind wir weit davon entfernt, Ihnen generell davon abzuraten, Investmentanteile bei freien Finanzdienstleistern zu erwerben. Es gibt dort nämlich nicht nur die schwarzen Schafe, die „abkassieren und abhauen": Es ist wohl sogar die Mehrheit, für die das Kundenwohl im Vordergrund steht, schon weil sie anders keine dauerhafte Existenz aufbauen können. Insofern kann das Berufsbild des freien Finanzberaters ein wichtiges Regulativ zur in engen Grenzen verlaufenden „Beratungsfreiheit" der Banken sein. Eine beträchtliche Zahl ehemaliger Bankberater hat denn auch ins Lager der „Freien" gewechselt, nicht zuletzt, um größeren Spielraum bei der Realisierung der Kundeninteressen zu haben.

In so oder ähnlich gelagerten Personenkreisen können Sie langjährige Erfahrung, gesundes Beurteilungsvermögen Ihrer Bedürfnisse und Bereitschaft vermuten, für Sie auch nach dem Abschluss da zu sein. Indizien dafür können sein:

Unser Rat

„Gestandene Investmentleute" sind häufig poolartigen Dachorganisationen angeschlossen, die ihnen die Formalitäten gegenüber den Investmentgesellschaften abnehmen und die Fortbildung organisieren. Sie sind in der

Lage, die Fonds der wichtigsten Investmentgesellschaften zu vermitteln. Bevor sie Ihnen einen Fonds verkaufen, interessieren sie sich für Ihre gesamten finanziellen Verhältnisse. Ihre Anleger informieren sie teilweise in periodischen Rundschreiben über die Entwicklung der Fonds, die Bewegungen der Kapitalmärkte und interessante neue Anlagemöglichkeiten, andere bieten ihren Kunden die Möglichkeit, sich auf Veranstaltungen zu informieren. Und selbstverständlich sollte schließlich sein, dass sie persönlich für Sie da sind, wenn Sie etwas in der für Sie vielleicht noch ungewohnten Welt der Investmentfonds noch nicht richtig verstehen, also z. B. die Depotauszüge.

Schon deswegen wird es immer häufiger ein Mitglied der Branche der „Freien" sein, der Sie für die Investmentfonds zu begeistern versucht: Der Fondsvertrieb bietet diesen Beratern zweifellos die Chance, sich von den vielen mehr oder weniger unsinnigen oder gar gefährlichen Produkten des nicht unter staatlicher Aufsicht stehenden „grauen Kapitalmarktes" zu trennen, bei denen eine mit sinkendem Kundennutzen steigende Vertriebsprovision die Regel ist. Und auch Produkte des geregelten Kapitalmarktes können dort substituiert werden, wo beim Berater/Vermittler mehr oder weniger offene Bauchschmerzen einsetzen, etwa wenn er seinem Kunden die dritte Kapital-Lebensversicherung verkauft, wo er doch schon bei der zweiten alle Erklärungsregister ziehen musste. Zunehmend kommen in solchen Fällen Fonds zum Einsatz, mit denen Sie als Kunde in vielen Fällen auch besser bedient sind.

Doch diese „neue Ehrlichkeit" stößt häufig noch an eine Grenze, mit der sich insbesondere die sogenannten Strukturvertriebe schwer tun. Von den Provisionen des Investmentvertriebs „pur" lässt's sich nämlich nur dann leben, wenn der Berater damit in die Nähe des Massengeschäftes kommt und/oder eine potente Kundschaft hat. Noch jedenfalls sind das eher seltene Ausnahmefälle, und so passiert's eben immer noch sehr oft, dass jene Kapital-Lebensversicherung aus dem Koffer geholt wird, die einen Einzelabschluss in geradezu unanständiger Höhe verprovisioniert, oder aber die Investmentzertifikate in einer solchen Verpackung/Kombination serviert werden, die nicht wegen irgendeines erkennbaren Kundennutzens, sondern wegen eines zusätzlichen Provisionsflusses kreiert wurden.

Unser Rat

Nahezu immer sind zum Beispiel solche Konstrukte überflüssig, in denen ein monatlicher Sparbetrag aufgeteilt wird in einen Teil, der in einen Fonds fließt, einen weiteren Teil, der in eine Kapital-Lebensversicherung geht, und womöglich auch noch einer für einen Bausparvertrag abgezweigt wird. Glückliche Familien, die maßgeschneidert Vermögen aufbauen und Kapital entnehmen können, strahlen vor schnuckeligen Einfamilienhäusern aus solchen Prospekten, doch in Wahrheit ist das Konstrukt ein unrentabler Blödsinn und nur deswegen erfunden, weil sich mit den Träumen von Lieschen Müller eben noch immer blendende Geschäfte machen lassen.

4.6 Investmentgesellschaften

Der direkteste Weg zu Anteilen an einem Fonds zu kommen, besteht darin, per Anruf, Fax oder Internet mit der betreffenden Fondsgesellschaft Kontakt aufzunehmen. Sie sollten dann aber – ähnlich wie beim Fondserwerb bei den Direktbanken – sehr sicher sein, dass das Fondsprofil zu Ihnen passt und der Fonds in einem vielversprechenden Marktsegment investiert. Denn von den Zeichnungsunterlagen, die Sie erhalten, dürfen Sie objektive und verständliche Informationen nur bedingt erwarten; vielfach noch sind die gesetzlich geforderten Informationen und Risikohinweise in für Laien eher unverständlicher Sprache geschrieben. Auch das „Call-Center" der Investmentgesellschaft, bei dem Sie mit Ihrer Nachfrage gegebenenfalls landen, wird Ihnen den Fonds mit Bestimmtheit in lieblichen Farben malen (beachten Sie dazu Kapitel H).

Unser Rat

Wenn Sie diesen Weg wählen, wird es in den seltensten Fällen zu einem persönlichen Kontakt zwischen Ihnen und einem Mitarbeiter oder Vertriebsbeauftragten der Investmentgesellschaft kommen. Für die Depoteröffnung auf dem Postweg gilt deswegen (wie bei den Direktbanken) ebenfalls die aus dem Geldwäschegesetz kommende Vorschrift, dass Sie der Investmentgesellschaft Ihre Identität mit einer beglaubigten Kopie Ihres Personalausweises nachweisen müssen.

Wie Sie den Direktkontakt mit Investmentgesellschaften von der Depoteröffnung bis zum Entnahmeplan gestalten, ist Gegenstand des Kapitels E, Abschnitte 1 und 2.

D

Der rechtliche und organisatorische Rahmen

D Der rechtliche und organisatorische Rahmen

Für die von uns bisher als „Investmentgesellschaften" bezeichneten Institute benutzt der Gesetzgeber den Begriff „Kapitalanlagegesellschaft" (KAG), weswegen die gesetzlichen Vorschriften, die für die Auflage eines Investmentfonds gelten und die bei der Geschäftsausübung eingehalten werden müssen, „Gesetz über Kapitalanlagegesellschaften" (KAGG) heißen.
Das in seiner ersten Fassung aus dem Jahr 1957 stammende KAGG wurde mit Wirkung zum 01.03.1990 an die EG-Harmonisierungsrichtlinie angepasst und 1998 ein weiteres Mal im Rahmen des 3. Finanzmarktförderungsgesetzes modernisiert. Das beinhaltet zusammengefasst das KAGG:

Der rechtliche Rahmen der Investmentfonds in Stichworten

- Kapitalanlagegesellschaften sind Kapitalsammelstellen, die rechtlich Banken gleichgestellt sind und der Bankenaufsicht unterstehen.
- Das eingesammelte Kapital ist als „Sondervermögen" getrennt vom Eigenkapital der KAG zu halten.
- Die Verwahrung des Sondervermögens ist einer „Depotbank" zu übertragen.
- Die KAG müssen das verwaltete Kapital unter Einhaltung genau definierter Grundsätze der Risikostreuung anlegen.
- Über den Anteil eines einzelnen Anlegers am gesamten Kapital erhält dieser Anteilscheine, deren täglicher Wert sich aus dem täglichen Wert des Sondervermögens dividiert durch die Gesamtzahl der Anteile ergibt. Jeder Anteilschein repräsentiert also winzige Bruchteile verschiedener Aktien, festverzinslicher Wertpapiere usw.
- Die Fonds sind berechtigt, für die bei der Ausgabe entstehenden Kosten einen Ausgabeaufschlag zu erheben.
- Sie sind verpflichtet, die Anteile jederzeit zurückzunehmen.

- Sie können die Erträge ausschütten oder thesaurieren (dem Fondsvermögen zuschlagen); wenn sie Veräußerungsgewinne ausschütten, muss dies in den Vertragsbestimmungen vorgesehen sein.
- Grundlegende Merkmale ihrer Geschäftspolitik – z.B. wie hoch der Anteil von Aktien sein darf, an welchen Börsen Aktien erworben werden dürfen, wie hoch der Ausgabeaufschlag ist etc. – müssen in den Vertragsbedingungen geregelt und in einem „Verkaufsprospekt" veröffentlicht werden.
- Die ursprünglich gewählte Anlagepolitik kann nicht ohne Zustimmung der Anleger geändert werden.
- Über Höhe und Zusammensetzung des Fondsvermögens und die erzielten Ergebnisse müssen die Fonds halbjährlich berichten.

1 Der Bankenaufsicht unterstellte Kapitalsammelstellen

Das KAGG definiert „Kapitalanlagegesellschaften" als *„Unternehmen, deren Geschäftsbereich darauf gerichtet ist, bei ihnen eingelegtes Geld in eigenem Namen für gemeinschaftliche Rechnung der Einleger (Anteilinhaber) nach dem Grundsatz der Risikomischung in nach diesem Gesetz zugelassenen Vermögensgegenständen gesondert vom eigenen Vermögen in Form von Geldmarkt-, Wertpapier-, Beteiligungs-, Investmentfondsanteil-, Grundstücks-, Gemischten Wertpapier- und Grundstücks- oder Altersvorsorge-Sondervermögen anzulegen und über die sich hieraus ergebenden Rechte der Anteilinhaber Urkunden (Anteilscheine) auszustellen"*.

Die Hürden für die Zulassung eines Investmentfonds sind hoch: Die Fondsgesellschaften müssen in der Rechtsform einer AG oder der GmbH gegründet werden. Sie sind Kreditinstituten gleichgestellt und unterliegen damit nicht nur dem KAGG, sondern auch der im Kreditwesengesetz (KWG) festgeschriebenen Bankenaufsicht. Das Nennkapital muss mindestens 5.000.000 DM betragen und voll einbezahlt sein; eine KAG muss mindestens zwei Geschäftsführer haben, deren fachliche Eignung der Bankenaufsicht nachzuweisen ist.

Indem §7 des KAGG einen „Bezeichnungsschutz" vornimmt für die Begriffe „Kapitalanlagegesellschaft", „Investmentgesellschaft" sowie für Wortverbindungen, in denen „Kapitalanlage, Investment, Investor" oder „Invest" vorkommt, können Anleger sicher sein, dass Gesellschaften, in deren Firmennamen einer dieser Begriffe auftaucht, in ihrer Geschäftsausübung durch das KAGG bzw. die Bankenaufsicht kontrolliert werden.

2 Die Anteile am Fondsvermögen und die Ermittlung ihres Preises

Die Ansprüche der Kapitalgeber am Sondervermögen werden in den Anteilscheinen verbrieft, sie können Namens- oder Inhaberpapiere sein. Die Zahl der erworbenen Anteilstücke sind in der Investmentwelt das Maß aller Dinge; um sie – und nicht um in einer Währung angegebene Beträge – drehen sich Kaufabrechnungen, Depotauszüge etc.

2.1 Der Anteilswert

Der tägliche Wert eines Anteils – er wird auch Anteilspreis, Inventarwert oder Rücknahmepreis genannt – ergibt sich aus der Teilung des Werts des Sondervermögens durch die Anzahl der ausgegebenen Anteile. Steigt also der Wert des Sondervermögens, ohne dass zusätzliche Anteilscheine in Umlauf gekommen sind, dann erhöht sich auch der Wert eines einzelnen Anteils. Ein Anteilschein an einem Sondervermögen kann also an der Börse nicht selbst gehandelt werden; sein Wert reflektiert nur die aus dem Börsenhandel entstandenen Kurse der im Sondervermögen befindlichen Wertpapiere.

Der Wert des Sondervermögens wird börsentäglich aus den Kurswerten der im Fonds gehaltenen Wertpapiere, Bezugsrechte, Kassenbestände, Forderungen und sonstigen Rechten ermittelt.

Werden neue Anteile verkauft, so darf dies nur gegen Zahlung des vollen Ausgabepreises erfolgen. Dieser ist abzüglich der Ausgabekosten sofort dem Sondervermögen hinzuzurechnen, so dass der dann höheren Zahl der

Anteile auch eine Erhöhung des Sondervermögens gegenübersteht und der Wert der bereits im Umlauf befindlichen Anteile sich durch Ausgabe zusätzlicher Anteile nicht verändert.

2.2 Ausgabepreis/Ausgabeaufschlag

Die Investmentfonds sind berechtigt, zur Deckung der Ausgabekosten den Anteilswert um einen „Ausgabeaufschlag“ zu erhöhen. Anteilswert zuzüglich Ausgabeaufschlag ergeben den sogenannten Ausgabepreis. Die Höhe des Ausgabeaufschlags muss in den Vertragsbedingungen angegeben werden.

2.3 Anteilsrücknahme

Die Anteilsinhaber haben das Recht, ihre Anteile jederzeit an den Investmentfonds zurückzugeben und im Gegenzug ihren Anteil am Sondervermögen ausgezahlt zu erhalten. Die Rücknahme erfolgt zum Anteils-(Inventar-)wert. Wird also ein Anteilschein erworben und „eine logische Sekunde“ später wieder zurückgegeben, dann entsteht ein Mindererlös in Höhe des Ausgabeaufschlags.

Werden Anteile von ihren Eigentümern an den Fonds zurückgegeben, so geschieht dies „auf Rechnung Sondervermögen“, d.h., der Wert des Sondervermögens verringert sich um den Gegenwert der Rücknahmepreise der zurückgegebenen Anteile, so dass auch in diesem Fall der Wert der im Umlauf verbliebenen Anteile sich durch die Rückgabe nicht verändern kann.

Beispiel

Ende September 1998 belief sich das Fondsvermögen des DWS-Fonds Investa auf 4.684.912.384,39 DM. Die Zahl der umlaufenden Anteilscheine betrug 28.575.818. Der Ausgabeaufschlag ist mit 5 Prozent festgesetzt. Hieraus ergaben sich:

Anteilswert:	4.684.912.384,39 DM (Wert Sondervermögen)
	: 28.575.818 (Zahl Anteile)
	= 163,95 DM

Ausgabepreis:	Anteilswert 163,95 DM plus 5 % = 172,15 DM
Rücknahmepreis:	Anteilswert, also 163,95 DM
Ausgabekosten:	172,15 DM – 163,95 DM = 8,20 DM

3 Verpflichtung zur Risikostreuung

Die Investmentfonds können das eingesammelte Anlegergeld nicht nach eigenem Gutdünken anlegen; sie haben die umfangreichen Bestimmungen des KAGG zu beachten, die sie zur Streuung von Risiken verpflichten. Die umfangreichen Bestimmungen finden Sie für

- Geldmarktfonds in §7 KAGG
- Wertpapierfonds in §8 KAGG
- Dachfonds („Investmentfondsanteil-Sondervermögen“) in §251
- Offene Immobilienfonds in §37b (Erläuterung in Kapitel F, Abschnitt 5)
- Altervorsorge-Sondervermögen in §37i

Es folgt ein zusammenfassender Überblick zu den Bestimmungen, die für die wichtigsten Fondsgruppen gelten:

3.1 Wertpapierfonds

Bei der Auswahl der Wertpapiere, die in das Sondervermögen erworben werden können, gilt der Grundsatz, dass sie an einem anerkannten und für das Publikum offenen Markt gehandelt werden müssen. Wenn Wertpapiere erworben werden sollen, die an einer Börse außerhalb der Europäischen Union gehandelt werden, muss dies in den Vertragsbedingungen des Fonds ausdrücklich vorgesehen sein. Maximal 10 Prozent des Sondervermögens können in nicht bösennotierten Wertpapieren angelegt werden.

Der Anteil von Bankguthaben und anderen Instrumenten der Kassenhaltung – z.B. Geldmarktpapiere – darf 49 Prozent des Sondervermögens nicht überschreiten. Anteile anderer Investmentfonds dürfen maximal 5 Prozent des eigenen und 10 Prozent des gehaltenen Sondervermögens ausmachen.

Beim Anteil eines einzelnen Wertpapiers am gesamten Sondervermögen gilt die grundsätzliche Obergrenze von 5 Prozent, die auf 10 Prozent erhöht werden kann, sofern dies in den Vertragsbestimmungen vorgesehen ist.

Unser Rat

Sehen Sie diese Bestimmungen zusammengefasst also so, dass in der Regel immer mindestens 20 verschiedene Wertpapiere im Sondervermögen eines Fonds sein müssen, welche die strengen Bestimmungen für die Zulassung zum Handel an einer Börse erfüllt haben müssen. Qualitätsorientierte Risikostreuung könnte man dieses Organisationsprinzip der Investmentfonds nennen!

3.2 Dachfonds

Hier ist der Grundsatz, dass maximal 20 Prozent des eigenen Vermögens in Anteilen eines anderen Investmentfonds investiert werden können. An diesem anderen Investmentfonds darf der Dachfonds jedoch maximal 10 Prozent von dessen Vermögen halten.

3.3 Altersvorsorge-Sondervermögen (AS)

Neben den Dachfonds sind die „Asse“ neu im KAGG. Sie dürfen Wertpapiere, Grundstücke und stille Beteiligungen für das Sondervermögen erwerben; ob und innerhalb welcher Grenzen sie das tun, müssen sie in den Vertragsbestimmungen angeben.

Im Zentrum steht die gesetzliche Verpflichtung auf Sachwerte: Der Anteil von Aktien und Immobilien muss immer mindestens 51 Prozent des Werts des Sondervermögens ausmachen.

Daneben sieht das KAGG folgende Höchstgrenzen vor:

- Offene Immobilienfonds: 30 Prozent des Sondervermögens

- Stille Beteiligungen: 10 Prozent des Sondervermögens
- Aktien plus stille Beteiligungen: 75 Prozent des Sondervermögens
- Bankguthaben, Geldmarktpapiere usw.: 49 Prozent des Sondervermögens
- Währungsrisiko: 30 Prozent des Sondervermögens

4 Die Aufgaben der Depotbank

Ein weiteres Element des Anlegerschutzes im KAGG ist die Verpflichtung der Investmentgesellschaften, für Verwahrung und technische Verwaltung des Fondsvermögens – z.B. Ausgabe und Rücknahme von Anteilscheinen – eine Depotbank einzuschalten. Diese muss das Fondsvermögen in ein gesperrtes Depot legen. Sie ist dazu verpflichtet, die Erlöse aus dem Verkauf neuer Anteile sofort dem Sondervermögen hinzuzufügen. Sie ermittelt die täglichen Anteilspreise. Sie darf der Kapitalanlagegesellschaft nur diejenigen Gelder zukommen lassen, die den vertraglichen Vergütungen entsprechen. Im Übrigen hat sie die Weisungen der Kapitalanlagegesellschaft, wie das Fondsvermögen anzulegen ist, auszuführen.

5 Der Verkaufsprospekt: Informationspflicht zu wichtigen Vertragsbedingungen

In welcher Weise die Fonds vor dem Hintergrund dieses gesetzlichen Rahmens das Geld der Anteilsinhaber anlegen und wie sie es verwalten, müssen sie in den (von der Bankenaufsicht zu genehmigenden) „Vertragsbedingungen“ des Verkaufsprospektes festhalten. Diese bilden die Rechtsgrundlage zwischen dem Investmentfonds und den Anteilsinhabern; jeder Anleger hat also einen Anspruch darauf (bzw. kann sich darauf verlassen), dass sein Geld gemäß den Vertragsbedingungen und nicht anders angelegt wird.

Welche Informationen müssen in den Vertragsbedingungen enthalten sein – und wie lesen Sie die trockenen Texte richtig? Die wichtigsten, die der §15 KAGG fordert, finden Sie nachfolgend dargestellt und beispielhaft erläutert.

5.1 Die grundlegende Ausrichtung des Fonds

Im Zentrum steht dabei die Zuordnung zu einer der Fondsgruppen und die Präzisierung des Anlageschwerpunktes. Für einen international breit streuenden Aktienfonds, der jedoch die Märkte der Schwellenländer – z.B. Lateinamerika, Osteuropa, Südostasien – nicht berücksichtigen darf, fanden wir folgende typische Formulierung:

Beispiel

„Grundsatz bei der Wertpapierauswahl

(1) Für das Sondervermögen dürfen nur an einer europäischen Börse oder an den Börsen in New York (New York Stock Exchange, American Stock Exchange), Toronto, Melbourne, Sydney, Tokio und Johannesburg notierte oder gehandelte Wertpapiere erworben werden.

(2) Der Wert der festverzinslichen Werte soll nicht mehr als 20 Prozent des Sondervermögens betragen. Wandelschuldverschreibungen und Optionsanleihen gelten nicht als festverzinsliche Werte in diesem Sinn."

In Satz (2) fällt die „Soll-Bestimmung" auf, die einerseits zwar den Fonds als Aktienfonds definiert, andererseits aber auch signalisiert, dass der Fonds in Ausnahmefällen auch zu mehr als 20 Prozent des Sondervermögens in festverzinslichen Wertpapieren investiert sein darf. Solche weichen Bestimmungen finden Sie häufig in den Anlagerichtlinien; damit soll die Handlungsfähigkeit im Sinne des Anlegers in außergewöhnlichen Kapitalmarktsituationen erhalten bleiben.

Beispiel

„Bankguthaben, Geldmarktpapiere

Bankguthaben und Schuldverschreibungen mit einer Laufzeit von maximal zwölf Monaten dürfen 30 Prozent des jeweiligen Wertes aller Gegenstände des Sondervermögens nicht überschreiten."

Damit ist klar, dass der Fonds auch in gewöhnlichen Börsenzeiten nur zu mindestens 50 Prozent in Aktien investiert sein muss. Im Zusammenhang mit der „Soll-Bestimmung“ kann dieser Anteil in außergewöhnlichen Kapitalmarktsituationen auch unterschritten werden, ohne dass die Anlagerichtlinien verletzt werden.

5.2 Gebühren für den Anleger

Eine Kostenart, die in der Regel beim Einsatz von Investmentfonds entsteht, wurde bereits genannt: der Ausgabeaufschlag, um den die Investmentgesellschaften beim Verkauf neuer Anteile den Anteilswert erhöhen dürfen. Wir fanden folgende, wiederum für einen Aktienfonds typische Formulierung:

Beispiel

„Höhe des Ausgabeaufschlags

Der Ausgabeaufschlag beträgt 5 Prozent. Es steht der Gesellschaft frei, einen niedrigeren Aufschlag zu berechnen.“

Typisch sind hier nicht nur die 5 Prozent, die Aktienfonds üblicherweise erheben. Ebenso ist es Standard in der Branche, sich den Ausgabeaufschlag als maximalen Satz genehmigen zu lassen, de facto aber einen niedrigeren anzuwenden. Auch hier kommt das Bedürfnis nach Flexibilität zum Ausdruck, für den Fall der Fälle den Ausgabeaufschlag schnell erhöhen zu können.

Die Ausgabeaufschläge sind zwar die in der Regel einzigen Kosten, welche die Anleger „spüren“, sie sind aber nicht die einzigen, die sie tatsächlich tragen. Da die Ausgabeaufschläge meist als Provisionen in den Vertriebskanälen hängen bleiben, sind auch nach ihrer Berechnung noch keine weiteren Kosten – z.B. für Prospekte, Gehälter, Informationsbeschaffung – bezahlt. Auch die Depotbank hat für ihre Tätigkeit noch kein Geld bekommen. Die KAG darf sich hierfür aus dem Sondervermögen bedienen, allerdings nur zu genau festgelegten Zwecken bzw. in genau festgelegter Höhe und muss dies im Verkaufsprospekt ausweisen. Weil diese Kosten entnommen werden, bevor der Wert des Sondervermögens bzw. der Anteilswert ermittelt werden, „spüren“ die Anleger unmittelbar nichts von ihnen.

Unser Rat

Der bedeutendste Posten ist die „Verwaltungsvergütung“, mit der die KAG ihre allgemeinen Aufwendungen deckt. Sie liegen bei Aktienfonds in der Regel zwischen jährlich 0,6 und 1 Prozent. Insbesondere bei den sogenannten Trading-Fonds, die meist keinen Ausgabeaufschlag erheben, kann sie aber deutlich höher liegen. Kaufen Sie also nie Fondsanteile, ohne die Höhe der Verwaltungsvergütung vorher in Erfahrung gebracht zu haben!

Deutlich darunter liegen mit häufig 1 Promille die Gebühren der Depotbank. Und schließlich können dem Sondervermögen fondsspezifische Aufwendungen belastet werden, die der KAG bei Betrieb und Verwaltung eines Fonds entstehen.

Wir fanden folgende typische Formulierung:

Beispiel

„Vergütungen der Kapitalanlagegesellschaft und der Depotbank

Die Vergütung für die Verwaltung des Sondervermögens beträgt vierteljährlich 1,25 Promille des Sondervermögens, errechnet auf der Basis am jeweiligen Quartalsende. Für die Verwahrung der zu dem Sondervermögen gehörenden Wertpapiere erhält die Depotbank die banküblichen Depotgebühren.

Die Gesellschaft hat Anspruch auf Ersatz folgender Aufwendungen:

- Kosten für den Druck und den Versand der Rechenschaftsberichte und der Zwischenberichte,
- Kosten für die Veröffentlichung der Rechenschafts- und Zwischenberichte, der Ausgabe- und Rücknahmepreise und der Ausschüttungsbekanntmachung,
- Prüfungskosten für das Sondervermögen,
- etwaige Währungssicherungskosten,
- Kosten für die Einlösung der Ertragsscheine,
- Kosten für die Ertragsscheinbogen-Erneuerung,

- Kosten einer etwaigen Börsennotierung und/oder Registrierung der Anteilscheine,
- im Zusammenhang mit den Kosten der Verwaltung eventuell entstehende Steuern."

5.3 Verwendung von Erträgen und Veräußerungsgewinnen

Sie werden später sehen, dass es mit Blick auf die Verwendung der laufenden Erträge, die im Fondsvermögen anfallen – im Wesentlichen Zinsen und Dividenden –, sowie der im Fonds realisierten Kursgewinne zwei Fondslinien gibt: Fonds, die ausschütten und Fonds, welche die Erträge im Fondsvermögen behalten („thesaurieren"). Dabei kann ein Fonds nicht nach Gutdünken zwischen diesen beiden Linien pendeln, sondern muss sich auf eine der beiden Linien festlegen.

Wir fanden folgende typische Formulierung:

Beispiel

„Ertragsausschüttung und Verwendung von Veräußerungsgewinnen

Ausgeschüttet werden jährlich

- die während des Geschäftsjahrs vereinnahmten Zinsen und Dividenden,
- die Veräußerungsgewinne, Erlöse aus der Verwertung von Bezugsrechten und Gratisaktien und sonstige Erträge des Sondervermögens, soweit sie nicht nach dem Ermessen der Gesellschaft im Sondervermögen verbleiben.

Die Gewinnteile werden jeweils bis Ende November gegen Einreichung des aufgerufenen Ertragsscheines ausgeschüttet."

Hier haben wir es mit einem ausschüttenden Fonds zu tun. Wieviel aber jeweils im Geschäftsjahr ausgeschüttet werden muss, steht nicht fest. Die Vertragsbedingungen erlauben es der Fondsgesellschaft vielmehr, in erheblichem Rahmen auch Ausschüttungspolitik zu betreiben. Die meisten der ausschüttenden Fonds haben sich einen solchen Spielraum vorbehalten.

5.4 Rücknahme von Anteilsscheinen

Sie haben in Kapitel D, Abschnitt 2 gesehen, dass die Investmentgesellschaften verpflichtet sind, Anteile börsentäglich zurückzunehmen. Die dafür geltenden Konditionen sind im Verkaufsprospekt darzulegen.

Wir fanden folgende typische Formulierung:

Beispiel

„Bedingungen für die Rücknahme der Anteilscheine

Der Rücknahmepreis ist der Anteilswert. Er wird von der Depotbank ohne jeden weiteren Abschlag erstattet.

Grundsätzlich ist der Abrechnungsstichtag für Anteilabrufe und Rücknahmeaufträge der auf den Eingang des Anteilabrufs bzw. Rücknahmeauftrags folgende Wertermittlungstag.

Der Gesellschaft bleibt vorbehalten, die Anteilscheine erst zu dem dann gültigen Rücknahmepreis zurückzunehmen, nachdem sie unverzüglich, jedoch unter Wahrung der Interessen aller Anteilinhaber entsprechende Fondswerte veräußert hat.“

Was ist mit dem letzten Satz gemeint? Er nimmt Bezug auf eine weitere Anlegerschutzbestimmung des KAGG (§11). Er gestattet es den Investmentgesellschaften, die Anteilsrücknahme auszusetzen, wenn „außergewöhnliche Umstände“ vorliegen. Ein solcher, gegen die Interessen aller Anteilsinhaber gerichteter Umstand könnte z.B. sein, dass in einem Fonds, der in einem engen Marktsegment investiert, ein dominierender Anleger aussteigen will, und durch den erforderlichen Verkauf der Wertpapiere deren Kurse – zum Nachteil der im Fonds verbleibenden Anleger – ins Rutschen geraten.

Setzt eine Investmentgesellschaft die Anteilsrücknahme aus, dann muss sie dies der Bankenaufsicht unverzüglich mitteilen und darf für die Dauer der Aussetzung keine neuen Anteile ausgeben. Einen solchen Fall hat es in der Geschichte der deutschen Fonds bisher nicht gegeben.

6 Rechenschaftspflicht

Die Investmentfonds sind verpflichtet, jährlich zum Ende des Geschäftsjahres einen Rechenschaftsbericht zu erstellen sowie per Mitte des Geschäftsjahres einen Zwischenbericht. Der Rechenschaftsbericht muss eine Aufwands- und Ertragsrechnung enthalten sowie eine Aufstellung sämtlicher Gegenstände des Sondervermögens inklusive der Veränderung gegenüber dem Vorjahr. Ferner muss darin die Zahl der im Berichtszeitraum ausgegebenen und zurückgenommenen Anteile angegeben werden. Und schließlich muss der Rechenschaftsbericht natürlich Auskunft geben über die im Fonds erzielte Wertsteigerung und die steuerpflichtigen Ertragsanteile. Diese Anforderungen gelten mit Ausnahme der Erstellung einer Aufwands- und Ertragsrechnung und der steuerlichen Daten auch für die Zwischenberichte.

Auch wenn es wünschenswert wäre, dass die Angaben zu den Wertpapierkäufen und -verkäufen nicht nur pauschal, sondern auch mit den Zeitpunkten von Anschaffung und Veräußerung erfolgen sollten, legen wir Ihnen die Lektüre der Berichte dringend ans Herz.

Unser Rat

Mit Hilfe dieser Berichte lässt sich relativ genau rekonstruieren, wie das Ergebnis eines Fonds – ob gut, ob schlecht – zustande gekommen ist. Gerade auch Interessenten für eine Neuanlage sollten die gebotene Transparenz nutzen, indem sie anhand der Vermögensaufstellungen und der Vermögensstruktur sich ein Bild machen, wo genau ein Fonds sich positioniert.

Die Fondsgesellschaften sind nicht verpflichtet, ihren Anlegern die Rechenschafts- und Zwischenberichte automatisch ins Haus zu schicken. Sie müssen lediglich im Bundesanzeiger veröffentlicht und den Anlegern an bestimmten, im Verkaufsprospekt zu nennenden Stellen zugänglich sein. Obligatorisch ist jedoch, den Anlegern die steuerlich relevanten Informationen zu übermitteln. Manche Gesellschaften erledigen dies mit der Überlassung des Rechenschaftsberichts, andere fertigen hierfür eine Kurzfassung an, die den Anlegern automatisch zur Verfügung gestellt wird.

E

Erwerb und Besitz von Fondsanteilen in der Praxis

E Erwerb und Besitz von Fondsanteilen in der Praxis

Die praktischen Fragen rund um Erwerb und Besitz von Investmentanteilen illustrieren wir Ihnen für den Fall, dass Sie die Anteile nicht über Ihre Bank erwerben und in Ihr dortiges Depot übernehmen, sondern zum Beispiel direkt bei einer Investmentgesellschaft und bei dieser ein Depot eröffnen. Die Formulare, Abrechnungen, Mitteilungen usw., die Ihnen dabei begegnen, unterscheiden sich von Gesellschaft zu Gesellschaft gestalterisch stark. Was jedoch von Ihnen abgefragt oder Ihnen mitgeteilt werden muss, das ist immer das Gleiche, weil es gesetzlich vorgeschriebene Informationen sind. Als „Illustrationen" dazu nehmen wir die Zeichnungsunterlagen für den „Neue Märkte Fonds" von INVESCO, also einem nach deutschem Recht aufgelegten Fonds.

1 Der Erwerb von Fondsanteilen

Sie haben also von der Investmentgesellschaft ein Informationspaket erhalten, dessen – für die praktische Umsetzung Ihres Engagements – wichtigster Bestandteil der Depoteröffnungsantrag ist.

1.1 Der Depoteröffnungsantrag

Zunächst wird abgefragt, auf wen das Depot lauten soll. Dabei kann es sich um eine oder um zwei Personen handeln, die nicht verheiratet, verwandt oder verschwägert sein müssen. Wird ein Depot auf zwei Personen eröffnet, dann ist jede einzelne von ihnen einzeln verfügungsberechtigt.

In der Praxis ist die Eröffnung und Führung eines Depots auf zwei (miteinander) verheiratete Personen unproblematisch. Nicht verheiratete Lebenspartner jedoch können das Problem bekommen, dass in diesem Fall die Investmentgesellschaft keinen Freistellungsauftrag akzeptieren wird, da dieser die gemeinsame steuerliche Veranlagung voraussetzt.

Unser Rat

Wo die Zugriffsmöglichkeit des nicht verheirateten Lebenspartners auf das Depot erwünscht ist, bietet sich deswegen als eleganter Ausweg an, ihm eine Vollmacht unter Lebenden zu erteilen.

Auch minderjährige Kinder können Depots eröffnen. Es werden dann jedoch beide Unterschriften der Erziehungsberechtigten bzw. der Nachweis verlangt, dass es nur einen gibt. Mutter-und-Sohn-Depots etwa sind ebenfalls grundsätzlich möglich, haben aber den Nachteil des nicht möglichen Freistellungsauftrags. Sofern der Vater in dieser Konstellation ebenfalls erziehungsberechtigt ist, muss auch er unterschreiben.

Wenn Sie in Deutschland nur beschränkt steuerpflichtig sind (etwa, weil Sie mehr als sechs Monate im Jahr im Ausland leben/arbeiten), dann ist Ihr Kreuz im Feld „Steuerausländer" deswegen wichtig, weil die Investmentgesellschaft für Steuerausländer (auch für deutsche) keine Zinsabschlagsteuer abführen muss. Um Rückfragen seitens der Investmentgesellschaft und Verzögerungen zu vermeiden, sollten Sie die Kopie eines Dokuments – etwa der Aufenthaltserlaubnis – beifügen, aus dem Ihre Eigenschaft als Steuerausländer hervorgeht.

In diesem Fall sieht der Depoteröffnungsantrag bereits standardisiert den Service vor, eine vom Wohnsitz abweichende Versandanschrift angeben zu können. Dies könnten Sie z.B. aus Diskretionsgründen wünschen, weil niemand in Ihrem Haushalt von Ihrem Depot erfahren soll. Wenn ein Depoteröffnungsantrag diese Möglichkeit nicht bereits standardisiert enthält, richtet Ihnen die Investmentgesellschaft eine solche Versandanschrift auf Anfrage individuell ein.

Am Schluss des ersten Teils des Depoteröffnungsantrags müssen Sie sich schließlich als Strohmann outen, wenn der am Depot wirtschaftlich Berechtigte eine dritte Person ist. Das Geldwäschegesetz verlangt, dass Sie auch Ihren Auftraggeber nennen. Längst nicht immer jedoch ist die Geldwäsche das Motiv für eine solche Konstellation; auch bei Scheidungen, Erbschaftsauseinandersetzungen und ähnlichen Fährnissen des Lebens kann der Wunsch,

INVESCO

Your Global Investment Partner

Fondsverwaltung, Depotführung:
INVESCO Kapitalanlagegesellschaft mbH
Postfach 10 03 54, D-60003 Frankfurt am Main
Bleichstraße 60-62, D-60313 Frankfurt am Main
Telefon 0 69/2 98 07- 2 50, Telefax 0 69/2 98 07- 2 42

Vermittlung:

Antrag auf Eröffnung eines INVESCO-Depots

Antragsvermittler

PERSÖNLICHE ANGABEN

Name 1. Depotinhaber/in — Geburtsdatum — **AD-Nr.**

Vorname — Beruf — Telefon — ☐ Steuer-ausländ.

Name 2. Depotinhaber/in (oder: bei Minderjährigen der/die gesetzliche/n Vertreter/in) — Geburtsdatum — Telefon — ☐ Steuer-ausländ.

Vorname — Beruf — Ich bin/Wir sind bereits Kunde/n der INVESCO ☐ ja ☐ nein

Straße — Land — Postleitzahl — Wohnort

Versandanschrift (falls vom Wohnsitz abweichend):
Straße — Land — Postleitzahl — Wohnort

Angaben zum wirtschaftlich Berechtigten (wegen Geldwäschegesetz): **Ich handele/Wir handeln für eigene Rechnung.** Diese Erklärung gilt auch für alle weiteren und zukünftigen Depots. Ich/Wir verpflichte/n mich/uns, Änderungen der INVESCO mitzuteilen.

☐ Ich handele/Wir handeln für (Name und Anschrift des-/derjenigen, für den/die das Depot geführt wird): ____________

AUFTRAG ZUM ERWERB VON ANTEILEN DES/DER FONDS

Fondsauswahl

GT Deutscher Aktienfonds	31	GT Deutscher Rentenfonds	32
GT Europäischer Aktienfonds	33	GT Deutscher Kurzläuferfonds	30
GT Nordamerika Aktienfonds	51	GT Europäischer Rentenfonds	34
INVESCO NEUE MÄRKTE FONDS	53	GT Internation. Rentenfonds	35
GT Global Dynamik Fonds	46	GT Balanced Fonds	49
FOCUS GT UMWELTTECHN. FONDS	47	Hanse-Merkur Rentenfonds GT	44

Bitte gewünschte/n Fonds eintragen: — Einmalanlage min. DM 1000,-/ EUR 500,- je Fonds — Sparrate min. DM 100,-/EUR 50,- mtl. oder DM 250,-/EUR 125,- vtj.

Zahlungsweise

Ersteinzahlung und Folgezahlungen erbitten wir ausschließlich auf das Treuhandkonto Anlagedepots, Kto. 2622 0018, BLZ 503 202 00 bei INVESCO Bank Deutschland OHG der INVESCO Kapitalanlagegesellschaft mbH, Frankfurt.

Sparplan

Sparrate bzw. Summe der Sparraten: DEM/EUR ____________

Zahlungsturnus: ☐ monatlich ☐ vierteljährlich

Zahlungsbeginn (1. oder 15. des Monats): ____________

Einzugsermächtigung für Sparrate: Ich/Wir ermächtige/n die INVESCO widerruflich, meine/unsere Sparrate mittels Lastschrift einzuziehen.

Kontonummer:

Kreditinstitut:

Bankleitzahl:

Kontoinhaber:

1. Blatt (weiß) für INVESCO KAG
2. Blatt (grün) für Vermittler-Zentrale
3. Blatt (gelb) für Vermittler
4. Blatt (weiß) für den Kunden

VOLLMACHT IM TODESFALL (nur bei Einzeldepots möglich; Vollmachten für Kinder unter 7 Jahren sind ungültig)

Für den Fall meines Todes bevollmächtige ich den/die Vollmachtnehmer/in - auch zu eigenen Gunsten - über alle Rechte aus dem/den vorgenannten INVESCO-Depot/s zu verfügen.

Name/Vorname — Geburtsdatum

Postleitzahl — Wohnort — Straße

Empfangsbestätigung: Ich/Wir bestätige/n, den Verkaufsprospekt mit den Vertragsbedingungen, den zuletzt veröffentlichten Rechenschaftsbericht und den anschließenden Halbjahresbericht, sofern er veröffentlicht ist, sowie eine Durchschrift dieses Antrages erhalten zu haben. Einwilligung gemäß Datenschutzgesetz: Ich/Wir willige/n ein, daß die INVESCO Kapitalanlagegesellschaft mbH die mit dem Vertrieb der Fonds-Anteile befaßten Unternehmen über meine/unsere personenbezogenen Daten zu deren Verarbeitung und Nutzen unterrichten darf, soweit dies zum Zwecke der Anlageberatung, der Depotführung und Abrechnung notwendig erscheint.
Von den umseitig abgedruckten Allgemeinen Bedingungen sowie den nebenstehenden Sonderbedingungen habe/n ich/wir Kenntnis genommen. Die Höhe der Ausgabeaufschläge und der Verwaltungsvergütung sowie eventuell anfallender Kosten der Depotführung gemäß den Bedingungen sind mir/uns bekannt. Ich bin/Wir sind damit einverstanden, daß die INVESCO Kapitalanlagegesellschaft mbH durch den Verkauf von Anteilen bzw. Anteilbruchteilen in entsprechender Höhe die Kosten decken kann, soweit sie nicht mit anderen Zahlungen verrechnet werden.

Ort, Datum — Unterschrift/en des/der Depotinhaber/s oder des/der gesetzlichen Vertreters/Vertreterin

Bei Minderjährigen ist zusätzlich zur Unterschrift beider Elternteile auch die Legitimationsprüfung des Minderjährigen (Geburtsurkunde/Kinderausweis o. ä.) zu dokumentieren. Die Eltern bevollmächtigen sich gegenseitig, als gesetzliche Vertreter des oben genannten Depotinhabers zur alleinigen Vertretung. Falls ein Elternteil der/die alleinige gesetzliche Vertreter/in ist, bitte dies ausdrücklich nachweisen.

Der Vermittler bestätigt die Identität des/der Depotinhaber/s/in bzw. des/der gesetzlichen Vertreters/Vertreterin.

1. Depotinhaber/in

BPA/Reisepaß-Nr. — Ausstellende Behörde, Datum

2. Depotinhaber/in

BPA/Reisepaß-Nr. — Ausstellende Behörde, Datum — Abschlußvermittler/Genehmigung nach § 34 c GewO/§ 64 e KWG Stempel/Unterschrift — Stempel/Unterschrift VZ

ID 12.98

Vermögen vom eigenen Namen abzutrennen, schnell entstehen. Lassen Sie sich also auf keine Freundschaftsdienste ein – die (strafrechtlichen) Folgen können übel ausfallen! – Wir wissen übrigens von einigen Investmentgesellschaften, dass sie solche „Strohmanndepots“ gar nicht erst eröffnen.

Im Mittelteil des vorliegenden Depoteröffnungsantrags teilen Sie der Investmentgesellschaft Ihren Anlagewunsch mit, d.h., Sie nennen den Fonds, dessen Anteile Sie erwerben wollen, und geben die Höhe Ihres Einmalbetrags bzw. der periodischen Sparleistung (oder beides) an. INVESCO folgt hier der üblichen Praxis, periodische Sparleistungen ausschließlich im Lastschriftverfahren einzuziehen, Einmalzahlungen jedoch nur per Überweisung bzw. Scheck entgegenzunehmen. Der Grund für diese Praxis liegt im Widerspruchsrecht, das Sie als Belasteter im Lastschriftverfahren sechs Wochen lang haben: Sie könnten schließlich, wenn die Kurse stark fallen, die Lastschrift zurückrufen – und die Verluste blieben bei der Investmentgesellschaft hängen.

Unser Rat

Der Betrag, den Sie je Fonds als einmalige Zahlung eintragen, ist übrigens von geringer Bedeutung: Überweisen Sie mehr, schickt die Investmentgesellschaft das Geld nicht zurück, überweisen Sie weniger, fordert sie den Differenzbetrag nicht ein.

Der vorliegende INVESCO-Depoteröffnungsantrag bietet Ihnen in der unteren Hälfte schließlich noch die Möglichkeit einer Person Vollmacht zu erteilen, im Falle Ihres Todes über Ihr Depot verfügen zu können. Wenn Sie eine solche Vollmacht erteilen, müssen Sie wissen, dass Sie damit letztwillige Verfügungen nicht außer Kraft setzen. Sinn der Sache ist vielmehr, dass das Geld schnell und vor dem Ende eventuell längerwährender Erbschaftsauseinandersetzungen verfügbar ist.

Unser Rat

Die bevollmächtigte Person kann auch jemand sein, der in Ihrem Testament gar nicht vorkommt (z. B. Ihr Rechtsanwalt); sie hat sich in jedem Fall mit den Ansprüchen der rechtmäßigen Erben auseinanderzusetzen.

Wenn Sie an dieser Stelle angekommen sind, geht es noch um die Unterschriften des/der Depotinhaber(s) und – wiederum wegen des Geldwäschegesetzes – um den Nachweis Ihrer Identität gegenüber der Investmentgesellschaft. Beachten Sie dabei im Falle der Depoteröffnung für Minderjährige, dass dort – siehe oben – die Unterschriften der Erziehungsberechtigten hingehören!

Den Vorschriften der Identitätsprüfung werden Sie gerecht, wenn Sie ganz unten im vorliegenden Depoteröffnungsantrag die Nummern von Reisepass oder Personalausweis (ggf. beider Depotinhaber) und – im Fall der Depoteröffnung für minderjährige Kinder – auch die der Erziehungsberechtigten eintragen. Das genügt jedoch noch nicht; die Investmentgesellschaften dürfen im Direktgeschäft das Depot nur dann eröffnen, wenn Sie Ihrem Antrag auch noch beglaubigte Kopien der entsprechenden Dokumente beifügen. Die Beglaubigung muss nicht unbedingt von einem Notar vorgenommen werden; „zuverlässige Dritte" – die Gemeindeverwaltung, eine Bank- oder Poststelle, das Pfarramt, ein Rechtsanwalt – genügen.

Von den häufig mehreren Durchschlägen bleibt in jedem Fall der letzte bei Ihnen, während Sie das Original an die Investmentgesellschaft schicken.

1.2 Der Freistellungsauftrag

Bei den Unterlagen, die Sie von der Investmentgesellschaft erhalten haben, finden Sie auch den Freistellungsauftrag (vgl. Abschnitt 3.3). Mit diesem können Sie Ihre Sparerfreibeträge bzw. Teile davon bei der Investmentgesellschaft anmelden mit der Folge, dass sie bis in Höhe des erteilten Auftrags anlässlich der Ertragsausschüttung/Thesaurierung keine Steuern abziehen muss.

Obwohl ein Freistellungsauftrag erst zum Ausschüttungs-/Thesaurierungszeitpunkt praktisch relevant wird, sollten Sie ihn gleich mit dem Depoteröffnungsantrag an die Investmentgesellschaft schicken. Sollten sich Ihre Verhältnisse zwischenzeitlich ändern, können Sie die Höhe des freigestellten Betrags jederzeit an die neue Situation anpassen.

Unser Rat

Bei zwei Depotinhabern kann – wie oben bereits erwähnt – ein Freistellungsauftrag nur dann erteilt werden, wenn sie miteinander verheiratet sind. Beachten Sie in diesem Fall, dass auch der Geburtsname des Ehepartners, dessen Name mit der Heirat gewechselt hat, angegeben werden muss!

1.3 Depoteröffnung und Kaufabrechnung

Ob Sie im gleichen Gang, mit dem Sie die ausgefüllten Unterlagen zur Post bringen und an die Investmentgesellschaft schicken, auch schon bei Ihrer Bank vorbeigehen und die Überweisung des anzulegenden Betrages vornehmen können, sollten Sie in den Unterlagen oder durch einen Anruf bei der Investmentgesellschaft herausfinden. Vor allem bei kleineren Investmentgesellschaften war die gleichzeitige – und zeitsparende – Erledigung früher häufig möglich. Eine Depotnummer war noch nicht vergeben, die Zahlungen wurden aufgrund anderer Daten zugeordnet.

Nach unserem Eindruck sind mittlerweile auch die kleineren Gesellschaften zur Praxis übergegangen, Zahlungen erst nach Depoteröffnung und Vergabe der Depotnummer zu erwarten. Bei diesem Verfahren erhalten Sie zunächst in einem Schreiben der Investmentgesellschaft Ihre Depotnummer mitgeteilt, die Sie dann im Feld „Verwendungszweck" des Überweisungsträgers einsetzen. Wenn diese Mitteilung eine Woche nach Abschicken der Unterlagen noch nicht erfolgt ist, sollten Sie sich bei der Gesellschaft nach dem Grund für die Verzögerung erkundigen.

Unter Berücksichtigung von Bank- und Postlaufzeiten sollten Sie spätestens eine Woche nach erteiltem Überweisungsauftrag Ihre erste Kaufabrechnung erhalten. Im Prinzip handelt es sich dabei um einen Kontoauszug, bei dem allerdings nicht die Mark- und Pfennig- (bzw. Euro- und Cent-)Beträge im Vordergrund stehen, sondern die Anzahl der mit Ihrer Zahlung erworbenen Anteilstücke. Diese werden auf drei Nach-Komma-Stellen ausgewiesen. Dem Erwerb liegt der in Euro ausgedrückte Ausgabepreis zu Grunde, also der um den – ggf. anfallenden – Ausgabeaufschlag erhöhte Anteilswert.

INVESCO
Your Global Investment Partner

Freistellungsauftrag für Kapitalerträge
(gilt nicht für Betriebseinnahmen und Einnahmen aus Vermietung und Verpachtung)

An
INVESCO
Kapitalanlagegesellschaft mbH
Anlagedepot-Verwaltung
Postfach 10 03 54

60003 Frankfurt am Main

Datum

☐ **Erstauftrag**
☐ **Folgeauftrag**

Name, abweichender Geburtsname, Vorname des Gläubigers der Kapitalerträge — Geburtsdatum

ggf. Name, abweichender Geburtsname, Vorname des Ehegatten — Geburtsdatum

Straße, Hausnummer — Postleitzahl — Ort

Hiermit erteile ich/erteilen wir*) Ihnen den Auftrag, meine/unsere*) bei Ihrem Institut anfallenden Zinseinnahmen vom Steuerabzug freizustellen und/oder bei Dividenden und ähnlichen Kapitalerträgen die Erstattung von Kapitalertragsteuer und die Vergütung von Körperschaftsteuer beim Bundesamt für Finanzen zu beantragen, und zwar

☐ bis zu einem Betrag von ________ DM (bei Verteilung des Freibetrags auf mehrere Kreditinstitute)

☐ bis zur Höhe des für mich/uns *) geltenden Sparer-Freibetrags und Werbungskosten-Pauschbetrags von insgesamt DM 6.100,-/12.200,-*.

Dieser Auftrag gilt ab dem ________

☐ so lange, bis Sie einen anderen Auftrag von mir/uns*) erhalten.

☐ bis zum ________

Dieser Auftrag steht den zuständigen Finanzbehörden zu Prüfungszwecken zur Verfügung.

Ich versichere/Wir versichern*), daß mein/unser*) Freistellungsauftrag zusammen mit Freistellungsaufträgen an andere Kreditinstitute, Bausparkassen, das Bundesamt für Finanzen usw. den für mich/uns*) geltenden Höchstbetrag von insgesamt DM 6.100,-/12.200,-* nicht übersteigt. Ich versichere/Wir versichern*) außerdem, daß ich/wir*) mit allen für das Kalenderjahr erteilten Freistellungsaufträgen für keine höheren Kapitalerträge als insgesamt DM 6.100,-/12.200,-* im Kalenderjahr die Freistellung oder Erstattung von Kapitalertragsteuer in Anspruch nehme/n*).

Die mit dem Freistellungsauftrag angeforderten Daten werden auf Grund von § 36 b Abs. 2, § 44 a Abs. 2, § 44 b Abs. 1 und § 45 d Abs. 1 EStG erhoben.

Unterschrift — ggf. Unterschrift Ehegatte, gesetzliche(r) Vertreter

☐ Zutreffendes bitte ankreuzen — *) Nichtzutreffendes bitte streichen.

Der Höchstbetrag von DM 12.200,- gilt nur bei Zusammenveranlagung. Der Freistellungsauftrag ist z.B. nach Auflösung der Ehe oder bei dauerndem Getrenntleben zu ändern.

Den Freistellungsauftrag erteile(n) ich/wir für alle meine/unsere gegenwärtigen und zukünftigen INVESCO-Depots unter meinem/unseren Namen, jedoch **nicht** für folgende Depots ________

Ort/Datum — Unterschrift(en)

9/9/1 10.98 **Original für INVESCO KAG**

Am Tag des Anteilserwerbs ist Ihr Depot also weniger wert als Sie einzahlten.

Wie die Kaufabrechnungen im Detail gestaltet sind, unterscheidet sich bei den Investmentgesellschaften nicht unerheblich. Nicht selten erschließen sich die Kaufabrechnungen gerade für unerfahrene Anleger nicht auf den ersten Blick. Nehmen Sie sich also Zeit, möglichst alles nachzuvollziehen, was Ihnen die Investmentgesellschaft mitteilt.

Nach unserer Erfahrung sorgt vor allem das „Zwischengewinnguthaben" für die größten Missverständnisse. Schon die Begrifflichkeit legt nahe, dass es sich um einen irgendwie auf Kursgewinne zurückzuführenden Bestandteil Ihres Depotwertes handeln könnte.

Unser Rat

Tatsächlich aber ist das „Zwischengewinnguthaben" ausschließlich eine steuerliche Größe. Sie kommt ins Spiel, wenn es beim Ausschüttungs-/Thesaurierungstermin (oder bei einem Anteilsverkauf vor diesem Termin) darum geht, die Höhe der in Ihrem Fall steuerpflichtigen Ertragsanteile je Anteil zu bestimmen (vgl. dazu Kapitel E, Abschnitt 3.4).

2 Der tägliche Umgang mit dem Depot

Sie haben nun ein Investmentdepot, das Sie im Prinzip wie ein Girokonto benutzen können. Börsentäglich können Sie, ohne dass Kündigungsfristen einzuhalten sind, Beträge in beliebiger Höhe „abheben", neue Anteile können Sie einfach per Überweisung des anzulegenden Betrags erwerben. Wie Sie in der Praxis vorgehen, zeigen wir Ihnen in den nächsten Abschnitten.

Eindringlicher Rat vorab:

Die „große Freiheit", die Ihnen ein Investmentdepot bietet, kann leicht in Widerspruch geraten zum eigentlich beabsichtigten langfristigen Kapitalaufbau. Viel zu häufig werden nach unseren Beobachtungen z.B. nach guten Börsenphasen Gewinne abgeschöpft, um sich außerplanmäßig etwas zu gönnen. Oder der Investmentsparplan ist als Erstes an der Reihe, wenn

INVESCO

INVESCO Kapitalanlagegesellschaft mbH · Postfach 10 03 54 · 60003 Frankfurt am Main

Ort		
Frankfurt/Main		
Datum: 24.08.1999	Depotnummer: 0122179501	Blatt: 1
Fonds / Anlageklasse: 053 INVESCO NEUE MÄRKTE FONDS		
WP-Kenn-Nr.: 978409	Auszugnummer: 001	
Ihre letzte Abrechnung endete mit einem Anteilsbestand von (Stück)	0,000+	

Depotinhaber

Abrechnung der Umsätze

vom 24.08.1999

Geschäftsvorfall Buchungsdatum	(+) Einzahlung (-) Auszahlung	(+) Anlagebetrag (-) Rückzahl.-Betrag	Preis je Anteil	Kursdatum	Anzahl Anteile	Zwischengewinn je Umsatz
Kauf 24.08.1999	DEM 10.000,00 +	EUR 5.112,92 +	EUR 80,02	24.08.1999	63,896 +	EUR 0,00 +

Evtl. abgerechnete Auszahlungen wirkten sich steuerlich so aus:

ZaSt-pflichtiger Zwischengewinn (saldiert) vor	EUR	0,00
Dies entspricht einem Betrag von	DEM	0,00
bzw. nach Freistellung	EUR	0,00
Dies entspricht einem Betrag von	DEM	0,00
einbehaltene Zinsabschlagsteuer	EUR	0,00
Dies entspricht einem Betrag von	DEM	0,00
einbehaltener Solidaritätszuschlag	EUR	0,00
Dies entspricht einem Betrag von	DEM	0,00

Nach dieser Abrechnung betragen:

Ihr Freistellungsbetrag	EUR	0,00
Dies entspricht einem Betrag von	DEM	0,00
Ihr Zwischengewinnguthaben	EUR	0,00
Dies entspricht einem Betrag von	DEM	0,00
Ihr Anteilbestand in Stück		63,896+
Der Depotwert Ihres Bestandes	EUR	4.869,51+
Dies entspricht einem Betrag von	DEM	9.523,93+

Bitte beachten sie folgenden Hinweis: Die mit "Dies entspricht einem Betrag von" bezeichneten Beträge sind reine Hinweisfelder und können nicht zur Summierung als Berechnungsgrundlage herangezogen werden.

-Bitte aufbewahren! -Wichtig für Ihre Steuererklärung - Kapitalerträge sind einkommensteuerpflichtig!-

Steuerbescheinigung
für

KEINE STEUERBESCHEINIGUNG

Ort	
Frankfurt/Main	
Datum: 24.08.1999	Depotnummer: 0122179501
WP-Kenn-Nr.: 978409	Zahltag: 24.08.1999
Fonds / Anlageklasse: 053 INVESCO NEUE MÄRKTE FONDS	

Zwischengewinn aus Anteilverkauf	EUR	-,-	**einbehaltene Zinsabschlagsteuer**	EUR	-,-
Dies entspricht einem Betrag von	DEM	-,-	Dies entspricht einem Betrag von	DEM	-,-
davon ZaSt-pflichtig nach Freistellung	EUR	-,-	**einbehaltener Solidaritätszuschlag**	EUR	-,-
Dies entspricht einem Betrag von	DEM	-,-	Dies entspricht einem Betrag von	DEM	-,-

Bitte beachten sie folgenden Hinweis: Die mit "Dies entspricht einem Betrag von" bezeichneten Beträge sind reine Hinweisfelder und können nicht zur Summierung als Berechnungsgrundlage herangezogen werden.

Diese Mitteilung wird nicht unterschrieben.
Irrtum vorbehalten

INVESCO
Kapitalanlagegesellschaft mbH

vorübergehend der Gürtel enger geschnallt werden muss – einfach, weil es so einfach ist und Sie keine finanziellen Nachteile wie Vorschusszinsen oder geringe Rückkaufswerte haben.

Unser Rat

Bedenken Sie, wenn Sie in solche Versuchung geraten, stets: Die Endbeträge, die Sie sich vor dem Hintergrund der erwartbaren Wertsteigerungen errechnet haben, können nur dann entstehen, wenn Sie Ihr Vorhaben eisern durchziehen und Ihr Depot unangetastet lassen. Der Zinseszinseffekt wirkt nämlich auch in die andere Richtung: Wenn Sie Ihrem Depot z. B. 10.000 DM entnehmen, dann können Ihnen in der Endabrechnung nach 15 Jahren gut und gerne 40.000 DM und nach 20 Jahren 70.000 DM fehlen (Beispiel gerechnet mit einer jahresdurchschnittlichen Wertsteigerung von 10 Prozent).

2.1 Wie steht Ihr Depot?

Bei allen Investmentgesellschaften gilt, dass Sie immer dann über den Stand Ihres Depots informiert werden, wenn es – siehe unten – durch Zuzahlungen und Entnahmen zu einer Änderung des Anteilsbestands Ihres Depots gekommen ist. In den Kauf-/Verkaufabrechnungen wird Ihnen auch der Depotstand genannt. Einige Gesellschaften tun dies immer auch, wenn die Bestandsveränderung durch geleistete Sparraten zustande gekommen ist, die Mehrheit jedoch nur dann, wenn die monatliche Sparleistung über 250 DM liegt. Bei niedrigeren Monatsraten werden bei diesen Instituten Jahresabrechnungen erstellt. Wie häufig Sie – über diese grundsätzliche Regelung hinausgehend – informiert werden, ist unterschiedlich geregelt.

Wie auch immer: Wenn Sie nur einmal einen Betrag angelegt haben und nicht zusätzlich sparen, kann es ziemlich lange dauern, bis Sie eine automatisch veranlasste Information über Ihren Depotstand erhalten. Sie können, wenn Sie zwischendurch informiert sein wollen, natürlich jederzeit an die Investmentgesellschaft schreiben und einen „Vermögensstatus“ anfordern. Das ist allerdings ein recht aufwendiges Verfahren und hat den Nachteil, dass es auch etwas dauert.

Unser Rat

Der effizientere Weg ist, dass Sie auf die vielfach veröffentlichten Fondskurse zugreifen. So können etwa im Videotext von ARD und ZDF auf Tafel 433 bis 439 börsentäglich die Anteilswerte von ca. 800 Fonds ab ca. 16.30 Uhr tagesaktuell abgerufen werden. Auch die Internet-Seiten der Direktbanken ermöglichen über die Wertpapierkennnummer schnellen Zugriff, wobei allerdings meist nur die Preise des Vortages angeklickt werden können. Umfangreiche Preisveröffentlichungen finden Sie auch in den großen überregionalen Tageszeitungen und natürlich im Handelsblatt. Mit einem Taschenrechner multiplizieren Sie Ihre Anteilsstücke mit dem gefundenen Preis (Vorsicht: Nicht den Ausgabepreis, sondern den Rücknahmepreis = Anteilswert benutzen!).

Wenn Sie das häufiger machen wollen und/oder mehrere Depots haben, kann die Handarbeit leicht lästig werden. Dann bietet es sich an, auf Ihrem vermutlich vorhandenen PC eine kleine Tabellenkalkulations-Anwendung zu stricken, die so aussehen könnte:

Datum: 1.7.1999				
Fonds/Währung	**Anteile/Stück**	**Anteilswert**	**Währung**	**Depotstand DM**
Templeton Growth/USD	1.987,965	19,57	1,89 DM	73.529,46 DM
Invesco Neue Märkte/EUR	175,225	76,75	1,96 DM	26.302,88 DM
Unikapital/EUR	659,638	50,6	1,96 DM	65.280,74 DM
Gesamt				***165.113,08 DM***

Im Beispieltableau können Sie in der zweiten Spalte jeweils die Anteilsstücke je Fonds immer dann aktualisieren, wenn Sie einen neuen Depotauszug erhalten; in der dritten tragen Sie den Anteilswert des Tages ein, für den Sie Ihren Depotstand ermitteln wollen, und in der vierten den Kurs der Währung, in welcher die Preisveröffentlichung stattfindet. In der letzten Spalte bilden Sie das Produkt aus den Werten der drei vorangegangenen Spalten.

Je nach Lust und Aufwand können Sie ein solches Tableau beliebig ausbauen – bis hin zur grafischen Darstellung, wie sich Ihre Depots entwickelt haben, oder zu finanzmathematischen Auswertungen.

2.2 Zuzahlungen

Zuzahlungen auf Ihr Depot erfordern keine neuerlichen Formalitäten; sie funktionieren genau so, wie Sie auf dem Überweisungsweg eine Rechnung bezahlen.

Wahrscheinlich sind beim Informationspaket, das Sie anfänglich erhalten, einige bereits vorbereitete Überweisungsträger dabei, in die die Investmentgesellschaft und ihr Treuhandkonto als Empfänger schon eingedruckt sind.

Unser Rat

Falls Ihnen ein solcher Überweisungsträger nicht vorliegt, finden Sie die Bankverbindung der Investmentgesellschaft auf Ihrem Durchschlag des Depoteröffnungsantrages. Sie brauchen dann nur noch Ihre individuellen Daten inklusive Ihrer Depotnummer einzutragen und das Formular zu Ihrer Bank zu bringen.

Das Ganze geht auch per Scheck, wenn Sie ein Begleitschreiben beifügen mit einer Formulierung wie „Bitte kaufen Sie für den per Scheck (Nr. …) beigefügten Betrag von … DM Anteile zu Gunsten meines Depots abc." Da dieser Weg üblicherweise länger dauert und auch nicht so sicher ist, sollten Sie ihn nur in Ausnahmefällen wählen.

Unmittelbar nach Eingang des Geldes auf dem Treuhandkonto der Investmentgesellschaft wird diese eine entsprechende Stückzahl von Anteilen kaufen und in Ihr Depot legen. Darüber erhalten Sie eine neuerliche Kaufabrechnung.

Unser Rat

Prüfen Sie bei einer Zuzahlung immer auch, ob der erteilte Freistellungsauftrag auch für den nunmehr höheren Depotwert bzw. die höheren Erträge noch ausreicht!

2.3 Entnahmen und Entnahmepläne

Eine gelegentliche Entnahme können Sie brieflich oder per Fax veranlassen. Sie können dabei den Verkauf einer bestimmten Zahl von Anteilsstücken oder aber den Verkauf von Anteilsstücken des von Ihnen benötigten Gegenwertes in Auftrag geben. Letzteres wird die Regel sein, weil Sie meist einen bestimmten Geldbetrag benötigen und Sie höchstens schätzen können, wie viele Anteile dafür erforderlich sind.

Der typische Text für einen Verkaufsauftrag lautet also:

„Bitte verkaufen Sie aus meinem Depot (Depot Nr.) ... Anteile im Gegenwert von ... DM und überweisen den Betrag auf das Konto (Nr., BLZ, Bank)."

Der Verkaufsauftrag wird in der Regel ausgeführt zu den Anteilspreisen des auf den Eingang des Verkaufsauftrages folgenden Tages. Kosten entstehen Ihnen bei den deutschen Fonds nicht; wenn Sie ausländische Fonds benutzen, kann Ihnen u.U. eine „Rücknahmekommission" berechnet werden.

Eine Reihe von Investmenthäusern bietet auch den Service an, zu den Anteilswerten des Eingangstages zu verkaufen, wenn der Verkaufauftrag bis zu einer betimmten Uhrzeit – z.B. 11.00 Uhr – eingegangen ist. Dieser Service kann besonders dann ein erheblicher Vorteil für Sie sein, wenn Sie nicht langfristig investieren, sondern von kurzfristigen Kursschwankungen profitieren wollen.

Von der Erledigung des Verkaufsauftrages bis zum Geldeingang bei Ihnen benötigt es die bankübliche Überweisungsdauer von drei Arbeitstagen. Rund eine Woche dauert somit der brieflich veranlasste Verkaufsauftrag insgesamt, per Fax geht's ein bis zwei Tage schneller. Für ganz Eilige bieten die Investmentgesellschaften gegen Spesenerstattung (ca. 40 DM) auch die telegrafische Überweisung an.

Auch diesen Vorgang der Entnahme aus Ihrem Depot dokumentiert Ihnen die Investmentgesellschaft mit einer Verkaufsabrechnung.

Immer wichtiger werden Entnahmepläne. Diese können Sie mit einem Dauerauftrag vergleichen, mit dem Sie sich von Ihrem Depot periodisch einen bestimmten Geldbetrag auf Ihr Girokonto überweisen lassen. Teilweise bieten die Investmentgesellschaften auch Entnahmepläne für eine feststehende Zahl von Anteilsstücken an; unter bestimmten Umständen kann das die bessere Lösung sein (vgl. Kapitel J). Als Entnahmeperioden werden immer monatliche oder vierteljährliche Auszahlungen angeboten, teilweise auch längere Intervalle. Für die Einrichtung eines Entnahmeplanes werden häufig Mindestdepotstände – z.B. 50.000 DM – vorausgesetzt.

Einen Entnahmeplan installieren Sie mit dem dafür von der Investmentgesellschaft vorgesehenen Formular (schauen Sie noch einmal in die anfänglich erhaltenen Unterlagen) oder mit einem formlosen Auftrag, der so aussehen kann:

„Bitte richten Sie zu Lasten meines Depots (Depot Nr.) ... einen Entnahmeplan über monatlich (vierteljährlich, andere Periode) ... DM ein. Die erstmalige Entnahme soll am (Datum) erfolgen. Den Gegenwert der jeweils verkauften Anteile überweisen Sie bitte auf mein Konto (Nr., BLZ, Bank).“

Natürlich können Sie mit einer entsprechenden Mitteilung an die Investmentgesellschaft einen Entnahmeplan jederzeit ändern oder stoppen.

Auch die periodischen Entnahmen wird Ihnen die Investmentgesellschaft mit Verkaufsabrechnungen dokumentieren.

2.4 Änderung der Sparleistungen

Ein Höchstmaß an Flexibilität gilt auch beim Sparen mit Investmentfonds. Einen einmal eingerichteten Sparplan können Sie jederzeit beenden oder verändern; selbstverständlich können Sie jederzeit auch während des Sparvorgangs über Ihr Depot verfügen.

Da Investment-Sparverträge regelmäßig im Lastschriftverfahren eingerichtet sind, müssen Sie das Lastschriftverfahren ändern, wenn Sie Ihren Sparplan ändern wollen. Wenn Sie das Sparen ganz beenden wollen, teilen Sie der Investmentgesellschaft mit:

„Hiermit widerrufe ich mit sofortiger Wirkung (ggf. anderes Datum) Ihre Ermächtigung, meinem Konto (Nr., BLZ, Bank) im Lastschriftverfahren monatlich (ggf. anderes Intervall) ... DM zu belasten.“

Eine Änderung der Höhe Ihrer periodischen Sparleistung veranlassen Sie mit folgendem Schreiben:

„Hiermit ändere ich mit sofortiger Wirkung (ggf. anderes Datum) den Betrag, den Sie meinem Konto (Nr., BLZ, Bank) im Lastschriftverfahren monatlich (ggf. anderes Intervall) belasten können, auf ... DM.“

2.5 Ausschüttungen

Haben Sie einen ausschüttenden Fonds gewählt, dann wird Ihnen die je Anteil festgesetzte Barausschüttung in der Regel sechs Wochen nach dem Ende des Geschäftsjahres des Fonds Ihrem Depot gutgeschrieben, genauer: Mit den ausgeschütteten Beträgen werden neue Anteile gekauft, worüber Sie wiederum eine Kaufabrechnung erhalten.

Unser Rat

Sie haben nach der Ausschüttung also mehr Anteile als davor. Wundern Sie sich aber nicht, wenn durch die Ausschüttung Ihr Depotstand nicht wächst. Da die Ausschüttung dem Sondervermögen entnommen wird, steht dem Mehr an Anteilen ein Weniger an Anteilswert gegenüber. Ausführlich geht Kapitel G auf diesen Sachverhalt ein.

Ausgabeaufschläge werden bei der Wiederanlage der Ausschüttungen nicht erhoben. Aber Achtung: Dies gilt nur dann, wenn Sie ein Depot direkt bei der Investmentgesellschaft halten. Haben Sie die Anteile dagegen über Ihre Hausbank erworben, wo sie in einem Depot liegen, ist die kostenlose Wiederanlage der Ausschüttungen längst nicht der Standard. Meist erhalten Sie nur einen Rabatt auf die Ausgabeaufschläge („Wiederanlagerabatt“) etwa dergestalt, dass Sie nur 2 Prozent anstatt 5 Prozent zahlen. Über die Jahre kann das ordentlich ins Geld laufen, weil dadurch der Zinseszinseffekt nicht voll zum Tragen kommen kann.

2.6 Verpfändung Ihres Depots

Wie jedes andere Wertpapierdepot können Sie auch Ihr Investmentdepot als Sicherheitsleistung für einen Kredit einsetzen, den Sie zum Beispiel bei Ihrer Hausbank aufnehmen. Je nach Art des Depots (Aktien- oder Rentenfonds) und je nach Ihrer sonstigen Bonität werden üblicherweise 60 bis 80 Prozent des Depotwertes als Kredit gewährt.

Das entsprechende Prozedere müssen Sie bei Ihrer Hausbank in Gang setzen. Diese legt dann die von Ihnen unterzeichnete Abtretungserklärung der Investmentgesellschaft vor und lässt sich von ihr das Depot sperren, was bedeutet, dass sie keine Verfügungen seitens der Depotinhaber mehr zulassen wird.

3 Ihr Investmentdepot und das Finanzamt

3.1 Die deutschen Fonds: Steuerlich existieren sie nicht

Das Vermögen deutscher Fonds heißt im steuerlichen Sprachgebrauch „steuerfreies Zweckvermögen". Das bedeutet, dass der Fonds selbst keine Körperschaft-, Gewerbe- oder Vermögensteuer zahlen muss. Auch die bis 1990 erhobene Börsenumsatzsteuer mussten die Fonds nicht zahlen.

Im Bestreben, die leeren Haushaltskassen zu füllen, kamen die Regierenden zum Jahreswechsel 1998/99 – nicht zum ersten Mal übrigens – auf die Idee, die Steuerfreiheit auf Fondsebene für Spekulationsgewinne abzuschaffen, die innerhalb des Sondervermögens noch vor Ablauf der Spekulationsfrist erzielt wurden. Bis auf Weiteres ist dieser Plan vom Tisch, nachdem nachgewiesen wurde, dass ein solches Verfahren zu einer Schlechterstellung von Fondsanlegern gegenüber Anlegern führen kann, die direkt Aktien oder festverzinsliche Wertpapiere erwerben.

Sofern von den Fonds Steuern einbehalten werden – etwa die Zinsabschlagsteuer (ZASt) –, handelt es sich dabei nicht um Steuern, die der Fonds schuldet; vielmehr handelt es sich hierbei quasi um eine vorverlagerte Besteuerung von Einkommen auf der Ebene der Kapitalanleger:

Der Gesetzgeber hat die Fonds verpflichtet, stellvertretend für die Anleger einen pauschalen Anteil der Steuerschuld an den Fiskus abzuführen.

Mit der Einführung der Steuer auch auf die Zwischengewinne (vgl. Kapitel E, Abschnitt 3.4) heißt dies, dass Sie als Fondsanleger exakt so besteuert werden, als wenn Sie Ihre Anlagen direkt halten würden: Einerseits entsteht durch die Fondsverpackung kein zusätzlicher steuerlich relevanter Tatbestand, andererseits sind nunmehr aber auch die letzten Schlupflöcher beseitigt, deren Nutzung zu leichten steuerlichen Vorteilen der Fonds gegenüber der Direktanlage führten.

3.2 Fondsanteile im Privat- oder Betriebsvermögen: Umfang der Steuerpflicht

Die Wertsteigerungen, die ein Fondsanteil erfährt, stammen aus zwei Quellen:

- Zinsen und Dividenden, die das Sondervermögen für die gehaltenen Wertpapiere vereinnahmt („ordentliche Erträge“);
- Kurssteigerungen, welche die Wertpapiere des Sondervermögens erfahren („außerordentliche Erträge“).

Sofern Sie Ihre Anteile im Privatvermögen halten, sind die auf Zinsen und Dividenden zurückgehenden Wertsteigerungen der Einkommensteuer zu unterwerfen. Die auf die Kursgewinne entfallenden Wertsteigerungen sind nur dann zu versteuern, wenn zwischen Kauf und Verkauf eines Anteils weniger als zwölf Monate liegen, und sie 1.000 DM übersteigen. Das gilt dann auch für Erlöse aus der Veräußerung von Bezugsrechten.

Sofern die Anteile zu Ihrem Betriebsvermögen gehören, sind nicht nur die Zins- und Dividendenanteile, sondern auch Kursgewinne und Erlöse aus der Veräußerung von Bezugsrechten zu versteuern.

Wie hoch die auf einen Anteil entfallenden – und in jedem Fall steuerpflichtigen – Erträge aus Zinsen und Dividenden sind, gehört zu den Pflichtangaben, welche die Investmentgesellschaften in den Rechenschaftsberichten veröffentlichen müssen. Zusätzlich erhalten Sie individuell für Ihr Depot nach dem Ende des Geschäftsjahres des Fonds einen Depotauszug als „Steuerbescheinigung“ dieser Erträge.

Doch die Beträge, die Sie dort finden, sind in den seltensten Fällen diejenigen, für die Sie tatsächlich auch Steuern zahlen müssen. Sie sind nur Bezugsgrößen in einem reichlich komplizierten Verfahren, nach dem die Höhe Ihrer Steuerschuld berechnet wird. Die „Sparerfreibeträge" sind das wichtigste Korrektiv in diesem Verfahren.

3.3 Zinsabschlagsteuer, Sparerfreibeträge und Freistellungsauftrag

Unser Rat

Bis Ende 1999 sind Kapitalerträge nur dann zu versteuern, wenn sie pro Jahr höher als 6.100 bzw. 12.200 DM (Verheiratete) sind. Für die späteren Veranlagungszeiträume sind sie auf 3.100 bzw. 6.200 DM reduziert worden.

Die bis 1999 relativ hohen Sparerfreibeträge sind 1993 eingeführt worden, um die gleichzeitige Einführung der Zinsabschlagsteuer (ZASt) sozial ausgewogen zu gestalten. Sie verpflichtet die Investmentgesellschaften, auf die steuerpflichtigen Zinserträge anlässlich deren Ausschüttung einen Satz von 30 Prozent einzubehalten („Depotfall") und an den Fiskus abzuführen. Falls ein Fonds nicht ausschüttet, sondern thesauriert, hat die Fondsgesellschaft den Satz von 30 Prozent auf die zum Ende des Rechnungsjahres ausgewiesenen steuerpflichtigen Zinsen abzuführen.

Um jedoch die Freibeträge sofort ausnutzen zu können, haben die Anleger die Möglichkeit, die Investmentgesellschaft von der Erhebung und Abführung der ZASt bis in Höhe der Freibeträge freizustellen. Dies geschieht mit dem „Freistellungsauftrag" (vgl. Kapitel E, Abschnitt 1.2).

Unser Rat

Liegt einer Investmentgesellschaft ein Freistellungsauftrag vor, muss sie die ZASt nur insoweit erheben, als die ausgewiesenen steuerpflichtigen Kapitalerträge die Höhe des erteilten Freistellungsbetrages übersteigen.

Für die Erträge, welche die Investmentgesellschaft einbehält und abführt, erhalten Sie von der Investmentgesellschaft eine Steuergutschrift, mittels derer Sie sich den bereits abgeführten Betrag auf die im Übrigen zu zahlende Einkommensteuer anrechnen lassen können.

Beispiel

Sie halten 1.000 Anteile eines Rentenfonds, der am Ende des Rechnungsjahres ausschüttet:

Je Anteil	5,00 DM	Gesamt 5.000 DM
Davon aus		
Zinsen	4,75 DM	gesamt 4.750 DM
Veräußerungserlösen	0,25 DM	gesamt 250 DM

Folgender **Freistellungsauftrag** liegt der Investmentgesellschaft von Ihnen vor:

	keiner	**3.000 DM**	**5.000 DM**
Abzuführende ZASt	1.425 DM	525 DM	– DM
	= 4.750 × 0,3	= (4.750 – 3.000) × 0,3	
Barausschüttung			
aus Zinsen	3.325 DM	4.225 DM	4.750 DM
aus Veräußerungserlösen	250 DM	250 DM	250 DM

Falls die Fondsanteile nicht auf einem Depot verbucht sind, sondern als echte Stücke im Tresor des Anlegers liegen, beträgt der Zinsabschlag bei der Einlösung des Ertragsscheins 35 Prozent.

Die Zinsabschlagsteuer fällt nicht an und Freistellungsaufträge brauchen nicht erteilt zu werden

- bei Zinsen aus ausländischen Rentenfonds (auch wenn die Anteile in einem deutschen Depot liegen bzw. die Ertragsscheine bei einer deutschen Bank eingelöst werden);
- bei Zinsen aus deutschen Rentenfonds, deren Anteile bei ausländischen Banken verwahrt werden bzw. deren Ertragsscheine bei ausländischen Banken eingelöst werden.
- bei Zinsen aus thesaurierenden ausländischen Fonds.

Alle Bestimmungen der ZASt gelten nicht nur für Rentenfonds, sondern gleichermaßen für Aktienfonds, sofern diese auch Renten im Fondsvermögen führen, sowie auch für die gemischten Fonds und die Offenen Immobilienfonds.

3.4 Zwischengewinne und Zwischengewinnguthaben

Der vermutlich verwirrendste Posten auf Ihren Depotauszügen sind die ausgewiesenen Zwischengewinne bzw. die Zwischengewinnguthaben. Diese haben – entgegen vielfacher Interpretation – mit der „zwischenzeitlichen Wertsteigerung" Ihres Depots nichts zu tun, sondern sind letztlich eine steuerliche Größe, mit der Steuergerechtigkeit hergestellt werden soll.

Bis Ende 1993 verhielt es sich so, dass Steuern auf die Zinserträge nur dann anfielen, wenn die Anteile zum Zeitpunkt der Ausschüttung vom Anleger gehalten wurden. Umgekehrt bedeutete dies, dass steuerfrei bleiben konnte, wer Anteile vor der Ausschüttung verkaufte und einen Tag danach wieder einstieg.

Zum 01.01.1994 wurde dieses Schlupfloch aber gestopft. Seither werden die Kapitalerträge, die ein Anleger zwischen zwei Ausschüttungsterminen vereinnahmt, ebenfalls besteuert. Werden nämlich die Anteile zwischen den Ausschüttungsterminen zurückgegeben, dann ist die Fondsgesellschaft verpflichtet, den Zinsabschlag von 30 Prozent auch auf die seit dem letzten Ausschüttungstermin (oder dem späteren Erwerbszeitpunkt) angefallenen Zinsen einzubehalten bzw. abzuführen. Die Fondsgesellschaften sind verpflichtet, den seit der letzten Ausschüttung aufgelaufenen steuerpflichtigen Zwischengewinn börsentäglich zusätzlich zu den Rücknahmepreisen zu veröffentlichen.

Unser Rat

Steigen Sie also während des Geschäftsjahres eines Fonds ein, erwerben Sie in Höhe der bis dahin aufgelaufenen Zwischengewinne ein steuerliches Guthaben – eben das Zwischengewinnguthaben. Dieses können Sie am Ende des Geschäftsjahres gegen die gesamten steuerpflichtigen Erträge, die während des Geschäftsjahres angefallen sind, verrechnen. Vergleichbares gilt, wenn Sie vor Ende des Geschäftsjahres wieder aussteigen: Sie müssen dann nur die Differenz aus den bis zu Ihrem Ausstiegszeitpunkt angefallenen Zwischengewinnen und dem zu Ihrem Einstiegszeitpunkt erworbenen Zwischengewinnguthaben versteuern.

3.5 Dividendenbesteuerung, Sparerfreibeträge und Freistellungsauftrag

Dividenden, die ein Fonds vereinnahmt, sind Teile des Gewinns einer Aktiengesellschaft, auf den diese bereits Körperschaftsteuern gezahlt hat. Würden die ausgeschütteten Dividenden in voller Höhe – wie Zinserträge – dem zu versteuernden Einkommen zugeschlagen werden, bedeutete dies eine Doppelbesteuerung. Um diese zu vermeiden, erhalten Dividendenempfänger eine steuerliche Gutschrift über $^{3}/_{7}$ der ausgeschütteten Dividende (Körperschaftsteuerguthaben), die eine Vorauszahlung der Einkommensteuer des Dividendenempfängers darstellt. Diese Steuergutschrift reicht der Fonds an seine Anteilsinhaber weiter. Sie können das Guthaben im Rahmen der einkommensteuerlichen Veranlagung geltend machen.

Dies bedeutet, dass der aus inländischen Dividenden stammende Ausschüttungs- oder Thesaurierungsbetrag (Barausschüttung) zunächst um jene drei Siebtel „anrechenbare Körperschaftsteuer" erhöht werden muss und sich aus dieser Summe die zu versteuernde Gesamtausschüttung ergibt (die also höher ist als die Barausschüttung). Im zweiten Schritt wird die Gesamtausschüttung im Rahmen der Veranlagung zum sich hieraus ergebenden Steuersatz versteuert; auf die sich ergebende Steuerschuld kann jedoch der nicht ausgeschüttete anrechenbare Körperschaftsteuer-Anteil angerechnet werden.

3.6 Ausländische Steuern

Bei Investmentfonds, die im Ausland investieren, wird vielfach vom ausländischen Fiskus eine Quellensteuer einbehalten. So sichert sich z.B. das „Steuerparadies Schweiz" an der Quelle, also beim zinszahlenden schweizerischen Unternehmen, einen Pauschalabzug von 35 Prozent.

Um in solchen Fällen die doppelte Besteuerung ein und derselben Zinszahlung zu vermeiden – einmal durch die ausländische Quellensteuer und danach durch die ZASt –, gilt das in den jeweiligen bilateralen Abkommen zur Vermeidung von Doppelbesteuerung regelmäßig vorgesehene „Anrechnungsprinzip“ auch für die Kapitalerträge aus Investmentfonds: nämlich die ausländischen Zinsen brutto der deutschen Einkommensteuer zu unterstellen und auf die sich daraus ergebende Steuerschuld die im Ausland bereits gezahlte (Quellen-)Steuer anzurechnen.

3.7 Nichtveranlagungsbescheinigung

Wer als Arbeitnehmer weniger als 27.000 DM (ledig) bzw. 54.000 DM (verheiratet) verdient, ist nicht veranlagungspflichtig. Er kann sich dies bei seinem Wohnsitzfinanzamt in einer sogenannten NV-Bescheinigung bestätigen lassen. Liegt der Fondsgesellschaft eine solche Bescheinigung vor, dann wird die ZASt nicht einbehalten und/oder das anrechenbare KSt-Guthaben ebenfalls bar ausgeschüttet.

3.8 Vermögensteuer

Die Vermögensteuer ist zwar noch nicht abgeschafft, jedoch in der vorliegenden Form vom Bundesverfassungsgericht für verfassungswidrig erklärt worden. Seit 1997 wird sie nicht mehr erhoben. Zur Jahresmitte 1999 scheint sich in der Berliner Regierungskoalition eine Mehrheit für die definitive Abschaffung abzuzeichnen. Bei der bis 1996 erhobenen Vermögensteuer galt: Maßgeblich für den Wert, mit dem das Investmentvermögen über die Freibeträge hinaus der Vermögensteuer unterlag, waren die Anteilswerte am Ende des Kalenderjahres, das dem Veranlagungsstichtag vorausging. Der Vermögensteuersatz betrug 0,5 Prozent.

3.9 Die Besteuerung von Erträgen aus ausländischen Fonds

Bei ausländischen Fonds unterscheidet die Gesetzeslage zwischen drei Typen:

Steuerlich den deutschen gleichgestellte ausländische Fonds

Hierunter fallen alle Fonds,

- die ihren Sitz in einem EU-Mitgliedsland haben oder
- die ihren Sitz außerhalb der EU haben, aber in einem aufwendigen Verfahren durch das Bundesaufsichtsamt für das Kreditwesen in Deutschland zum Vertrieb zugelassen sind.

Da erhebliche steuerliche Nachteile drohen, wenn ein Fonds eine dieser Voraussetzungen nicht erfüllt, sollte nur in ganz besonderen Ausnahmefällen ein Fonds der beiden nachfolgenden Typen gewählt werden, zumal die mittlerweile rund 3.500 in Deutschland zugelassenen Fonds kaum noch Wünsche offen lassen.

Fonds mit einem inländischen Steuervertreter

Bei solchen Fonds müssen alle Erträge, die nicht zur Kostendeckung verwendet werden, gleichgültig aus welchen Quellen sie stammen, der Einkommensteuer unterstellt werden. Dies bezieht sich namentlich auf die Kursgewinne, für die bei den Fonds dieses Steuertyps die 12-Monats-Spekulationsfrist nicht gilt.

Fonds ohne inländische Steuervertreter

Mit Sicherheit haben Sie keine Freude an einem solchen Fonds, jedenfalls dann nicht, wenn Sie steuerehrlich sind: Dann müssen Sie nämlich nicht nur alle Ausschüttungen, sondern auch 90 Prozent der Differenz der Inventarwerte Jahresanfang/Jahresende versteuern, mindestens jedoch 10 Prozent des Inventarwerts am letzten Tag des Kalenderjahres.

3.10 Steuersparmodell Aktienfonds

Auch nach der Verlängerung der Wertpapier-Spekulationsfrist von sechs auf zwölf Monate gilt: Mit Blick auf die steuerliche Behandlung von Veräußerungsgewinnen bleibt der vielgescholtene Standort Deutschland eine Steueroase: Nirgendwo sonst in den westlichen Industriestaaten gibt es die Möglichkeit, Kursgewinne steuerfrei zu vereinnahmen.

Was bedeutet dies für die Höhe der steuerlichen Belastung Ihrer Gesamterträge?

Betrachten wir zunächst die Aktienfonds. Bei Aktien lässt sich aus den Daten der Vergangenheit ermitteln, dass die Dividendenrendite (mit Steuergutschrift) im langjährigen Mittel bei ca. 2,5 Prozent liegt.

Unser Rat

Unterstellt man aus Gründen vereinfachter Darstellung eine Aktien-Gesamt-Performance (Dividenden plus Kursgewinne) von ca. 10 Prozent, dann ergibt sich, dass im langfristigen Mittel von einer mit einem Aktienfonds verdienten Mark lediglich 25 Pfennige versteuert werden müssen; die restlichen 75 Pfennige bleiben steuerfrei, weil hinter ihnen die Kursgewinne stehen.

Unterliegen Sie also einem Einkommensteuersatz von 50 Prozent und haben Sie mit einer Aktienfonds-Anlage von 10.000 DM eine jährliche Wertsteigerung von 1.000 DM erzielt, dann müssen Sie nach dieser schematischen Betrachtungsweise 250 DM versteuern, woraus sich eine Steuerlast von 125 DM oder 12,5 Prozent ergibt.

Wenn wir die Sparerfreibeträge in diese Betrachtung einbeziehen, ergibt sich: Mit Aktienfonds können Sie – auch nach der Halbierung der Freibeträge – ein Vermögen in beträchtlicher Höhe für sich arbeiten lassen, ohne auch nur eine einzige Mark an Steuern auf die Wertzuwächse zahlen zu müssen:

Beispiel

Sie haben 240.000 DM in einem Aktienfonds angelegt, der im Jahr eine Wertsteigerung von 10 Prozent hat, die sich wie oben angenommen auf die Komponenten „Dividenden“ und „Kursgewinne“ aufteilt. Der Investmentgesellschaft haben Sie einen Freistellungsauftrag in Höhe von 6.200 DM erteilt. So sieht Ihre Bilanz aus:

Gesamtertrag 10 %	24.000 DM
Hiervon steuerpflichtig 25 %	6.000 DM
Erteilter Freistellungsauftrag	6.200 DM
Überschuss Freistellungsauftrag	200 DM
Zu zahlende Steuern	– DM

Je nach Börsensituation allerdings können die steuerfreien Performanceanteile bei den Aktienfonds jährlich ganz erheblich schwanken. So betrug z.B. die Wertentwicklung bei Frankfurter Effektenfonds im Geschäftsjahr 85/86 plus 31,6 Prozent, wovon weniger als 10 Prozent steuerpflichtig waren. Umgekehrt lag die Wertentwicklung im Geschäftsjahr 91/92 bei minus 6,6 Prozent, gleichwohl aber mussten trotz der Verluste 4,4 Prozent des Anteilswertes versteuert werden.

Unser Rat

Wenn Sie Fondsanteile eines Aktienfonds halten, dann sind Sie mit einem Freistellungsbetrag von 40 DM je 1.000 DM Anlagebetrag auf der sicheren Seite.

Anders die Situation bei den Rentenfonds. Hier gilt, dass in der langfristigen Betrachtungsweise der steuerfreie Performanceanteil bei Null oder – bei sogenannten steueroptimierten Fonds, die vorwiegend in Anleihen mit Kursen unter 100 Prozent investieren – allenfalls knapp darüber liegen wird: Praktisch der gesamte Wertzuwachs ist im langjährigen Durchschnitt also zu versteuern.

Je nach Zinsentwicklung kann dies aber auch bei den Rentenfonds in einzelnen Jahren anders sein. So dürften überschlägig im Jahr 1996 bei einem Fonds, der eine Performance von 10 Prozent erzielte, rund die Hälfte steuerfrei vereinnahmt worden sein, denn diese Hälfte ging auf das Konto der Kursgewinne, die aufgrund der Zinssenkungen entstanden. Im umgekehrten Fall können Sie in die Situation kommen, dass Sie in einem Jahr Steuern zahlen müssen, obwohl Sie in diesem Jahr unter Umständen sogar ein Minus machten: Wenn nämlich die Zinsen steigen, die Kurse der im Fondsvermögen befindlichen Wertpapiere rückläufig sind und deswegen die Performance negativ wird.

Unser Rat

Bei der Höhe von Freistellungsaufträgen für Rentenfonds können Sie sich an der langjährigen Durchschnittsrendite von 6,5 Prozent orientieren. Wenn Sie sparsam mit Ihren Freibeträgen umgehen müssen, empfiehlt sich vor allem bei Kurzläufer- und Geldmarktfonds die jährliche Anpassung des Freistellungsauftrags an die jeweilige Rendite im kurzen Bereich.

Aufgrund der auf Kontinuität bedachten Systematik bei der Wertermittlung der Offenen Immobilienfonds sollten Sie davon ausgehen, dass steuerfreie Performanceteile – wenn auch in unterschiedlichem Ausmaß – stetig jährlich entstehen; sie werden in „schlechten" Jahren bei ca. 20 Prozent liegen und in „guten" bei ca. 50 Prozent. Für langfristig angelegte Nach-Steuer-Betrachtungen sollten Sie somit mit einem durchschnittlichen steuerlichen Performanceanteil von ca. 35 Prozent p.a. rechnen.

F

Die Wertpapierfonds und ihr typisches Ertrags-/Risikopotenzial

F Die Wertpapierfonds und ihr typisches Ertrags-/Risikopotenzial

Wenn wir den Inhalt der Vorschriften des Gesetzes über Kapitalanlagegesellschaften, das wir Ihnen in Kapitel 4 vorstellten, in ein plastisches Bild übersetzen sollten, dann würden wir das Wort „Topf“ wählen.

Dieses Bild ergibt einen Sinn: In den Topf werden Anlegergelder eingesammelt, mit denen der Koch (Manager des Fonds) einkaufen geht; in seinen Händen verwandelt sich das viele Bare in ein Gericht, das Ihren Hunger nach Erträgen stillen soll. Sie können zwar die Art des Gerichts bestimmen, nicht aber die Zubereitungsweise: Niemand fragt Sie mehr, ob Sie's gern „medium“ hätten oder eine andere Beilage, nachdem Sie sich für einen Topf entschieden haben.

Aber immerhin: Der Topf selbst und der Umgang des Kochs mit ihm sind so organisiert, dass Sie sicher sein können:

- Nur geprüfte Köche dürfen an den Topf, Hobbyköche und Scharlatane bleiben ausgesperrt (damit ist gemeint, dass die Fonds der Bankenaufsicht unterstellt sind).
- Die Köche sind verpflichtet, die Zutaten bei verschiedenen Erzeugern einzukaufen, so dass die Gefahr gering ist, dass z.B. Ihr Kalbsfrikassee ausschließlich aus den Beständen von Östrogen-Spritzern stammt (damit ist gemeint, dass die Fonds zur Risikostreuung verpflichtet sind).
- Sie können sicher sein, dass Ihnen Ihr Anteil am Gericht genau dann serviert wird, wenn Sie Appetit darauf haben (damit ist gemeint, dass Ihr Anspruch am Gesamtwert eines Fonds anteilsmäßig genau definiert ist und Sie ihn jederzeit geltend machen können).

Die Art der Gerichte aber, die in den Töpfen zubereitet werden, ist so vielfältig wie das Gastronomie-Angebot einer Großstadt. Da gibt es z.B. Gerichte aus den Töpfen mit den DM-Anleihen für den anspruchslosen Hunger, dann solche mit internationalen Aktien für den Gaumen, der's gern gut gewürzt mag, und schließlich Töpfe mit spekulativen Anlageinstrumenten für Gourmets, die in Kauf nehmen, sich in ihrer Genuss-Sucht schon mal die Finger zu verbrennen. Dazwischen viele Spezialitäten wie norwegischer Lachs und australische Straußeneier, Zürcher Gschnetzeltes und japanische Reisgerichte.

Unser Rat

Die Anlageform „Investmentfonds" gibt es also streng genommen nicht. Sie sind kein „Investmentanleger" oder „Investmentsparer", wenn Sie einen Anteilschein eines Fonds erwerben. Vielmehr: Je nachdem, was Sie sich von der Speisekarte bestellen, sind Sie Rentier, Aktionär oder Spekulant oder alles zusammen – was heißen soll, dass sich die typischen Merkmale bestimmter Anlageformen (wie z. B. Aktien) und ihr grundlegendes Chancen- und Risikopotenzial nicht ändern, wenn sie in der „Organisationsform Investmentfonds" erworben werden. Auch die Fonds-Köche kochen also nur mit Wasser.

Der entscheidende Unterschied: Sie haben sich entschieden, Ihre Leibspeise nicht selbst zu kochen, sondern sich bekochen zu lassen, und hoffen darauf, dass man das besser kann als Sie selbst. Was es denn aber sein soll, das müssen Sie schon selbst entscheiden, wenn Sie nicht Gefahr laufen wollen, dass Ihnen ein Schweinsbraten serviert wird, wo Sie doch vegetarisch essen wollten.

1 Das Fonds-Universum vor dem Teleskop: Feingliederung der Fondstypen

Ihre Chancen und die Risiken, die Sie eingehen, sind von Fondstyp zu Fondstyp also völlig unterschiedlich. Wenn Sie einen international ausgerichteten Aktienfonds auswählen, dann haben Sie sich neben den Chancen und Risiken, die sich aus den Aktienkursen und Börsenzyklen ergeben, auch noch jene Chancen und Risiken „aufgehalst", die aus der Veränderung der Währungsparitäten herrühren. Ganz unterschiedlich bei der Wahl eines DM-Rentenfonds: Das Risiko beschränkt sich dort auf die Kurse der Anleihen (Zinsänderungsrisiko), ist also im Normalfall wesentlich geringer.

1.1 Tiefere Fondsgliederung

Wenn Sie sich also daranmachen, unter den rund 3.500 Fonds denjenigen auszusuchen, der Ihnen für Ihre Zwecke geeignet erscheint, dann werden Sie an jenen periodisch publizierten „Hitlisten“ des BVI und vieler Print-Medien nicht vorbeikommen, in denen die Anlageergebnisse, nach Fondstypen sortiert, aufgelistet werden. Damit Sie nur tatsächlich Vergleichbares miteinander vergleichen, empfiehlt es sich, unsere erste, sehr grobe Aufgliederung des Fonds-Universums deutlich zu verfeinern. Bei nachfolgender Feingliederung der Fondstypen lehnen wir uns an die Typisierung an, die unserer Analysepartner FCS in seinem Computerprogramm vornimmt.

Aktienfonds

Anlageschwerpunkt Deutschland
- Standardaktien
- Einzelne Marktsegmente

Anlageschwerpunkt Europa
- Gesamteuropa
- Euroland
- Westeuropa
- Osteuropa
- Ein-Land-Fonds
- Einzelne Marktsegmente

Weltweit anlegende Fonds
- Globale Standardwerte
- Branchen- und Themenfonds
- Hemisphärenfonds, Ein-Land-Fonds
- Schwellenländer
- Einzelne Marktsegmente

Rentenfonds

Mittlere und lange Restlaufzeiten
- Anlagewährung Euro
- Andere Ein-Währungs-Fonds
- International breit streuend
- Risikoanleihen

Kurzläuferfonds

- Detailgliederung wie oben

Geldmarktfonds

- Detailgliederung wie oben

Laufzeitfonds

- Laufzeiten
- Währungsschwerpunkte

Gemischte Investmentfonds (Aktien und Renten)

- International breit streuend
- Länder-/Währungsschwerpunkt

Offene Immobilienfonds

1.2 Ist drin, was draufsteht?

Die für die diversen Kategorien typischen Profile und beispielhafte Vertreter der einzelnen Kategorien stellen wir Ihnen in den nächsten Abschnitten vor. Vorab aber eine Warnung vor einem leider gar nicht so seltenen Etikettenschwindel:

Immer wieder ergibt sich nämlich bei der Analyse ihrer Anlagepolitik, dass einzelne Fonds sich zwar in der einen oder anderen Sparte haben einordnen lassen, zumindest zeitweise jedoch das Geld ganz anders anlegen. Wir fanden einige krasse Beispiele für solche „Fonds unter falscher Flagge“:

- Ein in der Kategorie „Renten Deutschland“ eingeordneter Rentenfonds war am Stichtag zu 61,9 Prozent in Fremdwährungsanleihen investiert.
- Ein in derselben Kategorie eingeordneter Fonds – in der Fünfjahresperformance der beste Fonds dieser Kategorie – erwirtschaftete diesen Spitzenwert u.a. damit, dass er am Stichtag weder in DM- noch in Fremdwährungsanleihen investiert war, sondern zu 56 Prozent in deutschen und 40,2 Prozent in ausländischen Aktien.
- Ein in der Kategorie „Aktien Deutschland“ eingeordneter Fonds war zum Stichtag zu 44,9 Prozent in deutschen und zu 51,1 Prozent in ausländischen Aktien investiert.

Unser Rat

Was immer die Gründe für solch anders gesetzte Schwerpunkte sein mögen – Sie sollten diese Beispiele zum Anlass nehmen, in den Anlagerichtlinien des favorisierten Fonds gut nachzulesen, was das Fondsmanagement alles „darf“ und ob dies dem entspricht, was Sie zur Wahl des betreffenden Fonds veranlasst hat.

2 Aktienfonds

Das grundlegende Problem der direkt gehaltenen Aktienanlage: Setzen Sie auf eine Beteiligung an deutschen Weltunternehmen wie Siemens, DaimlerChrysler, BASF usw. oder suchen Sie sich erfolgversprechende kleinere Unternehmen aus? Welcher Branche wird es zukünftig besonders gut gehen und welches Unternehmen wird Branchenprimus werden? Sollen Sie verstärkt auf Aktien ausländischer Unternehmen setzen? Und überhaupt: Woher nehmen Sie die Informationen, die Sie für eine auch nur einigermaßen zuverlässige Beurteilung von Chancen und Risiken einzelner Werte benötigen (und woher die Zeit, die Sie für die Auswertung der Datenflut benötigen)?

2.1 Die Risikostreuung: Glättung der Gewinn- und Verlustchancen bei Aktienfonds

Gegenüber der Direktanlage springen die Vorteile von Fonds ins Auge. Mit einem Fondsanteil im Wert von z.B. 80 DM erwerben Sie Bruchteile einer Vielzahl einzelner Aktien. Wenn sich von diesen vielen Aktien einzelne Werte schlechter als die Börse insgesamt entwickeln, dann bleibt dies zwar auf den Wert des Anteils nicht ohne Einfluss, d.h., er wird sinken, wenn nicht – Zufall oder Können des Managements – andere Werte des Fondsvermögens überdurchschnittlich steigen. Ein Absinken eines einzelnen Werts um z.B. 20 Prozent wird in aller Regel zu einer Verringerung des Anteilswerts (also Ihres Geldes) um weit weniger als 1 Prozent führen.

Stecken Sie dagegen ihre 80 DM direkt in einen einzelnen Wert, dann gehen Sie das Risiko ein, dass es exakt dieser Wert ist, dessen Kurs um jene 20 Prozent einbricht. Wenn Sie sich durch die Streuung Ihrer Aktienanlagen ähnlich risikoimmun gegenüber Sonderentwicklungen einzelner Werte wie bei der Zeichnung eines Anteilscheins machen wollten, müssten Sie ein Vielfaches des Anteilswerts von 80 DM investieren.

Die Sache funktioniert aber auch in die andere Richtung so: Wenn sich ein einzelner Wert eines Aktienfonds weit überdurchschnittlich besser entwickelt als die Börse insgesamt, dann wird sich dies wiederum nur in Bruchteilen von Prozenten im Anteilswert des Fonds ausdrücken. Wenn Sie aber mit Glück oder Geschick direkt in diesen Wert investiert hätten, dann würden Sie in vollem Umfang an der Hausse dieses Titels partizipieren.

Sie sehen: Den Begriff „Risikostreuung" sollten Sie ersetzen durch den etwas längeren, aber sehr viel präziseren Terminus „Glättung des Chancen- und Risikopotenzials", womit zum Ausdruck kommt,

- dass die „Organisationsform Fonds" bewirkt, dass mit Anteilswerten der Höhe nach sowohl Gewinne als auch Verluste weniger wahrscheinlich eintreten, als sie beim Direktbesitz einzelner Werte vorkommen können;
- dass gleichwohl die Streuung der Risiken nicht bedeutet, dass die Risiken abgeschafft sind: Einem insgesamt nach unten gerichteten Börsentrend wird sich kein Fonds entziehen können, der an dieser Börse investiert.

2.2 Fondsmoden und Segmentierung: Segen oder Fluch?

Dieses gerade für den „Normalanleger" bestechende Prinzip der breit angelegten Risikostreuung ist in den vergangenen Jahren zunehmend unterhöhlt worden. 1990 etwa stellten die breit streuenden Aktienfonds die deutliche Mehrheit bei den nach deutschem oder Luxemburger Recht aufgelegten Aktienfonds. Eben erst hatte man begonnen, Fonds nur für Aktien kleinerer Unternehmen, sogenannte „Spezialitätenfonds" aufzulegen, nachdem sich im Börsenboom der 80er Jahre diese Aktien am dynamischsten entwickelten; daneben konnten noch Anteile einiger weniger Länder- oder Branchenfonds erworben werden.

Seither schreitet diese „Segmentierung“ immer weiter fort und setzt mit immer größerer Frequenz eine Flut von Hemisphären-, Länder-, Branchen- und Themenfonds in die Welt nach dem Motto: Auf jede neue Kapitalmarktsituation und auf jeden (vermeintlich) neuen Wirtschaftstrend folgt mittlerweile die Auflegung von Fonds, die darauf zugeschnitten sind. Unter deutlich über 1.000 Aktienfonds können Sie so mittlerweile wählen. Zum Vergleich: An der Frankfurter Wertpapierbörse werden ca. 850 Einzelaktien gehandelt!

Ob Sie diese Entwicklung für einen Fortschritt oder bloß für eine Verschlimmbesserung halten, dürfte von Ihrem Blickwinkel abhängen. Betrachten Sie die Segmentierung mit den Augen eines (semi-)professionell agierenden Anlegers, dann finden Sie die Vielfalt wahrscheinlich ganz prima: Für jede Ihrer Absichten haben Sie die Auswahl unter mehreren dazu passenden Fonds. In den unterschiedlichen Risikoprofilen der einzelnen Segmente kennen Sie sich aus, und das teilweise dramatische Auf und Ab einzelner Fondsgruppen machen Sie sich zu Nutze, weil Sie geübt sind im antizyklischen Denken und Handeln. Mit anderen Worten: Der verführerische Hautgout, mit dem sich die Fonds der neuen Generation einnebeln (vgl. Kapitel C, Abschnitt 1), dringt gar nicht erst zu Ihnen vor.

Wenn Sie jedoch nicht zu dieser beneidenswerten Gruppe von Anlegern gehören, dann kann sich die Segmentierung schnell als Falle, mindestens aber als Sackgasse herausstellen. Ihnen nutzt es gar nichts mehr, dass z.B. ein Malaysia-Fonds das Risiko breit auf Unternehmen des asiatischen Staates streut, wenn der gesamte malaysische Markt zusammenbricht. Sie haben ihn im Zweifel erst kurz davor gekauft, weil Sie ob seiner tollen Performance auf ihn aufmerksam geworden sind (vgl. Sie dazu Grafiken 2 und 3 in Kapitel A, Abschnitt 2.1).

Das vielschichtige Fonds-Universum ermöglicht es Ihnen, die Risiken eines einzelnen Fonds abzumildern, indem Sie eine Reihe anderer Fonds zeichnen und auf diese Weise eine persönliche Risikostreuung vornehmen.

Unser Rat

Aber damit sind Sie – erstens – fast in derselben Situation, vor der ein Einzel-Aktien-Anleger steht, zweitens kommt – wenn Sie überlegt vorgehen – dabei die Zusammensetzung heraus, die ein breit streuender Aktienfonds vermutlich auch hat, und last but not least haben Sie dann immer noch nie-

manden, der Ihnen sagt, wann welches Land oder welche Branche über- oder untergewichtet werden muss. Beim breit streuenden Aktienfonds wird das vom Fondsmanagement erledigt.

2.3 Welche Ertragschancen bestehen, welche Risikofaktoren?

Wedelt der Schwanz mit dem Hund oder der Hund mit dem Schwanz? Wenn Sie in den Fondsprospekten darüber Aufklärung suchen, wovon denn eigentlich das zu erzielende Anlageergebnis abhängt, dann stoßen Sie (wenn Sie überhaupt etwas finden) entweder auf Sätze wie „Auf das Fonds-Management kommt es an“ oder auf das Gegenteil, nämlich „Was für das Fondsmanagement machbar ist, wird entscheidend von der Entwicklung an den Kapitalmärkten bestimmt“.

Der Wahrheit näher kommt sicherlich Letzteres. In allen Crash-Situationen, ob im Jahr 1987 oder in den Sommermonaten der Jahre 1990 und 1992, ob in der Asien-Krise 1997 oder dem Scheibchen-Crash des Jahres 1998, wedelten die Börsen so vehement, dass kein Aktienfonds dagegenhalten, also Verluste verhindern konnte. Die Qualität des Managements konnte allenfalls, wie bei einigen Fonds geschehen, dazu beitragen, dass die Verluste geringer ausfielen als bei anderen. Geht es umgekehrt den Börsen gut, dann kann ein Fondsmanagement (fast) nicht schlecht genug sein, um dieses Umfeld nicht auch in schöne Wertentwicklungen umzusetzen. Dass vor allem langfristig die Managementqualität ganz erheblich zum besseren oder schlechteren Abschneiden eines Fonds beitragen kann, haben wir Ihnen in Kapitel C bereits gezeigt.

Jedenfalls sind mit den beiden obigen Zitaten zwei der grundlegenden Ertrags- bzw. Risikofaktoren von Aktienfonds, nämlich „Kapitalmarktentwicklung“ und „Fonds-Management“, schon beschrieben. Bei vielen Fonds kommt ein weiterer Risiko-/Ertragsfaktor hinzu: die Entwicklung an den Devisenmärkten. Denn das Anlageergebnis eines Fonds, der zu einem großen Teil in ausländische Aktien oder in Fremdwährungsanleihen investiert, hängt für den in DM rechnenden Anleger nicht nur von den Kursen und Dividenden der Wertpapiere ab, sondern auch davon, wie sich die eingeschalteten Fremdwährungen im Anlagezeitraum gegenüber der DM entwickelt haben.

Die drei grundlegenden Ertrags- und Risikofaktoren

- Kapitalmarkt
- Währung
- Management

müssen für die verschiedenen Fondstypen unterschiedlich gewichtet werden: Bei einem nur an den japanischen Börsen oder nur in Rohstoffwerte investierenden Fonds sind sowohl Kurs- als auch Währungsentwicklung wie auch Ertrags- und Risikofaktoren von größerem Gewicht als bei einem Fonds, der breit in internationale „Blue Chips" investiert.

Die Risiken von Aktienfonds

- Risiko der fachlichen und personellen Kontinuität des Fonds-Managements
- Risiko der Ergebnisschmälerung durch Mehrkosten der Fondsanlage im Vergleich zur Direktanlage
- Markt- oder Indexrisiko aufgrund von
  - Konjunkturentwicklung
  - Zinsentwicklung
  - Umfang ausländischer Käufe/Verkäufe
  - Entwicklung an anderen internationalen Börsen
  - Entwicklung an den Devisenmärkten
  - psychologische Gesichtspunkte und politische Stimmungen
- Risiko der falschen Risikostreuung aufgrund falscher Bewertung einzelner Aktien
- Risiko, dass der Branchenindex überdurchschnittlich stark einbricht (Branchenfonds)
- Währungsrisiko (international anlegende Fonds)
- Risiko des richtigen Währungsmix (dto.)
- Risiko des (durch Fonds-Statuten) eingeschränkten Währungsmix
- spezielle Risiken (z.B. Zinsrisiko bei Fonds mit Wandelschuldverschreibungen)
- Risiko aus der Anwendung von Options- und Termininstrumenten

Die Risiken der Aktieninvestmentfonds-Anlage

An dieser Stelle kommen wir ohne eine, bezogen auf die Dramaturgie dieses Buches etwas unsystematische Zusatzdarstellung nicht aus. Die Risiken von Aktienfonds sind nämlich nicht vollständig identisch mit den Risiken der Aktieninvestmentfonds-Anlage. Was fehlt, sind noch diejenigen Risiken, die beim Anleger selbst liegen und auf die wir im Verlauf dieses Buches (u.a. im Kapitel H) immer wieder zu sprechen kommen:

- Risiko, dass der Anleger nicht vollständig und richtig informiert ist und deshalb die Risiken falsch einschätzt;
- Risiko, dass eine andere Anlage des entsprechenden Anlegers (z.B. eine Steuersparanlage) einen Nachschuss erfordert und deshalb zur Unzeit oder vorzeitig auf die Investmentfondsanlage zugegriffen werden muss, nur weil sie im Vermögensmix des entsprechenden Anlegers die einzige fungible Anlageform darstellt.
- Risiko, dass bei Liquiditätsengpässen Gläubiger (z.B. Banken) den Anleger zum Verkauf seiner Investmentfondsanlagen zwingen – wiederum weil die Investmentfonds zum fungiblen Teil des Anlagemix des entsprechenden Anlegers gehören.

2.4 Fonds mit deutschen oder Euroland-Standardwerten

Betrachten wir zunächst die Fonds mit deutschen Standardwerten. Je nachdem, wo die Grenze zu den Spezialitätenfonds gezogen wird, umfasst diese Gruppe etwa 50 bis 60 Fonds. Sie wird schwerlich noch weiter anwachsen, denn mit der Einführung des Euro wird sie ihre Rolle als eine der wichtigsten Fondsgruppen an die Fonds mit Euroland-Standardwerten abgeben. Gleichwohl wollen wir diese Gruppe besonders ausführlich analysieren, denn im Gegensatz zu den europäischen Fonds liegt für diese Fondsgruppe umfangreiches statistisches Material vor, dessen Auswertung auch für die anderen breit streuenden Fondsgruppen relevant sein sollte.

Zu dieser Gruppe gehören: alle traditionell großen Aktienfonds, die von deutschen Investmentgesellschaften aufgelegt sind sowie einige Fonds ausländischer Gesellschaften.

Zusammensetzung des Deutschen Aktienindex (DAX) 30.07.1999		
Aktie	Markt-Kap. in Mio. Euro	Gewicht
ADIDAS-SALOMON AG	3.834,27	0,50%
ALLIANZ AG	61.291,52	7,92%
BASF AG O.N.	27.235,38	3,52%
BAYER AG O.N.	29.286,71	3,78%
BAY. MOTOREN WERKE AG	18.968,27	2,45%
COMMERZBANK AG O.N.	15.995,11	2,07%
DEUTSCHE BANK AG O.N.	36.379,17	4,70%
DAIMLERCHRYSLER AG NA O.N.	72.177,81	9,32%
DEGUSSA-HUELS AG O.N.	6.120,67	0,79%
DRESDNER BANK AG O.N.	21.980,29	2,84%
DT. TELEKOM AG O.N.	104.617,28	13,51%
HENKEL KGAA VZO O.N.	9.525,60	1,23%
HOECHST AG O.N.	23.335,88	3,01%
BAY. HYPO-VEREINSBK. O.N.	20.752,14	2,68%
KARSTADT AG	3.780,00	0,49%
LUFTHANSA AG VNA O.N.	6.574,97	0,85%
LINDE AG	5.467,48	0,71%
MAN AG ST O.N.	4.840,34	0,63%
METRO AG ST O.N.	17.245,66	2,23%
MANNESMANN O.N.	54.973,63	7,10%
MUENCH. RUECKVERS. VNA O.N.	33.077,92	4,27%
PREUSSAG AG O.N.	10.372,34	1,34%
RWE AG ST O.N.	21.712,32	2,80%
SAP AG VZO O.N.	37.155,36	4,80%
SCHERING AG O.N.	6.644,04	0,86%
SIEMENS AG	44.888,06	5,80%
THYSSEN KRUPP AG O.N.	11.215,86	1,45%
VEBA AG	28.659,02	3,70%
VIAG AG	12.639,32	1,63%
VOLKSWAGEN AG ST O.N.	23.419,17	3,03%
Quelle: Deutsche Börse AG	774.165,58	100,00%

Beispiel

Wichtige Vertreter und die zum Jahreswechsel 1998/99 von ihnen verwalteten Vermögen in DM: ADIFONDS von ADIG (1.400 Mio.), der DEKAFONDS (7.600 Mio.), DWS Deutschland (1.800 Mio.), INVESTA von der DWS (5.500 Mio.), CONCENTRA vom DIT (3.100 Mio.), UNIFONDS von Union 5.500 Mio.), FT-Frankfurter Effekten Fonds von Frankfurt Trust (4.700 Mio.). Der gewichtigste Fonds nicht-deutscher Herkunft ist in dieser Gruppe AAF Germany EqF von ABN AMRO Lux. (1.000 Mio.).

Zum Beispiel ADIFONDS:

Angelegt wird in diesem Fonds, der sich selbst als „ertragsbetont" bezeichnet, in Aktien, Wandelschuldverschreibungen und Optionsanleihen deutscher Aussteller in breiter Streuung. Bis zu 25 Prozent des Fondsvermögens können in entsprechenden ausländischen Werten gehalten werden; in gleicher Höhe können auch festverzinsliche Werte (In- und Ausland) gehalten werden, genauer: Wandel- und Optionsanleihen. Bankguthaben und Geldmarktpapiere dürfen bis zu 25 Prozent ausmachen.

Wie sind die ADIFONDS-Millionen angelegt? Per 30.06.1999 war das Fondsvermögen zu 100 Prozent in Aktien investiert, die aus 47 einzelnen Titeln bestanden. 26 der 30 DAX-Werte waren vertreten, größter Einzeltitel waren SAP-Aktien mit einem Gewicht von 9,18 Prozent. Insgesamt machten die DAX-Werte ca. 81 Prozent des Fondsvermögens aus. Deutlich stärker als im DAX waren neben SAP noch die Münchner Rück, Allianz, Siemens und RWE signifikant untergewichtet. Die Deutsche Telekom, VIAG, Henkel und die Bayrische Hypo fehlten von den DAX-Werten. Werte aus der „zweiten Reihe" stellten z.B. Porsche und Heidelberger Druckmaschinen.

Diese Orientierung am DAX – sowohl, was die Aktienauswahl als auch deren Gewicht im Fonds betrifft – ist typisch für die Fonds dieser Gruppe: Einerseits, weil der DAX mit seinen 30 Aktien einen Blue-Chip-Index par excellence darstellt, andererseits, weil der DAX die wichtigste Messlatte („benchmark") ist, mit der die Ergebnisse aktienorientierter und auf Deutschland spezialisierter Anlagestrategien gemessen werden. Die Orientierung an dieser Messlatte soll verhindern, dass die Ergebnisse signifikant von ihr abweichen.

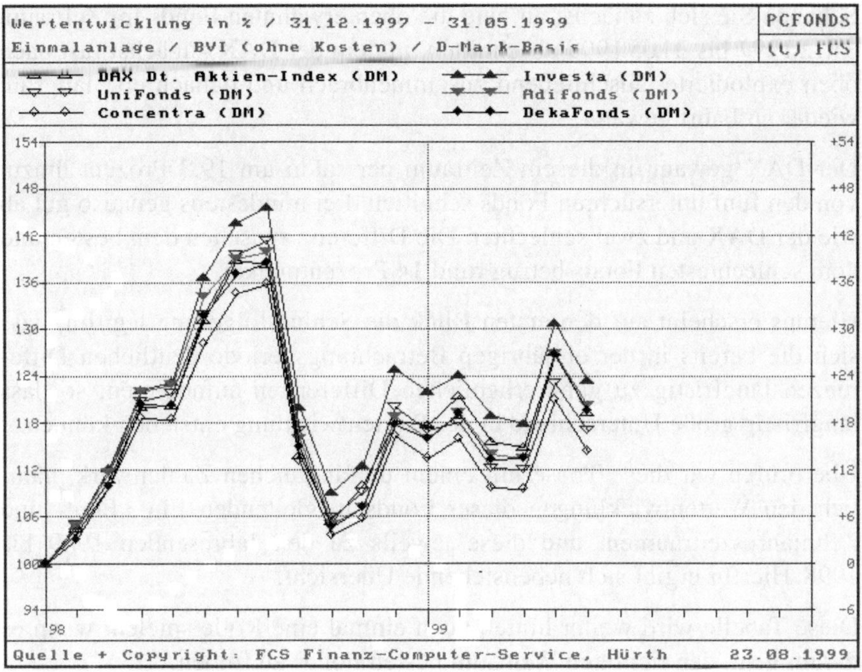

Grafik 22: Von der Richtung, die der DAX nimmt, können sich die breit streuenden Aktienfonds nicht abkoppeln. Allerdings entstehen durch die Dispositionen der Fondsmanager nicht unerhebliche Differenzen gegenüber dem Index.

Wie gut sind diese Fonds?

Gut möglich, dass Sie jetzt zwei Fragen stellen:

- Bedeutet diese grundlegende Orientierung an den deutschen Standardwerten, dass die Fonds dieser Gruppe mehr oder weniger ähnliche Anlageergebnisse einfahren?
- Gelingt es den Managements dieser Fonds, aufgrund ihrer Dispositionen dauerhaft besser abzuschneiden als der Index für die deutschen Standardwerte?

Die Antwort auf beide Fragen heißt grundsätzlich „Nein“, auch wenn es immer wieder mal – auch langfristig gewählte – Betrachtungszeiträume gibt, die ein „Ja“ nahelegen.

Schauen Sie sich zunächst an, wie die oben erwähnten Fonds im Zeitraum 31.12.1997 bis 31.05.1999 abschnitten, in dem der DAX zunächst fast nach oben explodierte, anschließend zusammenbrach und danach erst langsam wieder an Fahrt gewann.

Der DAX gewann in diesem Zeitraum per saldo um 19,3 Prozent hinzu; von den fünf untersuchten Fonds schnitten drei mindestens genauso gut ab wie der DAX und zwei schlechter. Die Differenz zwischen dem besten und dem schlechtesten Fonds betrug rund 14 Prozentpunkte.

Hieraus erscheint auf den ersten Blick die Schlussfolgerung legitim, dass sich die bereits in der einjährigen Betrachtungsperiode deutlichen Differenzen langfristig zu ganz erheblichen Differenzen aufaddieren, so dass langfristig große Unterschiede in der Wertentwicklung entstehen können.

Überprüfen wir diese These mit einem umfangreichen Zahlenwerk, nämlich den Wertentwicklungen dieser Fonds in gleitenden Ein-, Fünf- und Zehnjahreszeiträumen, und diese jeweils zu den Jahresenden 1989 bis 1998. Hierfür ergibt sich nebenstehende Übersicht.

Diese Tabelle wird weiter hinten noch einmal eine Rolle spielen, wenn es darum geht, den richtigen Weg zum besten Fonds zu finden.

Im Übrigen soll sie – es geht in diesem Kapitel schwerpunktmäßig um das Chancen- und Risikoprofil der einzelnen Fondstypen – als Beleg für die Feststellungen dienen:

- Je länger der Betrachtungs- bzw. Ihr Anlagezeitraum ist desto größer ist Ihre Chance, mit einem Fonds dieser Gruppe in etwa das Ergebnis der Messlatte, also des DAX, zu erzielen. Die Unterschiede in den Anlageergebnissen sind jedoch auch in den langfristigen Betrachtungsperioden durchgängig so erheblich, dass es sich lohnt, nicht gleich den erstbesten Aktienfonds zu nehmen.
- Ihre Risiken, nicht nur Verluste zu machen, sondern dabei auch noch schlechter abzuschneiden als der Markt, steigen, je kürzer Sie anlegen: In der zehnjährigen Betrachtungsperiode lagen die Fonds nur 19 Mal unter den Ergebnissen des Index, in der fünfjährigen 37 Mal und in der einjährigen bereits 39 Mal. Gleiches gilt auch für die Differenzen der Ergebnisse, die pro Jahr in der Tendenz umso größer werden, je kürzer Sie anlegen.

Standardwertefonds Deutschland / Gleitende Anlagezeiträume / Wertentw. in %

	Adifonds	Concentra	Dekafonds	DIT Verm.	Investa	Unifonds	FT-Effekten	DAX
Zehnjahreszeitraum per Ende								
1989	319,7	360,8	310,6	288,4	338,4	346,5	421,5	
1990	260,1	273	266,5	241,4	260,3	241,9	330	190,7
1991	244,6	275,7	239,8	250,5	281,3	249,8	323,8	221,8
1992	193,2	216,3	175,7	179,4	220,5	191,6	241,3	179,5
1993	215	258,8	209,3	267,7	245,2	193,5	274,7	193,1
1994	156,7	199,4	164,7	217,6	204,3	154,5	210	156,6
1995	65	92,2	59,1	124,8	98,4	65	111	65
1996	100,4	122	80,7	169	141,1	94,9	122	101,6
1997	299,4	335	294,9	322,4	378,2	297,8	263,7	325
1998	265,4	281,9	241,6	264,7	351,1	246,8	217,4	276,7
Fünfjahreszeitraum per Ende								
1989	128,6	153,5	134,4	149,3	135,5	126,2	146,9	131,3
1990	21,3	29,8	23,5	59,3	22,9	20,6	39,4	2,4
1991	12,9	27,2	9,7	60	22,4	18,9	30	10,2
1992	48,5	63,8	52,6	77,7	70,8	60	54,5	54,5
1993	67,8	85,5	66,5	102,7	90	68,6	70,4	70,7
1994	12,3	18,1	12,9	27,4	29,4	12,5	25,6	17,7
1995	36,1	48,1	28,9	41,1	61,5	36,5	51,4	61,2
1996	77,8	75,4	64,7	67,7	91,7	64	70	82,6
1997	169	165,6	158,4	140	180,3	137,2	134,9	175,1
1998	117,7	105,9	105,1	80	137,6	105,6	86,3	120,7
Einjahreszeitraum per Ende								
1989	38	46	37,8	54,7	40,2	40,6	29,2	34,8
1990	–12	–16,1	–9,3	–6,3	–14,2	–14,1	–12,9	–21,9
1991	–0,1	6,6	–1,4	5,9	10,8	6,6	9,1	11,3
1992	–3,5	0	–0,4	0,3	–0,1	0,4	–0,4	–2,1
1993	43,3	46,4	46	41,4	43,9	34,9	38,7	46,7
1994	–7,7	–7	–6,6	–2,8	–4,5	–6,2	–4,8	–7,1
1995	6,6	5,2	3,6	3,8	7,1	4,1	5	7
1996	30,5	26	26	25,8	31,4	28,3	22,4	27,8
1997	46,1	47,3	45,1	33,7	44,9	40,3	38,5	47,1
1998	16	13,5	15,9	6	22	16,9	10	17,7

Quellen: FCS und BVI

Sind kleinere Fonds besser?

Die obige Analyse bezog sich nur auf die großen Publikumsfonds unter den breit streuenden Fonds mit Anlageschwerpunkt Deutschland. Einige Anmerkungen zu den kleineren Fonds mit vergleichbarer Anlagepolitik sind jedoch auch erforderlich, nicht zuletzt, weil man immer wieder die Auffassung hört, jene kleineren Fonds seien „im Prinzip" Erfolg versprechender, weil sie nicht so viel Masse bewegen müssten und es damit leichter hätten, Umschichtungen „Interesse wahrend" vorzunehmen.

Die Analyse der Anlageergebnisse der wenigen kleinen Fonds, die schon seit zehn Jahren auf dem Markt sind, gibt dafür keine Anhaltspunkte. Es scheint eher umgekehrt zu sein: Relativ nah an der Benchmark lagen in den vergangenen zehn Jahren die Fonds Zürich Aktien und AL Trust A; diese gehörten jedoch mit verwalteten Vermögen von etwa einer halben Mrd. DM zu den größeren unter den „Kleinen". Deutlich dahinter zurück lagen z.B. die Gerling Aktiv und Hansaeffekt mit Fondsvermögen von jeweils rund 200 Mio. DM.

Junge Fonds, die viel versprechen

In den vergangenen Jahren allerdings sind auch im Standardbereich eine größere Zahl neuer Fonds aufgelegt worden. Nach ihrem bisherigen Abschneiden scheint ein besonderer Hinweis auf Allianz Aktienfonds, Adig-Aktien-Deutschland, DVG-Select-Invest, DWS Deutsche Aktien und UniDeutschland angebracht zu sein.

Indexfonds

Im Zusammenhang mit den breit streuenden Aktienfonds ist schließlich noch ein Wort zu den sogenannten „Indexfonds" erforderlich, die im Zuge der Diversifizierung der deutschen Fondslandschaft in den zurückliegenden Jahren entstanden sind. Dieser Fondstyp, der im Fondsvermögen mehr oder weniger genau einen Index nachbildet, hat vor allem in den USA beträchtlichen Zulauf.

Zunächst ist festzuhalten, dass die Wahrscheinlichkeit, mit solchen Fonds schlechter abzuschneiden als der Index selbst, mit der Genauigkeit wächst, in der sie den Index nachbilden. Der Grund dafür ist einfach: Der Index kennt keine Kosten, der Fonds dagegen hat Transaktionsspesen. Die Verwaltungsgebühr liegt bei diesem Fondstyp meist unter den ansonsten üblichen 0,6 bis 1 Prozent p.a., weil im Wesentlichen Computerprogramme das Fondsvermögen strukturieren. Gleichwohl belastet auch sie das Fondsvermögen, häufig jedoch in durchaus akzeptabler Höhe.

Für den Oppenheim DAX-Werte zeigen wir die Abweichungen, die ein solcher Fonds gegenüber seinem Benchmark-Vorbild aufweisen kann.

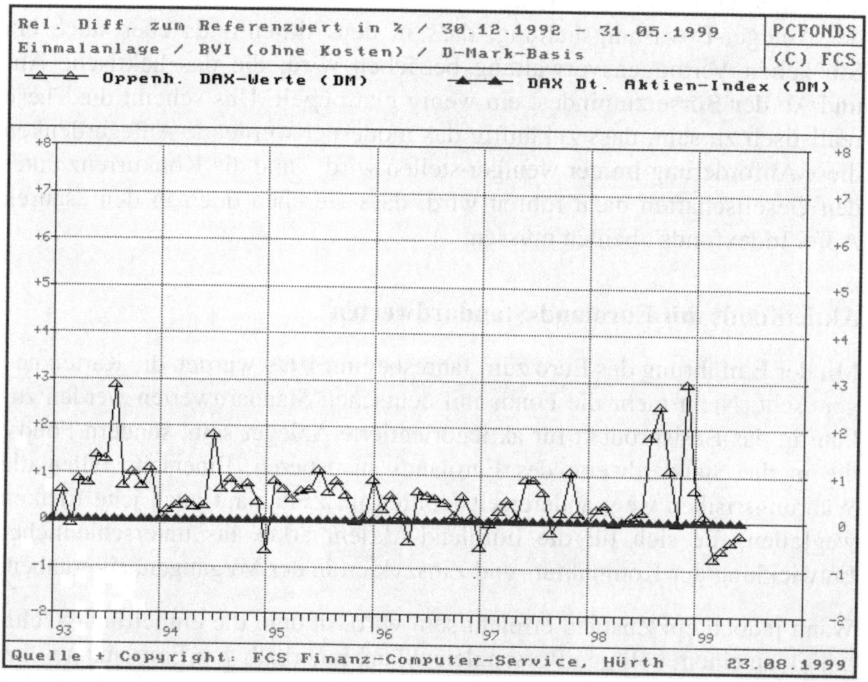

Grafik 23: Mal etwas besser, mal etwas schlechter als der Index: Mit Indexfonds ist das „Management-Risiko" weitgehend ausgeschaltet.

Angesichts der aufgezeigten Schwierigkeiten, die ein beträchtlicher Teil des Fonds-Universums damit hat, besser als die Marktentwicklung abzuschneiden, ist nicht einfach nachzuvollziehen, warum dieser Fondstyp in Deutschland bisher ein Mauerblümchen-Dasein führt. Der vermutlich wichtigste Grund dürfte sein, dass er bei den Fondsmanagern nicht eben beliebt ist. Die Wertpapierkäufe, mit denen die Fondsstruktur permanent an die Zusammensetzung des jeweiligen Orientierungsindex angepasst wird, werden im Wesentlichen von der Maschine Computer gesteuert. Unternehmens- und Branchenrecherchen, auf deren Grundlage ansonsten die teuren Fondsmanager die Struktur eines Fonds und die laufenden Gewichtsverschiebungen von Branchen und Unternehmen im Fonds vornehmen, sind schlicht überflüssig.

Ein weiterer Grund dürfte auf der Nachfrageseite liegen, nämlich bei der Anleger-Erwartungshaltung, dass in den Aktienfonds eben auch ein Stückchen Vermögensverwaltung betrieben wird, die das hektische Auf und Ab der Börse zumindest ein wenig glattbügelt. Uns scheint die These realistisch zu sein, dass zukünftig das moderner werdende Anlegerdenken diese Anforderung immer weniger stellen wird – und die Konkurrenz unter den Gesellschaften dazu führen wird, dass sie eben doch in den „sauren Apfel Indexfonds“ beißen müssen.

Aktienfonds mit Euroland-Standardwerten

Mit der Einführung des Euro zum Jahresbeginn 1999 wurden die Karten neu gemischt: Nicht mehr die Fonds mit deutschen Standardwerten werden zukünftig das Basisprodukt für aktienorientierte Anleger sein, sondern Fonds, die in die Standardwerte des Eurolands investieren. Einerseits fallen die Währungsrisiken weg, andererseits sollten im Zeitablauf auch jene Risiken wegfallen, die sich für die Euroland-Aktienmärkte aus unterschiedlicher Entwicklung der Konjunktur- und Zinszyklen in der Vergangenheit ergaben.

Wann jedoch ein Zustand erreicht sein wird, in dem die einheitliche Geldpolitik zu einem völligen Börsengleichklang innerhalb von Euroland geführt haben wird – und damit unterschiedliche Gewichtungen der elf Märkte überflüssig machen wird – ist noch nicht abzusehen. Im Sommer 1999 jedenfalls waren durchaus noch deutliche Sonderentwicklungen zu verzeichnen, nicht zuletzt ein Zurückbleiben des DAX hinter den meisten anderen Börsenbarometern Eurolands. Für die oben dargestellte Gruppe der Fonds mit deutschen Standardwerten bedeutet dies, dass sie Auslaufmodelle sind. Nur: Wann sie definitiv zu sinnlosen Anlagevehikeln geworden sein werden, kann heute verlässlich noch nicht gesagt werden.

Unser Rat

Insgesamt werden Sie jedoch wenig falsch machen, wenn Sie schon heute ein neues Standard-Engagement nicht mehr mit der Gruppe der deutschen, sondern mit der Gruppe der Aktienfonds mit den Blue Chips aus dem Euroland vornehmen. Schließlich sind auch dort die wichtigsten deutschen Werte – häufig sogar mit dem größten Ländergewicht – vertreten. Und wenn Sie bisher in einem Fonds mit deutschen Standardwerten engagiert sind, sollten Sie – falls nicht schon geschehen – daran gehen, die Pferde zu wechseln. Auf das Fondsmanagement jedenfalls können Sie dabei nicht setzen: Es darf den bisher auf „deutsche Aktien" festgelegten Anlageschwerpunkt eines Fonds nicht auf den „Anlageschwerpunkt Euroland-Aktien" umwidmen.

Spätestens jetzt werden Sie schwerlich an den Indexfonds vorbeikommen. Denn da die Zusammensetzung der Euro-Teilnehmer erst seit Mai 1998 feststeht, gibt es auch erst seit diesem Zeitpunkt Investmentfonds, die das gesamte Spektrum der elf Aktienmärkte nutzen. Mit anderen Worten: Sie haben kaum brauchbare Anhaltspunkte, anhand derer Sie die Qualität der einzelnen Fonds beurteilen können. Das wiederum dürfte auch der wichtigste Grund dafür sein, dass die Investmentgesellschaften im Falle der Euroland-Fonds ihre Reserviertheit gegenüber den Indexfonds aufgegeben haben: Mehr als die Hälfte aller neuen Euroland-Fonds sind als Indexfonds ausgezeichnet oder bezeichnen sich zumindest als indexnahe Fonds, darunter Uni-EuroStoxx 50 (Union), Oppenheim EuroStoxx 50, Fidelity Eurostoxx 50.

Mit der Neuzusammensetzung des Euro Stoxx 50 hat Dow Jones im August 1999 der vielfach geäußerten Kritik an der bisherigen Indexstruktur Rechnung getragen, die nicht in der Unternehmensgröße – gemessen an der Marktkapitalisierung – das Kriterium für die Aufnahme in den Index sah, sondern länder- und branchenorientiert nach dem Motto vorging: Wenn überhaupt ein Unternehmen eines Landes in den Index aufgenommen wurde, dann jeweils nur das größte seiner Branche.

Diese unglückliche Definition hatte zur Folge, dass z.B. bei den Banken die vergleichsweise kleine ALLIED IRISH BANK den Vorzug vor der DRESDNER BANK (zweitgrösste Marktkapitalisierung bei den deutschen

Bankenwerten) erhielt, oder bei den Chemietiteln, wo BAYER nicht von HOECHST (nur geringfügig kleinere Marktkapitalisierung) in den Index begleitet werden durfte, sondern die – deutlich kleinere – niederländische AKZO NOBEL der europäischen Ausgewogenheit wegen den Vorzug erhielt. Bei den Automobiltiteln schließlich konnte man mit einigem Recht VW ebenso vermissen wie bei den Technologiewerten SAP usw. Als Benchmark für einen Indexfonds jedenfalls war diese Zusammensetzung nur eingeschränkt geeignet.

Ganz geheuer schien auch den Fondsgesellschaften die Indexzusammensetzung nicht gewesen zu sein. Aus den Gewichten der einzelnen Aktien im Index, schreibt etwa Union in einem Flyer zu ihrem Indexfonds, könne man „nicht automatisch ableiten, welche Firmen nun tatsächlich die erfolgreichsten unter den ‚Gewichtigsten' sein werden. Genau deshalb kann der UniEuroStoxx 50 von der Indexgewichtung abweichen".

2.5 Fonds mit internationalen Standardwerten

Wir definieren als „international" eine Anlagepolitik, die Währungsrisiken mit sich bringt. Deswegen zählt auch die große Gruppe der Fonds, die in Gesamteuropa (also nicht nur in Euroland) investieren, zu den in diesem Abschnitt näher untersuchten Fonds.

Mit einen Anteil von meist um 60 Prozent, die Euroland-Aktien in den Sondervermögen der europäisch breit streuenden Fonds ausmachen, ist die Quote von Aktien, die nicht in Euro gehandelt werden, jedoch nicht sonderlich hoch. Da ferner die verbleibenden +/– 40 Prozent vornehmlich in Großbritannien, Schweden und der Schweiz investiert werden – also in Ländern, die dem Euro-Raum nahe stehen halten wir es für angebracht, zu unterscheiden zwischen

- Aktienfonds mit breitem europäischem Anlageschwerpunkt und
- Aktienfonds mit globalem Anlageschwerpunkt.

Breiter europäischer Anlageschwerpunkt

Deutlich über 150 Fonds mit europäischem Anlageschwerpunkt sind in Deutschland zum Vertrieb zugelassen; deutsche Fonds und ausländische

Zusammensetzung des Euro Stoxx 50

Unternehmen	Marktkapitalisierung (Mrd. Euro)	Gewicht in %
Deutsche Telekom AG	127,6	6,65
Royal Dutch Petroleum	124,6	6,50
Nokia OYJ	95,8	4,99
France Telecom	75,5	3,93
DaimlerChrysler AG	72,0	3,75
Allianz AG	60,5	3,15
Mannesmann AG	55,8	2,90
Aegon NV	54,4	2,84
Telecom Italia SPA	50,1	2,61
ING Groep N. V.	49,1	2,56
Telefonica de España	48,3	2,52
Siemens AG	46,0	2,40
Elf Aquitaine	45,7	2,38
ENI SPA	45,5	2,37
TotalFina	42,0	2,19
AXA-UAP	41,5	2,16
L'Oreal	41,3	2,15
Deutsche Bank AG	39,6	2,06
Unilever NV	37,6	1,96
Vivendi	36,2	1,89
Carrefour Supermarche	35,9	1,67
Banco Santander	34,9	1,82
ABN Amro Holding NV	33,2	1,73
Assicurazioni Generali	32,8	1,71
Muenchener Rückvers. AG	32,0	1,67
Philips Electronics	31,1	1,62
VEBA AG	29,7	1,55
Bayer AG	29,7	1,55
Alsatel	28,8	1,50
Sanofi-Synthelabo	28,6	1,50
LVMH Moet Hennessy	28,2	1,47
BASF AG	26,8	1,40
Banco Bilbao Vizcaya	26,2	1,37
Suez Lyonnaise des Eaux	23,8	1,24
Dresdner Bank AG	23,5	1,23
Fortis (B)	23,3	1,21
Repsol	22,6	1,18
Bayerische Hypo & Vereinsbank	21,7	1,13
Koninklijke Ahold NV	21,3	1,11
Unicredito Italiano	21,2	1,11
Koninklijke KPN NV	20,2	1,05
Endesa S. A.	20,1	1,05
Societe Generale	19,2	1,00
RWE AG	18,8	0,99
Electrabel SA	17,2	0,90
Metro AG	17,1	0,89
Rhône-Poulenc	17,1	0,89
Saint Gobain	16,5	0,86
Paribas	16,3	0,85
Air Liquide	12,0	0,63

Quelle: Deutsche Bank Stand: 9/1999

Fonds halten sich in etwa die Waage. Darunter sind viele noch relativ junge Fonds, die aufgelegt wurden, als sich in der zweiten Hälfte der 90er immer deutlicher ein einheitlicher europäischer Kapitalmarkt herauszubilden begann.

Einige typische Vertreter der älteren Fonds sind:

ARIDEKA von der Deka (5.000 Mio. DM), INDUSTRIA von DIT (6.500 Mio. DM), Eurovesta von der DWS (4.500 Mio. DM) FONDIROPA von ADIG (250 Mio. DM), FT Europa Dynamik von Frankfurt Trust (250 Mio. DM). Einer der größten ausländischen Fonds ist Fidelity European Growth (3.800 Mio. DM), Invesco European Growth und Sun Life European Growth sind weitere wichtige Vertreter der ausländischen Investmentgesellschaften.

Beispiel

ARIDEKA

Der Nicht-Euro-Raum war Ende 1998 mit rund 40 Prozent vertreten, darunter hielt Großbritannien mit 23 Prozent die insgesamt größte Länderposition. Gegenüber der Ländergewichtung des häufig als Benchmark eingesetzten Index MSCI Europa bedeutete dies eine deutliche Untergewichtung der Nicht-Euro-Zone. Kleinere Länder wie Österreich und Finnland waren überproportional vertreten, die Schweiz hatte mit 12 Prozent gar das gleiche Gewicht wie Deutschland. Alle deutschen Werte waren im DAX vertreten. Unter Branchengesichtspunkten hatte die Telekommunikation das größte Gewicht.

Unser Rat

Wenn Sie sich für einen Fonds dieser Gruppe entscheiden wollen, sollten Sie insbesondere auf das Gewicht britischer Aktien achten. Sowohl das Pfund als auch die britische Börse orientieren sich traditionell am Dollar und der US-Börse Wall Street, so dass ein stark britisch orientierter Fonds deutlicher von den Ergebnissen der Eurolands-Fonds abweichen wird als einer, der britische Aktien untergewichtet.

Fonds mit globalen Standardwerten

Eine der am häufigsten zu hörenden Thesen ist, dass Fonds mit internationalen Standardwerten die wichtigsten Bausteine in einer Anlagestrategie, die auf Investmentfonds setzt, sein sollen. Der dafür ins Feld geführte Grund klingt plausibel: Nur die globale Ausrichtung eines Fonds erlaube seinem Management eine wirkliche Risikostreuung unter gleichzeitiger Nutzung der Chancen und Vermeidung der Risiken der einzelnen Teilmärkte. Fonds, die nicht global investieren, sind nach dieser These gefährlich, weil sie sich mehr oder weniger stark an das Schicksal eines Teilmarktes ketten.

Widersprechen wollen wir dieser These nicht unbedingt. Aber der Umstand, dass der Durchschnitt der international breit streuenden Aktienfonds in den vergangenen 20 Jahren deutlich schlechter abgeschnitten hat als zum Beispiel der Durchschnitt der in Europa anlegenden Fonds, scheint uns die These relativierungsbedürftig zu machen:

- Angesichts der Größe des europäischen Kapitalmarktes und der internationalen Verflechtung der Konzerne ist eine Situation kaum vorstellbar, in der es an den europäischen Börsen zu dramatischen Entwicklungen kommt, ohne dass davon auch die anderen großen Finanzzentrum (Nordamerika und Asien) beeinflusst werden.
- Da ferner die global investierenden Fonds häufig auch Positionen in Schwellenländern halten, bei denen sich krisenhafte Situationen erfahrungsgemäß in einem Ausmaß abspielen können, das in den großen Zentren nicht nachvollzogen wird, scheinen uns die global investierenden Fonds eher ein Zusatzrisiko zu enthalten, das auf der Ertragsseite nicht zwingend ausgeglichen wird.

Kennzeichnend für diese Fondsgruppe ist denn auch, dass die Anforderungen an das Fondsmanagement – sofern nicht einfach auf die „Top 50“ oder auf ein anderes indexnahes „Blue Chip“-Konzept setzen – deutlich größer als bei den bisher betrachteten Fondsgruppen sein können:

- Sie müssen weltweit die Kapitalmarktentwicklungen der einzelnen Hemisphären antizipieren und in Länder- und Branchengewichtungen umsetzen,
- im dadurch entstehenden Rahmen erfolgt über Auswahl und Gewichtung einzelner Aktien die Feinabstimmung,

- und nicht zuletzt haben sie die Einflüsse zu berücksichtigen, die von der ständigen Bewegung der Währungsparitäten auf das Fondsvermögen ausgehen.

Zusammengenommen führt dies zu einer Fülle von Kombinationsmöglichkeiten, die – gemessen am Abschneiden der europäisch ausgerichteten Fonds – eher selten zu höherem Anlegernutzen geführt haben.

Eine beträchtliche Rolle spielt bei Anlageergebnissen der breit streuenden internationalen Fonds das Währungsrisiko. Per Sommer 1999 stand es auf der Seite der Anleger: Der überaus starke US-Dollar katapultierte die Anlageergebnisse dieser Fonds, die häufig bis zu 40 Prozent und mehr in amerikanische Aktien investiert sind, noch einmal zusätzlich in die Höhe. Rund ein Drittel der gesamten Wertsteigerung der Fonds seit Jahresbeginn 1999 dürfte auf das Konto des Greenback gegangen sein.

Unser Rat

Bedenken Sie aber, dass diese Kumulierung zweier positiver Effekte – starke Börsen plus starke Währungen – nicht die Regel ist. Als der Yen im 2. Halbjahr 1989 gegenüber der DM und mit ihm auch die japanische Börse einbrach, waren von 100 zum Jahresbeginn in japanische Aktien investierten Mark am Jahresende 1989 noch 53 übrig geblieben. Börsenanteil am Verlust: 60 Prozent, Währungsanteil am Verlust: 40 Prozent. Ähnlich, wenn auch in kleinerem Ausmaß, kumulierten sich das Markt- und das Währungsrisiko der asiatischen Tigerländer im Herbst 1997.

Bei Ihrer Entscheidung für einen Fonds dieser Gruppe kommt hinzu: Mit ihren großen Freiheiten gehen die Fondsmanager höchst unterschiedlich um. Den Anlagestil eines Fonds nachvollziehbar zu verstehen, ist häufig schon nicht gerade einfach; ihn aus sachlichen Erwägungen zusätzlich auch noch als „richtig“ oder „falsch“ einzustufen, ist fast immer ein Ding der Unmöglichkeit.

Zum Beispiel der Templeton Growth Fund: Er wird hier beispielhaft nicht nur deswegen erwähnt, weil er fast eine Legende und mit einem verwalteten Vermögen von ca. 13 Milliarden US-Dollar einer der ganz großen Aktienfonds ist. Eine Reihe von Besonderheiten grenzt ihn vor allem gegen viele deutsche Fonds ab, die im gleichen Segment anlegen:

- Das Gewicht von Aktien kontinentaleuropäischer Unternehmen ist mit ca. 20 Prozent vergleichsweise gering. International ausgerichtete Fonds deutscher Gesellschaften haben häufig einen Anteil von 35 bis 40 Prozent.
- Auch US-Aktien sind mit ca. 28 Prozent deutlich schwächer vertreten als in den meisten deutschen Fonds, wo sie zu diesem Stichtag meist zwischen 35 und 45 Prozent ausmachten.
- Dagegen ist das Gewicht von Aktien asiatischer und lateinamerikanischer Unternehmen mit 16 Prozent bzw. 8 Prozent relativ hoch. Vor allem Lateinamerika spielt bei vielen Fonds deutscher Herkunft kaum eine Rolle.

Templeton beschreibt diese Fondsausrichtung als „wertorientierte Anlagestrategie, die darauf beruht, Wertpapiere zu kaufen, die wir als unterbewertet erachten, und sie so lange zu halten, bis der Markt ihren wahren Wert erkennt".

Das ist ein völlig anders Management-Konzept als jenes, das wir beispielsweise beim ebenfalls global streuenden DWS Top 50 Welt finden, nicht nur, weil dieser Fonds mit 49 Prozent in den USA, 33 Prozent in Europa und 10 Prozent in Asien ganz anders gewichtet war als Templeton Growth. Der DWS-Fonds investiert in „überwiegend international ausgerichtete Aktiengesellschaften, die sich vor allem durch Qualität, Wettbewerbsfähigkeit, Marktstellung und vorteilhafte Positionierung bei den globalen Trends der nächsten Jahre auszeichnen".

Frei übersetzt bedeutet dies im Vergleich zu Templeton: Der DWS-Fonds kauft nur solche Werte, die für den Templeton-Fonds schon nicht mehr interessant sind. So war denn auch keine einzige der zum Jahresende 1998 größten DWS-Positionen (AXA, America Online, Roche, DaimlerChrysler) zu diesem Zweitpunkt im Templeton-Portfolio vertreten.

Dass sich derart unterschiedlich orientierte Fonds auch unterschiedlich entwickeln, liegt auf der Hand: Während das DWS-Konzept im Jahr 1998 mit 21,6 Prozent überdurchschnittlich gut entwickelte, war es für die Templeton-Anleger mit einem Verlust von 9 Prozent bitter. Im Jahr 1999 dagegen (Stand: 30.07.) hatte Templeton die besseren Ergebnisse.

Unser Rat

Sie sehen: Eine Selektion der rund 200 Aktienfonds, die sich als global anlegend bezeichnen, ist dringend erforderlich, wenn Sie nicht die Katze im Sack kaufen wollen. Prüfen Sie die Zeichnungs- und Werbematerialien mindestens daraufhin:

Werden weit überwiegend nur Standardwerte, also Aktien der größten Weltunternehmen erworben? Bei solchen Fonds sind Sie vor bösen Überraschungen sicher, Ihre Chancen und Risiken sind auf das Auf und Ab der größten Börsen der Welt beschränkt.

Können neben den blauesten der „Blue Chips" auch Werte aus der „zweiten Reihe" erworben werden? Sonderentwicklungen einzelner Unternehmen oder Branchen können bei der Wertentwicklung zu deutlichen Abweichungen gegenüber den Fonds mit Standardwerten führen.

Setzt der Fonds einen Schwerpunkt auf mittlere oder kleinere Unternehmen? Je nach Schwerpunktsetzung kann eine ganz erhebliche Schwankungsbandbreite entstehen, als Basisanlage sind diese Fonds nur bedingt geeignet.

Spielen die Schwellenländer eine überdurchschnittlich große Rolle bei der Anlagepolitik? Erhebliche Markt- und Währungsrisiken können die Folge, überdurchschnittlich lange Haltezeiten die Voraussetzung für den Anlageerfolg sein.

2.6 Fonds für spezielle Marktsegmente: Branchen-, Länder- und Themenfonds

„Fluch oder Segen" fragten wir in Abschnitt 2.2 und meinten damit die Aufweichung des Prinzips der Risikostreuung durch die täglich wachsende Zahl neuer Investmentfonds, die nur noch in einzelne Marktsegmente – etwa eine Branche oder ein einzelnes Land – investieren. Lassen Sie uns, bevor wir uns mit einigen Typen dieser Spezialitätenfonds näher befassen, einen kurzen Ausflug in die noch nicht so alte Geschichte machen.

Ende der 80er Jahre: Die deutschen Aktienfonds verwalteten 10 Mrd. DM, das nicht eben üppige Geschäft verteilte sich fast ausschließlich auf Investa, Unifonds, Fondis & Co. – die Fonds mit deutschen und internationalen Standardwerten. Da platzte ein eher kleiner Fonds einer eher kleinen Investmentgesellschaft in die Idylle. Der SMH Spezial I-Fonds hatte auf Aktien kleinerer Unternehmen gesetzt, die im langanhaltenden Konjunkturzyklus der 80er Jahre besonders gut liefen. Also schlug der SMH-Fonds auch die Konkurrenz um Längen und das von ihm verwaltete Vermögen stieg schlagartig an. Die anderen Fondsgesellschaften wollten das Geschäft nicht SMH alleine überlassen und zogen nach: Schnell waren rund 15 neue „Spezialwertefonds" aufgelegt. Die Segmentierung der deutschen Fondslandschaft hatte begonnen.

Leider meinte es der Börsengott mit den Spezialwerten nicht besonders lange gut. Kaum waren die schönen neuen Fonds aufgelegt, war es mit der Sonderhausse auch schon wieder vorbei. Die meisten der damals aufgelegten Fonds dümpeln heute – sofern sie nicht aufgelöst oder mit anderen Fonds zusammengelegt wurden – auf den hintersten Plätzen der Performancelisten, um Meilen abgehängt von den Standardfonds, denen sich nun die Börsengunst zuwandte.

Neues Spiel, neues Glück: Vor allem die ausländischen Investmentgesellschaften waren in der ersten Hälfte der 90er die Motoren der weiteren Segmentierung. Diesmal ging es um die Schwellenländer, namentlich die „Tigerstaaten", die phasenweise einen rasanten Wirtschaftsaufschwung verzeichneten. Eine regelrechte Schwemme von Länderfonds brach über die Deutschen herein – und die griffen begierig zu, schienen doch jährliche Wertsteigerungen von mindestens 25 Prozent eingebaute Konstruktionsmerkmale dieser Fonds zu sein.

Zum Aussteigen klingelte aber niemand, und zurück blieb vielfach einfach nur Entsetzen über die Depots, die am Jahresende 1997 häufig nur noch 30 Prozent oder noch weniger des schon erreichten Wertes aufwiesen (vgl. Grafik 3 in Kapitel A, Abschnitt 2.1).

Das Ablaufmuster der ersten beiden Segmentierungswellen sieht so aus:

Phase 1: Am Beginn steht, dass ein Marktsegment – das kann eine Branche, eine Region oder (ganz „in" in der Diktion der Fondsgesellschaften) ein „Megatrend" sein – in der Tat außergewöhnliche gute Anlageergebnisse hervorbringt.

Phase 2: Einige wenige Investmentgesellschaften haben – Zufall oder Können – einen genau dazu passenden Fonds, der seinen häufig noch wenigen Anlegern überragende Wertentwicklungen beschert.

Phase 3: Aus dem Geheimtip wird rasant wachsende Nachfrage. Immer mehr Fondsgesellschaften ziehen nach und legen einschlägig ausgerichtete Fonds auf, weil sie das Geschäft nicht an sich vorüberziehen lassen wollen.

Phase 4: Weil solche Sonderentwicklungen häufig eine Zeitlang Bestand haben, kann die neu entstandene Fondsgruppe noch das eine oder andere Jahr überdurchschnittlich gute Wertentwicklungen aufweisen. Immer mehr Anleger steigen mit immer geringer werdender Wachsamkeit ein.

Phase 5: Mehr oder weniger jäh bricht der Zyklus ab. Dann „beißen die Letzten (das sind ziemlich viele) die Hunde", und auch die Vor- und Vorvorletzten kommen ohne Blessuren nicht davon.

Fazit: Lägen Statistiken über das Ein- und Ausstiegsverhalten und die von den Anlegern tatsächlich realisierten Ergebnisse vor: Wir sind überzeugt, sie hätten das Ergebnis, dass – von ganz wenigen Ausnahmen abgesehen – nur diejenigen Anleger überdurchschnittliche Anlageergebnisse erzielten, die bereits in der ersten Phase mit im Boot saßen.

Und nun die nächste Segmentierungswelle, die aus Branchen- und Themenfonds besteht. Sie hat alle Chancen, nach dem gleichen Muster zu verlaufen.

Beispiel

Zum Beispiel die „Life-Science-Fonds", die an die großen Erfolge der amerikanischen „Healthcare-Fonds" in den letzten zehn Jahren anzuknüpfen behaupten und das Geschäft mit der Gesundheit zum Megatrend der nächsten Jahre erklären. Tatsächlich aber zeichnet sich schon jetzt ab, dass Wunsch und Wirklichkeit weit auseinander klaffen. Um durchschnittlich 20 Prozent etwa brachen die Aktien der Pharmaindustrie seit Jahresbeginn 1999 ein, auch Viagra vermochte den Kurs der Pfizer-Aktie nicht oben zu halten. Kosten- und Preisdruck und auslaufende Patente drücken nachhaltig auf die Gewinne der Branche.

Unser Rat

Es gehört eine große Portion Disziplin dazu, dem Gesäusel von „Zukunft", „Megatrend", „Wachstumsdynamik" etc. in der Fondswerbung zu widerstehen. Verdeutlichen Sie sich deswegen, dass die nun laufende Segmentierungswelle genauso enden kann wie die vorigen. Setzen Sie also nur dann auf solche Fonds, wenn Sie schon eine solide angelegte Vermögensbasis haben, und achten Sie darauf, dass diese Fonds nur eine Beimischung bleiben.

Fonds mit Spezialwerten

Zu dieser Gruppe von 20 bis 30 Fonds gehören:

DIT-SPEZIAL, DIT-WACHSTUMSFONDS, INVESCO Neue Märkte Fonds, JB Spec. German Stock B, OPPENHEIM Select Small Companies, PROVESTA (DWS).

Blue Chips spielen bei diesen Fonds eine deutlich geringere Rolle; sie verfolgen häufig das „Smaller-Companies-Konzept", das davon ausgeht, dass die größten Gewinnchancen bei den Aktien innovativer, kleinerer Unternehmen gegeben sind. Dementsprechend orientieren sie sich bei der Auswahl der Aktien am M-DAX bzw. am DAX 100 oder sie bedienen die Marktsegmente der Risikofinanzierung, die in Deutschland im sog. „Neuen Markt" zusammengefasst sind.

Beispiel

Provesta von der DWS

Bei Provesta gibt es keine Festlegung auf bestimmte Marktsegmente oder Unternehmensgrößen. Gekauft wird quer durch die Branchen, was dem Fondsmanagement wachstumsträchtig erscheint. Da ist der Software-Riese (und DAX-Wert) SAP im Fondsvermögen ebenso vertreten wie der Neue-Markt-Wert Mobilcom. Der Anteil von Titeln des Neuen Marktes ist mit 10 Prozent moderat.

Erwähnenswert ist ferner, dass Provesta von einem nahezu ausschließlich auf deutsche Aktien ausgerichteten Fonds umgebaut wurde in einen Fonds, der seine Anlagerichtlinien mit europäischen Aktien umsetzen wird.

Beispiel

DIT-SPEZIAL

DIT Spezial folgt der Philosophie, dass sich kleinere und mittlere Gesellschaften im Umfeld einer Hochkonjunkturphase besonders dynamisch entwickeln, und investiert in Aktien von Gesellschaften mit einem Grundkapital bis zu 400 Mio. DM. Dazu der Verkaufsprospekt: „Sie konzentrieren sich vielfach auf enge Marktbereiche oder die Herstellung hochspezialisierter Produkte, z.T. als Zulieferer von Großunternehmen ... Die Ausrichtung des Fonds bietet erhebliche Chancen, ist andererseits aber auch mit besonderen Risiken verbunden.“

Umgesetzt wird diese Philosophie mit einer Fondsstruktur, in der die Aktien von Sixt und Axel Springer zu den größten Einzeltiteln unter den amtlich gehandelten Wertpapieren zählen, und in der vom Neuen Markt Kinowelt Medien und Brokat Informationssysteme mit jeweils ca. 7 Prozent als ziemlich „dicke Brocken“ vertreten sind.

Eine Ausdehnung der Anlagepolitik des Fonds auf das Euroland gestatten die Anlagerichtlinien nicht.

Beispiel

INVESCO Neue Märkte-Fonds

Dieser Fonds war der erste in Deutschland, der ausschließlich das Handelssegment der „Neuen Märkte“ in Deutschland und Europa bedient. Rund 80 Titel finden sich im Fondsvermögen, die größten Einzelwerte waren im Sommer 1999 EM-TV mit ca. 8 Prozent, Consors mit 5 Prozent, Mobilcom und Parsytec mit jeweils 4 Prozent.

Branchen- und Themenfonds

Bei dieser stark gewachsenen Fondsgruppe handelt es sich ausschließlich um international anlegende Fonds. Sie decken im Wesentlichen folgendes Spektrum ab:

- Fonds für allgemeine Technologiewerte
- Fonds für spezielle Technologiewerte (z.B. Biotechnologie, Umwelttechnologie)

- Fonds für Rohstoffwerte
- Fonds für Energiewerte
- Fonds für Finanzwerte
- Fonds für Telekommunikationswerte
- Fonds für Pharma-, „Healthcare-“ oder „Life-Science“-Werte
- Markenorientierte Fonds

Mittel- und langfristige Auswertungen der Ergebnisse dieser Fonds leiden darunter, dass lediglich im Technologie-, Rohstoff- und Energiebereich schon seit längerer Zeit Fonds tätig sind. Nur mit den Technologiefonds konnten überdurchschnittliche Ergebnisse erzielt werden – und auch das erst seit 1995. Davor hatte etwa der DWS-Technologiefonds eine über zehnjährige Durststrecke und erst im Jahr 1993 wieder das Kapital erwirtschaftet, das ein Anleger bei Auflegung zehn Jahre vorher investiert hatte.

Wie lange die dynamischen Trends anhalten, vor deren Hintergrund vor allem im erweiterten Technologiebereich und im Telekommunikationssektor eine wahre Flut neuer Fonds aufgelegt wurden, ist außerordentlich schwer zu prognostizieren. Zwar leuchtet ein, dass in vielen Sparten die Marktsättigung noch lange nicht erreicht ist, oder – wie z.B. im Internet-Geschäft („E-Commerce“) – erst am Anfang steht. Doch Expansion ist die eine Sache, Gewinne zu erzielen die andere. Fraglos wird überall in diesen Branchen die gnadenlose Konkurrenz mörderischen Preisdruck ausüben, und die rasante Umschlagsgeschwindigkeit der technologischen Entwicklungen wird verhindern, dass sichere Pfründe entstehen.

Unser Rat

Ob es sich also lohnen wird, wenn Sie beim Aufbau Ihres Vermögens ausschließlich auf diese Fonds-Spezies setzen, halten wir für fraglich. Schließlich sind die jeweiligen Branchen in wechselnden Gewichtungen auch in den breit streuenden Aktienfonds vertreten. Die tiefergehende Berücksichtigung der einen oder anderen dieser Branchen sollte also hauptsächlich unter dem Gesichtspunkt der Beimischung erfolgen.

Ob Sie diese Fonds so oder so einsetzen: Sie müssen wissen, dass die meisten dieser Fonds einen sehr viel größeren US-Schwerpunkt haben als die breit streuenden Aktienfonds. Neben den erheblichen Risiken, die branchenspezifisch vorhanden sind und die sich aus den hohen Anforderungen an das Management dieser Fonds ergeben, machen Sie Ihren Anlageerfolg auch zu beträchtlichen Teilen davon abhängig, wie sich der Greenback entwickelt.

Beispiel

DWS-Telemedia

Der Fonds war mit einer Wertentwicklung von rund 200 Prozent einer der erfolgreichsten Fonds im Zeitraum 1996 bis 1999. Zu rund 60 Prozent war er Ende 1998 in nordamerikanischen Aktien investiert. Time Warner aus der Sparte Funk & Fernsehen war mit 4 Prozent der größte Einzelwert im Fondsvermögen, und auch die nächst größten sechs Einzelwerte stammten aus den USA (darunter Intel, America Online, IBM, AT&T). Nokia als größter nicht amerikanischer Titel folgte auf Platz 8 mit einem Gewicht von 2,8 Prozent. Insgesamt hatten europäische Aktien ein Gewicht von 26,7 Prozent. Asien war mit weniger als 2 Prozent vertreten; ein Bankguthaben von rund 12 Prozent zeugt von einer eher leicht defensiven Ausrichtung des Fonds.

Länder- und Hemisphärenfonds

Eine kaum mehr überschaubare Vielfalt von Fonds wartet auf Sie. Um Ihre Gunst streiten unter anderen rund

- 140 Fonds, die in einzelnen europäischen Ländern anlegen (ohne Deutschland),
- 100 Fonds, die in Nordamerika anlegen,
- 170 Fonds, die in Fernost anlegen (mit Japan),
- 70 Fonds, die nur in Japan anlegen,
- 20 Fonds, die in Lateinamerika anlegen,
- 20 Fonds, die in osteuropäischen Ländern anlegen.

Und damit nicht genug: Unter den 70 Japan-Fonds können Sie z.B. auch noch wählen, ob es denn große, mittelgroße oder kleine japanische Unternehmen sein sollen, denen Sie Ihr Geld anvertrauen. Wenn Sie zum Schluss kommen, es müssten die Kleinen sein: 12 Fonds sind darauf spezialisiert.

Diese Vielfalt ist – gemessen an ihrem Nutzen für den Privatanleger – unterschiedlich zu beurteilen.

Beispiel

Für grundsätzlich durchaus sinnvoll und überschaubar halten wir z.B. die Entscheidung, eine globale Streuung des Kapital mittels dreier Fonds vorzunehmen, welche die drei wichtigsten Finanzzentren der Welt – Europa, Nordamerika, Asien – bedienen, anstatt diese Strategie mit einem einzigen, global streuenden Aktienfonds zu verwirklichen. Mit individueller Gewichtung der drei Regionen können Sie sich so ein Ihrer persönlichen Risikobereitschaft entsprechendes Depot zusammenstellen; ferner streuen Sie das Managementrisiko auf drei verschiedene Fonds.

Als Folge hiervon haben Sie eine wesentlich größere Transparenz, welcher Baustein Ihrer Vermögensanlage eher gut oder eher schlecht gedeiht, was Sie wiederum zum einfach handhabbaren Entscheidungskriterium machen können, sich von einem der eingesetzten Länderfonds zu Gunsten eines anderen zu trennen.

USA-/Nordamerika-Fonds: Neben einem europäisch ausgerichteten Fonds sollte dabei ein Fonds mit Anlageschwerpunkt Nordamerika im Zentrum stehen. Bei dieser Position machen Sie Ihren Anlageerfolg zwar auch vom Auf und Ab des Greenback abhängig. Langfristig sollte das Währungsrisiko allerdings kaum zu Buche schlagen, und wenn doch: Es ist der Preis für den Zugang zum größten und dynamischsten Aktienmarkt der Welt.

Die Analyse des Ihnen dabei zur Verfügung stehenden Spektrums ergibt Erstaunliches: Die deutschen Fondsgesellschaften kennen sich im fremden Haus mindestens genau so gut aus wie die amerikanischen im eigenen. Gleichgültig, ob der Ein-, Drei- oder Fünfjahreszeitraum betrachtet wird: Unter den besten zehn Fonds befinden sich stets einige deutsche, im Fünfjahresbereich steht ein deutscher Fonds auf Platz 1 – deutlich vor amerikanischen Fondslegenden wie etwa Pioneer.

Beispiel

Zum Beispiel Fondamerika von ADIG

„Der auf Nordamerika spezialisierte Aktienfonds setzt überwiegend auf wachstumsstarke US-Unternehmen. Dabei versucht der Fonds langfristig besser abzuschneiden als der Aktienindex Standard & Poor's 500" lesen wir in der Werbebroschüre von ADIG. Dementsprechend ist das nicht sonderlich üppige Fondsvolumen von rund 200 Mio. DM relativ breit gestreut auf rund 140 einzelne Werte quer durch alle Branchen. Die größten fünf Positionen waren im Fondsvermögen zum Jahresende 1998 America Online, General Electric, Ballard Power, Compaq und Exxon.

Unser Rat

Achten Sie darauf, wenn Sie sich mit einem Nordamerika-Fonds eine private Länder-Allokation zusammenstellen wollen: Nur ein breit, alle Branchen berücksichtigender Fonds macht Sie weitgehend unabhängig von den Sonderkonjunkturen einzelner Marktsegmente, die erfahrungsgemäß in den USA besonders heftig ausfallen können.

Der Größe des amerikanischen Kapitalmarkts entspricht auch die Segmentierung der Fonds mit US-Schwerpunkt, die in Deutschland zum Vertrieb zugelassen sind. Noch stärker diversifizierende Anleger finden z.B. eine vielfältige Auswahl von Fonds für amerikanische Technologie-Aktien oder amerikanische „small- und mid-caps".

Unser Rat

Solche amerikanischen Spezialitätenfonds sollten Sie sich allenfalls als Beimischung in Ihr Depot legen – und dies auch nur dann, wenn Sie ein schon beträchtliches Vermögen mit viel Erfahrung und Zeit verwalten können.

Asien-/Japan-Fonds: Ein breit in Asien oder auch nur in Japan investierender Fonds ist grundsätzlich ein weiteres Standbein einer global ausgerichteten Strategie, bei der Sie jedoch die Länder-Allokation auf eigene Faust durchführen. Das Risiko, das Sie sich damit aktuell allerdings einhandeln, ist sehr schwer abschätzbar. Zwar befindet sich die japanische Börse seit Ende 1998 in einem deutlichen Aufwärtstrend und mit ihr die meisten anderen asiatischen Börsen; ob dies jedoch bereits die Lösung der tiefgreifenden strukturellen Probleme der japanischen Wirtschaft antizipiert, stellen viele Fernost-Experten in Frage. Entsprechend vorsichtig sollten Sie bis auf Weiteres mit diesem „dritten Bein" umgehen.

Wenn Sie sich ans Umsetzen machen, werden Sie schnell feststellen: Asien ist eine Domäne der englisch/amerikanischen Investmentgesellschaften Fidelity, Invesco/GT, Mercury, Fleming usw. Deutsche Kapitalanlagegesellschaften spielen nur die zweite Geige.

Beispiel

Zum Beispiel FFF-Fleming Japanese Fund

Der mit einem Fondsvolumen von ca. 600 Mio. DM relativ große Japan-Fonds hat ohne weitere Beschränkung das Anlageziel, „langfristiges Kapitalwachstum durch Anlage in japanische Wertpapiere" zu erzielen. Der Fonds investiert quer durch alle Branchen und Unternehmensgrößen. Branchenschwerpunkte waren im Frühjahr 1999 Telekommunikation und Technologie, untergewichtet waren die Finanzdienstleistungen. Unter den zehn größten Einzeltiteln war nur eine Bank (Industrial Bank of Japan) mit einem Gewicht von 1,8 Prozent vertreten. Überdurchschnittlich stark waren kleine und mittelgroße Unternehmen im Fondsvermögen vertreten.

Zu der Vielfalt der Fonds für einzelne asiatische Länder wollen wir es an dieser Stelle mit dem Hinweis belassen: Sie beinhalten sowohl die Chancen als auch die Risiken, die sich aus der Kumulierung von Schwankungen enger Märkte und kleiner Währungen ergeben können. Zur Bandbreite der dabei entstehenden Ergebnisse, und dass sie deswegen allenfalls als Beimischung in semiprofessionell verwalteten Depots Verwendung finden sollten, finden Sie in diesem Buch viele Hinweise.

Europäische Länderfonds: Sinnvoll ist es, diese Fondsgruppe in drei Untergruppen gesondert zu betrachten:

- Fonds für EU-11-Aktienmärkte: EU-11 steht für die Mitgliedsländer des Euro-Währungsraumes. Mit der gemeinsamen Währung und der einheitlichen Geldpolitik sind wirtschaftliche Sonderentwicklungen in einzelnen Ländern, die sich in unterschiedlichen Börsenzyklen und Marktperformance niederschlagen könnten, immer weniger wahrscheinlich. In einer spezifischen Länderallokation mit den EU-11-Länderfonds sehen wir kaum mehr einen Sinn, Vorteile gegenüber den breiten Eurolandfonds durch besondere Gestaltungsmöglichkeiten halten wir allenfalls für zufällig erzielbar.

- Fonds für die sonstigen westeuropäischen Aktienmärkte: Mit leichten Einschränkungen sollte die Bewertung der Einsatzmöglichkeiten der EU-11-Fonds auch für restlichen westeuropäischen Aktienmärkte gelten.
- Fonds für Ost- und Südosteuropa: Mit einiger Berechtigung kann das Muster des Konvergenzprozesses im Vorfeld der Euro-Einführung auf die EU- und Euro-Beitrittskandidaten im Osten und Südosten Europas übertragen werden: Stark steigende Börsenkurse bei geringer werdenden Währungsrisiken. Insofern könnten entsprechende Fonds bei erhöhter Risikobereitschaft mittelfristig eine interessante Beimischung darstellen. Griechenland, Ungarn, Polen und die Türkei sollten als nächste Beitrittskandidaten schwerpunktmäßig in einem solchen Fonds vertreten sein!

2.7 Garantiefonds

Garantiefonds – sie dürfen in Deutschland nicht aufgelegt werden und kommen deswegen aus den Labors der Luxemburger Fondsindustrie nach Deutschland – versprechen etwas Ähnliches wie die Quadratur des Kreises: mit Sicherheit hohe Erträge. Können sie dieses Versprechen halten?

Betrachten wir, wie der klassische Garantiefonds funktioniert:

- Als Erstes ist festzustellen, dass die meisten der Garantiefonds keine „Open-End-Fonds“ sind, sondern Fonds mit feststehenden Laufzeiten, die bei Ablauf aufgelöst werden. Üblich sind Laufzeiten von zwei bis fünf Jahren.
- Schnell fällt im Weiteren auf, dass sich die Garantie – bei Garantiefonds, die im Aktienbereich operieren – meist nicht auf einen bestimmten Wert-

zuwachs bezieht, sondern auf den Kapitalerhalt (nach Abzug der Ausgabeaufschläge) am Ende der festgelegten Laufzeit. Bei einigen Konzepten liegt der garantierte Rückzahlungsbetrag nur bei 95 Prozent des Nettoanlagebetrages. Für die (mögliche) Anteilsrückgabe während der Laufzeit gibt es keinen garantierten Rücknahmepreis.

- Diesen Teil der Anlagestrategie – also den Kapitalerhalt – erledigen die Fonds damit, dass sie festverzinsliche Wertpapiere erwerben (nicht selten Zerobonds); je nach Laufzeit des Fonds und dem Zinsniveau müssen zwischen 60 Prozent bis 80 Prozent des Fondsvermögens in solche Wertpapiere investiert werden, damit am Ende der Laufzeit das Kapital von 100 Prozent sicher zusammengekommen ist.
- Mit der Differenz – also mit zwischen 20 Prozent und 40 Prozent – werden in der Regel Optionsscheine jenes Marktes gekauft, der dem Fonds als Benchmark dient. Verlieren die Optionsscheine ihren Wert, dann ist dies für die abgegebene Garantie unschädlich. Steigt der Markt, dann steigen die Optionsscheine wegen der Hebelwirkung um ein Mehrfaches, so dass das Fondsvermögen wächst und die Anteilswerte steigen.
- Allerdings führt die schnöde Mechanik der hinter den Optionsgeschäften stehen Zahlen dazu, dass das Ansteigen der Anteilswerte auf zwischen 50 Prozent und 60 Prozent der Performance der Benchmark begrenzt ist („Partizipationsquote“). Steigt also z.B. der DAX während der Laufzeit eines auf ihn bezogenen Garantiefonds um 40 Prozent, dann steigen dessen Anteilswerte nur um 20 Prozent bis 25 Prozent. Werden weniger als 100 Prozent des Kapitaleinsatzes garantiert, kann die Partizipationsquote höher ausfallen.

Neben einigen Gestaltungsvarianten – etwa der Partizipation nicht an der Benchmarkentwicklung zwischen Beginn und Ende der Laufzeit, sondern dem periodischen Sicherstellen der erzielten Gewinne – sind natürlich auch die Kosten dieser Anlagevehikel von Interesse. Diesbezügliches Fazit: Sie sind mit Ausgabeaufschlägen von bis zu 5 Prozent (deren Rückzahlung nicht garantiert wird) und jährlichen Verwaltungskosten von bis 1,5 Prozent schon dann ziemlich teuer, wenn der hohe Preis der wenig aufregenden Partizipationsquote gar nicht berücksichtigt wird.

Unser Rat

Es fällt schwer, sich Anleger vorzustellen, denen wir einen solchen Garantiefonds empfehlen könnten. Den Effekt dieser Fonds – wenn er denn wirklich gewünscht wird – kann jeder mit einfachsten Mitteln und preiswerter selbst erzielen: Dazu werden nur ein Laufzeitfonds und ein Aktien-(Index-) Fonds benötigt, in die im Verhältnis von ungefähr 70:30 angelegt wird.

Anders mögen einige wenige andere Fonds beurteilt werden, die nicht als Laufzeit- sondern als „open-end"-Fonds konzipiert sind. Bei ihnen wird folgerichtig auch nicht der Kapitalerhalt garantiert; die Garantie erstreckt sich auf andere Parameter.

Beispiel

Delta-Fonds von DBIM

Dieser Fonds, der 1992 aufgelegt wurde, garantiert zweierlei: Der jährliche Verlust fällt nicht größer als 5 Prozent aus, und das erzielte Anlageergebnis liegt (nach Steuern) höher als es nach Steuern bei einen Steuersatz von 50 Prozent mit einem dreimonatigen Festgeld hätte erzielt werden können. Die jahresdurchschnittliche Wertsteigerung des Fonds in den letzten sechs Jahren lag bei ca. 11 Prozent; Ausgabeaufschlag: 5 Prozent.

Unser Rat

Wenn Sie dieser Fonds-Spezies trotz ihrer insgesamt kaum befriedigenden Merkmale nähertreten wollen, sollten Sie sich von Ihrem Berater das häufig komplizierte Bänkerdeutsch der Prospekte so übersetzen lassen, dass Sie nachvollziehen können, wie der Anteil eines solchen Fonds in unterschiedlichen Börsenphasen reagiert. Prüfen Sie schließlich auch, ob sich die Partizipation auf einen Performance- oder nur einen Kursindex bezieht!

3 Gemischte Fonds

Die Statistik des Bundesverbandes Deutscher Investmentgesellschaften wies per Ende 1998 rund 100 Fonds deutscher Provenienz aus, die in ihren Anlagerichtlinien nicht auf eine schwerpunktmäßige Investition in Aktien bzw. festverzinsliche Werte festgelegt sind. Mit rund 16 Mrd. DM, welche diese Fondsgruppe verwaltet, ist sie die kleinste.

3.1 Anlageergebnisse überwiegend unbefriedigend

Diese Fonds, in ihrer Anlagepolitik nicht eingeschränkt, kommen der Idee der Vermögensverwaltung mit Investmentfonds sehr nahe, jedenfalls in der Theorie. Indem sie in guten Börsenzeiten voll auf Aktien setzen und sich in schlechten wieder vollständig aus ihnen zurückziehen können, sind sie in der Lage, den Anlegern die Asset-Allocation und das Markttiming abzunehmen, und müssten damit – so zumindest der Anschein – auch in der Lage sein, von allen Fondstypen die besten Wertentwicklungen zu erwirtschaften.

Top 3 der gemischten Fonds

Fonds	Gesellschaft	Wertentwicklung in Prozent		
		1 Jahr	3 Jahre	5 Jahre
GT Global Dynamik	Invesco	51,8	109,4	—
Ring International	DWS	16,9	73,5	106,1
Fiduka-Fonds 1	Universal	16,6	74,0	96,6

Stand: 30.05.1999

Beispiel

Zum Beispiel der GT Global Dynamik Fonds von Invesco

Dieser in den vergangenen vier Jahren erfolgreichste aller gemischt anlegenden Fonds war zum Jahresende 1998 schwerpunktmäßig wie ein europäisch orientierter Aktienfonds mit ausgeprägter Kassenhaltung investiert. Der Anteil europäischer Aktien betrug rund 73 Prozent, 2 Prozent waren in US-Aktien investiert, die Barschaft macht fast 20 Prozent aus. Mit rund 20 Prozent lag folgerichtig die Volatilität dieses Fonds im Bereich durchschnittlicher Aktienfonds.

Wertet man Mitte 1999 die von dieser Fondsgruppe erzielten Ergebnisse insgesamt aus, dann ergibt sich das Bild, dass nur einige wenige Fonds ihre großen Freiheiten erfolgreich umsetzen.

Selbst die Besten der gemischten Fonds kommen – sowohl kurz-, mittel- und langfristig – nicht annähernd auf das Niveau der Wertentwicklungen, das Aktienfonds erreichten.

Der Vergleich mit den Anlageergebnissen der Rentenfonds zeigt, dass nur etwa die Hälfte der gemischten Fonds das Niveau eines in den vergangenen fünf Jahren guten Rentenfonds erreichten oder übertrafen.

Auch in der unteren Hälfte der Performance-Rangliste der gemischten Fonds, wo die Wertentwicklungen auf dem Niveau mittelmäßiger Rentenfonds liegen, liegt die Volatilität der gemischten Fonds bei rund dem Doppelten der Rentenfonds.

3.2 Mangelnde Flexibilität

Dies weist darauf hin, dass die Manager vieler dieser Fonds ihre Freiheiten zur vollständigen Ausrichtung ihrer Asset-Allocation an den Marktbedingungen nur sehr eingeschränkt wahrnehmen. Sie verstehen sich eher als Verwalter von Vermögen, das innerhalb von mehr oder weniger flexiblen Grenzen mit mehr oder weniger feststehenden Gewichtungen in Aktien und in Renten aufgeteilt bleibt, und Marktentwicklungen nur mit einer „Manövriermasse“ genutzt werden. Dass dabei auch mit Blick auf die Performance weder Fisch noch Fleisch (oder noch weniger) herauskommen kann, das scheint wohl nur die Anleger zu stören, die dieser Fondsspezies die Rolle des Mauerblümchens der deutschen Investmentfonds zugewiesen haben.

Inwieweit dies so bleibt, ist eine andere Frage. Zweifellos wird die „Dienstleistung Vermögensverwaltung mit Investmentfonds“ zukünftig zunehmend mehr von Anlegern nachgefragt werden. Sofern die gemischten Fonds dazu übergehen werden, klare, vor allen Dingen transparente Strategien der Asset-Allocation zu entwickeln, könnte es unseres Erachtens durchaus zu einer Renaissance dieser Fondsspezies kommen.

4 Fonds mit festverzinslichen Werten

4.1 Wie sie funktionieren

Welchen Sinn ergibt das Fondsprinzip „Risikostreuung" bei festverzinslichen Wertpapieren? Ist es nicht so, dass das Fondsmanagement sich mehr oder weniger passiv den Entwicklungen auf den Rentenmärkten fügen muss?

In der Tat ist die Aufgabenstellung des Managements eines DM-Rentenfonds ziemlich verschieden von der eines Fonds mit deutschen Aktien. Während nämlich der Entwicklung des Kurses einer Aktie – jedenfalls theoretisch – weder nach oben noch nach unten Grenzen gesetzt sind, folgen die Rentenmärkte ziemlich exakt strengen mathematischen Gesetzmäßigkeiten.

Exkurs: Nominalverzinsung, Kapitalmarktrendite und Wertpapierkurs

Der Kurs eines festverzinslichen Wertpapiers lässt sich zu jedem Zeitpunkt aus den Ausstattungsmerkmalen Nominalzins und (Rest-)Laufzeit einerseits und der zu diesem Zeitpunkt herrschenden Kapitalmarktrendite errechnen; dass sich dieser rechnerische Kurs auf den Märkten nahezu immer tatsächlich auch ergibt, dafür sorgen die Arbitragegeschäfte, die in die vom Markt noch unterbewerteten Papiere gehen und so die Kurse auf den Marktdurchschnitt anheben.

Für die Kursbildung von festverzinslichen Wertpapieren gelten vereinfacht gesagt folgende Gesetzmäßigkeiten:

- Steigt die Kapitalmarktrendite, dann sinkt der Kurs eines Wertpapiers so lange, bis das Verhältnis aus (gleichbleibendem) Nominalzins und (gesunkenem) Wertpapierkurs wieder der (gestiegenen) Kapitalmarktrendite entspricht.

- Bei sinkender Kapitalmarktrendite wird spiegelbildlich dazu die Rendite einer Anleihe über einen steigenden Kurs des Wertpapiers an die Kapitalmarktverhältnisse angepasst.
- Für die Kurssensibilität einer Anleihe aufgrund veränderter Kapitalmarktrenditen gilt: Sie hängt natürlich auf der einen Seite vom Ausmaß der Renditeveränderung ab, auf der anderen Seite ist die Restlaufzeit der Anleihe wichtig. Je länger die Restlaufzeit ist, desto stärker wird der Anleihenkurs auf eine bestimmte Veränderung der Kapitalmarktrendite reagieren.

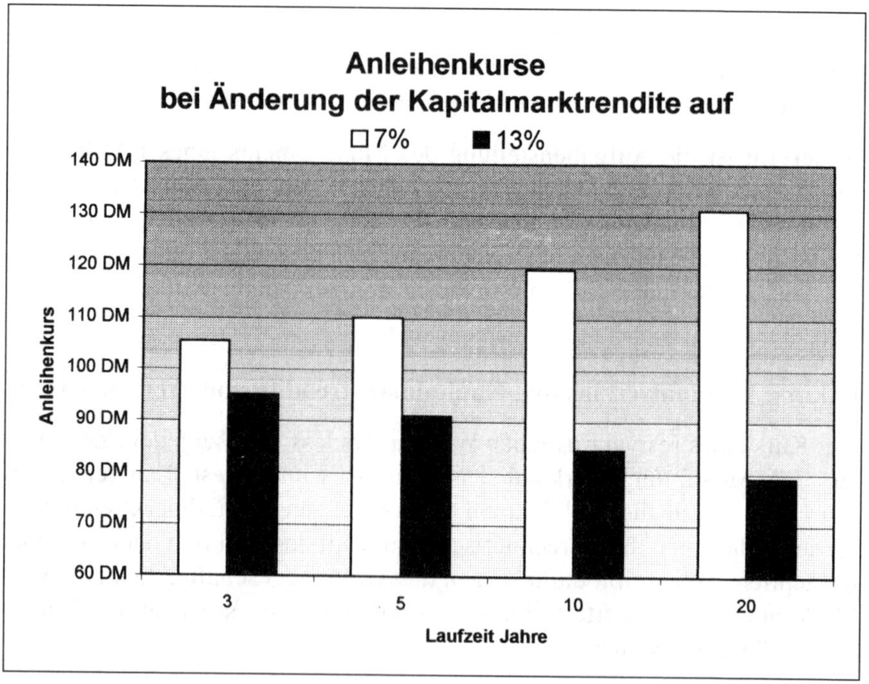

Grafik 24: Die Abbildung zeigt die Kurse einer Anleihe nach einem Jahr, die Sie ursprünglich mit einem Coupon von 10 Prozent und einem Kurs von 100 kaufen konnten. Je länger die Restlaufzeit, desto heftiger reagiert der Anleihenkurs auf eine sich verändernde Kapitalmarktrendite.

Welche Laufzeit ist richtig?

Aus diesen Zusammenhängen heraus ergeben sich die Faustregeln für die Anlage in festverzinslichen Werten:

- Bei steigendem Zinsniveau in möglichst kurzlaufende Werte zu gehen: Sie haben dann nur eine kurze Zinsbindungsfrist, nach deren Auslaufen Sie Ihr Kapital zu den nunmehr höheren Zinsen anlegen können; gleichzeitig minimieren Sie Ihr Kursrisiko, da die Kurzläufer kaum sensibel gegenüber steigenden Zinsen sind.
- Bei sinkendem Zinsniveau in möglichst langlaufende Werte zu gehen: Auf diese Weise sichern Sie sich hohe Zinsen auch in einer kommenden Niedrigzinsphase und können sich zusätzlich über stattliche Kursgewinne freuen.

4.2 „Bei den Rentenfonds wird das Zinsänderungsrisiko durch einen Laufzeitmix gestreut" – Was bringt's?

In der täglichen Anlagepraxis stellt sich dies noch um einiges diffiziler dar. Die Gretchenfrage ist nicht nur, ob die Zinsen steigen oder fallen werden; ebenso wichtig sind die Fragen nach dem „Wann", nach dem „Um wieviel" und nach dem „Wie lange" – und jede Prognose zu diesen Punkten ist naturgemäß mit Unsicherheitsfaktoren behaftet. Es gilt also, das Zinsänderungsrisiko zu minimieren – und dies geschieht, indem das Fondsvermögen auf Anleihen mit unterschiedlichen Restlaufzeiten verteilt wird.

Hierin sehen sich die Rentenfonds eindeutig im Vorteil: Wenn Sie sich ein Renten-Portefeuille im Direktbesitz halten wollen, das in seinen Restlaufzeiten den jeweiligen Kapitalmarktbedingungen Rechnung trägt und auch die Risiken Ihrer Einschätzung berücksichtigt, dann sind Sie, so die Argumentation, nicht nur sehr schnell mit der Verarbeitung und Auswertung der Analyse-Informationen überfordert, sondern ein solchermaßen „ausgewogenes" Portefeuille könne auch sehr schnell eine Größenordnung annehmen, die nur noch schwer zu überschauen ist. Diese Aufgabe könnten Sie mit der Zeichnung von Rentenfondsanteilen relativ preiswert dem Fondsmanagement übertragen.

Genau gesehen hält diese auf den ersten Blick plausible Argumentation unseres Erachtens jedoch einer Überprüfung anhand der täglichen Anlagepraxis nicht stand, zumindest nicht für die Rentenfonds mit Anlageschwerpunkt im DM-Bereich. Denn die Argumentation mit der „Streuung des Zinsänderungsrisikos" geht an all jenen Anlegern vorbei, für die Anleihen ein Anlageinstrument sind, das man zu einem möglichst günstigen Zeitpunkt (= Zinsgipfel) kauft und dann – gleichgültig, wie ihr Kurs auf Zinsänderungen reagiert – bis zur Tilgung hält. Für diesen Anlegerkreis ist das Zinsänderungsrisiko allenfalls das Risiko der Wiederanlagerenditen.

De facto interessiert das Risiko, Zinsänderungen falsch einzuschätzen, nur den „Trader", der in Erwartung von Zinssenkungen Rentenwerte mit möglichst langen Restlaufzeiten in erster Linie ihrer kurzfristigen Kursgewinne wegen kauft. Was kann die Dienstleistung „Streuung des Zinsänderungsrisikos" für diesen Menschen bewirken?

Beispiel

Wenn die Zinsen wider Erwarten nicht fallen, sondern steigen, dann begrenzt die Streuung der Laufzeiten den Verlust gegenüber dem Direktbesitz, weil das Fondsmanagement auch auf dieses unerwartete Ereignis vorbereitet ist und deswegen einige Wertpapiere mit kurzen Restlaufzeiten im Fondsvermögen hält. Die halten den Schaden in Grenzen, weil ihre Kurse kaum mehr auf die Zinsänderung reagieren.

Die Crux ist nur, dass sie das auch dann nicht tun, wenn die Zinsen tatsächlich sinken – mit dem Effekt, dass in diesem Fall die Kursgewinne des fondsorientierten „Traders" geringer ausfallen als die seines Kollegen, der seine kleine Spekulation mit direkt gehaltenen Anleihen betreibt.

4.3 Zwei Unterschiede zwischen einer Anleihe und einem Rentenfonds

Nun runzeln Sie vielleicht die Stirn, weil Sie an die Bundesanleihen in Ihrem Depot denken, die 2004 fällig sind, und merken an, dass Ihnen das Zinsänderungsrisiko ziemlich wurscht ist, weil Sie die Anleihen ohnehin bis zum Fälligkeitstag halten werden, an dem es, Zinsänderungen hin oder her, den feststehenden Rückzahlungsbetrag von 100 gibt.

Mit dieser Überlegung sind Sie dem wichtigsten Unterschied zwischen einer Anleihe und einem Rentenfonds auf der Spur. Der „klassische" Rentenfonds hat nämlich, anders als eine Anleihe, keinen festen Tilgungstermin, an dem Sie Ihr Geld zu einem von vornherein feststehenden Kurs wieder zurückgezahlt bekommen. Vielmehr ist es so, dass die Manager der Rentenfonds über permanente Umschichtungen des Fondsvermögens die „durchschnittliche Restlaufzeit" der im Fondsvermögen befindlichen Papiere zu jedem Zeitpunkt innerhalb jener Bandbreite halten, auf die der Fonds in seinen Anlagerichtlinien festgelegt ist.

Man unterscheidet deswegen zwischen

- Geldmarktfonds (Restlaufzeiten bis zwölf Monate)
- Kurzläuferfonds (drei bis 24 Monate)
- Fonds mit mittleren und langen Restlaufzeiten (mehr als zwei Jahre).

Bleiben wir bei den Fonds der letztgenannten Gruppe. In Zeiten normaler Zinsstruktur haben diese regelmäßig relativ lange durchschnittliche Restlaufzeiten zwischen sechs und zehn Jahren, einfach deswegen, weil am langen Ende die Renditen der einzelnen Wertpapiere höher sind als am kurzen Ende.

Beispiel

Wenn Sie sich also heute mit 10.000 DM in einen Fonds mit einer durchschnittlichen Restlaufzeit von z.B. sieben Jahren einkaufen, dann bewirkt die Verpackung von Rentenwerten in einen Investmentfonds nicht, dass Sie während der sieben Jahre die Zinsen und nach sieben Jahren wieder Ihre 10.000 DM ausgezahlt bekommen, so wie das z.B. bei Ihren Bundesanleihen der Fall ist. Vielmehr bewirken die Umschichtungsaktivitäten des Fondsmanagements, dass die durchschnittlichen Restlaufzeiten der im Fondsvermögen befindlichen Wertpapiere – stark vereinfacht gesagt – zu jedem Zeitpunkt, also auch, wenn die sieben Jahre vorbei sind, immer noch bei sieben Jahren liegen.

Während also eine Anleihe ein Anlageinstrument mit ständig abnehmenden Restlaufzeiten, mithin ein befristetes Anlageinstrument ist, kann ein Rentenfonds als Anlageinstrument mit ständig vorhandenen Restlaufzeiten, also als unbefristetes („ewiges", „open end") Anlageinstrument charakterisiert werden.

Diese Differenzierung ist keine Haarspalterei, denn sie bewirkt, dass Anleihe und Rentenfonds im Zeitablauf unterschiedlich auf eine Veränderung der Kapitalmarktrenditen reagieren: Während der Kurs der Anleihe auf dieselbe prozentuale Änderung der Kapitalmarktrendite mit sinkender Restlaufzeit immer weniger reagiert, bis er am Tag der Tilgung immer auf 100 steht, bleibt die Sensibilität des Rentenfonds gegenüber Änderungen der Kapitalmarktrendite im Zeitablauf immer gleich groß.

Unser Rat

Bedenken Sie also: Nach sieben Jahren können also aus Ihren 10.000 DM bei stark gesunkenen Kapitalmarktrenditen z. B. 12.000 DM geworden sein, aber auch – bei stark gestiegenen Kapitalmarktrenditen – 8.000 DM. Anders gesagt: Das Anlageergebnis bei bis zu ihrer Fälligkeit gehaltenen Anleihen ist (bis auf den Unsicherheitsfaktor „Wiederanlagerenditen") exakt kalkulierbar, bei Rentenfonds ist eine solche Kalkulation nicht möglich.

Erstes Fazit also: Sollte sich in Ihrem Kopf die Vorstellung befinden, dass ein Rentenfonds dasselbe ist wie eine Anleihe, „nur etwas größer", müssen Sie sich davon freimachen. Der Schritt von einer Anleihe zu einem Rentenfonds ist objektiv die Entscheidung für ein größeres Risiko-/Ertragspotential!

4.4 Kosten fressen die Rendite

Der zweite Unterschied eines Rentenfonds gegenüber einer Anleihe liegt in den ungleich höheren Kosten, mit der Kapitalanlagen in einem Rentenfonds verbunden sind. Während nämlich – vor allem bei „buy and hold"-Strategien mit direkt gehaltenen Anleihen – vielfach überhaupt keine Kosten (Transaktionsspesen) anfallen, gehen vom in einen Rentenfonds fließenden Anlagebetrag zunächst einmal die Ausgabeaufschläge ab, die bei den traditionellen Rentenfonds mit mittleren und längeren Restlaufzeiten in der Regel bei 3 Prozent des Anteilswerts liegen. Hier mag man zwar argumentieren, dass die einmalig anfallenden Ausgabeaufschläge bei längeren Planungshorizonten kaum mehr ins Gewicht fallen. Gleichwohl bleibt die Frage, ob die hierfür erbrachte Dienstleistung einen solchen Kostenansatz überhaupt rechtfertigt.

Hinzu kommen die jährlichen Verwaltungsgebühren des Fondsmanagements (ca. 0,5 Prozent) sowie die Transaktionsspesen, die zwar wegen der großen Summen, die ein Fonds umschlägt, wesentlich geringer sind, als wenn ein Privatanleger vergleichbare Umschichtungen vornehmen würde. Zusammengenommen summieren sich die laufenden Kosten bei einem Fonds leicht auf jährlich knapp 1 Prozent – und die wollen erst einmal verdient sein.

Fazit Nr. 2 also ist ein Zweifel: Stehen diesen Kosten realistische Chancen auf höhere Anlageergebnisse gegenüber?

Unser Rat

Die Antwort lautet, zumindest für traditionelle Rentenfonds, die DM/Euro orientiert sind, unbestritten „Nein“. Zahlreiche Berechnungen, hart an der Anlegerrealität und unter Berücksichtigung aller Kosten, wurden dazu veröffentlicht (unter anderem mehrfach von den Autoren) – nie regte sich seitens der Investmentbranche Widerspruch gegen das Ergebnis der Berechnungen: Konsequente Wiederanlage der Zinsen vorausgesetzt, schneidet der Direktanleger jährlich um ca. 1 Prozent besser ab als ein durchschnittlicher Rentenfonds.

4.5 Wofür sich Rentenfonds eignen

Dieser tendenzielle, empirisch nachweisbare Performance-Nachteil der Rentenfonds führt so auch zum Urteil, dass diese Produktlinie im DM/Euro-Bereich für die langfristige Kapitalanlage objektiv keinen Sinn ergibt. Mehr noch: Mit der Funktionsweise einer Anleihe verwechselt, kann sie wegen ihres „open end“-Charakters und der damit verbundenen Unsicherheit hinsichtlich des Rückzahlungsbetrags in bestimmten Konjunkturphasen sogar gefährlich sein.

Sinn können Anlagen in DM-Rentenfonds dort machen, wo der Performancenachteil aufgrund des hohen Anlagekomforts – z.B. automatische bzw. problemlose Wiederanlage der Zinsen, die bei der Direktanlage in Rentenwerte häufig „verfrühstückt" werden – bewusst in Kauf genommen wird. In solchen Fällen kann der mit einem Fonds-Engagement eintretende Zinseszinseffekt, der wegen „vergessener" Wiederanlage der Zinsen im Fall der Direktanlage dort dann ausbleibt, die Fondsanlage zur subjektiv besseren machen.

Sinn können Rentenfonds auch machen für die „kleine Spekulation" auf steigende Wertpapierkurse bei fallenden Kapitalmarktrenditen insofern, als die Kurssensibilität („Volatilität") der Fonds wegen deren „open end"-Charakters – wie oben gezeigt – weitgehend immun ist gegenüber dem Zeitpunkt, wann die Renditen sinken. Bei direkt gehaltenen Anleihen dagegen nehmen wegen der kürzer werdenden Restlaufzeit die Kursgewinne ab, je länger der Renditerückgang auf sich warten lässt.

Ferner: Immer wieder gab (und gibt es auch künftig) Situationen in den Zyklen der einzelnen Märkte, in denen Rentenwerte sich kurz- und mittelfristig als die besten Anlageinstrumente erwiesen. Gekoppelt mit dem Umstand, dass eine Anlage in einen Rentenfonds sehr „nahe" an anderen Anlageinstrumenten – z.B. an einem Aktienfonds derselben Fondsgesellschaft – positioniert sein kann, ergeben sich interessante Möglichkeiten für moderne, flexible Anlagestrategien.

Unser Rat

Und schließlich sehen wir einen erheblichen Unterschied zwischen den Rentenfonds mit mittleren und längeren Restlaufzeiten – auf welche die obige Einschätzung gemünzt war –, und solchen, die mit kurzen Restlaufzeiten oder im Geldmarktbereich operieren. Wegen ihrer hohen Kursstabilität sind sie bestens geeignete Instrumente für die Kassenhaltung oder wenn es darum geht, Geld zu parken, bis sich anderweitig wieder ertragreichere Anlageperspektiven aufgetan haben.

Mit kleinen Einschränkungen gilt diese Einschätzung mittlerweile (und vielleicht nur vorübergehend) auch für die Rentenfonds, die in festverzinsliche Wertpapiere anlegen, die auf internationale Währungen lauten. Kennzeichnend für die Verfassung der Rentenmärkte am Ende des Jahrtausends ist, dass zumindest in der westlichen Welt das Zinsgefälle erheblich zusammengeschrumpft ist und die Zinszyklen weitgehend phasengleich verlaufen.

Als die erste Auflage dieses Buches geschrieben wurde, war dies noch anders: Nicht nur der Dollar, sondern auch viele europäische Währungen rentierten sich seinerzeit doppelt so hoch wie die Mark. Die Komponenten „Zinszyklen“ und „Paritätsentwicklung“ richtig einzuschätzen, konnte seinerzeit noch als werthaltige Dienstleistung eines Fondsmanagements gelten.

Unter den neuen Bedingungen scheinen uns die Dienstleistungen eines Rentenfonds-Managements eher dort sinnvoll zu sein, wo es darum geht, mit einem risikogestreuten Portfolio an der Entwicklung spezieller Märkte teilhaben zu wollen.

Beispiel

Ein Beispiel hierfür ist der sich seit der Euro-Einführung immer deutlicher herausbildende Markt für höherverzinsliche Industrieanleihen auch in Europa, der sicherlich auch immer stärkere Elemente der Risikofinanzierung („Junk-Bond-Fonds“) erhalten wird. Oder: Die Rentenmärkte der Beitrittskandidaten zu EU/Euro, wo mit großer Wahrscheinlichkeit im Konvergenzprozess erhebliche Kursgewinne entstehen werden.

In solchen „Anwendungen“ der Rentenfonds allerdings hat die vom Fondsmanagement erbrachte Dienstleistung schwerpunktmäßig eine neue Qualität: Weniger der Laufzeitmix ist von ihm gefragt, sondern vielmehr die Portfoliogestaltung unter dem Gesichtspunkt der Schuldnerbonität.

4.6 Ein Beispiel aus der Vergangenheit – und ein Lehrstück für „antizyklisches Verhalten"

Gleichgültig, zu welchem der als sinnvoll zu erachtenden Zwecke Sie einen Rentenfonds einsetzen: Für Ihr Timing ist wichtig, dass Sie die Zusammenhänge zwischen der Bewegung der Kapitalmarktrenditen und der Entwicklung der Anteilswerte beachten. Wir illustrieren dieses Wechselspiel, in dem wir für die vergangen 20 Jahre die Umlaufrendite deutscher öffentlicher Anleihen mit der prozentualen Veränderung der Anteilswerte von Inrenta, einem dem ältesten und größten Fonds für DM-Renten erläuternd vergleichen.

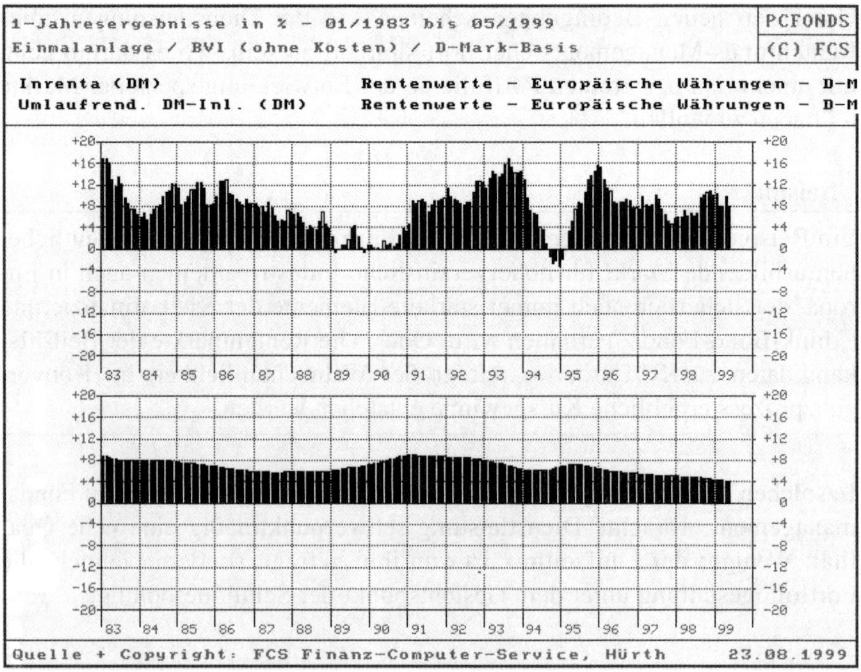

Grafik 25: Zinsniveau und Rentenfonds-Performance am Beispiel von Inrenta: Schlechte Performance-Werte während des Zinsanstiegs, die besten jeweils im Jahr nach der Trendwende.

Sie sehen:

- Sehr schmale Renditen in den Jahren 1978 bis 1980, also in den Jahren steigender Zinsen; sie lagen deutlich tiefer als die Kapitalmarktrenditen. Die Erklärung: Die durch den Erwerb von Neuemissionen aus diesem Zeitraum erzielbaren höheren Renditen wurden zu einem beträchtlichen Teil kompensiert durch die Kursverluste der in der Niedrigzinsperiode angeschafften Anleihen.
- Eine zwar höhere, aber deutlich unter dem Kapitalmarktniveau liegende Rendite im Jahr des Zinsgipfels. Die Erklärung: Die Umschichtung des Fondsvermögens auf die höheren Zinsen war zwar schon fortgeschritten, noch immer aber drückten die früheren Kursverluste auf die Performance.
- Dann 1982, im Jahr nach der Umkehr des Zinstrends, eine Super-Rendite von gut 16 Prozent, und damit fast das Doppelte der damals herrschenden Kapitalmarktrendite. Die Erklärung: Die Ausrichtung des Fondsvermögens auf die hochverzinslichen Werte des Jahres 1980/81 war im Wesentlichen abgeschlossen; zusätzlich zu den Zinsen um 10 Prozent wurde die Performance durch die Kursgewinne des Zinsabstiegs in die Höhe gepuscht.
- Als der „kleine Zinsgipfel" des Jahres 1983 verlassen wurde, erfolgte noch einmal ein Abbild des gleichen Schemas, nur auf niedrigerem Niveau. Der Durchschnittskurs der im Fondsvermögen befindlichen Wertpapiere belief sich auf immer noch 108,3 Prozent.
- Der seitwärts gerichtete Zinstrend der Jahre 1985 bis 1987 schlug sich folgerichtig in nahezu identischen und in der Gegend der Kapitalmarktrenditen liegenden Fondsrenditen nieder. Der Durchschnittskurs der im Fondsvermögen befindlichen Wertpapiere war (Geschäftsjahr 1987/88) auf 102,42 Prozent zurückgegangen.
- Mit wieder anziehenden Zinsen im Gefolge der deutschen Einheit begann der Zyklus aufs Neue: Die Fondsrenditen begannen wieder schmal, ja kaum sichtbar zu werden; dem entsprach ein 1988/89 auf 98,61 Prozent zurückgegangener Durchschnittskurs der Anleihen im Fondsvermögen.
- Mit dem Andauern der Hochzinsphase erholte sich dann auch die Fondsperformance wieder: Die Kursverluste waren verkraftet, und die hohen Zinsen konnten wieder auf die Anlageergebnisse durchschlagen.

- Und schließlich wieder Spitzenperformance im Jahr nach der Zinstrendwende: Sie war mit knapp 16 Prozent im maßgeblichen Zinssenkungszeitraum 9/92 bis 9/93 fast exakt so hoch wie nach der Trendwende 1981/82.
- Es folgte die lang anhaltende Zinssenkungsphase, an deren Ende wir vermutlich zum Jahreswechsel 1998/99 standen. Unterbrochen vom überraschenden Zwischenhoch der Renditen im Jahr 1994. Sie brachte für die Investa-Anteile durchgängig jährliche Wertsteigerungen, die über der Umlaufrendite lagen.

4.7 Die Anlageergebnisse der Fonds mit DM- und internationalen Rentenwerten

Vor dem Hintergrund der langanhaltenden Zinssenkungsperiode überrascht es also nicht, dass die jahresdurchschnittlichen Ergebnisse der DM-orientierten Rentenfonds mit mittleren und längeren Restlaufzeiten deutlich über der zuletzt herrschenden Kapitalmarktrendite liegen.

Unser Rat

Aus dem Zusammenhang zwischen Wertentwicklung der Fonds und Kapitalmarktrendite folgt aber zwingend: Auch bei den Rentenfonds dürfen Sie die Ergebnisse der nachfolgenden Tabellen nicht in die Zukunft hochrechnen!

Anlageergebnisse von Rentenfonds – Top-Fünf

Fonds	Gesellschaft	1 Jahr	5 Jahre	10 Jahre
DM-Rentenfonds mit kurzen Restlaufzeiten				
Deka Tresor	Deka	6,9	6,1	7,0
Dt. Rentenfonds K	DIT	6,3	6,1	7,1
Allianz Mobil	Allianz	6,0	5,9	—
Unikapital	Union	6,5	5,9	6,8
HansaZins	Hansa	5,2	5,6	6,5

Mittlere/längere Restlaufzeiten DM-Rentenfonds				
DIT Kapital Plus	DIT	9,0	13,4	—
Condor Fonds Union	Union	7,9	11,3	9,7
Re Inrenta	DWS	11,3	10,5	9,1
Provirent Deka	Deka	4,7	10,0	—
ALSA-Euro-Rent	ALSA	10,0	0,7	—
Europäische Währungen/breit streuend				
Allianz Flexi Renten	Allianz	6,1	12,7	—
DIT Eurozins	DIT	8,9	11,5	9,7
NB EuroRent DIT	DIT	8,8	10,8	8,8
MercST Eurp. Bd A	Mercury	9,4	10,7	—
Magdeburger Wert	DIT	8,1	10,4	8,8
Global breit streuend				
GT Strat. Bond A	Invesco	–4,0	11,9	—
MercST USDGl. Bd A	Mercury	12,4	11,6	7,0
GT Bond Fund A	Invesco	9,3	11,6	—
Pro Fonds Inter-Bd. A/B	ProFds	12,4	11,5	—
GIF II Gl. Bond T	Indosuez	11,0	10,3	—

Ergebnisse nach BVI/Auswahl und Reihenfolge nach Fünfjahresperformance, Stand 30.05.1999, in % p.a.

Welche, für die Betrachtungsperioden und die einzelnen Gruppen typischen, Merkmale können wir vorstehender Tabelle ansonsten entnehmen?

Rentenfonds mit kurzen Restlaufzeiten: Sie spiegeln das in der Regel herrschende Zinsgefälle zwischen langen und kurzen Restlaufzeiten wider. Ihre Performance liegt dennoch über der zuletzt feststellbaren Umlaufrendite: Auch bei diesem Fondstyp besserten die Kursgewinne im Gefolge der

Zinssenkungen die bloßen Zinserträge auf – wenn auch wegen der kürzeren Laufzeiten in geringerem Umfang.

Europäisch breit streuende Rentenfonds: Ihre Performance liegt ziemlich exakt auf dem Niveau der Fonds mit DM-Renten. Das ist das Ergebnis des Euro, der nunmehr schon seit über einem Jahr das Geschehen „hinter den Kulissen“ bestimmt. Auch zukünftig wird es mit breit streuenden europäischen Rentenfonds kam mehr Extra-Performance gegenüber Rentenfonds für Wertpapiere nur deutscher Schuldner geben.

Global breit streuend: Die in der Tendenz leicht höheren Ergebnisse sind in erster Linie darauf zurückzuführen, dass DM/Euro am Ende der Betrachtungszeiträume schwach gegenüber dem Dollar tendierten.

4.8 Sonderformen bei Rentenfonds

Laufzeitfonds

Im Gegensatz zu den traditionellen Rentenfonds, die als „Open-End-Fonds“ konzipiert sind, haben diese Fonds eine feststehende Laufzeit, an deren Ende sie aufgelöst werden und das Kapital an die Anleger ausgezahlt wird. Die meisten der Laufzeitfonds sind auf drei bis sechs Jahre angelegt, teilweise aber sind sie auch im Geldmarktbereich oder am eher langen Ende des Laufzeitspektrums angesiedelt. Die Ausgabeaufschläge belaufen sich meist auf 1 Prozent, die Erträge werden regelmäßig thesauriert. Anteile von Laufzeitfonds können nur während einer häufig sechswöchigen Zeichnungsphase erworben werden.

Mit dem zusammengekommenen Fondsvermögen werden Wertpapiere erworben, deren Restlaufzeit der prospektierten Laufzeit des Fonds entspricht. Mit den während der Laufzeit dem Sondervermögen zufließenden Zinserträgen werden wiederum Rentenpapiere mit entsprechend verkürzten Restlaufzeiten erworben. Auf diese Weise entsteht (im Gegensatz zu den traditionellen Rentenfonds) eine Konstruktion, die einem einzelnen festverzinslichen Wertpapier ziemlich genau entspricht:

- Das Anlageergebnis am Ende der Laufzeit wird weit überwiegend vom Renditeniveau bei der Auflegung bestimmt, weil die Wertpapierkurse am Tag der Auflösung nicht von veränderten Kapitalmarktrenditen beeinflusst werden können.

- Veränderte Kapitalmarktrenditen wirken sich nur auf die Konditionen aus, zu denen die dem Fondsvermögen zufließenden Zinsen wieder angelegt werden können.

Vorteile: Laufzeitfonds machen zwar die erzielbaren Anlageergebnisse transparenter und schieben die Fondsrenditen näher an die entsprechenden Kapitalmarktbedingungen. Auch haben sie z.B. gegenüber den Finanzierungsschätzen des Bundes den Vorteil, dass die Anteilseigner jederzeit an ihr Geld kommen.

Unser Rat

Andererseits aber: Bei den Laufzeitfonds ist das Fondsprinzip „Risikostreuung“ zum „Wiederanlage-Pool“ degeneriert, und was da in den Fondstopf wandert, das kann sich jeder Anleger auf einfache Weise selbst erwerben. Die „Fondsverpackung“ wird nicht gebraucht: Jede Bank bietet Schuldverschreibungen mit einem breiten Spektrum von Restlaufzeiten an, und ein Zerobond bietet denselben Anlagekomfort.

Fonds für Risikoanleihen

Dieses rasch wachsende Segment der Rentenfonds sollte unterteilt werden in

- Fonds, die schwerpunktmäßig Anleihen von Schuldnern erwerben, die in Schwellenländern beheimatet sind,
- Fonds, die schwerpunktmäßig Industrieanleihen erwerben, deren Schuldner keine erstklassige Bonität besitzen.

Sinn der Sache ist in beiden Fällen, für das Fondsvermögen aus den höheren Zinsen, welche die beiden Schuldnergruppen zahlen müssen, Extraperformance zu erzielen.

Unser Rat

Das Risiko dabei: Verspätete oder ausfallende Zinszahlungen, verspätete oder ausfallende Kapitalrückzahlung. Speziell bei der ersten Gruppe können auch erhebliche Währungsrisiken entstehen, denn teilweise werden auch Wertpapiere erworben, die nicht in DM/Euro oder einer anderen Weltwährung, sondern in der jeweiligen Landeswährung emittiert werden.

Beispiel

Zum Beispiel Hypo Emerging Rent

Dieser Fonds gehört der ersten Gruppe an. Gegen einen Ausgabeaufschlag von 3 Prozent und eine jährliche Verwaltungsvergütung von 1 Prozent erwarben Anleger mit mehr als der Hälfte ihres Geldes Anteile von Anleihen südamerikanischer Schuldner, osteuropäische Schuldner machten die zweitgrößte Position aus, 2,2 Prozent waren in nigerianischen Anleihen investiert. Das Ergebnis dieser Anlagestrategie: Ein Wertzuwachs von ca. 80 Prozent von Mitte 1995 bis Mitte 1999, Schwankungen wie in der Größenordnung eines Aktienfonds: Einem Wertzuwachs von 36,3 Prozent in 1996 stand ein Verlust von 20,4 Prozent in 1998 gegenüber.

Beispiel

European High Yield Bond Fund von Fleming

Beim Fleming Fonds besteht das Konzept darin, mit europäischen Industrieanleihen minderer Bonität Extraperformance für das Fondsvermögen zu erzielen. Seine Anlagerichtlinien sehen u.a. vor, dass maximal 25 Prozent des Fondsvermögens in Nicht-Euro-Währungen angelegt werden dürfen, mindesten 50 Prozent müssen in Anleihen mit einem S&P-Rating von mindestens BBB investiert sein; eine Anleihe mit schlechterem Rating als BBB darf höchsten 1,5 Prozent des Fondsvermögens ausmachen usw. Zusätzlich zu den Industrieanleihen beabsichtigt der Fonds, mit einem Anteil von 20 Prozent in Anleihen der EU/Euro-Beitrittskandidaten zu investieren. Ausgabeaufschlag: 5 Prozent, jährliche Verwaltungsvergütung: 1 Prozent; aussagekräftige Performancewerte des unlängst aufgelegten Fonds lagen zu Redaktionsschluss noch nicht vor.

In welchen Dimensionen liegt die „Entlohnung" dafür, dass Sie über einen solchen Rentenfonds Ihr Geld an zweit- oder drittklassige Schuldner verleihen? Folgende Werte können als Anhaltspunkte dienen:

- DM/Euro-Industrieanleihen im Bonitätsbereich BBB bringen zwischen 1 und 1,5 Prozentpunkte mehr als eine vergleichbare Anleihe eines erstklassigen Schuldners;

- Anleihen, die von Schuldnern in Schwellenländern emittiert werden, bringen das Doppelte und mehr im Vergleich zu Staatsanleihen der Industrieländer. Der oben kurz beschriebene Fonds von Fleming etwa kalkuliert für seinen Anteil von Anleihen aus den EU/Euro-Beitrittskandidaten mit einem durchschnittlichen jährlichen Ertrag von 12 Prozent.

Unser Rat

Wer einem größeren Portfolio eine Komponente mit überdurchschnittlichen Ertragschancen hinzufügen will, für den halten wir die Spekulation mit Titeln aus den Ländern der EU/Euro-Beitrittskandidaten als besonders geeignet. Die bereits vorhandene Nähe zur EU sowie die Erfahrungen des Konvergenzprozesses im Vorfeld der Euro-Einführung halten die einzugehenden Risiken unseres Erachtens im überschaubaren Bereich. Sie sollten dann aber einen längeren Atem haben: Mit Ausnahme von Griechenland sind die nächsten EU/Euro-Beitritte nicht vor dem Jahr 2005 zu erwarten.

Fonds für Anleihen einzelner Währungen/Währungsgruppen

Für die größere oder kleinere Spekulation bieten sich zahlreiche Rentenfonds an, die entweder nur in einzelne Emissionswährungen oder in eng miteinander verbundene Währungen (etwa die skandinavischen) investieren. Solche Strategien setzen auf Sondererträge, die aus höheren Zinsen und/oder Kursgewinnen aus rückläufigen Zinsen und/oder gegenüber DM/Euro steigenden Wechselkursen entstehen. Die bekannteste dieser Spekulationen war in der jüngeren Vergangenheit die mit dem Konvergenzprozess im Vorfeld der Euro-Einführung: Von hohem Niveau fallende Zinsen bei gleichzeitiger Stabilität der Lira machten Lira-Anleihen im Jahr 1997 zu einem 30-Prozent-Geschäft.

Unser Rat

Solche Fonds für Währungen einzelner Beitrittskandidaten dürften dann schnell aufgelegt werden, wenn sich deutlicher abzeichnet, welche Länder wann beitreten. Es könnte sich für Sie lohnen, wenn Sie diese Entwicklung verfolgen.

Daneben bieten diese Fonds auch für stabile oder Weltwährungen die Möglichkeit, von besonderen Entwicklungen zu profitieren.

Beispiel

Wer etwa zum Jahresbeginn 1999 auf den US-Dollar setzte, hatte ein halbes Jahr später – trotz steigender Dollar-Zinsen – auch mit einem nur durchschnittlichen Dollar-Rentenfonds Erträge von deutlich über 10 Prozent.

Das Beispiel macht aber auch deutlich, dass man es bei der Spekulation mit einzelnen Währungen häufig mit zwei gegenläufigen Aspekten zu tun hat: Steigende Zinsen stärken einerseits die Währung, schwächen aber andererseits die Anleihenkurse. Welcher der beiden Effekte dominieren wird, ist sehr schwer zu prognostizieren. Ebenso schwierig sind die Prognosen über die Dauer solcher Entwicklungen, sodass es auch vom richtigen Timing abhängt, aus Buchgewinnen reale Gewinne zu machen.

Geldmarktfonds

Einige Stichworte zu den Geldmarktfonds.

- Sie haben aufgrund der sehr kurzen Restlaufzeiten praktisch keine Kursrisiken. Die vom KAGG maximal erlaubte Restlaufzeit von 12 Monaten wird in vielen Geldmarktfonds deutlich unterschritten; sie liegt nicht selten unter einem Monat.
- Geldmarktfonds bieten deswegen immer das Renditeniveau im kürzesten Bereich. Steigt dieses, steigt auch die Performance eines Geldmarktfonds.
- Ausgabeaufschläge werden in der Regel keine erhoben, die Verwaltungsvergütungen liegen zwischen jährlich 0,3 Prozent und 0,5 Prozent. Das entspricht ungefähr den günstigeren Konditionen, die ein Geldmarktfonds gegenüber einem Privatanleger bei der Anlage herausholen kann. Nur mit Blick auf die Performance haben die Geldmarktfonds gegenüber einem Festgeld mit gleicher Fristigkeit somit kaum Vorteile.
- Ihre Vorteile liegen hauptsächlich im einfachen Handling.
- Sie werden auch für Nicht-Euro-Währungen, etwa für den US-Dollar, angeboten. Das macht sie u. a. auch für die Kassenhaltung im gewerblichen Bereich mit grenzüberschreitenden Wirtschaftsbeziehungen interessant.

4.9 Rentenfonds-Engagements am Beginn des nächsten Jahrtausends

Viel spricht nicht dafür, dass sich in den ersten Jahren des neuen Jahrtausends solche Situationen an den Märkten einstellen werden, die einem Renten(fonds)-Engagement zu bemerkenswerten Anlageergebnissen verhelfen würden. Erinnern wir uns:

- Seit Herbst 1992 sind die Zinsen, unterbrochen vom „Zinsbuckeljahr" 1994, zurückgegangen; die Umlaufrendite im zehnjährigen Bereich sank in der Spitze auf unter 4 Prozent.
- Ausgehend von den USA, aber auch wegen des erwarteten Anziehens der Konjunktur in den Volkswirtschaften Europas, ist auch in Europa der Zinssenkungsprozess zum Jahreswechsel 1998/99 zum Stillstand gekommen. Tendenziell steigende Umlaufrenditen prägen seither das Geschehen. Eine Rückkehr zu den Tiefstständen des Jahres 1998 hält kaum jemand in der Fachwelt für möglich.

Wer also an der Schwelle zum nächsten Jahrzehnt in Rentenwerte geht,

- wird in vielen Fällen real und nach Steuern kaum etwas verdienen und
- muss damit rechnen, auf lange Sicht bei wieder anziehenden Zinsen deutliche Kursverluste zu erleiden.

Beides gilt sowohl für direkt gehaltene Rentenwerte als in noch stärkerem Maß – wie oben gezeigt – für die Rentenfonds.

Wer zu diesem Zeitpunkt noch Rentenwerte hält, kann nicht mit der Wiederholung der guten Wertentwicklung der vergangenen Jahre rechnen. Vielmehr ist – wegen niedriger Zinsen und ausbleibender Kursgewinne – jene Magerkost angesagt, die sich in solchen Kapitalmarktsituationen unweigerlich einstellt.

Wie Sie persönlich diese Dürreperiode überbrücken, ist im Wesentlichen eine Frage Ihres Temperaments; vielleicht sind Sie auch schon dem Beispiel vieler anderer Anleger gefolgt, welche die satten Kursgewinne am Rentenmarkt realisiert und in Aktien gesteckt haben. Nicht auszuschließen ist, dass sich für diese Taktik auch gegenwärtig noch manch günstiger Zeitpunkt findet.

Sollten Sie jedoch noch kein Kurzläufer- oder Geldmarkt-Depot haben, sollten Sie sich eines zulegen. Denn mit wieder ansteigenden Zinsen werden die Kurzläuferfonds wieder eine strategisch wichtige Rolle spielen, sei es, um Gewinnmitnahmen aus Aktien kursstabil zu parken, sei es, um Ihre Rentenwerte mit dem gleichen Effekt dort so lange unterzubringen, bis wieder ein attraktives Zinsniveau eingetreten ist.

Unser Rat

Machen Sie auf keinen Fall den Fehler, deswegen in einen Rentenfonds zu investieren, weil man Ihnen für die zurückliegende Jahre eine „Rendite" in der Nähe von 10 Prozent nachweist!

5 Die Offenen Immobilienfonds

„Zielgruppe der Offenen Immobilienfonds sind ausgesprochen langfristig orientierte Anleger, die über mindestens fünf Jahre, oft auch zehn, 15 und mehr Jahre disponieren ..." Mit dankenswert klaren Worten macht der Bundesverband Deutscher Investmentgesellschaften klar, dass kurzfristig und/oder spekulativ eingestellte Anleger die Finger von Zertifikaten der Offenen Immobilienfonds lassen sollten. Für längerfristig eingestellte Anleger und Sparer können die Fonds jedoch eine echte Sachwert-Alternative sein, zumal sie den Einstieg in die immobilienorientierte „Sachwertwelt" mit kleinsten Anlagebeträgen ermöglichen und steuerliche Vorteile die eher kargen Bruttorenditen aufpolieren.

5.1 Marktüberblick

Die 16 deutschen Offenen Immobilienfonds verwalteten zum Jahreswechsel 1998/99 ein Vermögen von ca. 85 Mrd. DM. Sie konnten damit in fünf Jahren das verwaltete Vermögen verdoppeln. Mit jeweils rund 15 Mrd. DM vereinen die beiden größten Fonds, der Grundwertfonds Nr. 1, der von der „Deutschen Gesellschaft für Immobilienfonds mbH" (Dresdner-Bank-Tochter) verwaltet wird, und der sparkassennahe DespaFonds gut 35 Prozent des Geschäfts auf sich.

Natürlich sind auch die anderen Großen im deutschen Bankgeschäft bei den Immobilienfonds vertreten. In der „Deutschen Grundbesitz Investmentgesellschaft mbH", die den Fonds Grundbesitz Invest (9,5 Mrd. DM) verwaltet, ist die Deutsche Bank vertreten, die Deutsche Immobilienfonds AG mit ihren beiden Fonds Difa-Fonds Nr. 1 und Difa-Grund (zusammen ca. 14 Mrd. DM) gehört den Genossenschaftsbanken.

„Immobilieneigentümer" können Sie zu Anteilswerten ab ca. 50 DM (Westinvest 1) werden; maximal müssen Sie für einen Anteil knapp 200 DM investieren (Difa-Fonds Nr. 1). Die Ausgabeaufschläge liegen dabei zwischen 5 Prozent und 5,5 Prozent, die Verwaltungsvergütungen liegen zwischen 0,5 Prozent und 1 Prozent. Das ist kein schlechtes Geschäfts für die Fondsgesellschaften: Die großen Fonds können Ihnen pro Jahr rund 75 Mio. DM bringen.

Deutsche Offene Immobilienfonds

Fonds	1 Jahr	5 Jahre	10 Jahre
BFG ImmoInvest	4,3	6,7	6,9
HansaImmobilia	5,5	5,8	6,8
CS Euroreal	5,6	5,7	—
WestInvest 1	5,2	5,3	—
Haus-Invest	5,3	5,2	6,6
Difa-Grund	4,2	5,2	6,5
DespaFonds	5,4	5,1	6,9
Grundwert Fonds	4,6	5,1	6,8
Grundbesitz-Invest	4,9	5,1	6,7
Difa-Fonds Nr. 1	4,2	5,1	6,8
iii-Fonds Nr. 2	4,2	4,7	6,6
iii-Fonds Nr. 1	4,2	4,5	—
iii-Fonds Nr. 3	8,5	—	—
DespaEuropa	7,2	—	—
CS WV Immofonds	4,8	—	—

Ergebnisse nach BVI/Auswahl und Reihenfolge nach Fünfjahresperformance; Wertentwicklung per 30.5.1999 in Prozent p. a.

Das Gefälle zwischen den Wertentwicklungen im lang-, mittel- und kurzfristigen Bereich spricht Bände: Die Immobilienfonds bewegten sich in einem zunehmend komplizierter werdenden Markt.

5.2 Risikostreuung

Die Immobilienfonds dieser Kategorie werden deswegen „offen“ genannt, weil sie im Prinzip für die Entgegennahme von Anlegergeldern in beliebiger Höhe „offen“ sind und nach Maßgabe der neu hereinkommenden (oder abgezogenen) Anlegergelder den sich im Fondsvermögen befindlichen Immobilienbestand sowie die anderen Vermögenswerte vergrößern (verkleinern). Anders sieht es bei den „Geschlossenen Immobilienfonds“ aus, die mit den Anlegergeldern von vornherein feststehende Objekte erwerben bzw. erstellen und „geschlossen“ werden, wenn hierfür genügend Gelder eingesammelt wurden.

Ein weiterer wichtiger Unterschied: Die Offenen Immobilienfonds unterstehen wie die Wertpapierfonds dem „Gesetz über Kapitalanlagegesellschaften“ (§§ 26 bis 37) und sind deswegen in ihrem Status gegenüber der Bankenaufsicht, den Publizierungsvorschriften, ihrer Verpflichtung zur Risikostreuung usw. den Wertpapierfonds gleichgestellt.

Folgende Grundsätze müssen die Offenen Immobilienfonds bei der Anlage der Kundengelder beachten:

- Das Grundstücks-Sondervermögen muss aus mindestens zehn Grundstücken bestehen.
- Keines der Grundstücke darf zum Zeitpunkt des Erwerbs den Wert von 15 Prozent des Wertes des gesamten Sondervermögens ausmachen.

Im Detail müssen die Fonds dabei folgende Anlagegrenzen einhalten:

- Mietwohn- und Geschäftsgrundstücke sowie gemischt genutzte Grundstücke können einen beliebigen Teil des Sondervermögens ausmachen (wobei die Vorschriften zur Unterhaltung einer Liquiditätsreserve allerdings beachtet werden müssen, s. u.).
- Grundstücke im Zustand der Bebauung dürfen bis zu 20 Prozent des Werts des Sondervermögens ausmachen.

- Auch für unbebaute Grundstücke gilt ein maximaler Anteil von 20 Prozent.
- Für Grundstücke, die auf dem Territorium eines anderen EU- oder eines Vertragsstaates liegen, gibt es keine Erwerbsbeschränkungen. Eine 20-Prozent-Klausel für ausländische Grundstücke gilt nur für Nicht-EU/EWR-Grundstücke. Möglich sind somit also auch deutsche Immobilienfonds, die ausschließlich in Richtung EU-Ausland orientiert sind.
- Anteile an Grundstücksgesellschaften dürfen unter bestimmten Umständen bis zu einer Quote von 20 Prozent des Sondervermögens erworben werden.
- Mindestens 5 Prozent des in Grundstücken angelegten Sondervermögens müssen in liquiden Mitteln gehalten werden.

5.3 Wie die Immobilien bewertet werden

Die Börsen – bei den Wertpapierfonds das Maß aller Dinge – scheiden für die Herausbildung von Preisen bei den Immobilienfonds aus. Wie die Wertermittlung vorgenommen werden muss, ist gesetzlich so geregelt:

Jeder Offene Immobilienfonds muss gem. § 32 KAGG einen aus mindestens drei Mitgliedern bestehenden unabhängigen Sachverständigen-Ausschuss berufen, dem die Bewertung der Immobilien obliegt und an dessen Wert-Gutachten der Fonds gebunden ist. Der Gesetzgeber schreibt dabei nicht nur vor, dass das Fondsvermögen durch diesen Sachverständigen-Ausschuss mindestens alle zwölf Monate zu bewerten ist; auch muss jede Liegenschaft, die vom Fonds erworben oder verkauft werden soll, von diesem Sachverständigengremium bewertet werden. Mit diesen Vorschriften soll verhindert werden, dass ein Fonds zu teuer ein- bzw. zu billig verkauft.

Die Methoden, mit denen der Wert der im Fondsvermögen befindlichen Immobilien im Einzelnen ermittelt wird, sind naturgemäß sehr komplex. Sie müssen sie im Detail auch nicht kennen, es genügt, wenn Sie um folgende Bewertungsgrundsätze wissen:

Ausschlaggebend bei der Anwendung des so genannten Ertragswertverfahrens sind die „langfristig und nachhaltig“ (BVI) zu erzielenden Nettomieteinnahmen; Höherbewertungen sind also prinzipiell nur dann möglich, wenn höhere Nettomieteinnahmen tatsächlich auch erzielt worden sind. Kurzfristige Schwankungen von Grundstücks- und/oder Gebäudepreisen des jeweils regionalen Marktes bleiben somit weitgehend ohne Einfluss auf das Fondsvermögen. Dass hierdurch die Anteilswerte sowohl in überhitzten als auch in trägen Marktphasen den aktuellen Verkehrswert der Fondsimmobilien häufig nur verzerrt widerspiegeln, mag nicht jedermanns Sache sein, speziell dann nicht, wenn er eindeutig spekulativ eingestellt ist.

Erreicht wird durch diese Bewertungspraxis aber auf jeden Fall eine gewisse Kontinuität in der Wertentwicklung, die gerade für langfristig orientierte Anleger wichtiger sein kann als mehr oder weniger heftige Kursausschläge. Und auch für die Verpflichtung zur jederzeitigen Rücknahme der Anteile ist diese eher vorsichtige Bewertungsmethode wichtig: Sollte nämlich das Liquidationsbedürfnis der Anleger einmal so groß sein, dass tatsächlich Immobilienbestände verkauft werden müssen, dann ist mit größerer Wahrscheinlichkeit sichergestellt, dass der veranschlagte Wert am Markt auch erzielt werden kann.

Andererseits ist es den Fondsgesellschaften natürlich freigestellt, ihrerseits dann Kasse zu machen, wenn der Markt einen deutlich höheren Preis zu zahlen bereit ist, als durch das Bewertungsverfahren angesetzt. Dies wird dann den Wert eines Zertifikats unmittelbar erhöhen.

Die von den Fonds angestrebte Kontinuität in der Wertentwicklung hat aber noch eine andere Ursache: Die Fondsleitungen können nicht daran interessiert sein, dass die Anleger „traden“, also im Jahr nach einer überdurchschnittlich hohen Wertentwicklung die Anteile zurückgeben. Die Summe, in der Anteilswerte eingefordert werden, könnte schnell den Liquiditätsbestand übersteigen und die „Substanz“ ankratzen, also den Verkauf von Immobilien erfordern.

Zwar gibt § 36 des KAGG den Fonds in solchen Fällen das Recht, die Rückzahlung des Anteils bis zu einem Jahr (gerechnet ab der Vorlage des Anteilscheins) zu verzögern; gleichwohl geriete ein Fonds, wenn es einmal so weit käme, in eine höchst unangenehme Situation: Auf der einen Seite kann es in bestimmten Marktsituationen schwierig oder gar unmöglich sein, ein Fondsobjekt innerhalb der gesetzten Jahresfrist zu angemessenen

Konditionen zu veräußern; zum anderen wäre die strategische Planung sehr viel schwieriger, wenn die Fonds häufiger mit solchen Situationen rechnen müssten.

Insofern können die Fonds kaum ein Interesse daran haben, in einzelnen Jahren überdurchschnittlich hohe Wertsteigerungen auszuweisen. Dies könnte nämlich von einer zu großen Zahl von Anlegern zum Anlass genommen werden, Kasse zu machen. Die immer wieder laut werdenden Vorwürfe, sie wiesen deswegen das Fondsvermögen zu niedrig aus und ließen deswegen ihre Anteilseigner nicht am realen Wertzuwachs teilhaben, treffen die Fonds also in einem durchaus sensiblen Bereich.

Den häufig zu hörenden Vorbehalten gegenüber der Wertermittlungspraxis der Fonds könnte leicht die Spitze genommen werden: Wenn nämlich die Fonds dazu übergehen würden, die Erwerbspreise (und Veräußerungserlöse) der Immobilien des Sondervermögens sowie spezifizierte Angaben hinsichtlich der Nutzungssituation der einzelnen Objekte publik zu machen. Das tun sie nicht, das KAGG enthält hierzu keine Verpflichtung. Aber ein Verbot steht auch nicht drin.

Daneben haftet der deutschen Bewertungspraxis ein etwas miefiger Geschmack an. Die Fonds sind nämlich nicht verpflichtet, eine „Spielregel“ einzuhalten, in der sich die Unabhängigkeit von Fonds und Bewertungsausschuss auch formal manifestieren würde: Die Sachverständigen turnusmäßig zu wechseln, wie dies beispielsweise in den Niederlanden der Fall ist. Hierzulande hingegen ist die Fondsbewertung allzu häufig eine Art Lebensjob – mit all den Gefahren der „Kungelei“, die in diese Praxis eingebaut sind.

5.4 Wie legen die Fonds ihre Mittel an?

Bei der Unterbringung der ca. 85 Mrd. DM, welche die Immobilienfonds zum Jahresende 1998 verwalteten, spielen Wohnimmobilien noch immer fast keine Rolle. Die Grafik zeigt am Beispiel des Despa-Fonds stellvertretend für alle anderen Fonds, dass der Löwenanteil – nämlich über 90 Prozent – in geschäftlich genutzte Objekte investiert war bzw. als liquide Mittel gehalten werden.

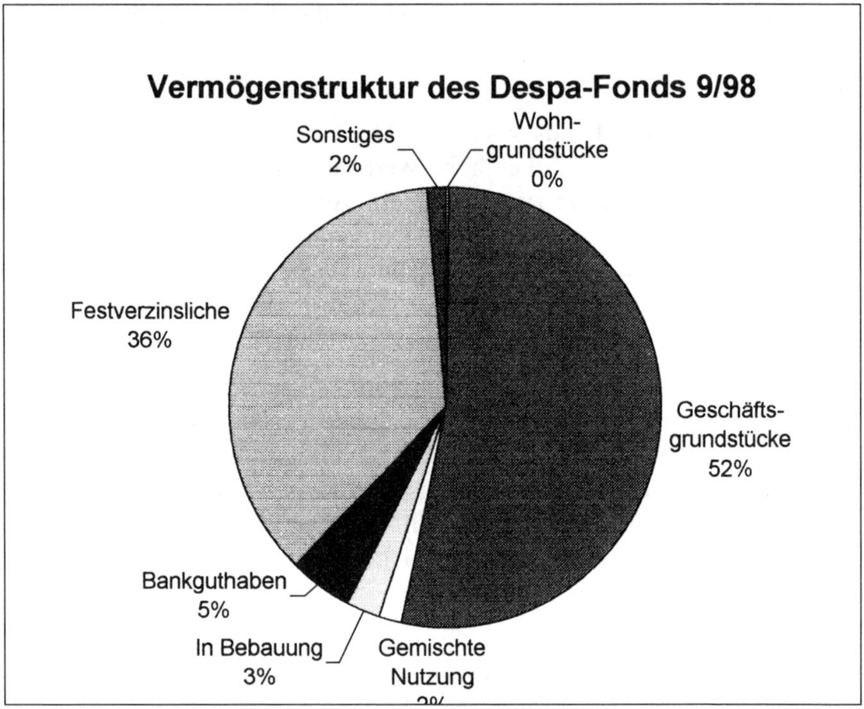

Grafik 26: Dominierend im Fondsvermögen der deutschen Offenen Immobilienfonds: Gewerbliche Objekte und liquide Mittel.

Im Durchschnitt aller Offenen Immobilienfonds steckten z.B. zum Stichtag 30.09.1996 nur rund 60 Prozent der Fondsvermögen in Sachwerten. Genau gesehen handelt es sich also bei den Offenen Immobilienfonds eher um eine andere Spezies von „Gemischten Fonds“, nämlich zwischen „Sach- und Zinswerten“.

Der hohe Anteil an liquiden Mitteln im Fondsvermögen erklärt sich zum einen als pure Notwendigkeit dieser Fondskonstruktionen: Da die Fonds nämlich verpflichtet sind, die Anteile jederzeit zurückzunehmen, kann es ohne recht hohen Liquiditätsanteil gar nicht gehen. Aktien- und Rentenfonds können die Papiere des Fondsvermögens jederzeit an den Börsen verkaufen, wenn ihre Anleger Kasse machen wollen. Den Immobilienfonds dagegen ist diese Möglichkeit grundsätzlich versperrt, und sie könnten dazu gezwungen sein, ihre Immobilienbestände weit unter Wert zu verschleudern, wenn sich ihre Liquiditätsreserven als nicht ausreichend herausstellen würden.

Andererseits jedoch kann kein Zweifel daran bestehen, dass ein Liquiditätsanteil von teilweise über 40 Prozent mit der Bildung von „Rücklagen" für zurückzugebende Anteile allein nicht zu erklären ist. Tatsächlich nutzten die Fondsmanager z. B. exzessiv ab 1990 zunächst die hohen Zinsen und dann, ab etwa Mitte 1992, die Kursgewinne der Rentenmärkte weidlich zur Aufbesserung der Performance aus. Ein weiterer Grund: Es gibt zu wenig gute Immobilien, in welche die in Strömen fließenden Anlegergelder investiert werden könnten.

5.5 Missverständnisse eingebaut

Zu dieser Vermischung von Sachwertvermögen mit Geldwerten mag man so oder so stehen; dass hieraus allerdings resultiert, dass ein beträchtlicher Teil der Anlegergelder eben nicht inflationsgeschützt angelegt ist, sollte man aber den Kunden schon sagen.

Das jedoch geschieht nicht, statt dessen tönt das hohe Lied auf die Sachwerte ohne aufklärende Anmerkungen aus Fondsprospekten und PR-Broschüren. So fanden wir z. B. eine Broschüre der „Arbeitsgemeinschaft Offener Immobilienfonds im BVI" mit dem bezeichnenden Titel „Ein Stück Bürohaus für 100 DM" und Sätzen wie „Immobilien sind wertbeständig. Von Krisen werden sie kaum berührt" oder der schlichten Definition „Offene Immobilienfonds bestehen aus einem treuhänderisch verwalteten Vermögen, für das Grundstücke und Gebäude (meist gewerblich genutzt) unter Rendite-Gesichtspunkten gekauft und professionell verwaltet werden". Vom immer wieder sehr großen Anteil von Zinswerten am Fondsvermögen erfährt der Leser nichts, es sei denn, er grübelt darüber, was der einzige und gut versteckte Hinweis auf diesen Umstand wohl bedeuten könnte: dass sich nämlich die jährliche Ausschüttung errechnet „aus Zinsen und Mieterträgen".

Beispiel

Groteske Auswirkungen hatten verzerrte Darstellungen dieser Art 1996, als Deutschland von einer Euro-Hysterie und Ängsten vor einer Mega-Inflation befallen wurde. Ein gigantischer Run auf die Anteile der Offenen Immobilienfonds setzte ein, mit einem Mittelaufkommen von rund 14 Mrd. DM bestritt diese Fondsgruppe 85 Prozent des Mittelaufkommens der gesamten deutschen Investmentbranche in diesem Jahr. Natürlich waren die Mega-Inflation-Ängste unbegründet – aber wenn sie berechtigt gewesen wären, hätten die Immobilienfonds wegen ihres Geldwert-Anteils nur sehr eingeschränkten Schutz gewährt.

Praktische Konsequenz dieser mangelhaften Darstellung der Produktlinie Investmentfonds könnte ferner sein, dass das Anlegerpublikum das Performanceverhalten dieser Fonds falsch interpretiert und im Timing falsch liegt. Was nämlich für festverzinsliche Wertpapiere für die ersten Jahre des nächsten Jahrzehnts vermutlich gelten wird – steigende Zinsen mit Magerperformance – gilt partiell auch für die Offenen Immobilienfonds. Auch eine spürbare Erholung im Marktsegment Gewerbeimmobilien dürfte sich also nur gedämpft auf die Wertentwicklung der Anteilswerte auswirken.

5.6 Vorzüge: Verlässliche Kontinuität mit Steuervorteilen

Gleichwohl hat dieser Fondstyp einige Vorzüge:

- Er hat von allen Kategorien von Investmentfonds die geringste Volatilität in der Entwicklung der Anteilswerte aufzuweisen. Die Grafik zeigt den leicht nach oben gerichteten „Sägezahncharakter“ einer solchen Wertentwicklung: Eine Ausschüttung mindert den Anteilswert, danach geht es verlässlich wieder aufwärts. Diese Verlässlichkeit entsteht einerseits durch die bereits dargestellte Methodik bei der Bewertung des Fondsvermögens; andererseits wird seitens der Befürworter dieses Fondstyps häufig auch ins Feld geführt, dass sich im Regelfall der Immobilien- und der Rentenmarkt gegenläufig entwickeln: Im Konjunkturabschwung stagnierende Immobilienpreise und -mieten, dafür aber wegen der Zinssenkungen Kursgewinne bei den Renten – und umgekehrt während der Konjunkturaufschwungphase.

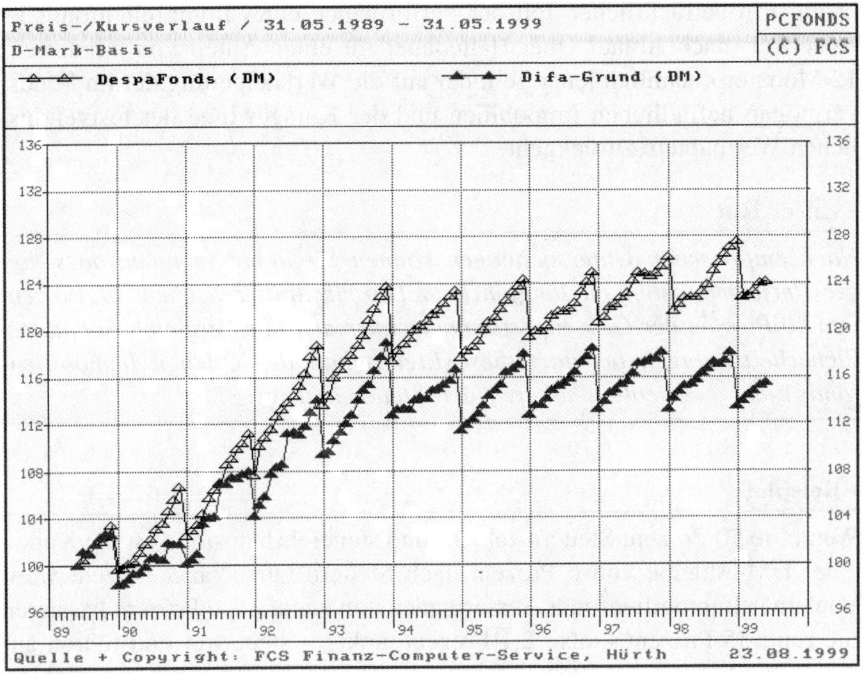

Grafik 27: Gewollte Kontinuität: Von allen Fondstypen haben die Offenen Immobilienfonds die geringste Volatilität. Die einzigen erkennbaren Ausschläge bei der Anteilswertentwicklung finden bei den Ausschüttungen statt. Was besonders sicherheitsbewusste Anleger freut, wird allerdings mit einer nicht eben marktkonformen Bewertungspraxis hergestellt.

- Als Resultat dieser Verlässlichkeit ist zu verzeichnen, dass es bei keinem der Offenen Immobilienfonds bisher eine Einjahresperiode gegeben hat, die (unter Vernachlässigung des Ausgabeaufschlags) mit einer negativen Wertentwicklung abgeschlossen hat. Dem noch immer stark sicherheitsorientierten deutschen Anlegerverhalten kommt diese Eigenschaft gewiss stark entgegen.
- Der größte Aktivposten der Offenen Immobilienfonds jedoch dürfte sein, dass sie diese Verlässlichkeit in der Nach-Steuer-Sicht zu relativ attraktiven Bedingungen bieten – jedenfalls für Anleger, deren Freibeträge bereits ausgeschöpft sind und die deswegen in aller Regel hohen Steuersätzen unterliegen.

Denn: Ein beträchtlicher Teil der Performance eines Immobilienfonds ist steuerfrei (nach Ablauf einer Haltedauer für einen Anteil von mindestens 12 Monaten), nämlich jener Teil, der auf die Wertsteigerung der im Fondsvermögen befindlichen Immobilien und der Kursgewinne der festverzinslichen Wertpapiere zurückgeht.

Unser Rat

Nach empirischen Untersuchungen können Sie damit rechnen, dass dieser Performanceteil im langjährigen Durchschnitt zwischen 30 Prozent und 40 Prozent der Gesamtperformance ausmacht. Im Vergleich zu anderen Sicherheitsanlagen bedeutet diese Eigenschaft der Offenen Immobilienfonds nicht unerheblich höhere Nach-Steuer-Erträge.

Beispiel

Wenn Sie 50 Prozent Steuern zahlen (und steuerehrlich sind), ist ein Kupon einer DM-Anleihe von 6 Prozent nach Steuern nur noch 3 Prozent wert. Von einer Immobilienfonds-Performance von ebenfalls 6 Prozent kassieren Sie rund 35 Prozent – also 2,1 Prozentpunkte – steuerfrei und führen auf die verbleibenden 3,9 Prozentpunkte die Hälfte ab. Nach Steuern verbleiben bei Ihnen also 4,05 Prozent bei Immobilienfonds.

Dieses steuerliche „Privileg" der Offenen Immobilienfonds vor allem gegenüber festverzinslichen Anlageformen rückt auch die Relationen zwischen den Immobilienfonds und den Fonds mit DM-Anleihen zurecht. Letztere beginnen zwar gemäß BVI-Ranglisten im Zehnjahresvergleich im schlechtesten Fall ungefähr dort, wo die Immobilienfonds aufhören – nämlich bei 100 Prozent –, und reichen in der Spitze bis knapp an 150 Prozent, was Jahresrenditen zwischen 7 Prozent und 9 Prozent entspricht. Der Löwenanteil dieser Performance ist jedoch dort zu versteuern, so dass – vergleichen Sie das obige Beispiel – Rentenfonds-Anleger nach Steuern schwerlich besser fahren werden.

Unser Rat

Beide Vorzüge – Kontinuität der Wertentwicklung plus Steuervorteile – zusammengenommen sollten Sie dann nutzen, wenn Sie für die Altersvorsorge einen Investmentfonds-Entnahmeplan anlegen wollen und Sie sich das Risiko eines Aktienfonds nicht leisten können. Je enger es mit den Sparerfreibeträgen bei Ihnen dann ist, desto mehr sollten Sie dann den Offenen Immobilienfonds den Vorzug gegenüber Rentenfonds geben.

5.7 REIT-Fonds

Ein Real Estate Investment Trust – abgekürzt REIT – ist eine von der US-Körperschaftsteuer befreite Aktiengesellschaft nach amerikanischem Recht, die auf Entwicklung und Verwaltung von Immobilien und Hypotheken spezialisiert ist. Der Preis für die Steuerbefreiung: Die REITs müssen die erwirtschafteten Gewinne fast vollständig ausschütten. Die Aktien der REITs werden an den US-Börsen gehandelt.

Für solche amerikanischen Immobilienaktien gibt es seit einiger Zeit auch einige Investmentfonds. Soweit sie von deutschen Mutterhäusern initiiert sind, mussten die Fondsgesellschaften allerdings nach Luxemburg oder Irland ausweichen, denn das KAGG lässt Beteiligungen von Investmentfonds an Immobiliengesellschaften nur stark eingeschränkt zu.

Die Vorteile eines Anteils an einem REIT-Fonds gegenüber einer direkt gehaltenen REIT-Aktie können in der noch breiteren Streuung gesehen werden, die mit der Fondskonstruktion möglich ist. Unstrittig sind die steuerlichen Vorteile des mittelbaren REIT-Erwerbs über einen Fonds: Die Steuern auf die – aufgrund der Ausschüttungsverpflichtung überdurchschnittlich hohen Dividenden – können weitgehend umgangen werden.

Unser Rat

Zwar haben sich viele REIT-Aktien in den letzten Jahren phasenweise deutlich besser entwickelt als die Anteile von deutschen Offenen Immobilienfonds. Dennoch sind US-Immobilien beileibe nicht die Goldgrube, als die man sie Ihnen gegenüber immer wieder darstellt. Richtig ist vielmehr, dass der amerikanische Immobilienmarkt sehr komplex, volatil und für deutsche Normalanleger schwer durchschaubar ist. In Ihr Portfolio gehören Anteile an REIT-Fonds allenfalls dann, wenn Sie schon gründliche Erfahrungen mit US-Immobilien gemacht haben.

6 Dachfonds

Für diese in Deutschland neue Fondskonstruktion, die erst seit Inkrafttreten des 3. Finanzmarktförderungsgesetzes erlaubt ist, liegen noch keine Erfahrungen und Kriterien vor, anhand derer sich aus praktischer Sicht Vor- und Nachteile, Chancen und Risiken dieses Fondstyps bewerten lassen. Mit der Auflegung der eigentlich so gewünschten Fonds-Spezies gehen die deutschen Investmentgesellschaften sehr zögerlich um, was nach unserem Einblick auf eine Reihe noch offener Regelungsdetails, ausgeschöpften Kapazitäten bei den Investmentgesellschaften durch die für wichtiger erachteten Alters-Sondervermögen, die Euro-Umstellung, die „Jahr-2000-Problematik" in der Depotverwaltung und nicht zuletzt auf Engpässe bei der Genehmigungsbehörde (Bundesaufsichtsamt für das Kreditwesen) zurückzuführen ist.

Die gesetzlich geregelten Anlagegrundsätze kennen Sie bereits aus Kapitel D, Abschnitt 3.2: Investieren darf ein Dachfonds nur in Anteile von in- und ausländischen, in Deutschland zum Vertrieb zugelassenen Investmentfonds. Ein solcher Fonds darf höchsten 20 Prozent des Dachfonds-Sondervermögens ausmachen; mithin muss ein Dachfonds immer mindestens fünf Fonds bedienen. An diesen Fonds kann er höchstens 10 Prozent des Wertes des Sondervermögens halten.

Unser Rat

Verwechseln Sie bitte einen Dachfonds nicht mit Umbrella-Fonds, wie sie z. B. in Luxemburg aufgelegt werden. Die Umbrellas sind bloß „Schirme", die eine Fondsgesellschaft über ihre Fondsfamilie aufgespannt hat, unter denen Sie zwischen den Einzelfonds wechseln können, ohne nass zu werden (Ausgabeaufschläge zahlen zu müssen).

Einige Vorteile der Dachfonds-Konstruktion liegen auf der Hand:

- Mit relativ kleinem Aufwand ist eine sehr breite Risikostreuung zu erzielen;
- da alle Typen von Investmentfonds (Aktien-, Renten-, Immobilienfonds) in einem Dachfonds enthalten sein können, bieten sie sich als effiziente Instrumente für standardisierte Vermögensverwaltung an;

- da Gewinnmitnahmen durch Anteilsverkäufe im Fonds erfolgen, sind die Gewinne unabhängig von der Haltedauer der Anteile steuerfrei – jedenfalls, solange sich an der gegenwärtigen steuerlichen Situation nichts ändert.

Nachteile sind allerdings ebenso schnell zu entdecken. Sie dürften im Wesentlichen darin bestehen, dass die Dachfonds in der Tendenz teurer sind/sein dürften als die herkömmlichen Fonds; schließlich fallen einige Arten von Kosten – Verwaltungsvergütung, Depotbankgebühr, Publizierungskosten etc. – doppelt an. Zwar verpflichtet das KAGG in § 251 die Dachfonds zu einem Hinweis auf die doppelten Kosten und untersagt die doppelte Erhebung von Ausgabeaufschlägen und Verwaltungsvergütungen, wenn eine KAG aus eigenen Fonds einen Dachfonds auflegt.

Dennoch sollten Sie erst in Ruhe abwarten, welche verschiedenen Gestalten die neue Fonds-Spezies annehmen wird, bevor Sie die Dachfonds für Ihre Zwecke einsetzen.

G

Wissen und Werkzeuge für die Optimierung von Anlagestrategien mit Fonds

G Wissen und Werkzeuge für die Optimierung von Anlagestrategien mit Fonds

Nachdem Sie dieses Buch bis hierher gelesen haben, kennen Sie die Welt der Investmentfonds „im Großen und Ganzen“. Doch damit Sie „an Investmentfonds verdienen“, d.h. die für Ihre Zwecke optimale Anlagestrategie entwickeln können, müssen Sie sich auch mit dem Mikro-Kosmos der Fonds befassen.

1 Anteilswerte, Ausschüttungen und Rendite

1.1 Ausschüttungen und Performance

So sind Sie es wahrscheinlich gewohnt: Wenn Sie eine Aktie oder ein festverzinsliches Wertpapier in Ihrem Portefeuille haben, erhalten Sie regelmäßig Zins- oder Dividendenzahlungen; gesondert davon hat Ihr Wertpapier einen „Kurs“, der sich zwar ändern kann, aber in keinem direkten Zusammenhang mit der Zahlung von Zinsen oder Dividenden steht.

Unser Rat

Bei den Investmentfonds – sowohl bei den Aktien- als auch bei den Rentenfonds – müssen Sie umdenken: Dort mindert jede Ausschüttung – um genau ihren Betrag – den Anteilswert. Wenn die Fonds also klotzig mit Ausschüttungen werben, dann machen Sie nicht den Fehler zu glauben, damit sei etwas über die Höhe der Rendite gesagt!

Betrachten Sie im Zusammenhang „Anteilswert, Ausschüttung und Rendite“ folgendes vereinfachte, schematische Beispiel:

Beispiel

Eine Fondsanlage im Zeitablauf

Das Vermögen eines Fonds mit festverzinslichen Wertpapieren sei – der Einfachheit wegen – zum Jahresbeginn 2000 in zwei verschiedene Wertpapiertypen investiert:

Typ A: 100 Stück mit einem Kupon von 5,75 Prozent, einer Restlaufzeit von fünf Jahren, einem Kurs von 98 und einem Zinszahlungstermin 30.06.

Typ B: 100 Stück mit einem Kupon von 5 Prozent, einer Restlaufzeit von drei Jahren, einem Kurs von 94 und einem Zinszahlungstermin 31.07.

Der Fonds hat 300 Anteile ausgegeben.

Der Anteilswert am 1. Januar

Das gesamte Fondsvermögen belief sich also zum Jahresbeginn 2000 auf

100 × 98 DM =	9.800 DM
100 × 94 DM =	9.400 DM
Gesamt	19.200 DM

Der Wert des einzelnen Anteils belief sich somit zum Jahresbeginn 2000 auf

19.200 DM : 300 Anteile = 64 DM

Der Anteilswert am 1. Juli

Am 30. Juni kassiert der Fonds die Zinsen für die Wertpapiere A, also 100 × 5,75 Prozent = 575 DM. Das Fondsvermögen beläuft sich damit bei als unverändert angenommenen Wertpapierkursen auf

Kurswert	19.200 DM
Zinsen Typ A	575 DM
Gesamt	19.775 DM

Damit steigt auch der Anteilswert auf

19.775 DM : 300 Anteile = 65,92 DM

Der Anteilswert am 1. August

Der Fonds hat nunmehr auch für den Typ B die Zinsen in Höhe von 100 × 5 DM, gesamt also 500 DM vereinnahmt. Das Fondsvermögen beträgt damit

Fondsvermögen alt	19.775 DM
Zinsen Typ B	500 DM
Gesamt	20.275 DM

Anteilswert am 1. August somit

20.275 DM : 300 Anteile = 67,58 DM

Fondsvermögen und Anteilswert nach der Ausschüttung

Der Fonds schüttet am 2. August die Zinserträge aus. Insgesamt stehen 1.075 DM zur Ausschüttung an, pro Anteil sind dies 3,58 DM. Danach betragen

Fondsvermögen alt	20.275 DM
– Ausschüttung	1.075 DM
Fondsvermögen neu	19.200 DM

Der Anteilswert beträgt nach der Ausschüttung wieder 64 DM (= 19.200 DM : 300 Anteile). Inklusive der Ausschüttung ist aber jeder Anteilsinhaber mit dem Stand vor der Ausschüttung gleichgestellt:

Anteilswert	64,00 DM
Ausschüttung	3,58 DM
Gesamt	67,58 DM

Anders gesagt: Der Wert jedes Anteils ist in jedem Moment die Summe aus den Kurswerten der auf ihn entfallenden Wertpapiere zuzüglich der auf ihn entfallenden Zinseinnahmen (und weiteren Erträgen), die sich bis zur Ertragsausschüttung im Fondsvermögen ansammeln. Im Moment der Ausschüttung geht deswegen der Anteilswert um exakt den Betrag der Ausschüttung zurück.

Ihre Rendite hätte betragen:

Rendite = 3,58 DM Ausschüttung : 64,00 DM Anteilswert = 5,59 Prozent

---

Beispiel

Die Wertpapierkurse sinken. Unrealistisch war im letzten Beispiel die Annahme unveränderter Kurse. Gehen wir also von sinkenden Wertpapierkursen infolge steigender Kapitalmarktzinsen aus. Dadurch schrumpft das Fondsvermögen am Tag der Ausschüttung auf

Typ A		9.600 DM
Typ B		9.300 DM
Zinsen Typ A und B	1.075 DM	
– Ausschüttung		1.075 DM
Fondsvermögen neu	18.900 DM	

Anteilswert neu
18.900 DM : 300 Anteile = 63 DM

Obwohl Sie also eine Ausschüttung in gleicher Höhe wie oben erhalten haben, ist in diesem Beispiel Ihr Vermögensstatus schlechter als oben. Ihre Rendite hätte betragen:

Rendite = (3,58 DM Ausschüttung – 1 DM Wertveränderung) : 64 DM = 4,03 Prozent

Die Höhe der Ausschüttung sagt also nichts aus über die tatsächliche Entwicklung Ihres Vermögens bzw. darüber, wie der Fonds insgesamt gewirtschaftet hat. Die gesamte Vermögensentwicklung, die auch Performance genannt wird, setzt sich vielmehr zusammen aus:

Anteilswert nach der aktuellen Ausschüttung
– Anteilswert nach der letzten Ausschüttung
+ aktuelle Ausschüttung

1.2 Thesaurierende Fonds

Da jeder Pfennig einer Ausschüttung den Anteilswert um eben diesen Pfennig vermindert, spielt es letztlich keine Rolle, ob und wie viel ein Fonds ausschüttet; schüttet ein Fonds nichts aus, dann findet also auch keine durch die Ausschüttung bedingte Verminderung des Anteilswerts statt. Die Erträge werden quasi automatisch wieder angelegt. Man nennt Fonds, die auf Ausschüttungen verzichten, „thesaurierende" Fonds.

Eigentlich hat die Ertragsthesaurierung für beide Seiten nur Vorteile:

- Die Kosten der Ausschüttung fallen weg, so dass das Thesaurierungsprinzip in der Tendenz höhere Renditen ermöglicht.
- Auch Ihre Buchhaltung wird einfacher, denn Sie müssen nicht erst die Erträge einbuchen, um sie gleich darauf – bei der Wiederanlage – wieder

abzubuchen. Und wenn Sie zwischendurch Liquidität brauchen, können Sie auch bei einem thesaurierenden Fonds Anteile in Höhe des benötigten Gegenwerts zurückgeben.

- Für die Fondsgesellschaft wiederum bedeutet das Thesaurierungsprinzip, dass sie wesentlich besser planen kann. Denn sie weiß genau, wie viel Mittel zur Wiederanlage bereitstehen, während sie beim ausschüttenden Fonds darauf angewiesen ist, richtig zu schätzen, wie viele Anleger tatsächlich auch wieder anlegen werden.

Wenn gleichwohl die thesaurierenden Fonds eindeutig in der Minderheit sind, liegt dies vermutlich an der Mentalität der Anleger, die die „Rendite“ (auch wenn sie gar keine ist) auf dem eigenen Konto haben wollen, denn anschließend wird sie wieder angelegt. Solche Anleger können auf einen zwar ausschüttenden, aber postwendend und automatisch wieder anlegenden Fonds zugreifen.

Unser Rat

Letztlich sollte die Frage, ob ein Fonds ausschüttet oder nicht, keine Rolle bei der Auswahl eines Fonds spielen.

2 Der Ausgabeaufschlag

Jeder Anteil an einem Investmentfonds hat zu jedem Zeitpunkt zwei Preise:

- Der sogenannte „Rücknahmepreis“ entspricht dem Anteilswert. Dieser ergibt sich also aus der Teilung des Fondsvermögens durch die Zahl der ausgegebenen Anteile (er wird auch „Inventarwert“ genannt).
- Der sogenannte „Ausgabepreis“ ist der um den Ausgabeaufschlag erhöhte Anteilswert.

Wenn Sie also morgen einen Anteilschein kaufen und diesen „eine logische Sekunde“ später wieder zurückgeben, dann haben Sie einen Verlust in Höhe des Ausgabeaufschlags gemacht.

2.1 Wie der Ausgabeaufschlag berechnet wird

Die Höhe des Ausgabeaufschlags wird in Prozent des Anteilswerts gemessen. Bei deutschen Rentenfonds liegt der Ausgabeaufschlag häufig zwischen 2 und 3 Prozent des Anteilswerts, bei den Aktienfonds sind 5 Prozent üblich. Abweichungen können bei einzelnen Fonds, speziell bei den Aktienfonds (und dort nach oben), vorkommen. Häufig ist der Ausgabeaufschlag nach der Höhe des anzulegenden Betrags gestaffelt.

Faktisch bedeutet der Ausgabeaufschlag für Sie, dass nicht Ihr ganzer Anlagebetrag tatsächlich auch zur Anlage in Wertpapiere gelangt. Hierfür ein Beispiel:

Beispiel

Angenommen, Sie wollen 10.000 DM in einen Fonds investieren, dessen Anteilswerte bei 80 DM stehen und der einen Ausgabeaufschlag von 5 Prozent verlangt. Der Anteil kostet Sie also:

80 DM + 80 DM × 0,05 = 84 DM

Mit Ihren 10.000 DM können Sie also nicht 125 Anteile erwerben (= 10.000 : 80) sondern sie reichen nur für 119,05 Anteile (= 10.000: 84), die einen Gegenwert von 9.523,81 DM haben (= 119,05 × 80 DM). Die Differenz zu Ihrem Kapitaleinsatz, nämlich 476,19 DM verbleibt bei der Kapitalanlagegesellschaft.

Ob diese Kostenbelastung – im Vergleich zu anderen Kapitalanlagen – eher viel oder eher wenig ist, wollen wir in Kapitel G, Abschnitt 3 näher beleuchten.

2.2 Ausgabeaufschlag und Anlagefaktor

Vielleicht ist Ihnen noch ein Stück Schulmathematik präsent, und dort in der Prozentrechnung die Sache mit dem „auf Hundert“ und dem „im Hundert“: Dass also ein bestimmter Betrag prozentmäßig kleiner ist, wenn er „auf Hundert“ ausgedrückt wird, als wenn er „im Hundert“ ausgedrückt werden würde.

So verhält es sich auch hier: Wenn Sie ermitteln wollen, wie hoch der Ausgabeaufschlag bezogen auf Ihre Anlagesumme (das ist der Prozentsatz „auf Hundert“) ist, dann kommen Sie – bei einem Ausgabeaufschlag von 5 Prozent – nicht auf einen Kostenfaktor von 5 Prozent, sondern auf den Wert von 4,762 Prozent (siehe oben: Kosten 476,19 DM bezogen auf Einsatz 10.000 DM). Oder andersherum gesehen: Der „Anlagefaktor“ beträgt (bei einem Ausgabeaufschlag von 5 Prozent) 0,95238. Das ist die Zahl, mit der Sie bei einem Ausgabeaufschlag von 5 Prozent Ihren Anlagebetrag multiplizieren müssen, wenn Sie ermitteln wollen, wie viel von Ihrem Anlagebetrag tatsächlich in das Fondsvermögen (also zur Anlage) gelangt.

Um Ihnen das lästige Umrechnen zu ersparen, finden Sie nachfolgend eine Umrechnung aller gängigen Ausgabeaufschläge in solche auf Ihre Anlagesumme bezogenen Werte (Anlagefaktoren):

Ausgabeaufschläge und Anlagefaktoren		
Ausgabeaufschlag	Kosten % Anlagesumme	Anlagefaktor*
1,000 %	0,99 %	0,99009
1,500 %	1,48 %	0,98522
2,000 %	1,96 %	0,98039
2,500 %	2,44 %	0,97560
3,000 %	2,91 %	0,97087
3,500 %	3,38 %	0,96618
4,000 %	3,85 %	0,96153
4,500 %	4,31 %	0,95693
5,000 %	4,76 %	0,95238
5,260 %	5,00 %	0,95002
6,383%	6,00 %	0,93999

*nicht gerundet

So setzen Sie diese Tabelle für Ihre Kalkulationen ein:

Beispiel

Sie haben 20.000 DM anzulegen und wollen dafür Anteilswerte eines Aktienfonds erwerben, der den üblichen Ausgabeaufschlag von 5 Prozent erhebt. Von Ihren 20.000 DM kommen im Fonds tatsächlich zur Anlage
20.000 DM × 0,95238 (Anlagefaktor) = 19.047,60 DM

2.3 Ausgabeaufschlag und Anlagedauer

Dass via Ausgabeaufschlag nicht Ihr gesamter Anlagebetrag von z.B. 10.000 DM zur Teilnahme an der Wertsteigerung ansteht, bedeutet:

Die Anteile müssen erst um z.B. 5 Prozent im Wert steigen, bevor Ihr Investment in die Gewinnzone kommt (19.047,60 DM + 5% = 20.000 DM). Deswegen sind die traditionellen Investmentfonds für kurze Anlagevorhaben ungeeignet, denn bei den Ausgabeaufschlägen handelt es sich um einen fixen (d.h. laufzeitunabhängigen) Betrag, der mit längeren Laufzeiten immer weniger ins Gewicht fällt, bei kurzen Laufzeiten aber schnell in die Verlustzone führen kann.

Beispiel

Ihr Fondsanteil hat einen Wert von 80 DM, einen Ausgabeaufschlag von 5 Prozent und über die Jahre eine jahresdurchschnittliche Wertsteigerung von 8 Prozent (die wir für dieses Beispiel als kontinuierlich eintretend annehmen). So sieht Ihre Bilanz für angelegte 20.000 DM unter Berücksichtigung des Zinseszinseffekts aus:

Nach 6 Monaten:
19.047,60 DM + 4% = 19.809,50 oder Rendite p.a. = – 2%

Nach 3 Jahren:
19.047,60 DM + 26% = 24.000 DM oder Rendite p.a. = 6,3%

Nach 10 Jahren:
19.047,60 DM + 158,9% = 41.122,34 DM oder Rendite p.a. = 7,5%

Für Anleger, die Investmentfonds dazu einsetzen wollen, von den kurzfristigen Marktbewegungen zu profitieren, gibt es mittlerweile eine Reihe von „Trading Fonds“ (auch „No-Load-Fonds“ genannt), die keinen Ausgabeaufschlag erheben. Statt dessen werden deutlich höhere Verwaltungsvergütungen – also zeitabhängige Gebühren – erhoben. Kapitel G, Abschnitt 4 erläutert Ihnen die Einsatzmöglichkeiten dieser Fonds.

2.4 Was geschieht mit dem Ausgabeaufschlag?

Wenn Sie zu dieser Frage in den Verkaufsunterlagen der Fonds überhaupt etwas finden, dann sind es Sätze wie: „Mit dem Ausgabeaufschlag werden die Vertriebskosten gedeckt.“ Was immer darunter im Einzelnen zu verstehen ist – der Löwenanteil der Vertriebskosten sind die Vertriebsprovisionen.

Für die Banken, die die Anteile der Fonds ihrer Töchter über den bereits vorhandenen Tresen an die bereits vorhandene Kundschaft verkaufen, ist das ein Bombengeschäft. Angenommen, Ihr Bankberater schafft es, Sie davon zu überzeugen, dass Sie Ihr bisher direkt gehaltenes Aktien-Depot in Anteile eines konzerneigenen Aktienfonds umschichten. Der Effekt für die Bank – durchaus nicht unerwünscht – ist dann nicht nur einerseits, dass man Sie als unter Umständen zeitraubenden, eigene Vorstellungen einbringenden, hohen Beratungsaufwand verlangenden, mithin also teuren Kunden dorthin „verlagert“ hat, wo die Vermögensverwaltung innerhalb des Konzerns ohnehin und standardisiert erfolgt. Es gibt andererseits dafür auch noch richtig Geld:

Beispiel

Wenn Sie 100.000 DM anlegen, werden hiervon nämlich von der Kapitalanlagegesellschaft üblicherweise 4.762 DM als Ausgabeaufschlag einbehalten, und davon wiederum erhält Ihre Bank um die 60 Prozent oder knapp 3.000 DM von ihrer Investmentgesellschaft vergütet. Das ist ein Mehrfaches der Provisionen im Wertpapiergeschäft für ein Weniger an Folgeaufwand. Sollte Ihnen also ein derartiges Angebot gemacht werden, dann sollten Sie guten Gewissens „Nein“ sagen, wenn man von Ihnen den Ausgabeaufschlag in voller Höhe will. Wetten, dass man Ihnen postwendend ein „Sonderangebot“ macht ...? (Das alles soll aber nicht heißen, dass wir Ihnen zum Fondskauf bei Ihrer Hausbank raten würden.)

Anders ist die Höhe der aus den Ausgabeaufschlägen resultierenden Provisionen bei der Vertriebsschiene „freie Finanzdienstleister“ zu bewerten. Die dort mit den Fondsgesellschaften bestehenden Vertriebsvereinbarungen sehen vor, dass in der Regel um die 90 Prozent des Ausgabeaufschlags als Provision ausgekehrt werden. Hiervon muss jedoch ein „Apparat“ unterhalten werden, so dass Top-Leute auf einen Satz von ca. 80 Prozent des Ausgabeaufschlags kommen, der bei ihnen als Provision hängenbleibt. Das ist zwar noch immer nicht der „Reinverdienst“ und auch deutlich weniger, als etwa für die Vermittlung von Kapitallebensversicherungen zu bekommen ist; wer aber als Top-Mann/-Frau fleißig ist, sich eine entsprechende Kundschaft aufbaut und diese konsequent betreut, wird davon ein schönes Auskommen haben können.

Übel allerdings sieht's für die große Mehrzahl der „freien Finanzdienstleister“ aus, die nicht zu den Top-Leuten zu rechnen sind, sondern die sich irgendwann einmal, dem Ruf des Geldes folgend, in einer unteren Hierarchie-Ebene eines Strukturvertriebs wiederfinden. Auch bei den „Strukkies“ werden ca. 80 Prozent je Abschluss ausgeschüttet, mit dem kleinen Unterschied aber, dass an jedem Abschluss bis zu sechs oder sieben übergeordnete Hierarchien mitverdienen, so dass beim letzten Glied der Kette – dem an der Front kämpfenden Vertriebsanfänger – nur etwa um die 30 Prozent des Aufgabeaufschlags hängenbleiben.

Stellt man dazu noch in Rechnung, dass diese Vertriebsanfänger eben nicht über eine größere Anzahl von Kunden verfügen, die fünf- oder sechsstellige Summen anzulegen haben, sondern die im Zweifel nach den 5.000 DM vom arbeitslosen Schwager und einem Ansparplan über monatlich 150 DM von der Oma mit ihrer Weisheit am Ende sind – dann lässt sich's leicht ausrechnen, warum die „Freien“ hierzulande noch immer kein besonders großes Gewicht im gesamten Vertriebsnetz der Investmentfonds haben.

2.5 Der Wiederanlagerabatt

Im Abschnitt über ausschüttende und thesaurierende Fonds haben Sie gesehen, dass es für Ihre Vermögensbilanz keinen Unterschied macht, ob ein Fonds ausschüttet oder thesauriert, sofern Sie bei einem längeren Engagement alle erhaltenen Ausschüttungen wieder anlegen.

In der Praxis stünde dem aber entgegen, dass Sie bei der Wiederanlage der Erträge jeweils den Ausgabeaufschlag zahlen müssten, dass also bei einem ausschüttenden Fonds jeweils ein geringerer Betrag zur Wiederanlage gelangen würde als bei einem thesaurierenden Fonds. Der Zinseszinseffekt fiele also geringer aus – was bei längeren Anlagezeiträumen zu ganz erheblichen Differenzen führen kann.

Die Fonds – natürlich erpicht darauf, dass die Ausschüttungen wieder angelegt werden, also letztlich im Fonds verbleiben – kommen in diesem Punkt der Kundschaft entgegen und gewähren den so genannten „Wiederanlagerabatt".

Der Wiederanlagerabatt bedeutet, dass Ihnen der Fonds auf den Ausgabepreis eines Anteils (also Anteilswert plus Ausgabeaufschlag) einen Nachlass gewährt oder aber Ihnen die Anteile gleich ganz ohne den Ausgabeaufschlag, also zum Anteilswert, verkauft, wenn Sie die Ausschüttungen wieder anlegen.

Unser Rat

Dass Sie für die Wiederanlage von Ausschüttungen Ausgabeaufschläge zahlen müssen, ist nicht zu rechtfertigen: Schließlich handelt es sich um Erträge aus Geld, für das Sie Ihre „Eintrittsgebühr" bereits gezahlt haben. Prüfen Sie also die Höhe der Gebühren bei der Wiederanlage – oder wählen Sie gleich einen thesaurierenden Fonds. Dort können Sie die – für den Zinseszinseffekt wichtige – Wiederanlage auch nicht vergessen!

3 Investmentkosten im Vergleich

Mit dem Ausgabeaufschlag und der Verwaltungsvergütung haben wir Ihnen die wichtigsten Kostenarten und die Höhe, in der sie typischerweise anfallen, genannt. In den Ertrags- und Aufwandsrechnungen der jährlichen Rechenschaftsberichte finden Sie diese und weitere Kosten einzeln aufgeführt.

Bei den weiteren Kosten geht es im Wesentlichen um die Vergütung der Depotbank und um Kosten, die aus der Publizitätspflicht entstehen (Rechenschaftsbericht, Anteilswertveröffentlichungen, Prüfungskosten). Nach unserem Überblick können Sie für diese weiteren Kosten als Faustregel einen Satz von ca. 0,2 Prozent des Fondsvermögens anwenden.

Was ist mit den Transaktionsspesen, die auch ein Investmentfonds zahlen muss, wenn er Wertpapiere kauft oder verkauft? Sie finden sie nirgends gesondert aufgeführt, weil dem Fondsvermögen der „Kaufpreis" (§12a KAGG) der Wertpapiere belastet wird.

An diesem Punkt also endet die ansonsten sehr angenehme Transparenz der Investmentwelt: Da nirgendwo in den Rechenschaftsberichten Zeitpunkte oder Kurswerte publiziert werden, die der Anschaffung oder Veräußerung von Rechenschaftsberichten zugrunde lagen, lässt sich nicht viel mehr sagen als:

- Die Investmentgesellschaften kaufen und verkaufen zu deutlich günstigeren Erwerbspesen als ein Einzelanleger; je nach Wertpapierart ist eine einzelne Transaktion mit Spesen bis zu 0,3 Prozent belastet.
- Investmentfonds, die große Teile des Sondervermögens häufig umschichten, müssen wegen der Belastung durch die Transaktionsspesen mehr verdienen, um die gleiche Performance zu erzielen wie ein Fonds, der mit ruhiger Hand gemanagt wird.

Je nach Management-Stil dürften in der Regel die Transaktionsspesen das Sondervermögen mit 0,5 bis 1 Prozent jährlich belasten.

Beispiel

Wir können also folgende Kosten annehmen, mit denen ein klassisches Investment in einen Aktienfonds durchschnittlich verbunden ist:

Einmalig:	
Ausgabeaufschlag	5 Prozent
Laufend (jährlich):	
Verwaltungsvergütung	0,8 Prozent
Weitere Kosten	0,2 Prozent
Transaktionsspesen	0,75 Prozent
Laufende Kosten gesamt	1,75 Prozent

Ist das nun viel – oder eher wenig?

Gegenfrage: Was kostet Sie eine Lebensversicherung, was ein Festgeld oder Sparbuch, was ein Bausparvertrag? Auf den ersten Blick nichts, mit Ausnahme des Bausparvertrags, bei dem Sie eine Abschlussgebühr zahlen müssen und einigen wenigen Versicherungen, die Ihnen aufzeigen, wie sich Ihre Prämie in den Spar-, Versicherungs- und Verwaltungskosten-Anteil aufschlüsseln. Im Übrigen aber können Sie die Unterlagen zu den einzelnen Anlageformen noch so genau unter die Lupe nehmen: Kosten? Vertriebsprovisionen? Fehlanzeige!

Natürlich bedeutet es nicht, dass die Kosten nicht existieren, nur weil sie nicht offen ausgewiesen werden. Sie verstecken sich nur hinter anderen Größen, bei den Lebensversicherungen etwa hinter den Rückkaufswerten. 80 Millionen Vertragsinhaber nehmen es dort mehr oder weniger selbstverständlich hin, dass sich ein Rückkaufswert in der Regel erst im dritten Versicherungsjahr einstellt und dass dieser ungefähr erst nach der Hälfte der Vertragslaufzeit die Summe der eingezahlten Prämien erreicht. Natürlich wird ein (kleinerer) Teil für die Absicherung des Todesfallrisikos gebraucht – wie viel aber von Ihrer Prämie für Vertriebsprovisionen und das angenehme Leben der Versicherungsvorstände gebraucht wird, das finden Sie selbstverständlich nirgendwo. Um jeden Preis, so scheint es, muss der Anschein hergestellt werden, dass Kosten nicht vorhanden sind – blanker Hohn in unserer Dienstleistungsgesellschaft, die ansonsten weiß, dass Dienstleistungen eben Geld kosten.

Die weitgehende Kostentransparenz dagegen erlaubt es, den Preis für die von den Investmentgesellschaften erbrachten Dienstleistungen ziemlich exakt zu kalkulieren. Nehmen wir zu diesem Zweck einen Anlagebetrag von 10.000 DM an, der über 10 Jahre anzulegen ist, und vergleichen: Was haben Sie nach zehn Jahren in der Tasche, wenn Sie

- den Betrag in einen Aktien-Investmentfonds stecken, der die oben genannte Kostenstruktur aufweist und dessen Wertpapiere vor Kosten eine jährliche Wertsteigerung von 10 Prozent erzielen.
- den Betrag in Eigenregie verwalten, dafür Aktien kaufen, jeweils jährlich die Hälfte des Bestandes umschichten, dabei Transaktionskosten von jeweils 0,8 Prozent haben, für die Depotführung eine jährliche Gebühr von 40 DM zahlen und Ihre Aktien ebenfalls vor Kosten mit 10 Prozent performen?

Mit dem Investmentfonds hätten Sie nach zehn Jahren 20.700 DM erzielt, mit der Direktanlage 22.900 DM; die Differenz – also 2.200 DM – hat Sie die Inanspruchnahme des Investmentfonds gekostet.

Was haben Sie dafür bekommen? Drei Werte scheinen uns die wichtigsten zu sein:

- Ein so breit gestreutes (und damit gegen die Risiken einzelner Aktien abgesichertes) Depot, wie Sie es mit 10.000 DM (und auch einem Mehrfachen dieses Betrags) gar nicht erst realisieren können.
- Das Fachwissen von Experten, die Ihr Depot rund um die Uhr betreuen und sinnvoll erscheinende Umschichtungen vornehmen (die Kosten der Informationslogistik, die Sie aufbauen müssen, wenn Sie Ihr direkt gehaltenes Depot nicht nach dem Zufallsprinzip verwalten wollen, sind in unserer Rechnung nicht enthalten).
- Viel Zeit: Wenn Sie sich nur einmal in der Woche eine Stunde um Ihr direkt gehaltenes Depot kümmern, investieren Sie im Lauf der zehn Jahre 500 Stunden. Ihr Stundenlohn: 4,40 DM.

Wir meinen: Für diese Dienstleistungen sind 2.200 DM mehr als ein fairer Preis!

4 Trading-Fonds

Zunehmend finden Sie am Markt auch Fonds, die Ihnen deswegen besonders günstig erscheinen, weil sie beim Anteilserwerb keine Ausgabeaufschläge erheben. Sie werden „Trading-Fonds“, „No-Load-Fonds“ oder schlicht „Typ 0“ genannt.

Aber Achtung: Geschenkt kriegen Sie auch hier nichts! Fast immer nämlich finden Sie bei genauerem Hinsehen, dass der Preis für die wegfallenden Einstiegsgebühren eine deutlich höhere laufende Verwaltungsvergütung ist. Diese liegt bei „normalen“ Aktienfonds zwischen 0,6 und 1 Prozent pro Jahr, bei den „Trading-Fonds“ beträgt sie regelmäßig mindestens das Doppelte – jährlich.

Wir fanden zwei typische Varianten:

Beispiel

Die Deka erhebt für ihre Trading-Fonds Verwaltungsgebühren von bis zu 2,7 Prozent p.a.

Die DWS verlangt fest 1,5 Prozent p.a. zuzüglich einer erfolgsabhängigen Vergütung; sie „beträgt max. 1/4 des Betrages, um den die Wertentwicklung des Fonds die des Index übersteigt". Im Geschäftsjahr 1987/88 betrug die gesamte Vergütung je nach Fonds zwischen 2,5 und 3 Prozent.

Die Frage liegt nahe: Bis zu welcher Haltedauer lohnt sich ein Trading-Fonds? Wir nähern uns einer Anwort, indem wir einen Aktienfonds annehmen, der in zwei Gebührenvarianten angeboten wird:

- Ausgabeaufschlag 5 Prozent, jährliche Verwaltungsgebühr 0,8 Prozent
- Ausgabeaufschlag 0, jährliche Verwaltungsvergütung 2,5 Prozent

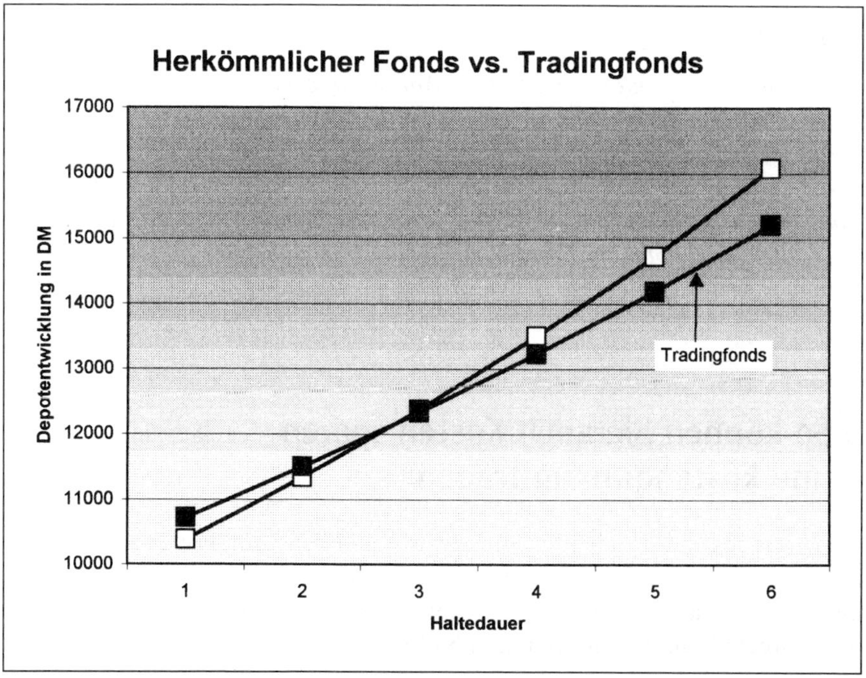

Grafik 28: Bei Anlagehorizonten bis zu drei Jahren kann es vorteilhaft sein, einen Trading-Fonds zu wählen.

Grafik 28 zeigt für anzulegende 10.000 DM, dass bei einer angenommenen Wertsteigerung von jährlich 10 Prozent die Trading-Variante bis zum dritten Jahr vorteilhafter ist. Danach fallen die höheren laufenden Verwaltungsgebühren stärker ins Gewicht als der einmalige Ausgabeaufschlag.

Aus verschiedenen Gründen ist dies jedoch nur ein Annäherungswert, den Sie als grobe Faustregel verstehen sollten. Einerseits können sich aus spezifischen Gebührenstrukturen längere oder kürzere Perioden ergeben, in denen der Einsatz eines Trading-Fonds Sinn macht. Andererseits ist es eine Ausnahme, dass ein- und derselbe Fonds in den beiden Varianten aufgelegt wird. Selbst bei Union, die z.B. ihren Aktienfonds UniGlobal zusätzlich in der „-net" (für netto)-Variante anbietet, sind die beiden Fonds-Varianten nicht vollständig deckungsgleich. Mit anderen Worten: Sie können zwar die Gebühren vergleichen, wissen aber fast nie, welche zukünftigen Anlageergebnisse die jeweilige Variante bringen wird.

Unser Rat

Wenn Sie mittel- oder langfristige Anlageziele verfolgen, sollten Sie in jedem Fall der Verlockung des preiswerten Einstiegs widerstehen. Wollen Sie hingegen von kurzfristigen Marktschwankungen profitieren, dann können die insgesamt von Ihnen zu entrichtenden Kosten bei einem Trading-Fonds geringer sein. Vergleichen Sie dann die Gebührenstruktur der Ihnen alternativ angebotenen Fonds; vergessen Sie darüber jedoch nicht die üblichen Kriterien der Fondsauswahl!

5 So können Sie auch Kosten sparen und kostengünstig traden

Tradingfonds sind nicht die einzige Möglichkeit, mit Fonds kurzfristige Börsenentwicklungen kostengünstig zu nutzen. Eine Reihe von Investmentgesellschaften gewähren mit dem Umtauschrecht und dem Teilliquidationsrecht hohe Flexibilität zum Nulltarif.

Umtausch- und Teilliquidationsrecht bei Investmentgesellschaften
Voraussetzung jeweils: Depot bei Investmentgesellschaft

Investmentgesellschaft	*Regelung*
Adig	Umtauschrecht
Allianz	Teilliquidationsrecht, Umtauschrecht unter Zuzahlung der Differenzen bei Ausgabeaufschlägen
AL Trust	Teilliquidationsrecht, Umtauschrecht unter Zuzahlung der Differenzen bei Ausgabeaufschlägen
BB-Invest	Teilliquidationsrecht
BfG Invest	Teilliquidationsrecht, bei Umtausch ermäßigter Ausgabeaufschlag von 1,5 %
Deka	Umtauschrecht
DWS	Umtauschrecht, Umtauschgebühr 0,5 %, mindestens 100 DM
Invesco KAG	Teilliquidations- und Umtauschrecht
Frankfurt Trust	Teilliquidationsrecht, Umtauschrecht auf Anfrage
Gerling Invest	Teilliquidationsrecht
MAT	Teilliquidationsrecht, Umtauschrecht auf Anfrage
MK	Teilliquidationsrecht, Umtauschrecht unter Zuzahlung der Differenz bei Ausgabeaufschlägen
Oppenheim	Teilliquidations- und Umtauschrecht
SKA Invest	Teilliquidations- und Umtauschrecht
Union	Teilliquidations- und Umtauschrecht

Anmerkungen: Die genannten Regelungen können für einzelne Fonds der jeweiligen Gesellschaft nicht gelten. Die Fondsleitungen betonen, dass die jeweiligen Regelungen jederzeit änderbar seien. Die Aufstellung erhebt keinen Anspruch auf Vollständigkeit.

5.1 Das Umtauschrecht

Eine Reihe von Investmentgesellschaften bietet den kostenlosen Fondswechsel zwischen den von ihnen aufgelegten Fonds an: Sie zahlen einmalig den Ausgabeaufschlag bei Kauf von Anteilen des ersten Fonds und können danach diese Anteile nach Belieben gegen Anteile anderer Fonds der Gesellschaft tauschen, ohne jemals wieder Ausgabeaufschläge zahlen zu müssen.

Beispiel

Sie können also, wenn an der Börse düstere Wolken heraufzuziehen scheinen, Ihre Anteile an einem Aktienfonds einer Fondsgesellschaft kostenlos in solche z.B. eines kursstabilen Kurzläuferfonds der gleichen Gesellschaft tauschen. Ihr Vorteil: Auf diese Weise können Sie sich hohe Anteilswerte des Aktienfonds sichern und bei wieder zurückgegangenen Aktienkursen wieder einsteigen.

Sofern Fondsgesellschaften das Umtauschrecht überhaupt gewähren, ist diese Richtung, also von Aktienfonds in Rentenfonds, überall kostenlos. Einige dieser Fonds gewähren das Umtauschrecht kostenlos auch in die andere Richtung, nämlich auch von Rentenfonds in Aktienfonds; bei anderen ist diese Richtung grundsätzlich auch „drin“. Sie müssen dort aber die Differenz zwischen dem (niedrigeren) Ausgabeaufschlag des Rentenfonds zum (höheren) Ausgabeaufschlag des Aktienfonds zahlen.

5.2 Das Teilliquidationsrecht

Das Teilliquidationsrecht gibt Ihnen zusätzlichen Spielraum: Sie können bis zu 90 Prozent Ihrer Anteile in Bares verwandeln und zu einem späteren Zeitpunkt den entnommenen Betrag (innerhalb von Zeiträumen, die von Fonds zu Fonds verschieden sein können) wieder in den Fonds investieren, ohne neuerlich den Ausgabeaufschlag zahlen zu müssen.

Beispiel

Wenn Sie also z.B. eine Goldhausse wittern, machen Sie beim Fonds vom Teilliquidationsrecht Gebrauch und Kasse, stecken Ihr Kapital ins Gold, brauchen dort einen guten Riecher bzw. Glück, um bei gestiegenem Goldpreis wieder kostenlos in den Aktienfonds umzusteigen.

Aber auch bei niedriger gehängten Ambitionen ist das Teilliquidationsrecht von großem Nutzen, etwa wenn Sie vorübergehend einfach Bares brauchen.

6 Die Performance – was sie ist und was sie misst

In den vorangegangenen Kapiteln dieses Buchs sind Sie immer wieder auf den Begriff „Wertentwicklung“ oder „Performance“ gestoßen. Was verbirgt sich hinter diesen Begriffen, was wird mit der Performance gemessen?

6.1 Wie die Performance rechnerisch ermittelt wird

Auf den ersten Blick scheint die Antwort einfach zu sein: Die Performance misst die Wertveränderung eines Fondsanteils, d.h. sie fasst alle Zahlungen und Wertveränderungen zusammen, die sich im Anteilswert niederschlagen; bei ausschüttenden Fonds simuliert sie die Nicht-Ausschüttung, indem sie von sofortiger, kostenfreier Wiederanlage der Ausschüttungen ausgeht.

Als Standard hat sich dabei das Performance-Konzept des Bundesverbandes Deutscher Investmentgesellschaften (BVI) durchgesetzt („BVI-Methode“). Dieses setzt die innerhalb einer Periode erzielte Wertentwicklung eines Fondsanteils ins Verhältnis zum Anteilswert (nicht zum Ausgabepreis) am Beginn der Messperiode.

Wir halten einige Erläuterungen für erforderlich, damit Sie diese Performancewerte realistisch beurteilen können. Worum geht es?

Betrachten Sie, wie der BVI die Wertentwicklung z.B. für einen Aktienfonds per 30.06.1999 quantifiziert hat:

Wertentwicklung per 30.06.1999 nach der BVI-Methode			
Zeitraum	1 Jahr	5 Jahre	10 Jahre
vom	30.06.98	30.06.94	30.06.89
bis	30.06.99	30.06.99	30.06.99
Performance in %	39,7 %	201,9 %	501,9 %

Wenn Sie nun nicht wissen, was hinter diesen Zahlen steckt, dann werden Sie sie vermutlich so lesen: Aus 10.000 DM, die Sie am 30.06.1989 in diesen Fonds investierten, sind am 30.06.1999 60.190 DM (= 10.000 DM + 50.190 DM) geworden, 30.190 DM, wenn Sie am 30.06.1994 investiert und 13.970 DM, wenn Sie am 30.06.1998 investiert hätten.

Dass diese Interpretation der Werte für die Wertentwicklung des von Ihnen eingesetzten Kapitals aus verschiedenen Gründen nicht zutrifft, werden Sie erkennen, wenn Sie nachvollziehen, wie die Werte zustande kommen.

Noch einmal die Berechnungsweise: Der BVI ermittelt sie, indem die Differenz aus den Anteilswerten zu Beginn und zum Ende gebildet wird; hinzugerechnet wird die zum Anteilswert des Ausschüttungstags wieder angelegte Ausschüttung. Die Summe aus den genannten Posten wird dann ins Verhältnis zum Anteilswert am Beginn der Periode gesetzt.

6.2 Die Ausgabekosten werden vernachlässigt

Indem also der Ausgabeaufschlag in dieser Systematik zur Berechnung der Performance eines Fonds nicht berücksichtigt wird, ergibt sich eine erste „Fehlerquelle“, wenn Sie mit den BVI-Wertentwicklungswerten ermitteln wollen, was aus z.B. 10.000 DM geworden wäre. Effektiv stünden nämlich nicht 10.000 DM, sondern, wie in Kapitel G, Abschnitt 2.2 gezeigt, nach Abzug des Ausgabeaufschlags (von z.B. 5 Prozent) nur 9.523,80 DM zur Anlage und Teilnahme an Wertsteigerungen zur Verfügung. Nach einem Jahr hätten Sie also ein Kapital von 9.523,80 DM + 39,7% = 13.304,75 DM, was bezogen auf Ihren Einsatz von 10.000 DM eine effektive Rendite von 33 Prozent ergibt. Vergleichbar reduzieren sich die effektiven Renditen in den anderen Laufzeitbereichen.

6.3 Die Steuern bleiben unberücksichtigt

Aber auch dies entspricht noch nicht den realen Abläufen. Denn indem in der BVI-Systematik davon ausgegangen wird, dass der gesamte Ausschüttungsbetrag wieder angelegt wird, bleiben die Steuern, die Sie auf die Ausschüttungen bzw. Teile davon zahlen müssen – Stichworte „Körperschaftsteuerguthaben" und „Zinsertragsteuer" –, außer Ansatz. Ihre Anlegerealität beschreibt das BVI-Konzept in Sachen Steuern also nur dann korrekt, wenn Sie die gesamten steuerpflichtigen Erträge während der gesamten Haltedauer Ihrer Anteile in Ihren Freibeträgen unterbringen können.

Unser Rat

Falls Sie keine vollständige Freistellung erreichen können, sollten Sie die durch die Performancewerte geschürten Ertragserwartungen um Ihre individuelle steuerliche Situation korrigieren. Als Faustregel bei Aktienfonds können Sie hierbei anwenden: Bei einem persönlichen Spitzensteuersatz von 50 Prozent reduziert sich die Vorsteuer-Performance im Zehnjahresbereich um 20 Prozent. Hat ein Fonds also eine Zehnjahresperformance von 210 Prozent vor Steuern, dann verbleiben nach Steuern ca. 170 Prozent bei Ihnen!

6.4 Kann tatsächlich zum Anteilswert wieder angelegt werden?

Der dritte Grund schließlich, warum die BVI-Methode die tatsächliche Wertentwicklung einer Einmaleinlage nicht exakt beschreibt: Sie geht davon aus, dass die Ausschüttungen grundsätzlich zum Anteilswert wieder angelegt werden. Dies ist in der Tat bei einer Vielzahl von Fonds im Rahmen ihrer „Programme" möglich – aber eben, wie im Abschnitt „Wiederanlagerabatt“ gezeigt, nicht bei allen. Für solche Fonds also, bei denen der Ausgabeaufschlag nicht in voller Höhe durch den Wiederanlagerabatt kompensiert wird, verzerren die BVI-Werte die tatsächlich erzielbaren Anlageergebnisse um einen weiteren Faktor.

6.5 Im Zentrum: Die Managementleistung

Realisieren Sie also: Die Wertentwicklungszahlen des BVI bzw. die von der Investmentgesellschaft auf Grundlage der „BVI-Methode“ ermittelten Wertentwicklungen ihrer Fonds zeigen nicht Ihren persönlichen Anlageerfolg mit einem Fonds in der Vergangenheit (und schon gar nicht in der Zukunft). Welche Bedeutung hat es also, dass sie trotzdem ermittelt werden, und dies mit der Anmerkung des BVI, man wolle ja auch gar nicht die „effektive Wertsteigerung“, nicht den „persönlichen Anlageerfolg des Anlegers“ messen, sondern die „Managementleistung“ eines Fonds?

Dahinter steckt die Überlegung, dass das Management mit dem einbehaltenen Ausgabeaufschlag nicht wirtschaften kann, so dass auch die Vergleichbarkeit verschiedener Fondsmanagements untereinander nur dann gegeben ist, wenn man sie mit der gleichen Messlatte misst. Wenn das Management des Fonds A mit einem Ausgabeaufschlag von 5 Prozent aus einem Anlagebetrag von 10.000 DM nach einem Jahr 11.000 DM gemacht hat und das Management des Fonds B mit einem Ausgabeaufschlag von nur 3 Prozent ebenfalls, dann war das Management A besser als das Management B, weil A hierfür nur ein effektives „Startkapital“ von 9.523,81 DM hatte, B dagegen eines von 9.708,74 DM. Indem die BVI-Methode die Ausgabeaufschläge unberücksichtigt lässt – also von „Rücknahmepreis zu Rücknahmepreis“ rechnet, werden für die Managements gleiche Ausgangsbedingungen zugrunde gelegt.

Unser Rat

Wenn Sie das wissen, kann die Wertentwicklung gem. BVI eine wichtige zusätzliche Analyse-Kennziffer bei der Qual der Fondswahl sein. Denn trotz für Sie in diesem Zeitraum identischer Anlageergebnisse betrug der Erfolg von A 15,5 Prozent, der von B nur 13,3 Prozent. Das kann durchaus dafür sprechen, sich für den Fonds A zu entscheiden.

Weiter: Neben der Vergleichbarkeit dessen, was die Fondsmanager können, gewährleistet die BVI Methode den Vergleich mit der Entwicklung des Marktes (bzw. dem den Markt beschreibenden Index), auf dem der entsprechende Fonds investiert. Sie sahen weiter vorne, dass dieser Vergleich auch in kurzfristiger Anwendung bereits aufschlussreich sein kann; in jedem Fall aber sollte ein mittelfristiger Vergleich Markt/Fonds als Selektionskriterium nie fehlen, denn ein Fonds, der mittelfristig seinen Index geschlagen hat, verdient einen größeren Vertrauensvorschuss als einer, der dies nicht geschafft hat.

Unser Rat

Aus systematischen Gründen jedenfalls kann es beim Vergleich eines Fonds mit seinem Marktsegment gar keinen anderen Vergleichsmaßstab hierfür geben als die nach der BVI-Methode ermittelte Fonds-Wertentwicklung. Denn auch ein Index wird ohne Berücksichtigung von Kosten und Steuern ermittelt, so dass eine Betrachtung nach Steuern und Kosten bei den Fonds letztlich ein Vergleich zwischen Äpfeln und Birnen wäre.

Ganz koscher ist jedoch auch ein Vergleich zwischen der BVI-Wertentwicklung und dem Index nicht. Während nämlich der Index keinerlei Kosten enthält, sind in der BVI-Kennziffer jene Kosten enthalten, die auch auf den Inventarwert eines Anteils durchschlagen, also vornehmlich die Transaktionsspesen, die bei der Umschichtung des Fondsvermögens anfallen, ferner die Verwaltungsvergütungen des Fondsmanagements, die Gebühren der Depotbank sowie die Kosten der technischen Abwicklung. Selbst ein Fonds also, der einen Index haarklein nachbildet, wird deswegen zwangsläufig schlechter abschließen als der Index selbst.

7 Wie Sie aus der Wertentwicklung die jährliche „Rendite" ermitteln und was Sie damit machen können

Angenommen, Sie wollen „auf Nummer Sicher“ gehen, womit gemeint ist, dass Ihnen Aktienfonds für Ihren Zweck zu riskant sind und Sie sich lieber im Bereich „Festverzinsliche“ engagieren. In den Performancelisten sticht Ihnen der Deutsche Rentenfonds vom DIT ins Auge, der in den vergangenen zehn Jahren mit einer Performance von 116,8 Prozent einer der besten Fonds seiner Kategorie war. Aus 100 DM, die dem Fondsmanagement anvertraut wurden, sind also 216,80 DM geworden.

Was sind diese 116,8 Prozent im Vergleich zu anderen Anlagemöglichkeiten wert, deren Wirtschaftlichkeit vielfach in „jährlicher Rendite“ beschrieben wird?

7.1 Die Ermittlung der effektiven Wertsteigerung

Als Erstes ziehen wir die Ausgabekosten in Höhe von 2,5 Prozent in die Betrachtung ein und ermitteln die effektive Wertsteigerung. Der Fonds erhebt einen Ausgabeaufschlag von 2,5 Prozent, woraus sich ein Anlagefaktor von 0,97 Prozent ergibt (vgl. Tabelle in Kapitel G, Abschnitt 2.2). Mit diesem Faktor wird das Endkapital multipliziert, so dass sich ergibt: Endkapital = 216,8 × 0,97 = 210,3, woraus sich für Ihren Kapitaleinsatz von 100 eine effektive Wertsteigerung von 110,3 Prozent ermittelt.

7.2 Von der effektiven Wertsteigerung zur „Jahresrendite"

Wenn Sie nun ausrechnen wollen, wie viel dies in durchschnittlichen jährlichen Prozent ist, müssen Sie berücksichtigen, dass die Wertsteigerung in Anwendung eines strengen Wiederanlagekonzepts ermittelt worden ist: Die jährlichen Zinsen werden dem Kapital zugeschlagen, und erwirtschaften wiederum Zinsen (Zinseszinseffekt). Sie dürfen also die Wertsteigerung nicht einfach durch die Anzahl von zehn Jahren teilen: Dann käme nämlich ein Wert von 10,3 Prozent p.a. heraus, der Ihr Anlageergebnis nur dann beschreiben würde, wenn die Zinsen nicht wieder angelegt (bzw. zinslos bleiben) würden.

Wenn Sie also simulieren, welcher Zinssatz bei kontinuierlicher Wiederanlage der Erträge bei einem Kapitaleinsatz von 100 zu einem Anlageergebnis in Höhe von 210,3 führt, dann müssen Sie von der Zinseszinsformel

$$210{,}3 = 100 \times (1 + i)^{10}$$

i = Rendite, interne Kapitalverzinsung

ausgehen, die, aufgelöst nach dem Faktor (1 + i), eine nur mit der Logarithmentafel lösbare Gleichung ergibt und für die interne Kapitalverzinsung zu einem Wert von 7,7 Prozent p.a. führt.

Die Arbeit wesentlich vereinfachen können Sie sich, wenn Sie einen PC haben, auf dem eines der modernen Tabellenkalkulationsprogramme, wie z.B. Excel aus dem Hause Microsoft, installiert ist. Diese Programme haben nämlich auch eine ganze Palette finanzmathematischer Funktionen, die Ihnen auch als Werkzeug für die technische Analyse der Fonds behilflich sein können.

Beispiel

Für die Fragestellung, wie man aus einer Zehnjahresperformance eine durchschnittliche Jahresrendite ermittelt, müssen Sie die Funktion Zins() laden, die so auf Ihrem Bildschirm erscheint:

= Zins (Zzr;Rmz;BW;ZW;F;Schätzwert)

Die in Klammern gesetzten Kürzel stehen für:

Zzr = Anzahl der Zinsperioden. In diesem Fall sind es zehn Jahre, also Zzr durch die Zahl 10 ersetzen.

Rmz = Höhe der regelmäßigen (periodischen) Zahlung. Die Ausschüttungen wurden in der Systematik der BVI-Methode wieder angelegt und machen sich im Endergebnis bemerkbar, nicht aber als Erträge, über die Sie laufend verfügen können. Also Rmz durch Null ersetzen.

BW = eingesetzter Barwert. Bei Ihnen flossen vor zehn Jahren 100 DM ab, also BW durch den Wert –100 ersetzen.

ZW = zukünftiger Wert. Das ist Ihr Zufluss am Ende der gesamten Betrachtungsperiode, bereinigt um den „Anlagefaktor"; also ZW durch 216,8 × 0,97 = 210,3 ersetzen.

Anmerkung: Sie können sich mit der Anwendung eines Tabellenkalkulationsprogrammes die lästige Umrechnung mit dem Anlagefaktor auch sparen. Geben Sie als Barwert –102,5 ein, denn das ist der Betrag, den Sie inkl. Ausgabeaufschlag einsetzen müssen, um das BVI-Ergebnis von 216,8 Prozent zu erzielen. ZW ist also dann einfach das BVI-Ergebnis plus 100, in diesem Fall also 216,8.

„F“ und „Schätzwert” benötigen wir in dieser Anwendung nicht und machen die Klammer einfach nach dem Wert für ZW zu, so dass in der Befehlszeile – je nachdem, welche der beiden Werteingabe-Varianten Sie gewählt haben – steht:

= Zins (10;0;–100;210,3)

was Ihnen dann für die Rendite den Wert von 0,077169 (= 7,72 Prozent) liefert.

Damit Sie im Einzelfall nicht jedesmal die Performance in eine Rendite umrechnen müssen, wenn Sie sich plastisch machen wollen, wie viel eine bestimmte Performance wert ist, können Sie die sehr komfortablen Möglichkeiten eines Tabellenkalkulationsprogrammes benutzen, eine Übersichtstabelle der nebenstehenden Art anzufertigen (eventuell unter Berücksichtigung unterschiedlicher Ausgabeaufschläge):

7.3 Vorsicht bei der Verwendung des Begriffs „Rendite"

Wir wollen Sie jedoch auch an dieser Stelle davor warnen, Tabellen solcher Art zu mehr einzusetzen als zum Zweck, die Qualität einer bestimmten Performance in der Vergangenheit möglichst plastisch „über den Daumen“ zu peilen. Denn:

Einerseits verführen solche „Renditen“ allzuleicht dazu, in die Zukunft zu verlängern, was für die Vergangenheit ermittelt wurde. Während aber bei einem „normalen“ festverzinslichen Wertpapier aus seiner *Rendite* relativ zuverlässig auf das *zukünftige* Anlageergebnis geschlossen werden kann, weil in diesem Fall die Rendite ein objektiver Maßstab für die Qualität von zukünftig feststehenden Zahlungsströmen ist, basieren die aus Performancewerten ermittelten „Renditen“ auf der Qualität von in der *Vergangenheit* er-

Von der BVI-Performance zu jährlichen Wertsteigerungen Fünfjahresbereich			
BVI Performance in %	**entspricht effektiver jährlicher Wertsteigerung bei Ausgabeaufschlag %**		
	0	**3**	**5**
10	0,02	0,01	0,01
20	0,04	0,03	0,03
30	0,05	0,05	0,04
40	0,07	0,06	0,06
50	0,08	0,08	0,07
60	0,10	0,09	0,09
70	0,11	0,11	0,10
80	0,12	0,12	0,11
90	0,14	0,13	0,13
100	0,15	0,14	0,14
110	0,16	0,15	0,15
120	0,17	0,16	0,16
130	0,18	0,17	0,17
140	0,19	0,18	0,18
150	0,20	0,19	0,19
160	0,21	0,20	0,20
170	0,22	0,21	0,21
180	0,23	0,22	0,22
190	0,24	0,23	0,23
200	0,25	0,24	0,23

Von der BVI-Performance zu jährlichen Wertsteigerungen Zehnjahresbereich			
BVI Performance in %	**entspricht effektiver jährlicher Wertsteigerung bei Ausgabeaufschlag %**		
	0	**3**	**5**
10	0,01	0,01	0,00
20	0,02	0,02	0,01
30	0,03	0,02	0,02
40	0,03	0,03	0,03
50	0,04	0,04	0,04
60	0,05	0,04	0,04
70	0,05	0,05	0,05
80	0,06	0,06	0,06
90	0,07	0,06	0,06
100	0,07	0,07	0,07
110	0,08	0,07	0,07
120	0,08	0,08	0,08
130	0,09	0,08	0,08
140	0,09	0,09	0,09
150	0,10	0,09	0,09
160	0,10	0,10	0,09
170	0,10	0,10	0,10
180	0,11	0,11	0,10
190	0,11	0,11	0,11
200	0,12	0,11	0,11

Von der BVI-Performance zu jährlichen Wertsteigerungen Zehnjahresbereich			
BVI Performance in %	entspricht effektiver jährlicher Wertsteigerung bei Ausgabeaufschlag %		
	0	3	5
210	0,12	0,12	0,11
220	0,12	0,12	0,12
230	0,13	0,12	0,12
240	0,13	0,13	0,12
250	0,13	0,13	0,13
260	0,14	0,13	0,13
270	0,14	0,14	0,13
280	0,14	0,14	0,14
290	0,15	0,14	0,14
300	0,15	0,15	0,14
310	0,15	0,15	0,15
320	0,15	0,15	0,15
330	0,16	0,15	0,15
340	0,16	0,16	0,15
350	0,16	0,16	0,16
360	0,16	0,16	0,16
370	0,17	0,16	0,16
380	0,17	0,17	0,16
390	0,17	0,17	0,17
400	0,17	0,17	0,17

folgten Zahlungsströmen. Hatte ein Rentenfonds in der Vergangenheit eine „Rendite“ von 8 Prozent, dann ist mitnichten gesagt, dass er in Zukunft besser abschneiden wird als eine Staatsanleihe, die heute mit einer Rendite von 6 Prozent erworben werden kann. Aus Performancewerten errechnete „Vergangenheitsrenditen“ taugen in erster Linie dazu, ein bestimmtes Anlageergebnis auf leichte Art mit einer seinerzeit alternativ zur Verfügung stehenden Anlagemöglichkeit zu vergleichen bzw. an einem Index zu messen.

Aber auch der Vergleich solcher „Performancerenditen“ mit den Renditen der seinerzeit alternativ möglichen Anlagen kann nur ein Kompromiss sein, denn er basiert auf eigentlich nicht vergleichbaren Systematiken. Ermitteln Sie z.B. mit dem obigen Tableau, dass ein Fonds mit Renten in den vergangenen zehn Jahren eine „Rendite“ von 7,5 Prozent hatte, während vor zehn Jahren eine zehnjährige Bundesanleihe nur eine Rendite von 7,2 Prozent hatte, dann heißt dies eben nicht, dass vor zehn Jahren die Bundesanleihe die schlechtere Wahl gewesen wäre. Denn in die Ermittlung der „Performancerenditen“ ist die Höhe der tatsächlich erzielten Wiederanlagerenditen eingegangen, in die Ermittlung der Rendite der Bundesanleihe nicht. Wenn bei der Bundesanleihe die Wiederanlagerendite höher als durchschnittlich 7,2 Prozent gewesen wäre, dann würde sich auch bei ihr in der Rückschau eine „Performancerendite“ von höher als 7,2 Prozent p.a. ergeben.

Eigentlich sollte aus diesen Überlegungen folgen, den Begriff der „Rendite“ vollständig aus der Investment-Terminologie verschwinden zu lassen. Was er nämlich bei festverzinslichen Wertpapieren zuverlässig beschreibt – nämlich die zukünftige Wirtschaftlichkeit – kann er bei Investmentfonds nicht leisten, suggeriert dies aber. Gerade bei wertpapierunerfahrenen Anlegern ist die Verwechslungsgefahr erheblich!

8 Kennziffern für das Risiko einer Fondsanlage

Die Anlageergebnisse, die ein Investmentfonds in der Vergangenheit erzielen konnte, sind ein sehr wichtiger Maßstab für seine Qualität und ein aufschlussreiches Kriterium für sein Abschneiden gegenüber vergleichbaren

Fonds oder dem entsprechenden Markt (Index). Sie sollten aber Ihr Augenmerk auch auf ein weiteres Kriterium richten, nämlich auf das Risiko, das der Fonds eingegangen ist, um sein Anlageergebnis zu erzielen.

8.1 Risikomaß Volatilität (Standardabweichung)

Gängiges Maß für das Risiko ist in der Investmentwelt die Volatilität, d.h. die Bandbreite der Schwankungen, die der Anteilswert eines Fonds durchläuft. Gemessen wird die Volatilität mit der statistischen Formel der Standardabweichung, die angibt, um wie viel Prozent die einzelnen Werte einer (Zeit-)Reihe um ihren Durchschnitt streuen. Sie ist sozusagen die in die Mathematik übersetzte Aussage der Schwankungen, für die wir Sie mit den Grafiken 4 bis 9 in Kapitel A sensibel gemacht haben.

Unser Rat

Je höher der ermittelte Wert, desto größer waren in der Vergangenheit die Anteilswert-Schwankungen. Sie sollten allerdings bei Vergleichen berücksichtigen, dass es verschiedene Darstellungsmethoden gibt. Die gebräuchlichste ist die – auch von uns verwendete – annualisierte Standardabweichung, die aus mathematisch-formalen Gründen zu einem höheren Niveau der ermittelten Werte führt als die nicht-annualisierte.

Folgende, mit der Standardabweichung gemessenen Risiken sind typisch für die einzelnen Fondsgruppen:

Beispiel

Fondstyp	Risiko von – bis
Geldmarktfonds	0,1 – 0,3
Kurzläuferfonds	0,4 – 1,5
Rentenfonds	2,5 – 5,0
Standardaktien	15,0 – 25,0
Emerging Markets	30,0 – 60,0

Wie setzen Sie die Volatilität bei der Fondsbeurteilung ein? Die Antwort ist einfach: Haben zwei Fonds eine identische Wertentwicklung für eine zurückliegende Periode, dann ist derjenige besser zu bewerten, der die geringeren Schwankungen hatte. Eine Überlegung mag Ihnen diese Bewertung plausibel machen: Wenn Sie irgendwann während der gemessenen Periode über Ihr Kapital hätten verfügen müssen, dann war beim Fonds mit der geringeren Volatilität auch das Risiko geringer, dabei Verluste zu machen.

8.2 Die Sharpe-Ratio

An der Standardabweichung knüpfte auch der Nobelpreisträger William F. Sharpe an. Er entwickelte eine Formel, welche die erzielte Performance ins Verhältnis zum eingegangenen Risiko setzt und die berücksichtigt, dass es in jeder Situation eine Basisrendite gibt, die risikolos zu haben ist (z.B. bei kurzfristige Geldmarktanlagen). Ihn interessiert nur die Relation aus der Überschussrendite und dem dafür eingegangenen Risiko:

$$\text{Sharpe-Ratio} = \frac{\text{Performance p.a.} - \text{risikofreie Basisrendite}}{\text{Standardabweichung}}$$

Sie sehen: Je günstiger das Verhältnis zwischen erzielter Überschussrendite (Zähler) und dem dafür eingegangenen Risiko, desto höher fällt die Sharpe-Ratio aus. Hohe Werte deuten also auf eine gute Managementleistung hin, niedrige oder negative auf eine schlechte.

8.3 Ertrags-/Risikoprofile

Das Verhältnis zwischen Performance und dafür eingegangenem Risiko finden Sie sehr übersichtlich dargestellt in Ertrags-Risiko-Diagrammen.

Unser Rat

Da Sie in diesen Diagrammen auf einen Blick die wichtigsten Vergangenheitsdaten eines Fonds und seinen Standort im Vergleich zu anderen Fonds erfassen können, gehören diese Diagramme zu den besten Basis-Informationen überhaupt. Ihr Berater sollte in der Lage sein, Ihnen ein solches Diagramm vorzulegen!

Wie sehen diese Charts aus? Wir haben Ihnen zunächst eine Zusammenstellung bedeutender Aktienfonds mit deutschem Anlageschwerpunkt angefertigt, welche die jahresdurchschnittliche Wertentwicklung der vergangenen zehn Jahre ins Verhältnis setzt zum Risiko, das die Fonds dabei eingegangen sind. Grafik 29 zeigt die typische Ansiedlung dieser Fonds im Risikobereich zwischen 18 und 21 Prozent. Sie sehen ferner:

- Der – gemessen an seiner Wertentwicklung – beste Fonds unserer Auswahl hatte ein besseres Ergebnis als die anderen Fonds, ohne dafür ein höheres Risiko eingegangen zu sein.
- Im Vergleich zum Deutschen Aktienindex war das Ergebnis sogar bei geringerem Risiko besser – ein eindeutiges Qualitätsmerkmal!

Auf dieselbe Art und Weise lassen sich auch für die anderen Fondsgruppen Standortbestimmungen vornehmen. Grafik 29 zeigt für typische Vertreter von Kurzläufer-, Renten, global anlegenden Aktienfonds und Emerging-Market-Aktienfonds die Ertrags-/Risiko-Profile für die letzten fünf Jahre.

Sie sehen links die Kurzläufer- bzw. die Rentenfonds, deren ausgewählte Vertreter sehr nahe – sowohl beim Risiko als auch beim Ertrag – beieinander liegen. In der Mitte finden Sie die Vertreter der global investierenden Aktienfonds – sowohl beim Risiko als auch beim Ertrag im jenem Bereich, in dem auch die Fonds mit deutschen Standardwerten angesiedelt sind. Rechts unten schließlich Vertreter von Aktienfonds, die in Emerging Markets investierten; bei minimalen oder gar negativen Erträgen hatten sie das größte Risiko.

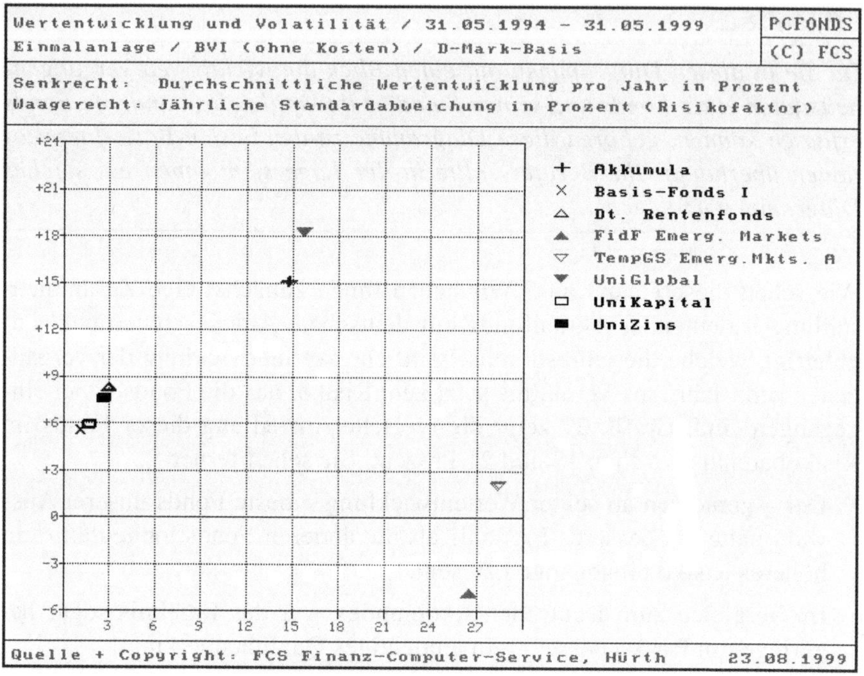

Grafik 29: Ertrags-/Risiko-Diagramme ermöglichen die Standortbestimmung eines Fonds und den Vergleich mit anderen Fonds auf einen Blick!

Unser Rat

Beachten Sie dabei: Typisch an den gezeigten Standorten der Fonds ist nur ihre Einordnung auf der (waagrechten) Risikoachse. Das Ertragsverhalten der Fonds (senkrechte Skala) dagegen ist stark abhängig von den Börsen- bzw. Kapitalmarktzyklen, welche die jeweils ausgewählte Betrachtungsperiode prägten. Mit Blick auf die Rentenfonds beispielsweise finden in den rund 8 Prozent, welche die ausgewählten Fonds jahresdurchschnittlich während der vergangenen fünf Jahre erzielten, die starken, durch die langjährige Zinssenkungsphase entstandenen Kurgewinne ihren Niederschlag. Bei den Emerging-Market-Fonds gilt umgekehrt, dass die katastrophale Börsenentwicklung der Schwellenländer in den Jahren 1997 und 1998 für die mageren Erträge verantwortlich sind. Ein vergleichbarer Chart, der zum Jahresbeginn 1997 angefertigt worden wäre, hätte – bei ähnlichem Risiko – Erträge im Bereich von 20 Prozent gebracht.

8.4 Vorsicht, Index-Bluff!

Auch das Verhalten der Wertentwicklung eines Fonds im Verhältnis zu einem Index, der das vom Fonds bediente Marktsegment beschreibt, finden Sie in den Werbematerialien häufig als Qualitätsparameter. Doch der Informationsgehalt der eigentlich sehr aufschlussreichen „Benchmark-Vergleiche" wird zunehmend ausgehöhlt. Fast täglich nämlich werden neue Indizes auf den Markt gebracht; von einer Situation, dass jeder Fonds an einem „eigenen" Index gemessen werden kann, ist die Szene so weit nicht mehr entfernt. Die Verwirrung wäre damit komplett – aber alle Benchmark-Probleme wären damit gelöst.

Beispiel

Der europäisch ausgerichtete Aktienfonds A lobt sich, weil er den Index MSCI Europa geschlagen hat; beim ebenfalls europäisch ausgerichteten Aktienfonds B stellen Sie fest, dass er den Dow Jones Index Stoxx 50 verfehlt hat. Damit wissen Sie: Fast nichts.

Die diversen Indizes sind nämlich höchst unterschiedlich konstruiert. Teilweise handelt es sich um marktbreite Indizes, die aus mehreren hundert Einzelaktien zusammengestellt sind, teilweise – wie etwa der Deutsche Aktienindex – bestehen sie lediglich aus ein paar Dutzend Aktien. Schon dadurch entstehen unterschiedliche Indexentwicklungen. Verschiedene Branchen- und Ländergewichtungen sorgen zusätzlich für zwangsläufiges Auseinanderdriften.

Der wichtigste Unterschied aber ist: Es gibt zwei Typen von Indizes:

- Kursindizes sind ausschließlich ein Spiegelbild der Kurse jener Aktien, die im entsprechenden Index zusammengefasst sind. Sonstige Ertragsbestandteile, vornehmlich die Dividenden, werden in solchen Indizes nicht berücksichtigt.

- Performanceindizes dagegen schlagen den Wertpapierkursen auch die sonstigen Erträge – hauptsächlich die Dividenden – zu, simulieren also deren unmittelbare Wiederanlage.

Damit liegt auf der Hand, dass es ein Vergleich zwischen Äpfeln und Birnen ist, wenn die nach der BVI-Methode ermittelte Fondsperformance mit einem Kursindex verglichen wird. Selbst ausgesprochen mittelmäßige Fonds schneiden da besser ab, weil die Wiederanlage der Dividenden – sie machen zwischen 2 und 3 Prozent der Kurse aus – irgendwann die schlechte Kursentwicklung kompensiert. Diese Möglichkeit zum Bluffen ist sicher auch einer der Gründe, warum die MSCI-Indexfamilie eine in den Fondsprospekten so beliebte Benchmark ist: Die MSCI-Indizes sind reine Kursindizes.

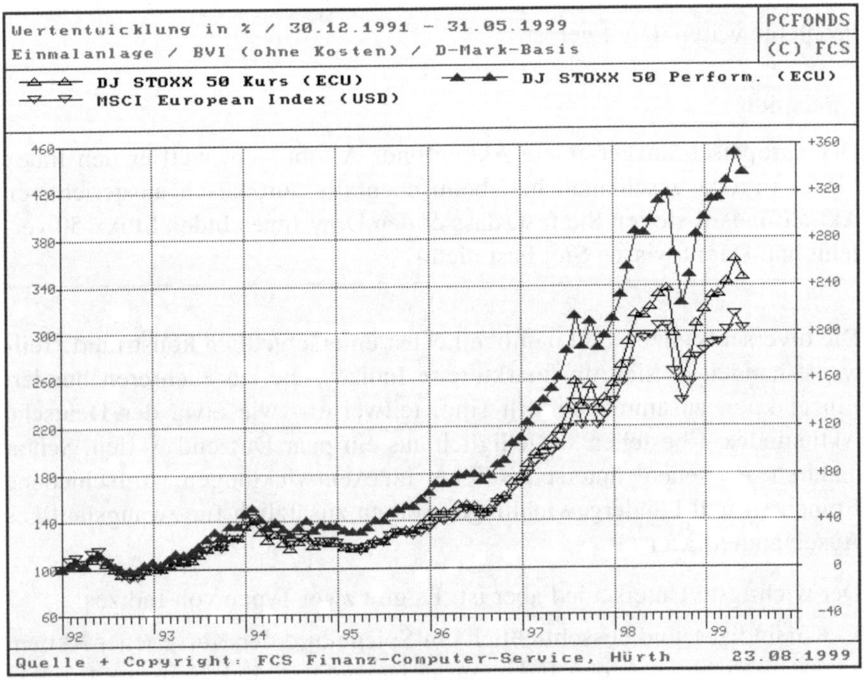

Grafik 30: Je nachdem, mit welchem Index verglichen wird, können auch schlechte Fonds gut aussehen.

Auch im Detail ist es zunehmend schwieriger, die Übersicht zu behalten, was denn eigentlich ein Index aussagt. Beispiel hierfür ist die viel beachtete Indexfamilie Stoxx, die Dow Jones anlässlich der Euro-Einfühung vorstellte. Diese besteht aus einem marktbreiten Index für Gesamteuropa (Dow Jones Stoxx, ca. 700 Titel), einem marktbreiten Index für Euroland (Dow Jones Euro Stoxx, 326 Titel), einem Blue-Chip-Index für Gesamteuropa (Dow Jones Stoxx 50, 50 Titel), einem Blue-Chip-Index für Euroland (Dow Jones Euro Stoxx 50, 50 Titel) und zusätzlich aus jeweils 19 Branchenindizes für Gesamteuropa und für Euroland. Macht zusammen 42 Indizes. Aber damit nicht genug: Jeder der 42 Indizes wird sowohl als Kurs- als auch als Performanceindex ermittelt.

Unser Rat

Beim Vergleich des Abschneidens von Investmentfonds mit einem Index müssen Sie beachten:

- *Ist im Vergleichsindex das Anlagefeld des Fonds korrekt erfasst (z. B. Euroland oder Gesamteuropa)?*
- *Ist der Vergleichsindex ein Performanceindex?*
- *Beim Vergleich mehrerer Fonds: Werden alle mit ein- und derselben Benchmark verglichen?*

Sie können aus dieser Materie leicht einen zuverlässigen Test für Ihren Berater entwickeln: Wenn er nämlich die Wertentwicklung eines Fonds mit der eines Kursindex vergleicht (oder Sie nicht auf die Unmöglichkeit eines solchen Vergleichs hinweist), ist er entweder ein Dilettant oder er will Sie über den Tisch ziehen. In der Realität kommt häufig auch beides zusammen vor.

Wichtige Indizes		
Index	**Kursindex**	**Performanceindex**
DAX		x
FAZ	x	
Stoxx-Familie	x	x
Dow Jones Ind. (USA)	x	
S & P 500		x
Nikkei	x	
MSCI-Familie	x	

9 Der „beste Fonds“: Performance und Fondswahl

Angenommen, Sie haben sich für einen Fondstyp entschieden, der für Ihre Zwecke passt. Wenn es um den langfristigen Aufbau einer Vermögensbasis geht, wird es in der Regel ein Aktienfonds mit einem Anlageschwerpunkt bei europäischen oder globalen Standardwerten sein; bei spekulativer Beimischung könnte es ein Asienfonds oder ein im Bereich der Zukunftstechnologien investierender Fonds sein. Wie auch immer – stets können Sie aus einer ganzen Palette wählen, und Sie werden natürlich bestrebt sein, denjenigen herauszufinden, der am meisten aus Ihrem Geld macht.

Der „beste Fonds“: Es gibt ihn nicht, jedenfalls nicht in dem Sinne, dass Sie aus den vorhandenen Informationen den „Überflieger“ der nächsten Jahre zuverlässig herausfiltern können. Die Informationen, die Ihnen vorliegen – seien es Wertentwicklungen, Risikoprofile oder Managementstile – beschreiben ausschließlich die Vergangenheit. Das einzige, dessen Sie sicher sein können, ist, dass die Zukunft anders ausfallen wird.

Natürlich bedeutet das nicht, dass die Vergangenheit eines Fonds und die bisher erzielten Ergebnisse belanglos sind. Richtig ausgewertet können sie einen wichtigen Beitrag liefern, Ihr Risiko bei der Fondsauswahl einzugrenzen und die Wahrscheinlichkeit zu erhöhen, an einen Spitzenfonds zu geraten. Einen höheren Anspruch, als dass Ihr Fonds dauerhaft im ersten

Drittel seiner Liga mitspielen muss, sollten Sie realistischerweise nicht stellen. Spielt er zukünftig gar im ersten Viertel mit, haben Sie Glück gehabt, belegt er Platz 1, ist das der blanke Zufall.

9.1 Langfristige Performance richtig analysieren!

Ein Fehler, der bei der Bewertung der Vergangenheit eines Fonds häufig gemacht wird, besteht darin, der mittel- oder langfristig erzielten Performance einen zu hohen Stellenwert zu geben. Blättern Sie zurück auf Seite 160, wo wir Ihnen das Abschneiden der großen Fonds mit deutschen Standardwerten in gleitenden Ein-, Fünf- und Zehnjahreszeiträumen darstellten. Welchen Fonds hätten Sie gekauft, wenn Sie sich zum Jahresende 1993 auf Basis der Ihnen damals bekannten Performancezahlen hätten entscheiden müssen?

Beispiel

Vermutlich für den DIT-Fonds für Vermögensbildung, der im Fünfjahresbereich deutlich auf Platz 1 lag und im Zehnjahresbereich Platz 1 nur knapp verfehlte. Ein Paradebeispiel für die hohe Kontinuität langfristiger Qualität, dieser Anschein konnte damals leicht entstehen. Ein genauerer Blick auf die Wertentwicklung des Fonds hätte allerdings Warnlampen angehen lassen. Der Spitzenwert im Fünfjahresbereich war ausschließlich darauf zurückzuführen, dass der Fonds in den Jahren 1989 und 1990 exzellent abgeschnitten hatte: Mit einem Plus von 45 Prozent hatte er die Konkurrenz in diesen beiden Jahren geradezu deklassiert, der Zweitbeste brachte es gerade auf 28 Prozent. Nach diesen beiden Jahren kehrte jedoch allenfalls Mittelmaß in die Wertentwicklung des Fonds ein, das allerdings nur für denjenigen erkennbar war, der sich um die Einjahresergebnisse kümmerte. Das Mittelmaß hat bis heute angehalten und den vermeintlichen Wunderfonds per Ende 1998 in unserer Auswahl auf den letzten Platz im Fünjahresbereich hinabkatapultiert.

Prüfen Sie selbst: Eine ähnliche Geschichte erzählt das Zahlenwerk für den FT-Effektenfonds, der bis ins Jahr 1993 mit weit überdurchschnittlichen Wertentwicklungen im Zehnjahresbereich glänzen konnte. Dass diese mit der aktuellen Form des Fonds nichts zu tun haben konnten, erfuhr nur, wer sich auch die Einjahresergebnisse ansah.

Unser Rat

Die erste Aufgabe besteht also darin, herauszufinden, ob hinter einem hervorragend erscheinenden langfristigen Abschneiden nur der Glanz längst vergangener Heldentaten steht. Prüfen Sie dies anhand kurzfristiger Ergebnisse der unmittelbaren Vergangenheit, lassen Sie sich von Ihrem Berater nicht nur die aufaddierte Performance, sondern auch die Zeitreihen für die einzelnen Jahre aushändigen.

Wenn Sie so vorgehen, kann Ihnen auch das Gegenteil passieren, dass sich nämlich ein vermeintliches Mauerblümchen als in Wahrheit ziemlich attraktiv herausstellt. Die letzten Zehnjahresergebnisse des Adifonds etwa signalisieren kaum, dass er einen Kauf wert sein könnte. Wenn Sie aber die letzten Einjahresergebnisse mit denen der Konkurrenz vergleichen, dann stellen Sie fest, dass dieser Fonds in unserer Auswahl seit 1995 dreimal auf Platz 2 und einmal auf Platz 3 lag – eine zweifellos gute Leistung des Managements und keine Indizien für ein Absacken.

Optimal ist es, wenn sich bei der Performanceanalyse herausstellt, dass hinter einem guten langfristigen Ergebnis permanent vordere Plätze in den Einjahresergebnissen stehen. Investa ist hierfür das Musterbeispiel. Und a propos „bester Fonds“: Für den unangefochtenen Spitzenplatz genügte es dem Fonds, viermal in den letzten zehn Jahren Platz 1 (in der von uns getroffenen Auswahl) zu belegen. Bei jeweils einem 2. und 3. Platz und drei 4. Plätzen konnte sich der Fonds sogar einmal den Durchhänger des vorletzten Platzes erlauben.

Unser Rat

Erwarten Sie also nicht, dass Ihr Fonds ununterbrochen auf Platz 1 in seiner Kategorie liegen muss. Das ist nicht realistisch, so entstehen in der Wirklichkeit keine Spitzenergebnisse. Entscheidend sind mit großer Kontinuität erzielte überdurchschnittliche Wertsteigerungen. Sie können höchst zufrieden sein, wenn Ihr Fonds Monat für Monat zum besten Drittel seiner Kategorie gehört: So kommen langfristig Spitzenergebnisse zusammen!

9.2 Das „Triple-A-Fonds-Ranking“

Zurück zum Beispiel Investa: Auch bei Anwendung einer weiteren Analysemethode zeigt der Fonds eine Traumkonstellation:

- Er belegt in der langfristigen Zehnjahresperiode Platz 1. Hieraus können Sie auf grundsätzlich langfristiges Leistungsvermögen schließen.
- Er belegt in der mittelfristigen Fünfjahresperiode Platz 1: Hieraus können Sie schließen, dass Uraltergebnisse nicht die Ursache für den Anschein langfristigen Leistungsvermögens sind.
- Er belegt in der einjährigen Betrachtungsperiode Platz 1. Hieraus können Sie schließen, dass der Fonds auch aktuell „läuft“, d.h. dass sein Management die aktuelle Kapitalmarktsituation richtig antizipiert hat.

Wenn wir nun noch den Anspruch des jeweils ersten Platzes aufgeben und uns mit dem besten Drittel genügen, dann entsteht die nach unserer Überzeugung effizienteste und verlässlichste Methode, das Leistungsvermögen aufgrund der vorliegenden Perfomancewerte eines Fonds zu beurteilen.

Unser Rat

Kaufen Sie nur Anteile eines Fonds, von dem Sie überprüft haben, ob er aktuell im kurz-, mittel- und langfristigen Bereich im ersten Drittel seiner Kategorie steht. Lassen Sie sich den Nachweis führen!

Diese Methode müssen Sie modifizieren, wenn Sie auch die zahlreichen neu aufgelegten Fonds mit in die Betrachtung einbeziehen wollen, für die Sie noch keine längere Historie haben. Machen Sie sich zuvor aber klar, dass Sie damit das Kriterium der lang- und vielfach auch der mittelfristigen Leistungsfähigkeit preisgeben: Ob z.B. einer der vielen modischen Branchen- oder Themenfonds langfristig die vollmundigen Versprechungen einlösen kann (oder ob er nach kurzer Blüte den Weg so vieler Fondsmoden geht), bleibt ungeprüft. Es muss Ihnen also bewusst sein, dass Sie mit dieser Preisgabe in die Nähe des Zockens geraten.

(Bitte lesen Sie zunächst auf Seite 270 weiter, bevor Sie die folgenden Tabellen durchsehen.)

»Triple-A-Ranking für Aktienfonds mit Anlageschwerpunkt Deutschland, Stand 31.12.1998«

Fonds	Gesellschaft	Wertentwicklung in % p. a./Ranking					
		1 Jahr	5 Jahre	10 Jahre	1 Jahr	5 Jahre	10 Jahre
DVG Select-Invest	DVG	22,8	19,9	16,5	A	A	A
Investa	DWS	22	18,9	16,3	A	A	A
Plusfonds	Adig	19,9	18,4	14,1	A	A	A
SMH-Special-Fonds I	SMH Invest	17,8	17	14,2	A	A	A
Privatfonds	Metzler	17,6	17,1	12,7	A	A	B
MK Alfakapital	MK	17,5	17,1	12,5	A	A	B
AC Deutschland	Axa Colonia	27,8	16,9		A	A	nv
Citibank Pr. Invest	Union	27,6	16,5		A	A	nv
Nürnberger Adig A	Adig	27,2	22,2		A	A	nv
HMT-Proinvest	HMT	22,2	17,7		A	A	nv
Victoria-Eurokapital	Victoria	21,7	18,6		A	A	nv
Veri-Valeur Fonds	Veritas SG	18,5	21		A	A	nv
Oppenh. DAX-Werte	Oppenheim	18,5	17,3		A	A	nv
Adig-Aktien-Dtschld.	Adig	18,4	17,7		A	A	nv
Metzler Akt. Dtschl.	Metzler	18,4	17,7		A	A	nv
Thesaurus	DIT	18,3	14,5	12,7	A	B	B
Aufhäuser Fonds I	Universal	18,8	14,7	9,7	A	B	C
GT Dt. Aktienfonds	Invesco KAG	21,3	15,2		A	B	nv
SMH-SmallCap-Fonds	SMH Invest	21,1	14,3		A	B	nv
NB-Portfolio FT	FT	19,2	13,5		A	B	nv
FidF Germany	Fidelity	17,6	14,6		A	B	nv
DIT-Spezial	DIT	24	7,1	8,3	A	C	C
Universal-Effect	Universal	20,3	9,6	7,6	A	C	C

HWG-Fonds	Universal	17,9	10,5	9,7	A	C	C
IGB Berlin Invest	Union	23,2	13,3		A	C	nv
Hypo-Inv. Spezial	Hypo-Inv.	21,6	10,2		A	C	nv
GWP-Fonds FT	FT	18,2	10		A	C	nv
JB Spec Germ Stck B	J. Baer MStck	83,4			A	nv	nv
Postbk. Dyn. Global	Dt. Postbank	34,5			A	nv	nv
ABN AMRO Germany Equ	ABN AMRO Lux	33,1			A	nv	nv
MMWI-DAXTrend-Fonds	MMWI	31,4			A	nv	nv
RWS-Aktien-Veritas	Veritas SG	27			A	nv	nv
FidF Euro Stoxx 50	Fidelity	25,2			A	nv	nv
DWS Dt. Aktien O	DWS	24,2			A	nv	nv
Adiselekt	Adig	23,4			A	nv	nv
Allianz Aktienfonds	Allianz	22,1			A	nv	nv
UniDeutschland	Union	18,8			A	nv	nv
SBG Aktien Deutschl.	UBS Invest	17,9			A	nv	nv
Dir. Neuro DM Akt. MI	Metzler	17,5			A	nv	nv
Postbk. Dyn. Dax	Dt. Postbank	17,5			A	nv	nv
Adifonds	Adig	16	16,8	13,8	B	A	A
DWS Provesta	DWS	16	16,6	14,9	B	A	A
Ring-Aktienfonds	DWS	15,8	18	13,5	B	A	A
UBS Equ Germany	UBS	13,2	17,6	12,7	B	A	B
Trink. Capital Fonds	Inka	16,4	16,2		B	A	nv
BBV-Invest-Union	Union	15,9	16,9		B	A	nv
Zürich Aktien	Zürich Inv.	14	16,1		B	A	nv
Parv. Germany C	Paribas Lux	13,8	16		B	A	nv
DIT-Wachstumsfonds	DIT	10,8	17,4	13,2	C	A	B
Hypo-Inv. Kapital	Hypo-Inv.	12,3	16		C	A	nv
DWS Deutschland	DWS	11,9	17,1		C	A	nv
JB German Stock B	J. Baer MStck	9,9	17,7		C	A	nv

»Triple-A-Ranking für Aktienfonds mit europäischem Anlageschwerpunkt, Stand 31.12.1998«

		Wertentwicklung in % p. a./Ranking					
Fonds	Gesellschaft	1 Jahr	5 Jahre	10 Jahre	1 Jahr	5 Jahre	10 Jahre
Gartm. Conti. Europe	Gartmore	31,1	23,9	15,6	A	A	A
AriDeka	Deka	24,6	17,9	12,9	A	A	B
Vermögens-Aufbau-F.	DIT	21,6	17,9	12,7	A	A	B
SunLife Europ. Growth	Sun Life	41,4	19	11,5	A	A	C
Comgest Europe B	Comgest	29,4	24,7		A	A	nv
Carls. Eq Mediterran.	Carlson	35,7	19,5		A	A	nv
InvPS Europ. Growth	Invesco	26,5	18,8		A	A	nv
Indos. GIF Cont. Eur T	Indosuez	22,3	18,8		A	A	nv
RG Europe Fund N. V.	Robeco-Group	21,7	18,7		A	A	nv
AE WdfF10 Europ. Equ	AE Worldf.	24,9	18,5		A	A	nv
JB Euro Stock B	J. Baer MStck	22,8	17,7		A	A	nv
Lazard GE European	Lazard	22,2	17,4		A	A	nv
Schrod. EuroEq GDP A	Schroders	21,4	17,1		A	A	nv
European Grwth Trust	Spängler	29,9	16,8		A	A	nv
Eufinvest (A)	EUFIGEST	22,4	16,7		A	B	nv
Vont. European Eq B	Vontobel	27,3	16,6		A	B	nv
FT Europa-Dynamik	FT	21,3	16,2		A	B	nv
BfG Europafonds	BfG Invest	21,5	15,6		A	B	nv
VEGP European Equity	Von Ernst	21,8	15,1		A	B	nv
Metzler S_deuropa	Metzler	36,2	14		A	C	nv
GT Euro. Aktienfonds	Invesco KAG	23,6	11,9		A	C	nv
SchmidtBk Euro-Akt.	Franken Inv.	27	11,5		A	C	nv
EuroAction: MidCap	Euro-Action	44,9			A	nv	nv

UniDynamic: Europa	Union Lux.	41,9			A	nv	nv
VB Europafonds BKG	BKG	38,6			A	nv	nv
TIF Eur. Sel. Gwth 1	Threadneedle	37,2			A	nv	nv
Adig-Convest 21 VL	Adig	34,2			A	nv	nv
DIT-Wachstum Europa	DIT	33,6			A	nv	nv
Nestor Europa	Nestor Inv.	32			A	nv	nv
ABN AMRO Europe Equ	ABN AMRO Lux	30,4			A	nv	nv
TIF Europ. Growth 1	Threadneedle	26,6			A	nv	nv
CS Aktien Plus	CSAM Dtschld	25,4			A	nv	nv
Gartm. Europe	Gartmore	25,4			A	nv	nv
Parv. Euro Equ C	Paribas Lux	25			A	nv	nv
Frontr. I Europ. Equ	Frontrunner	23,1			A	nv	nv
Parv. Europe MidCp C	Paribas Lux	22,4			A	nv	nv
Schrod. EuroEq GDP C	Schroders	22,4			A	nv	nv
FI LUX Euro Dynamik	Franken Int.	22,1			A	nv	nv
Zürich Akt. Europa	Zürich Inv.	21,8			A	nv	nv
Liga-Pax-Akt.-Union	Union	21,7			A	nv	nv
Trink. Aktien Europa	Inka	21,4			A	nv	nv
Industria	DIT	20,5	17,7	13,8	B	A	A
CP Cont. Europ. Equ.	Citiportfol.	20,9	16,9	12,8	B	A	B
MercST European A	Mercury AM	17,9	17	11,7	B	A	B
InvPS Europ. Enterp.	Invesco	20,8	17,9		B	A	nv
Parv. Europe C	Paribas Lux	18,4	16,8		B	A	nv
MercST Europ. Opps A	Mercury AM	6,4	19,7	15,1	C	A	A
FidF Europ. Growth	Fidelity	13,5	18,9		C	A	nv
FidF PA EurGrowth DM	Fidelity	13,5	18,9		C	A	nv
Lazard GE Pan Europ.	Lazard	13,8	17		C	A	nv

»Triple-A-Ranking für Aktienfonds mit globalem Anlageschwerpunkt, Stand 31.12.1998«

		Wertentwicklung in % p. a./Ranking					
Fonds	Gesellschaft	1 Jahr	5 Jahre	10 Jahre	1 Jahr	5 Jahre	10 Jahre
Dt. Vermögensbdg. I	DVG	22,7	14,9	13.6	A	A	A
UniGlobal	Union	24,9	13,8	9,4	A	A	B
SMH-International	SMH Invest	32,1	16,6	9,3	A	A	B
Interglobal	DIT	25,8	15	9,2	A	A	B
DekaSpezial	Deka	29,7	16,3	7,6	A	A	C
AE WdfF 7 Glob. Equ	AE Worldf.	17,2	12,6	7,6	A	A	C
ACM GI GlobGrwTr AX	Alliance Lux	17,8	18,1		A	A	nv
ACM GI GlobGrwTr BX	Alliance Lux	16,6	16,9		A	A	nv
Metzler Wachstum Int	Metzler	22,6	16,8		A	A	nv
FidF Intern. Fund	Fidelity	17,9	15		A	A	nv
SKWB-Aktienfonds	SKWB-Invest	22,5	14,7		A	A	nv
DB International DVG	DVG	17,8	14,6		A	A	nv
RWS-Wachstum-MI	Metzler	18,1	12,9		A	A	nv
Delbrück Format	Union	15,9	12,3		A	A	nv
BWK-Aktien-Strat. I	BWK	15,9	10,3		A	B	nv
DAC-Fonds UI	Universal	137,8			A	nv	nv
WFBV-Univ.-Shareval.	Universal	44,2			A	nv	nv
J. Führ UI Akt. Global	Universal	37			A	nv	nv
Acatis Akt. Global UI	Universal	30,5			A	nv	nv
WM Akt. Glob. US$ UI	Universal	29,2			A	nv	nv

Allianz Akt. Intern.	Allianz	27,1			A	nv	nv
Naspa-Aktien Deka	Deka	26,3			A	nv	nv
UniGlobal -net-	Union	21,8			A	nv	nv
Top 50 Welt	DWS	21,6			A	nv	nv
Köln-Akt. Glob. Deka	Deka	20,4			A	nv	nv
Oppenh. Topic Global	Oppenheim	18,8			A	nv	nv
Zürich E&S Akt. Welt	Zürich Inv.	17,8			A	nv	nv
Sant. Glob. Aktien OP	Oppenheim	17,3			A	nv	nv
ACM GI GlobGrwTr A	Alliance Lux	17,2			A	nv	nv
DWS(CH)-Aktien	DWS Schweiz	17,1			A	nv	nv
FidF PA Intern. DM	Fidelity	16,8			A	nv	nv
DIT-Wachstum Global	DIT	16,7			A	nv	nv
FidF CapBuild World	Fidelity	16,5			A	nv	nv
Parv. World Equ. C	Paribas Lux	16,5			A	nv	nv
GAMAX Junior A	GAMAX	16,4			A	nv	nv
Maffei Internatl. OP	Oppenheim	16,3			A	nv	nv
Aktien Intern. HI	Hypo-Inv.	16,2			A	nv	nv
ACM GI GlobGrwTr B	Alliance Lux	16			A	nv	nv
Dt. Vermögensbdg. A	DVG	13,4	19,2	12,2	B	A	A
Akkumula	DWS	13,1	12,6	10,7	B	A	A
Intervest	DWS	15,1	12,5	9,9	B	A	A
BW-Wartberg-Univers.	Universal	14,2	11,7	9,9	B	A	A
UBS Equ Global	UBS	13,9	12,5	9,1	B	A	B
Fondis	Adig	14,2	12,2	8,2	B	A	B
Schrod. Glob. Equ. A	Schroders	11,9	11,7		B	A	nv

Quelle: FCS Finanz Computer Service, Hürth

Unser Rat

Wenn das für Sie in Ordnung ist, dann müssen Sie die Prüfperioden verkürzen und für die kürzeren Perioden den Rang des Sie interessierenden Fonds ermitteln bzw. sich nennen lassen. Kaufen Sie jedenfalls nie Anteile eines Fonds, nur weil er in einer einzigen Periode ein Spitzenergebnis hatte. Gute Fonds bestätigen ein Spitzenergebnis immer in einer zweiten und dritten Periode!

Per 31.12.1998 zeigen wir Ihnen, welches Ranking sich für die Aktienfonds mit Anlageschwerpunkt Deutschland, Europa und international breit streuend ergibt, wenn das Abschneiden eines Fonds im besten Drittel jeweils des ein-, fünf- und zehnjährigen Anlagezeitraums mit einem „A", im jeweils zweiten Drittel mit einem „B" und im letzten Drittel mit einem „C" gekennzeichnet wird. Fonds ohne eine entsprechende Historie sind mit „nv" gekennzeichnet. Berücksichtigt wurden alle Fonds, die im ein- oder im fünfjährigen Bereich mindestens ein „A" erhalten haben. Sie sehen: Gerade vier Fonds haben ein „triple A"!

H

Informationsquellen richtig nutzen

H Informationsquellen richtig nutzen

1 Informationen verhindern Fehler

Weltweit kann der an Investmentfonds interessierte Anleger längst unter mehr als 30.000 einzelnen Fonds auswählen. Zum Vertrieb in Deutschland zugelassen sind mehr als 3.500 Fonds und es werden täglich mehr (siehe auch Kapitel A). Viele Investmentfondsanleger stehen ratlos vor diesem Angebotsberg.

Wenn Sie die Charakteristika der einzelnen Fonds nicht kennen sind negative Überraschungen vorprogrammiert. Wenn Sie die Systematik von Ertrag und Wertentwicklung nicht durchschauen, droht dasselbe Schicksal. Und wenn Sie nicht wissen, wie Sie die zur Einordnung der Fonds notwendigen Informationen erhalten, legen Sie Ihr Geld nach dem Zufallsprinzip an und das kann, wie bereits mehrfach dargelegt, ins Auge gehen.

Deshalb folgt nun eine Auseinandersetzung mit den wichtigsten Werkzeugen zum optimalen Fondseinsatz, wobei Sie die Darstellung zu den häufigsten Fehlern der Investmentfondsanleger auf der Seite 309, die fast alle mit mangelnder Information zu tun haben, motivieren soll, sich intensiv mit diesem Kapitel zu befassen.

Sie erfahren dann zunächst, wie Sie mit den Begriffen der Investmentfonds-Welt umgehen müssen, damit Sie nicht Fehleinschätzungen und Missverständnissen bei der Auswertung der vielfältigen Informationen zum Opfer fallen. Danach beschäftigen wir uns mit den diversen Informationsquellen und deren jeweiliger Bedeutung und Ausgestaltung.

2 Information ist alles – auch bei der Anlage in Investmentfonds

Wissen ist Macht! Dies gilt gerade bei der Anlage in Investmentfonds. Bei kaum einem anderen Produkt der Finanzmärkte ist das Angebot an Information so umfangreich, wie bei den Investmentfonds. Allerdings ist wirkliche Information kein Massenproblem, sondern ein Qualitätsproblem. Es kommt also darauf an, die richtigen Informationen zu bekommen. Wir wollen Ihnen helfen, sich aus dem Informationsberg, vor dem Sie sich als Investmentfonds-Anleger oder -Interessent befinden, diejenigen Informationen herauszufischen, die Ihre Fragen beantworten und Ihre Verständnisprobleme lösen.

An einem Vergleich wollen wir zudem zeigen, wie tiefschürfend die Problematik wirklich ist, wobei wir einen gut formulierten Text aus einem Prospekt zu einem Angebot des freien Kapitalmarkts (Windkraftfonds) mit dem Text aus einem Investmentfonds-Verkaufsprospekt vergleichen und dabei eine merkwürdige Beobachtung machen: Die eingängige und ausgewogene Formulierung im Windkraftfonds-Prospekt informiert keineswegs besser über die Chancen und Risiken dieses Angebots als die bis zur Unverständlichkeit geschraubte Formulierung im Investmentfondsprospekt.

2.1 Gedrechselte Formulierungen hin oder her – es kommt auf das Produkt und den Menschen an

Anleger, die sowohl am so genannten freien Kapitalmarkt wie auch an den geregelten bundesaufsichtsamtsüberwachten Kapitalmärkten ihr Geld anlegen, wundern sich immer wieder darüber, wie ausführlich in den Prospekten des freien Kapitalmarkts die Risiken beschrieben werden und wie wenig bis gar nicht in Prospekten zu Produkten der so genannten geregelten Märkte bzw. Anlageformen wie Investmentfonds, Lebensversicherungen und Bausparverträgen. (Noch mehr würde er sich allerdings wundern, wenn er der Sache tiefer auf den Grund ginge und die „Prospekte" der einzelnen bundesaufsichsamtsüberwachten Anlageformen miteinander vergleichen würde (siehe Kapitel F 3.9). Wir wollen jedoch zunächst bei dem Vergleich zwischen einer sog. Steuersparanlage (Beteiligung an einer Windkraftanlage) und einer Investmentfondsanlage bleiben.

Der vorliegende Prospekt zu einem Windpark-Beteiligungs-Angebot enthält auf drei Seiten unter der Überschrift „Chancen und Risiken" zu folgenden Gliederungspunkten informative Texte:

- unter „Allgemeines“ z.B. den Hinweis, dass es sich um ein unternehmerisches Engagement handele
- Ausführliches zu gesellschaftsrechtlichen und steuerlichen Risiken und Chancen
- viele Details zu Platzierungsrisiken/Rückabwicklung/Risiken der Teilrealisierung
- Verständliches zur Fungibilität der Anteile
- alles über die Beteiligungsfinanzierung
- Präzises zur Realisierung des Beteiligungsobjekts mit diesen Unterpunkten „Erteilung der Baugenehmigung“, „Zeichnung des Eigenkapitals“, „Lieferung und Anschluss der Windenergieanlagen“
- den jährlichen Ertrag
- die Betriebsrisiken und die vorgesehene Absicherung der Anleger
- die Fremdkapitalzinsen
- die vorgesehene Betriebsdauer und die Pläne zur Abwicklung

Viele Details in durchaus verständlicher Sprache, aus Anlegersicht also durchaus fair beschrieben. Das folgende Textbeispiel aus diesem Prospektteil mag dies verdeutlichen.

Beispiel

„Fungibilität der Anteile

Bei der Beteiligung handelt es sich um ein längerfristiges Engagement. Nach dem Gesellschaftsvertrag können die Kapitalanleger ihre Beteiligung grundsätzlich veräußern, wenn sie ihre Kapitalanlage voll geleistet haben. Es besteht jedoch für den Handel mit solchen Beteiligungen kein institutionalisierter Zweitmarkt, so dass das Risiko besteht, dass die Beteiligung nicht oder nur zu einem Verkaufspreis veräußerbar ist, der den anfänglichen Renditeerwartungen nicht entspricht. Die Windpark … GmbH wird bei Bedarf behilflich sein, einen Käufer für einzelne Beteiligungen zu vermitteln.“

Ein einleuchtender Text – finden Sie nicht auch?

Dagegen bestand und besteht derjenige Teil der Risikoangaben in vielen Investmentfonds-Prospekten, der für Nicht-Fachleute verständlich ist, einzig und allein aus dem Satz:

„Es kann keine Zusicherung gemacht werden, dass die Ziele der Anlagepolitik erreicht werden."

Und dieser Satz findet sich dann als einzige ausdrückliche Risikoangabe sowohl in Prospekten von Fonds mit sicherheitsorientierter langfristiger Ausrichtung wie bei Spezialitätenfonds von jener Art, die man auch „Zockerfonds" nennen kann.

Eingebettet ist dieser Satz in einen Wust von für den Durchschnittsanleger zwar nicht ganz unverständlichen, jedoch in ihrer Bedeutung für die daraus resultierenden Risiken allenfalls von Fachleuten wertbaren Darstellungen zum Optionshandel, zu Finanzterminkontrakten, Devisentermingeschäften, Wertpapierdarlehen usw. Und zwar in einer geradezu absurden Ausführlichkeit, wenn man die meist minimale Bedeutung dieser Anlage- bzw. Absicherungsformen für das Gesamtdepot in den Vergleich mit einbezieht und deren für Normalanleger weitgehend unverständlichen Text bedenkt. Was halten Sie zum Beispiel von folgendem Originaltext aus einem Investmentfondsprospekt?

Beispiel

„Im Rahmen der vorgenannten Voraussetzungen und Grenzen können Optionsscheine erworben werden, die das Recht zum Erwerb oder zur Veräußerung von Finanzterminkontrakten oder auf Zahlung eines Differenzbetrages verbriefen, der sich an der Wertentwicklung von Finanzterminkontrakten bemisst oder dessen Höhe von einem bestimmten Stand eines Wertpapier-Index abhängt." Alles klar?

Wohlgemerkt – dieser Text findet sich in einem Prospekt zu einem Finanzprodukt (Investmentfonds), das eigentlich dazu gedacht ist, finanziell weniger leistungsfähigen und unerfahreneren Anlegern den problemlosen Zugang z.B. zur Wertpapieranlage zu verschaffen. Er entspricht, ebenso wie der gesamte Prospekttext dieses Fonds, selbstverständlich den Anforderungen des Gesetzgebers. Ob er den Anforderungen der Anleger entspricht, danach fragt offenbar niemand.

2.2 Was bewirken ausgefeilte, verständliche Prospekte? Wem helfen sie?

Wie würden Sie diese Frage beantworten? Doch sicher einfach so: Je verständlicher und ausführlicher der Prospekt, um so besser der Informationsstand beim Anleger. Diese Ansicht wird auch durch den Vergleich der beiden Prospekttexte gestützt – allerdings nur auf den ersten Blick, wie wir gleich erkennen werden:

Ginge es nach der Verständlichkeit des Prospekts, dann wäre es in unserem Beispiel viel sicherer und aussichtsreicher einen Windkraftfonds zu zeichnen als Investmentanteile zu erwerben.

Wenn Sie dieses Buch bis hierher systematisch gelesen haben, dann wissen Sie jetzt, dass dieser Schluss nur falsch sein kann. Als Hilfe zur Klärung der Unterschiede zwischen den beiden Produktgruppen bieten wir Ihnen die folgende kurze Zusammenfassung der Bedingungen der beiden Anlagemärkte an:

- Wer am freien Kapitalmarkt investiert, der muss etwas von dem jeweiligen Geschäft verstehen, er muss beurteilen können, ob die Sicherungsmaßnahmen (z.B. Treuhänder) ausreichend und vertrauenswürdig sind. Er kann nicht damit rechnen, dass er seinen Anteil jemals wieder in Geld zurückverwandeln kann. Er wird über Jahre oder gar Jahrzehnte nicht wissen, was das Anlageobjekt und damit sein Fondsanteil wirklich wert sind. Und er muss irgendwelchen unbekannten Geschäftsführern/Vorständen, die sein Geld verwalten, vertrauen, ohne zu wissen, ob diese über das entsprechende Wissen und die nötige Erfahrung verfügen und – noch wichtiger – ob sie seriöse Absichten verfolgen.
- Kaum ein Anleger in sogenannten Steuersparanlagen des letzten Jahrzehnts weiß heute schon, ob er erfolgreich investiert hat. Noch immer droht Nachversteuerung. Dagegen sind in den letzten Jahren Dutzende von Steuersparobjekten in Konkurs gegangen oder gerieten in andere wirtschaftliche Schwierigkeiten, was in den meisten Fällen für die jeweiligen Anleger den endgültigen Totalverlust ihrer Einlage und die Gefahr der Nachversteuerung zur Folge hatte.
- Wer in Investmentfonds investiert, dessen Geld fließt in ein Sondervermögen, das vollkommen getrennt ist vom Vermögen des Verwalters, der

Investmentgesellschaft. Weil der Anteilswert börsentäglich veröffentlicht wird, kann der Anleger jeden Werktag neu den aktuellen Wert seiner Anlage erkennen. Dieser Wert ist jeden Börsentag in Bargeld verwandelbar. Die Wertfeststellung beruht auf einem vielfach überwachten öffentlichen Vorgang (Börsenhandel). Den festgestellten Kursen liegen tatsächliche Umsätze zugrunde. Die mit der Verwaltung (Fondsgesellschaft) und Verwahrung (Depotbank) beauftragten Institutionen sind vielfach überwacht (Bundesaufsichtsamt für das Kreditwesen und Bundesaufsichtsamt für den Wertpapierhandel) und jeder Vorgang unterliegt einer Fülle von Schutz- und Kontrollgesetzen (KAGG, WPHG, KWG u.v.a.m.). In der Vergangenheit gab es über Jahrzehnte hinweg blendende Anlageergebnisse wie an keinem anderen Anlagemarkt.

Nachdem wir nun den Qualitäts- und Transparenz-Unterschied zwischen den Angeboten des so genannten freien Kapitalmarkts und des so genannten geregelten Kapitalmarkts deutlich gemacht haben, können wir uns noch einmal unter veränderten Vorzeichen der Frage von guten und schlechten Prospekten widmen. Der „gute" Prospekt des Windkraftfonds wirkt letztendlich nur deshalb so gut, weil er dem Anleger die wirklichen Risiken dann letztendlich doch nicht so nennt, dass dieser deren Ausmaß auch wirklich begreifen könnte. Der miserable, teilweise unverständliche Prospekt des Investmentfonds ist zwar nicht als anlegerfreundlich zu bezeichnen. Die Gefährdung für den Anleger jedoch ist bei den Investmentfonds dennoch ungleich geringer im Vergleich zu dem „gut" prospektierten Windkraftfonds.

Unser Rat

Wenn Sie Prospekte zu Finanzdienstleistungsprodukten lesen, dann sollten Sie sich in Selbstdisziplin üben. Allzu leicht ist man nämlich geneigt, Unverständliches oder Unlogisch-Erscheinendes der eigenen Unkenntnis zuzurechnen, die man dann nicht offenbaren will. Da hilft wirklich nur eines: Immer wieder nachfragen! Nehmen Sie es zum Beispiel bei unternehmerischen Beteiligungen (stille Beteiligungen, Geschlossene Immobilienfonds und dergleichen) nicht einfach hin, dass man Ihnen alljährlich eine Ausschüttung auszahlt. Vergewissern Sie sich, woher die kommen soll. Wird sie auch wirklich verdient oder wird sie einfach aus dem eingezahlten Geld der Anleger gezahlt (Schneeballsystem)? Wenn Sie bei einem Invest-

mentfondsprospekt den einen oder anderen Börsenausdruck nicht verstehen, dann fragen Sie doch einfach nach. Investmentfonds sind für Menschen gemacht, die nicht über das nötige Kapital und auch nicht über die nötige Zeit und Fachkenntnis verfügen, um direkt an der Börse erfolgreich agieren zu können. Der Prospekt zu einem solchen Produkt muss dann auch so gestaltet sein, dass unerfahrene Anleger ihn verstehen.

Wenn Sie so viel Distanz zum Prospekt aufgebaut haben, dann wird jeder Prospekt wieder außerordentlich nützlich. Denn egal wie schlecht ein Prospekt auch ist, er liefert jedenfalls die Grundlagen für Ihre Fragen und damit für Ihre Anlageentscheidung. Er ist auch die Vertrags-Grundlage des Geschäfts, das Sie mit Ihrer Anlageentscheidung abschließen. Was wirklich zählt, ist letztendlich nur der Inhalt derjenigen Prospekte, die Sie nachvollziehbar und nachweisbar (siehe nachfolgenden Rat) erhalten haben. Auch Ihre Ansprüche gegen den Produktgeber (Initiator) können Sie wegen der eingeschränkten Beweisbarkeit mündlicher Aussagen in aller Regel nur auf die Prospektaussagen stützen.

Unser Rat

Wenn Sie – egal auf welchem Wege – erstmals Investmentfonds erwerben, dann unterzeichnen Sie in aller Regel ein kombiniertes Antrags-Depoteröffnungsformular. Dieses Formular enthält eine Aufzählung der Prospektunterlagen, die Ihnen vor dem Fondserwerb übergeben wurden bzw. hätten übergeben werden sollen. Achten Sie unbedingt darauf, dass Sie diese Prospekte vollständig erhalten. Denn diese Prospekte und natürlich deren Inhalt sind die Grundlage des Geschäfts. Außerdem können Sie daran die Professionalität und die wahren Absichten Ihres Beraters testen. Ein Profi wird Ihnen niemals Prospekte, deren Erhalt Sie quittiert haben, vorenthalten.

Um Ihre Situation als Anleger in Investmentfonds beurteilen zu können, müssen Sie unbedingt die Prospektlandschaft der Investmentfonds kennen. Zum Beispiel müssen Sie wissen, welche Prospekte mit welchem Inhalt Ihnen aufgrund gesetzlicher Vorgaben bei Vertragsabschluss übergeben werden müssen. Im Folgenden beschäftigen wir uns deshalb mit der Prospektlandschaft der Investmentfondsanlage mit dem Ziel, Ihnen einen roten Faden für Ihr Prospektstudium zu liefern. Um Ihnen den Überblick zu erleichtern, finden Sie auf der nächsten Seite eine Tabelle mit den einzelnen Prospektformen.

2.3 Die grundlegenden Informationsquellen

Wenn Sie sich über die Details eines Fonds informieren wollen, dann sollten Sie zunächst zum Verkaufsprospekt greifen. Das Gesetz über Kapitalanlagegesellschaften (KAGG), im Alltag Investmentgesetz genannt, regelt im §19 die Mindestanforderungen an den Inhalt von Verkaufsprospekten. Bei den in Deutschland zum Vertrieb zugelassenen ausländischen Investmentfonds regelt das Auslandinvestment-Gesetz (AuslInvestmG) (§§3 und 4) dieses für eine seriöse Entscheidungsgrundlage beim Anleger äußerst wichtige Detail.

Bis vor kurzem hatte man den Eindruck, dass die Investmentgesellschaften diese Gesetzesvorgaben so interpretieren, als ob es gesetzlich verboten sei, dem Anleger mehr Informationen zu geben, als vom Gesetzgeber gefordert. Dieser Eindruck hat sich für Beobachter der Branche erst in jüngster Zeit relativiert (worauf wir im Verlauf dieses Kapitels zurückkommen).

Weitere Anforderungen an Prospektinhalte ergeben sich aus den §§31 und 32 des Wertpapierhandelsgesetzes, wonach Wertpapierdienstleistungsunternehmen z.B. die Wahrung der Kundeninteressen und die Versorgung der Kunden mit „allen zweckdienlichen Informationen“ auferlegt wird.

2.4 Zusätzliche Informationspflichten nach dem Wertpapierhandelsgesetz

Um die Aufklärungspflichten nach der am 01.01.1999 in Kraft getretenen Novelle des Wertpapierhandelsgesetzes (WpHG) zu beschreiben, sei hier aus einem von der Regierungsdirektorin Leoni Grimme vom Bundesaufsichtsamt für den Wertpapierhandel verteilten Merkblatt zitiert:

Informationsquellen des Investmentfonds-Interessenten	
Informationsquelle	**Zeitpunkt der Übergabe, Gesetzesvorgabe**
Verkaufsprospekt	Gem. § 19 KAGG und § 3 AuslInvmG vor Vertragsabschluss kostenlos zu übergeben.
Geschäftsbericht	Mit dem Verkaufsprospekt zu übergeben (Gesetztesgrundlage (KAGG und AuslInvG s. o.).
Halbjahresbericht	Sofern veröffentlicht und nicht älter als 8 Monate (KAGG und AuslInvG).
Vertragsbedingungen	Meist im Geschäftsbericht enthalten (KAGG und AuslInvG).
Antrag auf Vertragsabschluss	Durchschrift ist dem Käufer auszuhändigen (KAGG und AuslInvG).
Andere Werbematerialien	Müssen immer auf den Verkaufsprospekt und die Stellen, wo dieser erhältlich ist, hinweisen (KAGG).
Kundenfragebogen, Aufklärungsbroschüren usw.	Dienen der Erfüllung der Bestimmungen des Wertpapierhandelsgesetzes (WpHG).
Beratungsprotokoll	Wird gelegentlich von Vermittlern zur Aufklärung der Anleger, aber auch zur Abwehr von Vermittlerhaftung eingesetzt.

„Die allgemeinen Verhaltensregeln des § 31 WpHG beinhalten die Verpflichtung, dem Kunden diejenigen Informationen mitzuteilen, die dieser für die von ihm beabsichtigten Geschäfte benötigt. Hierzu gehören beispielsweise Informationen über die Berechnung, Höhe und Art der Kosten, gegebenenfalls zu erbringende Sicherheitsleistungen (margin) und etwaige andere Zahlungspflichten. Zu den für den Kunden zweckdienlichen Informationen zählt auch die Aufklärung des Kunden über die Eigenschaften und Risiken der von dem Kunden gewünschten Anlageform sowie der Hinweis auf andere erhebliche Umstände, z. B. die Möglichkeit der Limitierung von Aufträgen. Die Aufklärung des jeweiligen Kunden muss zutreffend, vollständig und unmissverständlich sein. Sie ist so zu gestalten, dass hinsichtlich des Inhalts und der Form der Aufklärung die Kenntnisse bzw. Erfahrungen sowie das jeweilige Aufklärungsbedürfnis des Kunden in Bezug auf die betreffende Anlageform berücksichtigt werden."

Reduziert man diese Anforderungen auf Stichworte, dann ergibt sich folgender Merksatz:

Der Anleger muss über alle Aspekte der Kosten, über die Eigenschaften und die Risiken der Anlage und über andere erhebliche Umstände zutreffend, vollständig und unmissverständlich unter Berücksichtigung seiner Kenntnisse, Erfahrungen und seines Aufklärungsbedürfnisses informiert werden.

Nun wollen wir Sie hier nicht mit juristischen Formulierungen langweilen. Diesen Satz jedoch sollten Sie sich merken (bzw. immer wieder nachschlagen), denn er drückt Ihren Anspruch auf Aufklärung kurz und knapp aus und gilt übrigens nicht nur für Investmentfondsanlagen, sondern für alle Geldanlageformen.

Wie dieser Informationsumfang am besten zum Anleger, also zu Ihnen transportiert werden soll, dazu gibt es noch keine einheitliche Meinung in der Branche. Vieles deutet jedoch darauf hin, dass man sich für die Basisinformation des Anlegers auf eine Broschüre einigt, die von einer Reihe von großen Fondsgesellschaften bereits eingesetzt wird. Die Broschüren nennen diese Gesellschaften einheitlich „Basisinformationen über die Vermögensanlage in Investmentfonds". Sie sind weitgehend identischen Inhalts, denn sie sind der Broschüre „Basisinformationen über Vermögensanlagen in Wertpapieren", entnommen, die laut Vorwort in der DWS-Broschüre im „deutschen Kreditgewerbe einheitlich verwendet" wird.

2.5 „Basisinformationen" – eine Broschüre, die manche Informationslücke stopft

Die Broschüre ist dreigeteilt und enthält im Teil A „Anlageziele und individuelle Anlagekriterien" unter dem zwar etwas abgegriffenen, aber dennoch zeitlos gültigen „magischen Dreieck der Vermögensanlage", nämlich Sicherheit, Rentabilität und Liquidität (siehe Seite 284, Hinweise auf den Umgang mit den Anlagezielen). Im Teil B geht es um die „Möglichkeiten der Vermögensanlage in Investmentfonds" und im Teil C werden die „Basisrisiken bei der Vermögensanlage in Wertpapieren" beschrieben. Schlussendlich geht es im Teil D um „spezielle Risiken bei der Vermögensanlage in Investmentfonds".

Der Inhalt der Broschüre ist für unerfahrene Anleger lesbar und verständlich. Dass gestandene Banker elf allgemeine Wertpapierrisiken und zusätzlich sechs besondere Investmentfondsrisiken beim Namen nennen und beschreiben, das ist für jeden, der von der jahrelangen Abstinenz der Investmentmanager von jeder allgemeinverständlichen Risikoaussage weiß, ein besonderes Ereignis. Wir empfehlen Ihnen deshalb die Lektüre dieser Broschüre, allerdings unter Beachtung der folgenden Kritikpunkte, auf die wir etwas ausführlicher eingehen wollen, weil sie nicht nur die Lücken dieser Broschüre beschreiben, sondern auch „dunkle Punkte" der deutschen Investmentfondsbranche berühren, die Sie als Anleger unbedingt kennen müssen, wenn Sie mit Investmentfonds erfolgreich sein wollen.

Unvollständige Darstellung der Risiken Offener Immobilienfonds
Wesentliche Kritik ist bei der Beschreibung der „besonderen Risiken bei offenen Immobilienfonds" (siehe ausführlich in Kapitel E, Abschnitt 5) angebracht. Dort ist zwar von möglichen Leerständen und einem dadurch verursachten Ertragsrisiko die Rede. Jedoch wird so getan, als ob diese Leerstände nur zu „Ertragskürzungen" führen können. Dass daraus auch Vermögensverluste entstehen können bzw. bei längeren Leerständen zwangsläufig entstehen, wird verschwiegen.

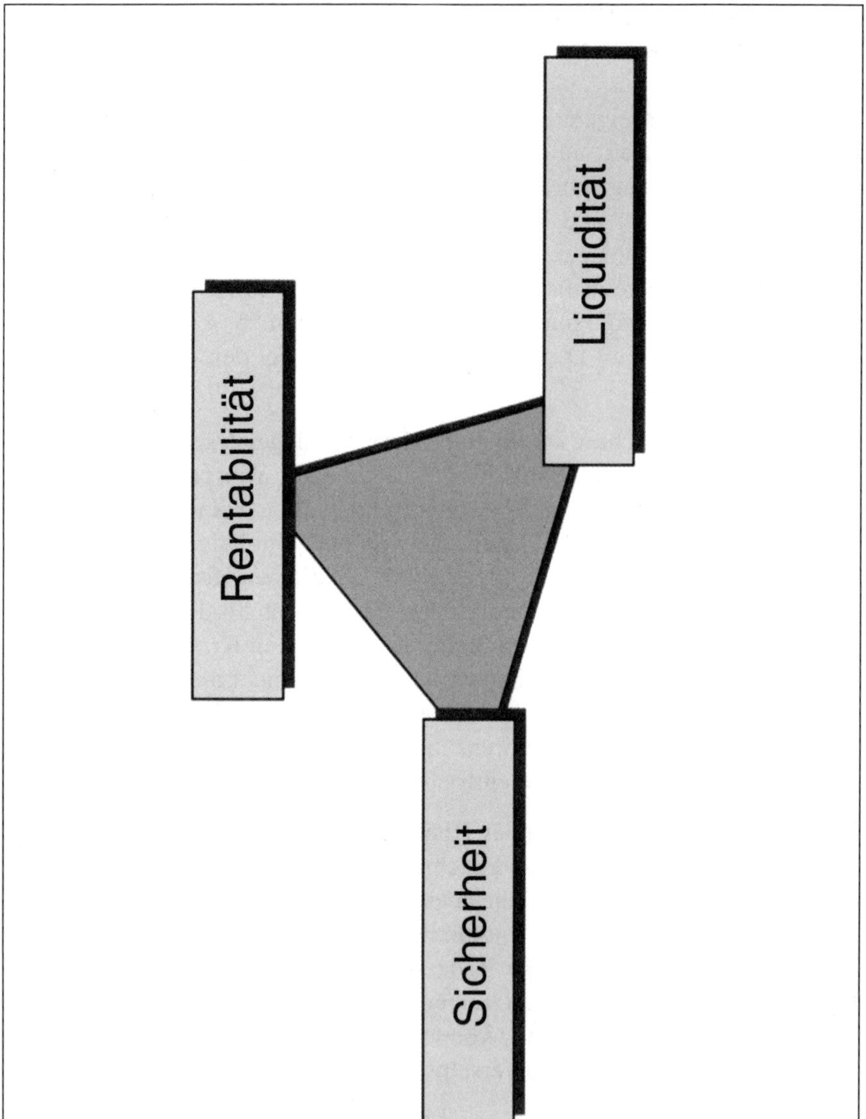

Das magische Dreieck der Vermögensanlage findet sich in den Broschüren der meisten Fondsgesellschaften, die sich dieses Informationsmittels bedienen.

Beispiel

Stellen Sie sich vor, Sie würden einen Sportwagen kaufen wollen. Der Verkäufer preist zunächst das Auto an, listet dann aber eine ganze Reihe von Risiken auf: Der Motor wird schnell heiß, die Reifen platzen leicht, bei Regen kommt das Auto schnell ins Schleudern usw. Würden Sie sich nun nicht getäuscht fühlen, wenn sich, Sie haben das Auto unter Inkaufnahme obiger Risiken gekauft, herausstellt, dass in Branchenkreisen seit Jahren bekannt ist, dass dieses Auto weitere mindestens ebenso gravierende Risiken aufweist, von denen Sie zuvor nichts erfahren haben, dass sich die Radmuttern leicht lösen und dass es deshalb schon einige schwere Unfälle gegeben hat?

Da könnte man auf die Idee kommen, dass die Anbieter Offener Immobilienfonds über diese Broschüre und die darin geschilderten Risiken ganz froh sind, weil so keiner mehr auf die Idee kommt, nach den wirklich wichtigen Risiken zu fragen und zu forschen.

Positiv muss dagegen angemerkt werden, dass ein bei den Anlegern in Offenen Immobilienfonds weithin unbekanntes Manko dieser Fondsform, nämlich deren eingeschränkte Fungibilität, deutlich beschrieben wird, wenn der unerfahrene Anleger beim Lesen des Textes dennoch kaum wird erahnen können, wie realitätsnah die Erwartung ist, dass Anteile Offener Immobilienfonds unter bestimmten Umständen nicht sofort, eventuell auch überhaupt nicht, zurückgenommen werden.

Beispiel

Urteilen Sie selbst, ob der folgende Text tatsächlich beschreibt, dass am Immobilienmarkt (Katastrophen-) Situationen eintreten können, in denen über viele Jahre hinweg kein adäquater Verkaufserlös für Immobilien erzielbar ist. Ob mit diesem Text tatsächlich ausgesagt ist, dass eine Aussetzung der Rücknahme von Anteilen an Offenen Immobilienfonds mit großer Wahrscheinlichkeit zur Folge hat, dass die Fondsimmobilien auf Dauer an Wert verlieren, weil die lange Zeit, bis sie nach einer solchen Katastrophensituation zu normalen Bedingungen vermietet werden können, in der Regel gerade bei Einzelhandelsimmobilien und Innenstadtobjekten zu einer technischen Veralterung führt, die allenfalls mit hohen Zusatzinvestitionen zu heilen ist.

„Beachten Sie, dass bei Offenen Immobilienfonds die Rücknahme von Anteilscheinen, die wie bei Wertpapierfonds möglich ist, Beschränkungen unterliegen kann. Die Vertragsbedingungen können insbesondere vorsehen, dass nach größeren Rückgaben von Anteilscheinen die Rücknahme auch für einen längeren Zeitraum von bis zu zwei Jahren ausgesetzt werden kann. In einem solchen Fall ist eine Rückverwandlung von Anteilscheinen in Bargeld während dieses Zeitraums nicht möglich.“

Risiken von Spezialitätenfonds vergleichsweise gut getroffen

Besser gelungen erscheint dagegen die Darstellung zu den zusätzlichen Risiken von Spezialitätenfonds, wenn auch die Überschrift „Risikokonzentration durch spezielle Anlageschwerpunkte“ nicht gerade zum Lesen einlädt. Die enormen Risiken dieser Fondskategorien sind im Großen und Ganzen zutreffend beschrieben. Wenn Sie sich ernsthaft mit dieser Darstellung auseinandersetzen, erhalten Sie zumindest eine Ahnung davon, dass bei Spezialitätenfonds besondere Risiken lauern. Ein Fortschritt zwar gegenüber dem bisherigen „risikofreien“ Zustand, jedoch sicher noch nicht ideal, denn die konkreten Folgen für den Fall, dass das Risiko eintritt, sind dem Anleger dennoch nicht bekannt. Er weiß nämlich immer noch nicht, ob er nun von seiner Einlage 0, 10 oder 50 Prozent verlieren kann oder ob er „nur“ von seiner Renditevorstellung im Plusbereich eventuell Abstriche machen muss.

Beispiel

Sie kennen sicher die Situation aus dem Alltag eines Autofahrers: Wenn man die Höhe der Strafe nicht kennt, ist man sehr viel eher bereit, mal etwas schneller als erlaubt zu fahren oder im Parkverbot „kurz“ zu parken. Beginnt man anhand des Bußgeldkatalogs über „Preise“, sprich Strafen in Form von Bußgeldern nachzudenken, nimmt die Bereitschaft zu Verstößen gegen die Verkehrsregeln dann doch stark ab, zumindest bei denen, die rechnen müssen. Ähnlich verhält es sich bei den Anlagerisiken. Viele Anleger gehen das Risiko mit Spezialitätenfonds nur deshalb ein, weil sie das Risiko-Ausmaß nicht kennen. So wurden viele Anleger durch die Südostasienkrise schmerzhaft darauf gestoßen, dass das Risikoausmaß von Hemisphären- und Länderfonds jenseits aller Erwartungen liegen kann. Viele Anleger hätten nie und nimmer in solch spezielle Anlagen investiert, wenn sie gewusst hätten, dass man bei solchen Spezialitätenfonds von 100 Prozent schon einmal 80 Prozent zumindest kurzzeitig verlieren kann. Auf solche Schocks waren viele Anleger in Südostasien-Fonds nicht vorbereitet. Sie reagierten prompt panisch, also falsch. Sie verkauften und zementierten damit – unnötigerweise wie man heute weiß – den erlittenen Verlust.

Kreditfinanzierung von Investmentfondsanlagen: Ein sensibles Thema ungenügend erklärt

Auch das „Risiko bei kreditfinanzierten Wertpapierkäufen“ wird in der Broschüre so beschrieben, dass kein Anleger, der diesen Text gelesen hat, sagen kann, er hätte von diesen Risiken nichts geahnt. Sogar die Tatsache, dass auch bei der Beleihung von Rentenpapieren Risiken entstehen, ist nicht ausgeklammert.

Vielleicht ist Ihnen ein Finanzierungsmodell angeboten worden, in dem Investmentfonds- oder ganz allgemein Wertpapieranlagen eine Rolle spielen. Wir sind fast sicher – wenn Sie jene Beschreibung und die Beispielrechnung auf der folgenden Seite nachvollzogen haben, wird Ihnen diese gleichzeitig faszinierende wie gefährliche Finanzierungsmethode in einem neuen Licht erscheinen.

Viele werden dann enttäuscht sein, weil sie erkennen müssen, dass das Eis zu dünn ist, auf das sie sich wagen müssten, wenn sie diese Finanzierungsmethode anwenden wollten. Andere jedoch werden dankbar erkennen, welche Vorkehrungen sie treffen müssen und welche Gestaltungen sie anwenden müssen, um die Risiken in Grenzen zu halten und um die Chancen optimal nutzen zu können.

Ein Kreditnehmer, der dieses Risiko kennt, würde entsprechende Vorkehrungen treffen, indem er zum Beispiel für den Endzeitpunkt seiner Finanzierung eine fungible Reserve anlegt. Oder, indem er den Wertverlauf seiner Tilgungs-Anlage genau verfolgt, um noch rechtzeitig reagieren zu können, bevor dieses existenzgefährdende Risiko eintritt. Oder einfach, indem er auf diese Art der Finanzierung verzichtet, weil ihm das Risiko zu groß erscheint.

Übrigens: Das Risiko, das geplante und erwartete Anlageergebnis zu verfehlen, ist nicht das einzige Risiko, das der Anleger/Kreditnehmer bei solchen Modellen zu tragen hat. Noch nicht gesprochen wurde über das gravierende Risiko, dass das Modell letztendlich steuerlich nicht anerkannt werden könnte, womit ein wesentlicher Teil des Charmes, den Wertpapieranlagen mit Kreditfinanzierung durchaus haben können, entfällt, weil eventuell gleichzeitig ein hoher Kredit-Restsaldo abzudecken und eine Steuer-Nachzahlung fällig ist.

Beispiel

Im „LebensversicherungsDossier ’98“ (Herausgeber: Deutsches Finanzdienstleistungs-Informationszentrum GmbH, Wiesbaden; bearbeitet von Helmut Kapferer, Ines Fischer und Christel Neubert) ist eine Beispielrechnung enthalten, deren Ergebnis die Höhe einer notwendigen Nachfinanzierung beschreibt, wenn bestimmte von einem Berater in Aussicht gestellte Renditen einer Tilgungsaussetzungs-Anlage nicht eintreffen. Es geht dabei um einen Finanzierungsbetrag von 450.000 DM und eine in Aussicht gestellten Rendite der Tilgungsanlage von 8 Prozent. Im Beispiel beträgt auch der Zinssatz des Nachfinanzierungs-Darlehens 8 Prozent.

Rendite Tilgungs-anlage	Auszahlung aus Tilgungs-anlage	Darlehensrest wegen geringerer Rendite	Gesamtaufwand Nachfinanzierung	Monatsraten bei 5 Jahren Nachfinanzierung
8 %	457 TDM	—	—	—
7 %	393 TDM	56 TDM	68 TDM	ca. 1.300 DM
6 %	339 TDM	110 TDM	134 TDM	ca. 2.200 DM
5 %	292 TDM	155 TDM	189 TDM	ca. 3.100 DM

Lesehilfe: *Wenn bei dieser Finanzierung die Tilgungsanlage eine Rendite von nur 6 % statt der erwarteten 8 % erzielt, dann muss der Kredit-*

nehmer nach Ende der ursprünglichen Darlehenslaufzeit weitere fünf Jahre Monatsraten von ca. 2.200 DM zahlen, um das Nachfinanzierungs-Darlehen zu verzinsen und zu tilgen – immer vorausgesetzt, dass ihm die Bank diesen weiteren Kredit gewährt bzw. gewähren kann. Wenn aus dem erfolgreich Berufstätigen inzwischen zum Beispiel ein Rentner geworden sein sollte, würde sich die Bank, je nach Sachlage, die weitere Kreditgewährung gut überlegen und sich statt dessen aus der ursprünglichen Grundschuld schadlos halten.

Unser Rat

Unser dringender Rat für alle, die ein kreditfinanziertes Anlagemodell oder eine Tilgungsaussetzungs-Finanzierung wagen wollen:

Immer dann, wenn das Modell auch Steuern sparen soll bzw. nur mit Steuerspareffekten sinnvoll wird, besorgen Sie sich ein schriftliches Gutachten Ihres Steuerberaters oder eines Wirtschaftsprüfers. Wenn es negativ ausfällt, dann haben sich die damit verbundenen Kosten auf jeden Fall gelohnt. Wenn es positiv ausfällt, dann muss häufig der Gutachter oder dessen Haftpflichtversicherung Ihren Schaden ausgleichen, wenn die Anerkennung nicht erfolgt. Bedenken Sie, dass das Finanzamt in der Regel bis zu zehn Jahre nach dem Geschäftsabschluss die Steuervorteile noch aberkennen kann.

In allen Fällen muss der Anleger, um die auftretenden Risiken beherrschen zu können, eine Vorstellung davon haben, welche Minderauszahlung tatsächlich eintreten kann. Dies wäre zum Beispiel mit einer Musterrechnung entsprechend vorstehendem Beispiel realisierbar. Mit dieser Musterrechnung wäre der Kreditnehmer und Investmentanleger in den meisten Fällen wenigstens ausreichend über das Ablauf-„Risiko bei kreditfinanzierten Wertpapierkäufen", so der Titel des dann doch allzu formalen Risikohinweises in der Broschüre, ausreichend informiert.

Sie haben nun ausschnittweise die Inhalte der Broschüre „Basisinformationen über die Vermögensanlage in Investmentfonds" kennengelernt und sind nun aufgrund unserer Detailkritik sensibilisiert dafür, dass bei dieser Lektüre kritische Distanz angebracht ist, obwohl die Broschüre selbst einen enormen Fortschritt gegenüber dem vorherigen weitgehend informationslosen Zustand darstellt.

Wir wollen Sie nun in aller Kürze mit den Knackpunkten der übrigen auf Seite 281 aufgelisteten Informationsquellen vertraut machen, damit Sie deren Informationsgehalt risikoloser nutzen können, also auf die in den Informationen versteckten Anlässe für Missverständnisse nicht hereinfallen.

2.6 Der Verkaufsprospekt – formell gesetzeskonform und dennoch für Otto-Normalsparer nur zum Teil nützlich

In den Abschnitten 2.2 und 2.3 dieses Kapitels haben wir uns bereits mit den gravierendsten Kritikpunkten an den Verkaufsprospekten auseinandergesetzt. Dazu muss man wissen, dass die Verkaufsprospekte zu denjenigen Informationsbestandteilen gehören, die vom Bundesaufsichtsamt für das Kreditwesen auf Gesetzeskonformität geprüft werden, bevor ein Fonds überhaupt zum Vertrieb in Deutschland zugelassen wird. Der Inhalt der Verkaufsprospekte ist deshalb weitgehend brancheneinheitlich. Unterschiede ergeben sich praktisch ausschließlich dadurch, dass die Weiterentwicklung der Investmentfonds-Gesetzgebung zu jeweils leicht veränderten Prospektgestaltungen führt.

Für Sie als potenzieller oder tatsächlicher Anleger wichtiger ist jedoch die banale Frage: Wo finde ich den Verkaufsprospekt? In der Branche gibt es da drei Lösungen, die alle ihre Vor- und Nachteile haben:

- **Variante 1:** Separater Verkaufsprospekt für jeden einzelnen Fonds einer Fondsgesellschaft
- **Variante 2:** Verkaufsprospekt und Rechenschaftsbericht (Jahresbericht) in einer Broschüre – eventuell für eine ganze Reihe von Fonds einer Gesellschaft
- **Variante 3:** Die verschiedenen Verkaufsprospekte einer Fondsgesellschaft werden in einer einzigen Verkaufsprospekt-Broschüre zusammengefasst.

Welcher Variante aus Anlegersicht der Vorzug zu geben ist, darüber dürften die Meinungen auseinandergehen. Gut hat uns die Lösung der Fondsgesellschaft DWS (Deutsche-Bank-Gruppe) gefallen, die jeweils für einzelne Fondsgruppen (z.B. Rentenfonds, Geldmarktfonds, Aktienfonds, Länder- und Branchenfonds) aus ihrem riesigen Fondsprogramm entsprechend der Variante 2 Jahresberichte und Verkaufsprospekt in eine Broschüre packt und einen analytisch-sachlichen, mit vielen Charts garnierten Marktbericht voranstellt. Das wertet die sehr formellen Inhalte des eigentlichen Verkaufsprospektes auf und erhöht dessen Attraktivität für den Leser.

Wenn Sie in den häufig umfangreichen bis zu knapp 100 Seiten dicken Verkaufsprospekten gezielt nach Informationen zu einem bestimmten Fonds suchen, dann empfehlen wir Ihnen zunächst die Rubrik „Fonds im Überblick", die Sie in jedem Verkaufsprospekt der dem KAGG unterliegenden Fonds finden (allerdings leider nicht in den Verkaufsprospekten der dem AuslInvG unterliegenden Fonds). Dort stehen, stark gerafft, die wichtigsten Details jedes einzelnen Fonds – häufig in wenigen Zeilen, maximal auf einer Seite. Dabei geht es um Angaben zum aktuellen Anlageschwerpunkt des Fonds, um die Wertpapierkennnummer, das Auflegungsdatum, den Ausgabeaufschlag, die Verwaltungsvergütung und die Depotbankvergütung. Außerdem erfahren Sie, ob der Fonds ausschüttet oder seine Erträge thesauriert und ob es effektive Stücke (auslieferbare Anteilsurkunden) gibt oder nicht.

Während die Risikoangaben sich in wenigen Formalien erschöpfen, lohnt sich die Lektüre aller Angaben zu den „Anlagegrundsätzen" des jeweiligen Fonds. Schließlich ist für Sie als Anleger diese Information entscheidend bei der Beantwortung der Frage, ob der jeweilige Fonds zu Ihrem Anlageziel passt oder nicht. Wirklich weiterhelfen werden Ihnen die Anlagegrundsätze allerdings nur dann, wenn Sie über Basiswissen zu den Wertpapiermärkten verfügen. Und auch dann werden Sie sich mit der Beurteilung einiger Details der Fondssatzung schwer tun.

Beispiel

Laut Verkaufsprospekt dürfen zum Beispiel viele Investmentfonds bis zu 10 Prozent des Sondervermögens in „Nichtnotierte Wertpapiere" investieren. Definiert werden diese Anlagen als *„Wertpapiere, die nicht zum amtlichen Handel an einer Börse zugelassen oder in einen organisierten Markt einbezogen sind"*. Die meisten Fonds, bei denen diese Bestimmung in ihrer

Satzung enthalten ist, weisen keinerlei derartigen Wertpapiere auf. Man stellt sich die Frage, für welchen Fall hier vorgesorgt werden soll. Die Historiker unter den Anlegern werden sich sicher an die für Anleger leidvolle IOS-Affäre zu Beginn der 70er Jahre erinnern, die unter anderem deshalb zur Affäre wurde, weil nichtnotierte Wertpapiere erworben wurden, die sich dann als wertlos herausstellten.

2.7 Rechenschaftsbericht/Jahresbericht und Halbjahresbericht – Informationsfülle mit Lücken

Den Kern der Jahres- und Halbjahresberichte bildet naturgemäß die Vermögensaufstellung. Da die Berichte in aller Regel erst ca. drei Monate nach dem Stichtag in gedruckter Form vorliegen, ist diese Aufstellung insbesondere bei spekulativer ausgerichteten Fonds meist eher von historischem Wert.

Wenn Sie an den Ereignissen an den Börsen detailliertere Interesse haben, werden Sie sich bestimmt dafür interessieren, wann und zu welchem Kurs der Fondsmanager Wertpapiere ge- und verkauft hat. Aber leider ist diese Information aus den Berichten nicht herauszulesen. Im Rechenschaftsbericht der Fonds, die nach dem KAGG zugelassen sind, muss über die „abgeschlossenen Geschäfte" zwar berichtet werden. Gesetzespflicht ist allerdings nur ein Bericht über die Stückzahl und nicht über den Wert der einzelnen Transaktionen und daran halten sich die Investmentfondsgesellschaften auch penibelst, was wiederum den Wert der erhaltenen Information deutlich mindert.

Ganz unterschiedlich handhaben die Gesellschaften dagegen den Umfang und die Gestaltung der Marktberichte, mit denen die Rechenschafts- und Halbjahresberichte ergänzt werden. Einige Gesellschaften nehmen die Chance wahr, ihren Analyse- und Recherche-Ergebnissen Öffentlichkeit zu verschaffen. Andere Gesellschaften beschränken sich auf wenige Sätze zur Marktentwicklung im Berichtszeitraum.

Unser Rat

Wenn Sie Interesse an fundierten Darstellungen zu vergangenen Marktentwicklungen und deren volkswirtschaftlichen Hintergründen haben, dann empfehlen wir Ihnen neben den bereits gelobten Berichten der DWS auch die Berichte des DIT und der Hypo Invest (Adressen im Anhang) als Quelle Ihrer Forschungen.

2.8 Antragsformulare/Vollmachten/Legitimationsprüfung: Nur lästige Formalien?

Die Inhalte der Antragsformulare sind gesetzlich so genau festgelegt, dass die Formulare sich weitgehend gleichen. Dennoch oder deshalb ist der Informationsgehalt des Antragsformulars nicht so gering, wie man vielleicht annehmen könnte. Immerhin fasst es noch einmal all die für viele Anleger verwirrenden Informationen in einigen nüchternen Fakten zusammen:

- Was kaufe ich denn nun genau? Welche Fonds?
- Wie zahle ich meine Einlage ein?
- Wen soll ich (falls überhaupt notwendig) für den Todes- und/oder Erlebensfall bevollmächtigen?
- Wer hat mich beraten? Wer hat mir die Anteile/den Vertrag vermittelt?
- Welche Kosten fallen an?

So kommt noch einmal Ordnung in das Unterfangen, Geld in Investmentfonds anzulegen.

2.9 Werbematerialien: Wehe, wenn sie losgelassen!

Werbematerialien zu Investmentfonds müssen, und so steht es im §19 des KAGG, *„auf den Verkaufsprospekt und die Stellen, wo dieser erhältlich ist, hinweisen"*. Davon abgesehen sind Investmentgesellschaften bei der Gestaltung der weiteren Werbematerialien von den relativ engen Zwängen befreit, die das KAGG – teilweise an der wirklichen Schutzproblematik vorbei – vorschreibt.

Glücklicherweise gehen die meisten deutschen und viele der in Deutschland anbietenden ausländischen Fondsgesellschaften mit den Möglichkeiten der Werbung sorgfältig um. Das ist gut so, denn Werbung für ein Produkt, bei dem viele Menschen Verständnisprobleme haben bzw. zu dessen Details (Chancen und Risiken) bei vielen Menschen Missverständnisse bestehen, erfordert Verantwortungsbewusstsein und eine moralische Grundhaltung der Werbetreibenden, wenn die Werbung nicht täuschend wirken soll.

Grundprinzip: Werbung sollte als solche erkennbar sein

Werbung gehört zu unserem Alltag. Die meisten Menschen können deshalb damit ganz gut umgehen – vorausgesetzt sie erkennen Werbung als Werbung:

Vielleicht ist es Ihnen auch schon so ergangen, dass Sie am Bahnhofskiosk eine interessant erscheinende Zeitschrift, die vorgibt über Finanzthemen zu berichten, erstanden haben und dass Sie erst nach längerem Lesen dahintergekommen sind, dass damit etwas nicht stimmen kann. Und mit vielen der immer neueren Finanzzeitschriften-Titel, die seit einigen Jahren den Markt überschwemmen, stimmt eine ganze Menge nicht. Nicht immer sind die ganzseitigen Anzeigen derjenigen Firmen, die im redaktionellen Teil so sehr gelobt werden, direkt und „ehrlich“ neben den Artikeln platziert. Manchmal erscheinen diese Anzeigen auch erst einige Ausgaben später oder – ganz geschickt – einige Ausgaben früher. Eine ganze Reihe dieser Zeitschriften arbeitet nach dem ganz einfachen Geschäftsprinzip: Wir suchen uns einen Anbieter, der sein Produkt gelobt haben will. Der bekommt dann einen nach seinen Wünschen gestalteten redaktionellen Beitrag und platziert als Gegenleistung einige schöne Anzeigen. Alternativ oder zusätzlich kauft er auch noch eine Palette der entsprechenden Ausgabe der Zeitschrift. Damit ist allen gut geholfen, nur nicht dem Leser und potenziellen Anleger, der meint unabhängig informiert worden zu sein, in Wirklichkeit aber getäuscht wurde.

Nicht mit diesen am Kiosk erscheinenden Pseudo-Zeitschriften in einen Topf zu werfen, sind die Werbezeitschriften, wie sie von einigen Investmentgesellschaften hergestellt werden. Diese sehen zwar dann auch optisch genau so aus wie ganz normale Zeitschriften, werden jedoch nicht dort verkauft, wo es die obengenannten Zeitschriften gibt. Sie werden meist überhaupt nicht verkauft, sondern an Kunden und Interessenten verteilt und wer sich etwas bemüht, der kann zum Beispiel daran, dass sich im Editorial der Vorstandssprecher oder Geschäftsführer der Investmentgesellschaft zu Wort meldet, leicht erkennen, dass der Inhalt dieser Zeitschrift nicht unbedingt etwas mit unabhängigem Journalismus zu tun haben muss.

Man fragt sich allerdings, warum dann die Mühe, Werbebotschaften in eine Zeitschrift zu verpacken? Rechnet man vielleicht mit einer Mehrheit unaufmerksamer und unerfahrener Interessenten, die sich auf diese Art und Weise täuschen lassen? Vielleicht sollen so die Informationen nur interessanter verpackt werden.

Das ist in einigen Fällen nachvollziehbar, denn viele dieser Zeitschriften sind durchaus lesenswert, weil fachkundige Autoren am Werk sind. Allerdings, eine kritische Äußerung zu den Produkten des die Zeitschrift finanzierenden Anbieters wird man natürlich vergeblich suchen.

Wenn Sie selbst fachkundig sind, werden Sie jeweils den werbenden Einschlag mancher Artikel in diesen Werbezeitschriften erkennen und profitieren dann von mancher interessanten Information. Was soll man aber dem unerfahrenen und nicht fachkundigen Anleger raten, wenn ihm eine solche Publikation auf den Tisch flattert? Konsequenterweise kann man ihm nur zu allergrößter Wachsamkeit und Vorsicht raten.

Beispiel

Analysieren Sie mit uns:

Wann meinen Sie, ist die Gefahr der Täuschung für Sie als Anleger größer?

Wenn Sie eine Werbebroschüre lesen und darin das angebotene Produkt in den höchsten Tönen gelobt finden?

Oder …

Wenn Sie in einer Zeitschrift oder Zeitung, in einem Fernsehbericht oder einer Radiosendung eine fachlich erscheinende, tatsächlich aber eine von einem Produktgeber in Auftrag gegebene Darstellung zur Verherrlichung eines bestimmten Produktes lesen, sehen oder hören?

Fachliche Werbematerialien mit beachtlichem Informationswert

Beinahe quer durch die Werbeblätter-Landschaft deutscher Investmentgesellschaften und auch der in Deutschland anbietenden ausländischen Investmentgesellschaften muss man den im Durchschnitt hohen Informationswert der verschiedenen Werbematerialien loben. Egal, ob sie nun einfach einen bestimmten Fonds vorstellen oder ob sie die Anlagechancen in einer bestimmten Region beschreiben – die Informationen sind präzis und fachlich über jeden Zweifel erhaben. Dennoch sind die Werbedarstellungen selten wirklich fair aus der Sicht eines Börsen- und Wertpapierlaien. Wenn Sie wissen, was „asset allocation" ist, wenn Ihnen Kurscharts zum Beispiel im Vergleich zu bestimmten Indizes etwas sagen und wenn Sie in der Finanzmathematik zuhause sind, dann sind die Werbematerialien der meisten Investmentgesellschaften für Sie eine wertvolle Informationsquelle.

Wenn Sie allerdings das alles nicht wissen, wenn Sie eigentlich von einer Investmentfondsanlage und deren Anbietern erwarten, dass man Ihnen die Sorge um das Fachliche abnimmt, dann muss man einfach konstatieren: Die meisten Werbeprospekte verfehlen das Informationsziel.

Aber es ist natürlich noch eine andere Interpretation als Zusammenfassung unserer Werbeprospekt-Recherchen möglich: Die Banker wollen mit Fachtermini Eindruck schinden!

Einer besonderen Form des Investmentfonds-Werbematerials wollen wir ein ganzes Unterkapitel widmen: Den so genannten Rechenschiebern. Dies nicht nur wegen der dadurch verursachten Anlegergefährdung, sondern auch, weil der offenbar anhaltende Erfolg dieses Verkaufstricks zeigt, dass wir uns in Deutschland noch in einer Frühphase des Investmentfondsmarktes befinden, in dem ein so sehr vereinfachendes, geradezu plumpes Werbeargument „zieht".

2.10 Die Rechenschiebermanie mit dem Rechenschiebertest besiegt

Die beliebtesten Investmentfondskunden sind Anleger, die gerne rechnen. Sie werden begeistert sein von den tollen Rechenschiebern, die viele Investmentgesellschaften ihren Anlegern anbieten. Diese Rechenschieber vermitteln die vollkommene Illusion, dass man die Ergebnisse von Investmentfondsanlagen berechnen könne. Und schon ist der nominalfixierte Deutsche, der mit Wertschwankungen seiner Anlage nur schwer leben kann, beruhigt. Gerade Bankengruppen, die sich auf ihre langjährige Kompetenz in Sachen Aktien und Börse besonders viel zugute halten, meinen auf die Zauberschieber nicht verzichten zu können.

Es ist aber auch frappierend: Sie stellen in einem Fenster Ihren Anlagebetrag und die gewünschte Laufzeit ein und schon können Sie in einem anderen Fenster nachlesen, wie viel aus Ihrem Geld am Ende der Sparzeit geworden ist. Sie drehen den Schieber um und schon können Sie in einem Fenster wiederum eine Laufzeit einstellen, dieses Mal die Zeit, in der Sie monatlich Geld entnehmen wollen. Und schon zeigt man Ihnen in einem weiteren Fenster, was Sie bei drei, vier, fünf, sechs oder sieben Prozent Rendite (bei einigen Gesellschaften geht die Skala auch noch weiter – teilweise bis 10 Prozent) entnehmen können. Die Gesellschaften, die mit diesem Hilfsmittel arbeiten, suggerieren so eine Entwicklung, die es an den Wertpapiermärkten nur bei Bundesschatzbriefen gibt. Nicht aber bei Aktien, Rentenfonds und nicht einmal am Geldmarkt. Denn die Wertentwicklung an diesen Märkten war gerade in den zurückliegenden Jahrzehnten zwar äußerst zufriedenstellend, aber niemals gleichmäßig und schon gar nicht im Voraus berechenbar.

Rechenschieber täuschen Anleger

Was bei diesen Rechenschiebern schon auf den ersten Blick bedenklich stimmt, bedarf natürlich der Überprüfung. Wir haben überprüft, wie realistisch die Angaben auf diesen Rechenschiebern sind. Zu diesem Zweck haben wir die Ergebnisse der Werberechenschieber verglichen mit tatsächlichen Ergebnissen entsprechender Einmalanlagen, Sparpläne und Entnahmepläne in der Vergangenheit. Die Ergebnisse sind erschreckend. Wenn man die Interessen der betroffenen Anleger im Auge hat, bleibt nur der Vorwurf: Zu mehr, als die Anleger zu täuschen, taugen die Rechenschieber nicht.

Rechenschieber-Test: Die Testanordnung

Bei unserem Rechenschieber-Test sind wir wie folgt vorgegangen:

Insgesamt lagen uns sieben verschiedene Rechenschieber von sechs verschiedenen Investmentgesellschaften vor. Damit haben wir folgende neun Aufgaben gelöst:

Test 1: Wie hoch ist das Endvermögen einer Einmalanlage in Investmentfonds in Höhe von 10.000 DM nach 20 Jahren bei einer Renditeannahme von 6 Prozent?
= Rechenschieber-Ergebnis 32.071 DM

Test 2: dto. bei 8 Prozent?
= Rechenschieber-Ergebnis 46.609 DM

Test 3: Wie hoch ist das Endvermögen eines Anlageplans in Investmentfonds mit einer monatlichen Zahlung von 100 DM bei einer Renditeannahme von 6 Prozent?
= Rechenschieber-Ergebnis 45.577 DM

Test 4: dto. bei 8 Prozent?
= Rechenschieber-Ergebnis 57.290 DM

Test 5: Welche monatliche Entnahme aus einer Investmentfondsanlage, die zu Entnahmebeginn einen Wert von 100.000 DM aufwies, war in den vergangenen 20 Jahren bei einer angenommenen Rendite des Fonds von 6 Prozent möglich, wenn man sein Kapital erhalten wollte?
= Rechenschieber-Ergebnis 480 DM

Test 6: dto. bei 8 Prozent angenommener Rendite (und Kapitalerhalt)
= Rechenschieber-Ergebnis 640 DM

Test 7: dto. bei 6 Prozent angenommener Rendite, jedoch bei Verzehr des Kapitals
= Rechenschieber-Ergebnis 700 DM

Test 8: dto. bei 8 Prozent angenommener Rendite (und Kapitalverzehr)
= Rechenschieber-Ergebnis 810 DM

Test 9: dto. bei 10 Prozent angenommener Rendite (und Kapitalverzehr)
= Rechenschieber-Ergebnis 930 DM

Selbstverständlich haben wir überprüft, ob alle Rechenschieber dieselben Ergebnisse anzeigen. Das ist – von unbedeutenden, wahrscheinlich auf Rundungen zurückzuführenden Differenzen abgesehen – der Fall.

Rechenschieber-Test: Das Gesamtergebnis vorweggenommen

Es gibt eigentlich nur wenige Fragen, die in Zusammenhang mit diesem Test interessant sind:

Wie realistisch sind die Rechenschieber-Ergebnisse?
Wurden sie in der Vergangenheit tatsächlich schon einmal erzielt?

Wir haben unsere Datenbank befragt, die schon in Kapitel B eine Rolle spielte, und welche die Entwicklung der deutschen Aktienbörsen seit 1954 widerspiegelt. Dabei haben wir nicht einen einzigen, sondern eine Vielzahl einzelner Verträge über 20 Jahre simuliert, die alle zu denselben Bedingungen ab dem 01.01.1954 immer um einen Monat zeitversetzt abgeschlossen wurden und so ab dem 31.12.1973 wiederum immer um einen Monat zeitversetzt fällig wurden. Wie diese „Methode der gleitenden Anlagezeiträume" funktioniert, haben wir Ihnen bereits auf Seite 61 illustriert. Bei den fünf Entnahme-Tests haben wir zusätzlich in Prozent angegeben, bei wie vielen der jeweils rund 300 Verträge, die in den letzten 20 Jahren fällig wurden, die Entnahme überhaupt möglich war. Nicht möglich war die Entnahme dann, wenn der Vertrag irgendwann ins Minus rutschte, also das Vermögen vorzeitig aufgezehrt war, wie im nachstehenden Beispiel, das die historischen Abläufe von **Test 9** abbildet.

Ergebnis des Rechenschieber-Tests 9:

In der Vergangenheit funktionierte diese Konstellation aus Einmalanlage und Entnahmehöhe nur ganz selten. Die Rechenschieberergebnisse geben dem Anleger also ein extrem falsches Signal. Damit wird er über das tatsächliche Risiko seiner Anlage massiv getäuscht.

Gegenargumente: Wir hören natürlich schon die Gegenargumente, wie zum Beispiel, dass ja die Grafik gerade zeigt, dass dieses Ergebnis in der Vergangenheit tatsächlich gelegentlich möglich war. Außerdem: Alleine schon deswegen, weil der Rechenschieber eine Vielzahl von Renditeberechnungen zulasse, zeige deutlich, dass es keineswegs selbstverständlich ist, dass z.B. 10 Prozent Rendite erzielt werden können.

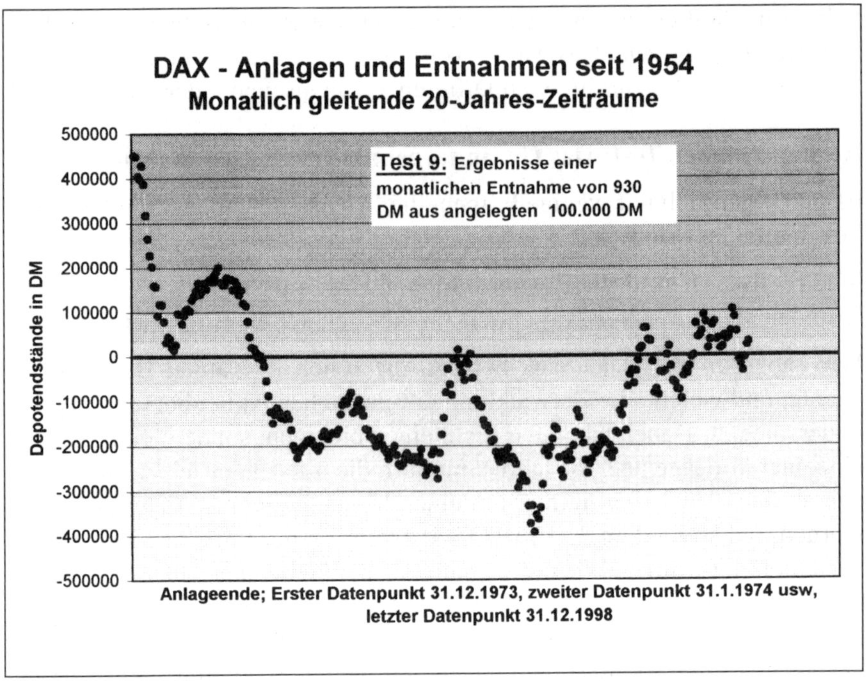

Grafik 31: Jeder Punkt auf obigem Chart zeigt das Endergebnis eines Entnahmeplanes, bei dem aus einer Aktienanlage in Höhe von 100.000 DM 20 Jahre lang 930 DM entnommen wurde, entsprechend Rechenschiebertest 9 (siehe Seite 298). Nur in 31 Prozent aller dieser Fälle wäre diese Entnahmehöhe 20 Jahre lang möglich gewesen. In 69 Prozent aller Fälle wäre es vorzeitig zur Aufzehrung des Kapitals gekommen. Kapitalerhalt, der hier allerdings nicht verlangt wurde, wäre in gerade einmal 15 Prozent aller Fälle möglich gewesen. Die Entnahmehöhe wird so von einer ganzen Reihe von Investmentgesellschaften indirekt „empfohlen", indem sie ihren Anlegern und ihrem Vertrieb Rechenschieber an die Hand gibt, auf denen dieses Ergebnis einstellbar ist, und dies ohne Hinweis darauf, dass dieses Ergebnis bzw. diese Entnahmehöhe in der Vergangenheit nur sehr selten möglich gewesen wäre.

Ein anderes Gegenargument wäre der Hinweis darauf, dass diese Rechenschieber niemals alleine ausgeliefert werden, sondern immer in Verbindung mit Verkaufsprospekten, Rechenschaftsberichten und anderem Werbematerial, in dem jeweils erklärt wird, dass es zu unterschiedlichen Ergebnissen kommen kann.

Rechenschieber-Test: Die Einzelergebnisse im Überblick

Die Einzel-Ergebnisse ergeben sich aus der vorstehenden Tabelle. Alle Ergebnisse zeigen eine skandalöse Missachtung einfachster und allgemein bekannter Merkmale von Investmentfonds, insbesondere der Tatsache, dass es gleichmäßige Anlageergebnisse bei dieser Anlageform nicht geben kann, weil Wertpapiere nun einmal Kursschwankungen unterliegen.

Testergebnis: Rechenschieber führen zu gefährlichen Missverständnissen beim Anleger.

- Wie würden Sie reagieren, wenn Sie zum Beispiel zu einer 10.000 DM-Anlage in Investmentfonds veranlasst worden wären und am Ende feststellen müssten, dass statt der in Aussicht gestellten 32.000 DM gerade einmal die Hälfte dieses Betrages auf dem Konto steht?
- Wie würden Sie reagieren, wenn man Ihnen eine monatliche Entnahme aus Ihrer 100.000-DM-Anlage in Höhe von 600 DM bei Erhalt des Kapitals in Aussicht gestellt hätte und Sie feststellen müssen, dass nach einigen Jahren alles Geld aufgebraucht ist?
- Wir stellen fest: Mit diesen Werberechenschiebern werden Ergebnisse in Aussicht gestellt, die in der Vergangenheit nicht immer eingetreten sind. Für den einzelnen Betroffenen kann das gravierende Folgen haben.

Bei der Altersvorsorge und -versorgung können dadurch schwerwiegende soziale Folgen ausgelöst werden, denn die betroffenen Anleger können zu dem Zeitpunkt, zu dem sie bemerken, dass die Voraussage nicht eintritt, in aller Regel nichts mehr ändern, weil sie als Pensionäre meist keine neuen Einkommensquellen mehr erschließen können. Auch bei Finanzierungen oder Entschuldungen ist meist zum Zeitpunkt des Bekanntwerdens des niedrigeren Vermögensendbestandes oder des Ausfalls der Entnahmezahlung nichts mehr zu ändern.

Fazit: Da den mit Rechenschiebern erzielten Ergebnissen gleichmäßige Wertentwicklungen zugrunde liegen, die es an den Wertpapiermärkten so nicht gibt, sollten die Investmentgesellschaften auf dieses Instrument verzichten. Sie – liebe Leser – wissen ab sofort, was Sie von einem Anlageangebot für Investmentanteile zu halten haben, das von gleichmäßigen Wertentwicklungen ausgeht.

	Kurzbeschreibung	Rechenschieber-Ergebnis	Datenbankergebnis	Wertung
Test 1	Einmalanlage 10.000 DM; 20 Jahre Anlagezeit Rechenschieber-Rendite durchgehend 6 %	**Endvermögen:** 32.071 DM	**Endvermögen:** Schlechtester Vertrag = 15.765 DM Bester Vertrag = 159.854 DM	Das beeindruckende Spektrum möglicher Endvermögen beim Datenbankergebnis gibt dem Anleger ein realistischeres Bild seiner Renditeaussichten im Vergleich zur Rechenschieberdarstellung.
Test 2	Dto. bei durchgehend 8 % Rechenschieber-Rendite	**Endvermögen:** 46.609 DM		
Test 3	Sparplan mtl. 100 DM, 20 Jahre lang; Rechenschieber-Rendite durchgehend 6 %	**Endvermögen:** 45.577 DM	**Endvermögen:** Schlechtester Vertrag = 37.877 DM Bester Vertrag = 166.063 DM	
Test 4	Dto. bei durchgehend 8 % Rechenschieber-Rendite	**Endvermögen:** 57.290 DM		
Test 5	Entnahmeplan aus 100 TDM Vermögen; 20 Jahre lang; angenommene Rechenschieber-Rendite: 6 %; Rechenschieber-Vorgabe: Kapitalerhalt	**Entnahmebetrag:** mtl. 480 DM	**Wahrscheinlichkeiten:** Grundsätzlich möglich in 95 % aller Perioden; Kapitalerhalt jedoch nur in 79 % aller Vergangenheitsperioden	Alle Entnahmeaussagen des Rechenschiebers sind unrealistisch, trotz positiver Börsenentwicklung über lange Vergangenheitszeiträume. Wer die Aussagen der Rechenschieber Entnahmerechnungen ernst nimmt, kann in existenzgefährdende Probleme geraten (Finanzierung/Entschuldung) oder muss eventuell im Alter kräftige Abstriche an Lebensqualität hinnehmen.
Test 6	Dto. bei Rechenschieberrendite 8 %; Vorgabe: Kapitalerhalt	**Entnahmebetrag:** mtl. 640 DM	**Wahrscheinlichkeiten:** Grundsätzlich möglich 77 % Kapitalerhalt 50 %	
Test 7	Dto. bei Rechenschieber-Rendite 6 %; Vorgabe: Kapitalverzehr	**Entnahmebetrag:** mtl. 700 DM	**Wahrscheinlichkeiten:** Grundsätzlich möglich 46 % Kapitalerhalt 32 %	
Test 8	Dto. bei Rechenschieber-Rendite 8 % (Kapitalverzehr)	**Entnahmebetrag:** mtl. 810 DM	**Wahrscheinlichkeiten:** Grundsätzlich möglich 46 % Kapitalerhalt 32 %	
Test 9	Dto. bei Rechenschieber-Rendite 10 % (Kapitalverzehr)	**Entnahmebetrag:** mtl. 930 DM	**Wahrscheinlichkeiten:** Grundsätzlich möglich 31 % Kapitalerhalt 15 %	

Testergebnis: Bei allen Tests geben die Rechenschieber-Ergebnisse dem Anleger keinen realistischen Eindruck von seinen Chancen und Risiken bei der Anlage in Investmentfonds, weil die wertpapier-typischen Kursschwankungen nicht berücksichtigt werden. Bei den Tests mit Kapitalverzehr und Kapitalerhalt (Test 5 – 9) wird der falsche Eindruck erweckt, als ob bei Investmentanlagen Entnahmepläne unter diesen Vorzeichen errechenbar wären.

Unser Rat

Wenn Ihnen Investmentfondsanlagen mit Hilfe eines solchen Rechenschiebers angeboten werden, dann sollten Sie sich sofort von diesem Berater/Anbieter verabschieden.

Rechenschieber-Test: Alternativen zum Rechenschieber

Die Anforderung ist einfach: Der Anleger muss die Wahrheit erfahren. Die Wahrheit über die Zukunft weiß niemand. Die wahrhaftigste Information über mögliche zukünftige Wertentwicklungen kann nur die sein, die sich auf die Vergangenheit bezieht. Wenn der Anleger erfährt, wie eine bestimmte Anlage in der Vergangenheit zu möglichst vielen verschiedenen Terminen abgeschnitten hat, dann weiß er so viel, wie jemand überhaupt darüber wissen kann. Unser Vorschlag, wie man bestimmte Wertentwicklungs-Aussichten darstellen könnte, ergibt sich aus den drei folgenden Charts, aber auch aus der Spalte „Datenbankergebnis“ der Tabelle auf Seite 302. Wir haben dort tatsächliche Vergangenheitsergebnisse ermittelt, die auf unserer Datenbank für die Aktienentwicklung in Deutschland seit 1954 nachgebildet wurden.

Ergebnis Test 1 und Test 2:

Das Ergebnis dieser Tests zeigt, dass der Rechenschieber nicht einmal die positiven Perspektiven (= Chancen) einer Investmentfondsanlage richtig wiedergibt.

Die Vergangenheitsergebnisse unserer Datenbank zeigen hingegen das ganze Spektrum möglicher Anlageergebnisse mit einer mehr als freundlichen Perspektive, aber auch mit Hinweisen auf mögliche schlechtere Anlageergebnisse, die dem Anleger die Chance lassen, sich auch darauf einzustellen (Grafik 32).

Entnahmepläne: Besonders sensibel, weil meist nicht revidierbar

Bei den Entnahmeplänen können falsche Erwartungen ganz besonders viel Schaden beim Anleger anrichten, weil sie in einem Lebensabschnitt, in dem meist kein Vermögensaufbau mehr möglich ist, für Einnahmen zum Lebens-

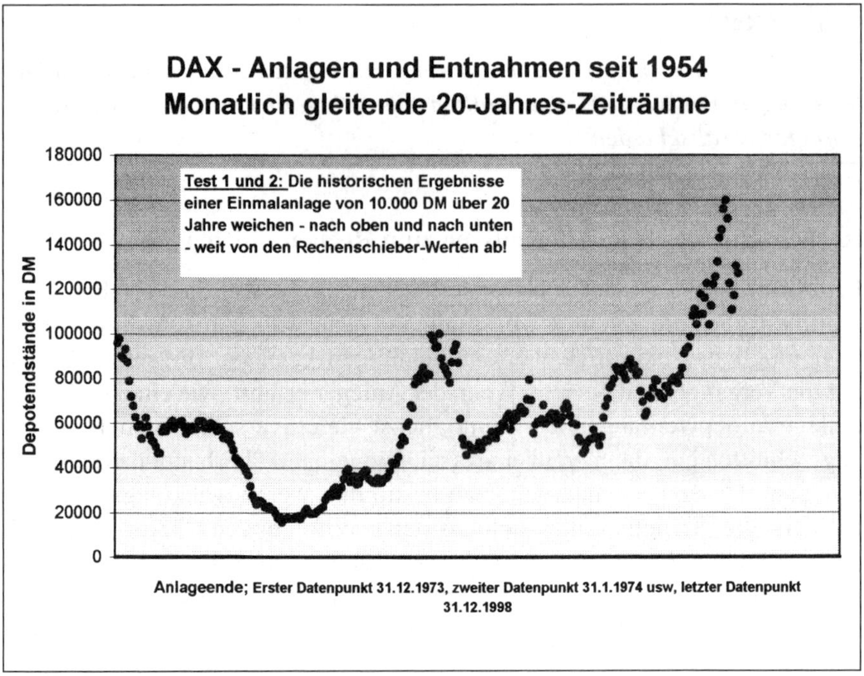

Grafik 32: Jeder Punkt auf dieser Darstellung zeigt das Endergebnis einer Einmalanlage in Höhe von 10.000 DM nach 20 Jahren – entsprechend Test 1 und Test 2. Das schlechteste Anlageergebnis in deutschen Aktien (15.765 DM) zeigt, dass die Rechenschieberergebnisse ein unrealistisches Bild der möglichen Wertentwicklung zeigen. Das beste Vergangenheitsergebnis (159.000 DM) zeigt, dass die pauschale und damit falsche Darstellung des Rechenschiebers auch aus der Sicht eines auf Umsatz erpichten Verkäufers keinen Sinn ergibt.

unterhalt sorgen sollen. Deshalb folgen – zu dem auf Seite 300 bereits gezeigten – nun zwei Entnahmeplan-Charts unseres Rechenschieber-Tests. Und zwar der Sparplan mit dem niedrigsten Entnahmebetrag in unserem Test (480 DM monatlich 20 Jahre lang aus 100.000 DM Einmalanlage bei Kapitalerhalt = **Test 5**) und ein weiterer mit einem hohen Entnahmebetrag (810 DM monatlich 20 Jahre lang aus 100.000 DM Einmalanlage bei Kapitalverzehr = **Test 8**).

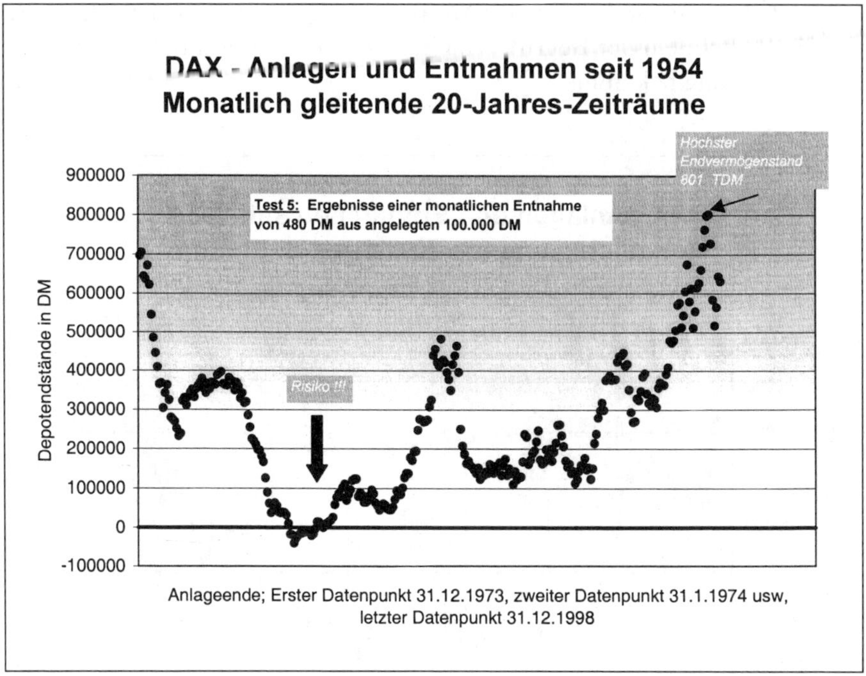

Grafik 33: Von wegen Kapitalerhalt. Der dicke Pfeil zeigt es an: Der Erhalt des Kapitals war bei diesem Entnahmebetrag (siehe auch Test 5) in der Vergangenheit nur in 79 Prozent aller Fälle sicher. Entnahmepläne hätten bei diesem Entnahmebetrag in der Vergangenheit nicht einmal immer funktioniert. In immerhin 5 Prozent aller Fälle wäre das Kapital verzehrt gewesen und der Geldfluss aus der Entnahme wäre ausgefallen. Wir finden: Der Anleger hat ein Anrecht darauf, von diesem Risiko zu erfahren.

Zunächst der niedrigste Entnahmebetrag, der, so die Angaben auf den Rechenschiebern, den Erhalt des eingesetzten Kapitals gewährleisten soll.

Ergebnis Test 5:

Die Rechenschieber-Empfehlung wird beim Anleger so ankommen, dass er glaubt, (im gewählten Beispiel) risikolos monatlich 480 DM entnehmen zu können. Dieser Rückschluss ist jedoch falsch, wie der Chart deutlich zeigt.

Es folgt die – gemessen an der Werbeaussage – geradezu katastrophale Grafik 34, bei dem der Begriff „Kapitalverzehr“ nun wirklich eine besondere Bedeutung bekommt.

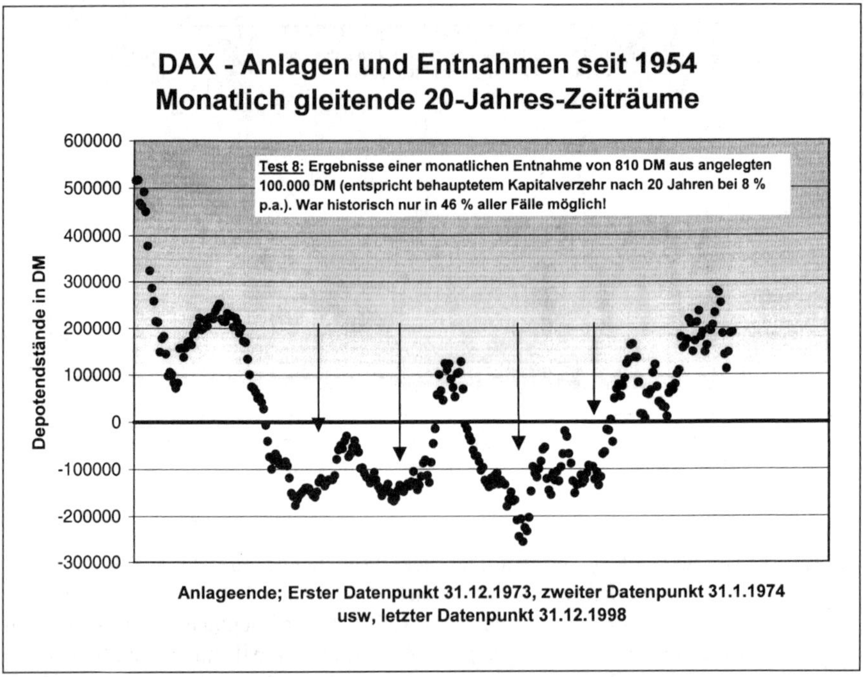

Grafik 34: Nicht einmal in der Hälfte aller errechneten rund 300 Fälle der Vergangenheit, war diese Entnahme aus einem Sparplan überhaupt möglich. Das Kapital war „verzehrt“, bevor der Entnahmeplan beendet war. Die Pfeile zeigen an, bei welchen Plänen es für die Anleger besonders bedrohlich geworden wäre.

Ergebnis Test 8:

Die Aussage des Rechenschiebers ist nicht nur falsch, sondern für die geschädigten Anleger auch sehr gefährlich, weil sie eventuell erst nach einigen Jahren der Entnahme bemerken, dass der Plan nicht funktioniert. Je nach Lebenssituation kann das zu einer gravierenden Einbuße an Lebensqualitiät führen und sogar eine Lebenskatastrophe in Form eines sozialen Abstiegs (z.B. Altersarmut) verursachen.

Sie sind nun ausreichend vorgebildet, um den folgenden Zitaten und deren Bewertung aus einem Werbeprospekt einer großen Investmentgesellschaft besonders gut folgen und sich daran erfreuen zu können.

2.11 Wie Investmentgesellschaften Entnahmepläne sehen

In einer Broschüre mit dem schönen Titel: *„Erreichen, was man will – Ziele und Möglichkeiten mit Investmentfonds“* zeigt eine der größten deutschen Investmentgesellschaften, die natürlich auch mit „Rechenschieber“ arbeitet, dass man die schönen Rechenschieber-Ergebnisse auch verbalisieren kann. Auf zwei großen Seiten finden sich unter dem Untertitel „Genuss mit Entnahmeplan“ diejenigen Texte, die alle, die mit dem Rechenschieber noch nicht begeistert werden konnten, nun endgültig überzeugen werden. Einige Kostproben aus dem Text, immer gleich dazu unser Kommentar:

Text Nr. 1 aus einem Werbeprospekt einer Fondsgesellschaft

Überschrift: „Der Entnahmeplan mit Kapitalerhalt“

„Er gleicht im Prinzip einem Huhn, das Ihnen regelmäßig ein Ei legt. Sie können es sich täglich in die Pfanne hauen, ohne dabei das Huhn anzutasten – es bleibt Ihnen gesund und munter erhalten. Bezogen auf Ihre Investmentanlage entspricht dieses „endlos gesicherte Frühstück“ einer soliden Rechnung: Ihr Kapital kann voll erhalten bleiben, wenn Ihnen lediglich die jährliche Wertsteigerung als monatliches Zusatzeinkommen ausbezahlt wird.“

Unser Kommentar

Was die Investmentgesellschaft bewogen haben könnte, bei einer Anlage, die nun einmal Kursveränderungen unterliegt, so zu tun, als ob alles berechenbar sei, wollen wir hier nicht untersuchen. Wir hoffen schließlich im Interesse Tausender von Anlegern sehr, dass sie selbst wenigstens wissen, dass man Börsenkurse nicht endgültig voraussagen kann und dass es deshalb niemals ein „endlos gesichertes Frühstück“ an der Börse geben kann.

Sobald es das gibt, liebe Fondsgesellschaft, gibt es auch keine Börse mehr und auch keine Kurse, sondern nur noch festgesetzte Preise. So weit sind wir glücklicherweise noch lange nicht.

Text Nr. 2 aus demselben Werbeprospekt

Überschrift: „*Der Entnahmeplan mit Kapitalverzehr*“

„*Dieser Plan erinnert vielleicht an einen Brotlaib, den man regelmäßig und scheibchenweise genießt. Je nach Appetit kann man sich auf dicke oder lieber etwas dünnere Scheiben einstellen – bis das Brot früher oder später alle ist. Auch Ihr Vermögen wird nach Plan irgendwann verzehrt sein. Das hängt zeitlich davon ab, wie üppig Sie selbst Ihre monatliche Scheibe bemessen. Als ...-Anlage wird Ihr Kapital bis zur letzten Auszahlung noch gewinnbringend verwaltet.*“

Unser Kommentar

Wie viele Leser dieser Werbebroschüre werden die missverständliche, wenn nicht gar falsche Aussage dieses Textes erkennen? Das Funktionieren eines Entnahmeplans mit Kapitalverzehr bei Anlage in Investmentfonds lässt sich erstens nicht planen und ist zweitens von vornherein nicht nur davon abhängig, wie viel entnommen wird. Sein Funktionieren hängt auch mit dem Börsenverlauf zusammen, den die Schreiber dieser Broschüre offenbar hartnäckig als gleichmäßig aufwärts gerichtet, wie bei einem Sparbuch oder einem Bundesschatzbrief sehen wollen. So ist die Börse nicht – so hätte man sie wohl gerne, weil es mit dieser Illusion natürlich wesentlich einfacher ist, Anleger für Investmentfonds zu gewinnen, als wenn man diesen einfach die Realität schildert. Nur, wie lange bleiben Anleger, die auf diese Art und Weise gewonnen wurden, Investmentanleger? Sobald sich die Realität zeigt, werden sie in Panik verkaufen und fallen damit als Investmentanleger für lange Zeit, eventuell für immer, aus.

Die folgende Checkliste soll Ihnen helfen, bei Werbeaussagen zu Investmentfonds kühlen Kopf zu bewahren. Das ist wichtig, denn die Werber verstehen es prächtig, die im deutschen Wesen dank vieler „Währungsreformen“ fest verankerte Abneigung gegen Wertschwankungen einer Anlage für sich zu nutzen. Mit dem etwas umständlichen Begriff „Nominalfixiertheit" kann man das Phänomen auch umschreiben. Populärer geht es mit jenem uralten Witz vom alten Mütterchen, das zur Sparkasse kommt und sich alles Geld, das es auf dem Sparbuch hat, auszahlen lässt. Nachdem die Auszahlungsprozedur beendet ist, schiebt sie das Geld vollständig wieder dem Kassierer zu. Sie wolle das Geld nun wieder einzahlen, nachdem sie gesehen habe, dass noch alles da ist. Deshalb folgende Merksätze:

- Glauben Sie dem Werber nicht, wenn er Ihnen weismachen will, dass man das Endvermögen einer Investmentfondsanlage ausrechnen könne.
- Glauben Sie dem Werber nicht, wenn er Ihnen weismachen will, dass man bei einem Entnahmeplan auf Investmentanlagen die Auszahlrate bei Kapitalerhalt und/oder Kapitalverzehr berechnen könne.
- Glauben Sie dem Werber nicht, wenn er Ihnen weismachen will, dass es eine allgemein für die Zukunft gültige und in der Zukunft sichere „Durchschnittsverzinsung" geben kann.
- Glauben Sie einem Werber vor allen Dingen nicht, wenn er Ihnen konkrete Zukunftsergebnisse in Mark und Pfennig für eine Investmentfondsanlage nennt. Er führt dabei wahrscheinlich nur im Schilde, Ihnen eine Anlage-/Kreditkombination schmackhaft zu machen, die Sie dann besonders akribisch daraufhin überprüfen sollten, ob Sie das Risiko wirklich eingehen wollen.
- Werden Sie misstrauisch, wenn man Sie mit Fachtermini über Marktentwicklungen überschüttet. Investmentfonds sind Anlageprodukte, die speziell für den Nichtfachmann entwickelt wurden.

Unser Rat

Wenn Anbieter von Investmentfondsanlagen einen „Rechenschieber" einsetzen, mit dem das Ergebnis von Sparplänen und Entnahmeplänen scheinbar ausrechenbar sein soll, dann sollten Sie sehr misstrauisch werden. Es gibt nur eine Darstellungsweise, die ein akzeptabel realistisches Bild der Chancen und Risiken von Investmentfondsanlagen zeigt: Die Beantwortung der Frage, welche Ergebnisse die ins Auge gefasste Anlage in der Vergangenheit erzielt hätte. Dabei sollte nach der Methode der gleitenden Anlagezeiträume eine Vielzahl zeitlich verschobener Anlagezeiträume betrachtet und miteinander verglichen werden.

2.12 Einerseits der Anleger – andererseits der Fonds: Wie finden die Richtigen zusammen?

Sie haben nun erfahren, welche Pflichtinformationen Sie im Zusammenhang mit dem Erwerb von Investmentfondsanteilen bekommen (sollten) und welche zusätzlichen Informationen in Form von Werbematerialien häufig zur Verfügung stehen und wie das alles zu bewerten ist. Sie haben außerdem erfahren, mit welchen Mitteln Falschinformationen verbreitet und Missverständnisse geschürt werden. Bei jeder Art von Information spielt es natürlich eine große Rolle, wie erfahren und sachkundig Sie sind. Aber Hand aufs Herz! Trauen Sie sich wirklich zu, die Risikostruktur eines Fonds anhand der beschriebenen Pflichtinfos zu beurteilen? Wenn ja, okay! Wir meinen allerdings, die Mehrheit der Anleger kann das nicht. Da Angaben über die Risiken zum Beispiel von Spezialitätenfonds meist fehlen, müsste der Anleger schon in der Lage sein, anhand der Zusammensetzung der Anlagen in der Vermögensaufstellung des Rechenschaftsberichtes die Risikostruktur des Fonds zu erkennen. Das erfordert Sach- und Fachkenntnis und dazu viel Zeit. Dass beides bei Anlegern in einem der komplexen Materie angemessenen Umfang meist nicht vorhanden ist, ist ja schließlich der Hauptgrund dafür, warum sich so viele für Investmentfonds interessieren.

Frage 1: Welcher Fonds eignet sich wozu?

Ideal wäre es, wenn in einer Pflichtinformation, also im Verkaufsprospekt oder im Rechenschaftsbericht Angaben zu Charakteristika des jeweiligen Fonds zu finden wären, weil nur so einigermaßen sichergestellt ist, dass die Information den Anleger auch erreicht. Für diese Art der Informationsübermittlung gibt es auch Beispiele: Im umfangreichen Rechenschaftsbericht 1998 der Hypo-Invest, in dem die Entwicklung von 22 Fonds dieser Gesellschaft dargestellt wird, fanden wir eine sehr plakative Ampellösung. Die „chancenorientierten Fonds“ werden mit einer roten, die „wachstumsorientierten Fonds“ mit einer gelben und die „ertragsorientierten Fonds“ mit einer grünen Ampel gekennzeichnet. Wir meinen, damit ist Frage 1 ausreichend beantwortet. Aber solche Beispiele sind noch sehr, sehr selten. Soweit überhaupt eine Klassifizierung stattfindet, findet sie sich leider nur in Prospekten, die nicht zum Pflichtprogramm gehören, so dass nicht gewährleistet ist, dass die Anleger diese Prospekte auch tatsächlich erhalten.

Dennoch kann man erfreulicherweise von einem Branchentrend hin zur Klassifizierung von Fonds sprechen, denn eine ganze Reihe von Gesellschaften gibt für ihre Fonds einzelne Werbeblätter heraus, die auch Angaben zu den Einsatzmöglichkeiten der einzelnen Fonds enthalten. Anleger, die dieses Blatt dann zu Gesicht bekommen, haben aufgrund der gelegentlich recht plakativen optischen Lösungen leichtes Spiel bei der Fondsauswahl. Am besten gefallen hat uns die Lösung der AXA Colonia Kapitalanlagegesellschaft, die eine feine Risikoabstufung zulässt und dennoch auf den ersten Blick die nötige Information liefert.

Außerhalb der Pflichtinformationen, in Werbebroschüren der verschiedensten Art, gibt es viele mehr oder weniger gelungene Versuche, die einzelnen Fonds nach Chance und Risiko zu klassifizieren:

- „Wertschwankungsverhalten". Mit diesem Begriff und der Klassifizierung in „gering", „mäßig", „erhöht", „hoch" und „sehr hoch" – und das alles wieder in einer Fondskurzdarstellung – versucht eine weitere große Gesellschaft ihr Bestes.
- Blaue, grüne und rote Linien, mehr oder weniger gezackt zu jedem einzelnen der angebotenen Fonds in einem Werbeprospekt – so löst eine andere Gesellschaft dieses Informationsproblem.
- Mit den weniger einleuchtenden Kategorien „anlegen", „aufbauen" und „nutzen" versucht es eine weitere Gesellschaft.
- Eine Gesellschaft kategorisiert nach Farben, leider ohne das Farbenspiel irgendwo näher zu erläutern. So ist man auf allgemeine Kenntnisse (z.B. Rot bedeutet Gefahr) angewiesen, ohne zu wissen, ob die Fondsmanager auch so denken.

Insgesamt tut sich einiges in Sachen Chancen- und Risikoklassifizierung von Fonds. Das hängt sicher auch damit zusammen, dass gerade die großen Fondsgesellschaften, die inzwischen Dutzende von Fonds aufgelegt haben, ihren Kunden und ihrem Vertrieb einen Weg durch das selbstgeschaffene Fondsdickicht zeigen müssen. Hinzu kommt, dass die verständiger und damit selbstbewusster werdenden Anleger zunehmend nach Kategorisierung verlangen.

Chancen- und Risiko-Einschätzung zum Fonds AC Asien-Pazifik der AXA Colonia Kapitalanlagegesellschaft

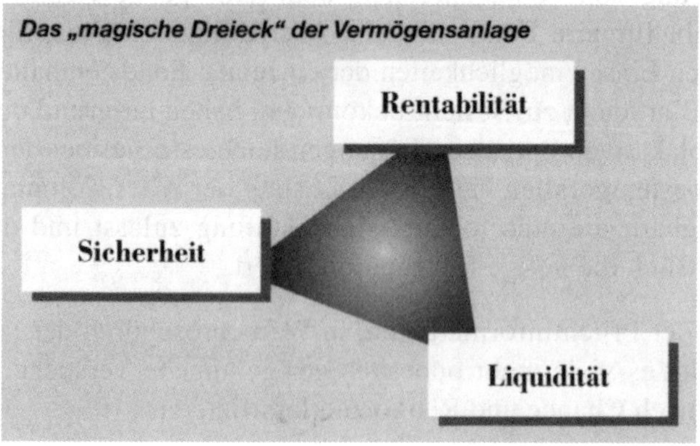

Unsere aktuelle Einschätzung

Chance	Risiko
◆◆◆◆◆	◆◆◆◆◇

Diese Darstellung verdeutlicht, dass bei diesem Fonds einer großen Chance ein fast gleichgroßes Risiko gegenübersteht. Wir finden diese Lösung fair gegenüber dem Anleger, weil sie für jedermann auf den ersten Blick begreifbar und verständlich ist. Nur leider kann man nicht sicher sein, dass sie der Anleger auch zu Gesicht bekommt. Das ist ganz in das Ermessen des jeweiligen Beraters/Vermittlers gestellt. Diesem Missstand wäre leicht abzuhelfen, wenn man die Darstellung in den Verkaufsprospekt und/oder den Rechenschaftsbericht übernehmen würde.

Unser Rat

Fragen Sie nach, ob es eine gedruckte Information darüber gibt, wie der angebotene Fonds zu klassifizieren ist.

Frage 2: Von wem erhalte ich Rat?

Die Welt der Wertpapiere wird zwar für immer mehr Menschen dank großen Medieneinsatzes und der nun schon lange anhaltenden Dauerhausse an den Wertpapiermärkten zu einer interessanten Sache, mit der sie sich intensiv beschäftigen. Allerdings ist Erfahrung und Basiswissen noch immer bei verhältnismäßig wenigen Anlegern anzutreffen. Wenn Sie selbst zu den vielen Halbgebildeten in Sachen Wertpapieranlage gehören, die bei sich selbst immer wieder erschrocken gefährliche Wissenslücken feststellen, dann werden Sie uns sicher zustimmen, wenn wir die These wagen: Den meisten Menschen ist mit einem Investmentfonds alleine noch nicht gedient, sie brauchen auch jemand, der sie zuverlässig während der Anlagezeit begleitet und berät bzw. ihr Vermögen verwaltet.

Was Sie wirklich brauchen, ist ein vertrauenswürdiger Mensch, dem Sie all Ihre Sorgen anvertrauen und der Ihnen dann im besten Sinne des Wortes rät, indem er all seine lange Erfahrung und seine umfassenden Fachkenntnisse in die Waagschale wirft und Ihnen genau das empfiehlt, was er sich selbst raten würde. Die verständliche Sehnsucht vieler Anleger nach einem solchen Menschen, den es in dieser Vollkommenheit nur selten geben kann, treibt sie immer wieder dazu, beredten Scharlatanen und Dilettanten ihr Geld anzuvertrauen und es dann häufig für immer zu verlieren. Darüber zu lamentieren bringt wenig. Deshalb gehört zum Thema Information unbedingt auch ein Abschnitt über die Vermittler und Berater in der Finanzbranche und die Art und Weise, wie sie die Anleger informieren.

2.13 Die Informationspflichten des Vermittlers

Werden Informationsdefizite dem Anleger bewusst, wendet er sich an denjenigen, der ihm das Anlageprodukt anbietet, also an den Berater und Vermittler. Finanzdienstleistungsprodukte werden vorwiegend in enger Partnerschaft von Mensch zu Mensch, also von Berater/Vermittler zu Anleger verkauft. Im Beratungs- bzw. Verkaufsgespräch erhält der Anleger diejenigen Informationen, von denen er oder sein Berater meint, dass er sie noch nicht hätte.

Aufgrund der Unerfahrenheit vieler Anleger wird gerade das persönliche Beratungs- und Verkaufsgespräch die entscheidenden Informationen beinhalten, die dann zum Abschluss oder Nicht-Abschluss eines Anlagevertrages führen. Für den Anleger kann es deshalb von entscheidender Bedeutung sein, beurteilen zu können, ob sein Gegenüber bei dieser Beratung nun ein Fachmann ist und ob dieser Seriöses im Schilde führt.

Die Informationspflichten des Vermittlers zu kennen, kann für Anleger wichtig sein. Ob der Vermittler diese Pflichten ernst nimmt oder nicht, kann wichtige Aufschlüsse über dessen Professionalität und Absichten vermitteln. Außerdem bedeutet die Kenntnis dieser Facette des Geschäfts auch, dass Sie sich, falls nötig, werden wehren können, wenn Sie einem unseriösen Anbieter auf den Leim gegangen sind. Der wichtigste Grund jedoch, warum dieses Kapitel auch für Sie als Anleger wichtig ist, findet sich in der Verknüpfung der Marktbedingungen mit der Situation des Vertriebs. Einfacher ausgedrückt: Nur wenn Sie wissen, welchen Zwängen Ihr Berater und Vermittler ausgesetzt ist, können Sie seine Ratschläge richtig beurteilen.

Sie haben sicher auch schon die Beobachtung gemacht, dass die Informationen, die Sie von Ihrem Vermittler/Berater erhalten, teilweise nicht im „offiziellen" Prospektmaterial zu finden sind. Das erklärt sich einerseits durch die bereits beschriebenen Schwächen der Investmentfonds-Prospekte, das kann aber auch auf einen übermäßigen Hang zur Kreativität des Vermittlers/Beraters zurückzuführen sein. Das zu erkennen, kann für den Anleger von entscheidender Bedeutung für den Erfolg seiner Anlage sein. Nun zu den Details:

Wer vermittelt/berät in Sachen Investmentfonds?

- Da sind zunächst die Bankberater, die noch vor kurzer Zeit den Markt fast vollständig beherrschten. Investmentfonds sind nun einmal ein Bankprodukt. Naheliegend, dass die Vertriebsorganisationen der Banken, also die Filialen und die dort sitzenden Berater, den Vertrieb dieses Produkts in die Hand nahmen.
- Deutlich auf dem Vormarsch sind die Versicherungen mit ihren großen Vertriebsorganisationen, die zum Teil über Fondspolicen Investmentanteile verkaufen, zum Teil aber auch zunehmend ins direkte Fondsgeschäft, teilweise mit eigenen neu gegründeten Fondsgesellschaften (beachten Sie dazu unsere Dokumentation am Ende dieses Buches), eingestiegen sind.
- Den dritten großen Vertriebsblock bilden die großen Vertriebe, die meist nach dem Strukturvertriebsprinzip organisiert sind. Hier muss man unterscheiden zwischen denjenigen Vertrieben, die sich auf das Invest-

mentgeschäft spezialisiert haben (z. B. Tecis Holding AG, RWS AG, Dr. Jung & Partner) und denjenigen großen Vertrieben, die Investments als Ergänzungsprodukt ansehen, sei es als Renditebringer in immer wieder von der Fachpresse kritisch beurteilten Kombinationsmodellen oder als Ergänzungsprodukt zu Angeboten aus dem Steuersparbereich.

- Der Anteil der selbstständigen Vermittler, Berater und Makler am Investmentumsatz nimmt derzeit in der Folge des Ausfalls von Steuersparanlagen und der Probleme mit der Lebensversicherung (siehe Kapitel H, Abschnitt 2.14) kräftig zu.

Welche Pflichten haben die Vermittler von Kapitalanlagen eigentlich?

Die aktuelle Rechtsprechung, die durch mehrere Urteile des Bundesgerichtshofs (BGH) verfestigt ist, nennt folgende Pflichten des Finanzdienstleistungs-Vermittlers (die juristisch angehauchte Terminologie ist bei dieser Aufzählung aus Präzisionsgründen unvermeidlich):

1. Finanzdienstleister sind verpflichtet, ihre Kunden über alle für den Vertragsabschluss maßgeblichen Umstände vollständig und richtig zu informieren. Dazu gehört z. B., dass sie das Informationsmaterial im Detail erörtern und auf Widersprüche hinweisen.
2. Finanzdienstleister müssen dem Anlageinteressenten ungefragt offenlegen, wenn sie selbst nur über unzureichende Informationen über das Anlageobjekt verfügen. Das gilt auch dann, wenn Angaben von Initiatoren (im Falle Investmentfonds wäre das die Fondsgesellschaft) weitergegeben werden.
3. Wenn der Finanzdienstleister positive Aussagen zu einem Anlageangebot macht, muss er den Anleger gegebenenfalls darüber informieren, dass es sich um seine eigene subjektive Einschätzung handelt.
4. Der Anlageberater muss auch Umstände, die in der Person des Kunden liegen, bei der Beratung berücksichtigen, wie Wissensstand, Risikobereitschaft, bisheriges Anlageverhalten, Fachwissen und Erfahrungen des Kunden.
5. Die schriftliche Bestätigung des Anlegers, dass dieser die Informationsmaterialien erhalten habe, entlastet den Finanzdienstleister nicht von seinen Pflichten zur Aufklärung über das Produkt. Anlageberater dürfen sich auch nicht auf Wirtschaftsprüfertestate usw. verlassen.

6. Der Anlageberater muss über die „Umstände in Bezug auf das Anlageobjekt“ informieren. Dazu gehört eine Beratung über allgemeine Risiken wie Konjunkturlage und Börsenentwicklung sowie eine Beratung über spezielle Risiken, wie z. B. Kurs-, Zins- und Währungsrisiken.

Die Rechtsprechung macht Unterschiede zwischen Finanzdienstleistern, deren Schwerpunkt in der Vermittlung der Anlage liegt, und Anlageberatern, an die deutlich höhere Anforderungen gestellt werden. In der Praxis fällt es regelmäßig äußerst schwer, sich auf den Vermittlerstatus zurückzuziehen, weil unerfahrene Anleger immer meinen, einen Anlageberater vor sich zu haben. Und deren subjektiver Eindruck ist vor Gericht häufig entscheidend.

Die deutsche Haftungsrechtsprechung bezieht sich allerdings fast vollständig auf Vorgänge am freien Kapitalmarkt, also wiederum die sog. Steuersparanlagen, aber auch Termingeschäftsangebote und in- und ausländische Immobiliengeschäfte usw. Rechtsprechung zu Falschberatung bei Investmentanlagen ist bislang nicht bekannt. Dafür sind sicher zwei Gründe maßgebend:

- Zum einen werden Investmentfonds von Banken emittiert, also von Institutionen, die weitreichenden Kontrollen unterworfen sind. Die Wertfeststellung ist öffentlich und findet täglich statt. Der Anleger kann also zu akzeptablen Kosten seine eventuell als falsch erkannte Anlage alltäglich veräußern und so seine Verluste reduzieren.
- Zum anderen befinden wir uns nach wie vor in einem langfristigen Aufwärtstrend an den Aktienbörsen weltweit und die Rentenmärkte haben eine über viele Jahre anhaltende Zinssenkungsrunde hinter sich, die entsprechende Kursgewinne auch in diesem Bereich möglich machten. Anlegerschäden dürften sich also auch im Falle von Falschberatungen in engen Grenzen halten.

Gefährlich leben jedoch schon heute Vermittler und Berater, die Anlage- und Kreditkombinationen, in denen Investmentfonds enthalten sind, verkaufen. Wenn diese Konstruktionen schief gehen, entsteht regelmäßig hoher Schaden aufgrund der noch zurückzuzahlenden Kredite. Anleger, die sich aufgrund von Falschberatung in solche Modelle hineingewagt haben, werden in ihrer Not sicher auch den Gang zum Rechtsanwalt und zum Gericht erwägen.

Ohne Berater sind die meisten Anleger verloren!

Sie haben sicher schon davon gehört und gelesen: Das Direktgeschäft mit Investmentfonds boomt. Sogenannte Direkt-Broker bieten Investmentfonds zu geringen Kosten und bei einfachster Abwicklung z. B. über das Internet an. Viele Anleger bedienen sich dort wie im Supermarkt. Mit Hilfe von Rennlisten und aufgrund von Zeitungs- und Zeitschriftenartikeln oder auf Empfehlung von Börsenbriefen beschaffen sie sich dort die Objekte der geweckten Begierden auf scheinbar kostengünstige Art und Weise. Das mag für Anleger, die selbst fachkundig sind und deshalb keine Beratung benötigen, eine vernünftige Beschaffungsmöglichkeit darstellen.

Um fachkundig zu sein, benötigt man jedoch mehr als Fachwissen, das die meisten Anleger nicht haben bzw. aufgrund ihrer Ausbildung und ihrer beruflichen Tätigkeit nicht haben können. Man benötigt vor allen Dingen Zeit und die ist gerade bei der Altersgruppe, die derzeit am dringendsten gefordert ist, die Lücken ihrer Altersversorgung zu schließen, also bei den 35- bis 55-Jährigen, aufgrund beruflichen Engagements äußerst rar. Sie benötigen also fachkundige Begleitung, am besten in Form eines seriös arbeitenden Beraters und Vermittlers.

Unser Rat

Sie sollten viel Mühe darauf verwenden, den richtigen Berater zu finden. Ihm sollten Sie dann aber auch die im Vergleich zu den meisten Konkurrenzprodukten eher bescheidenen Gebühren gönnen, denn nur ein auskömmlich verdienender Berater wird auf Dauer auch seriös beraten.

Der Berater als Informationsquelle!

Die Informationen des Beraters beziehen sich sehr viel mehr auf Ihre persönliche Situation als diejenigen aus allen anderen Quellen. Er ist dafür verantwortlich, dass die richtige Anlage für Ihren individuellen Bedarf gefunden wird. Deshalb sind seine Informationen für Sie besonders wichtig.

Die meisten Anleger wissen das oder ahnen es. Sie ziehen deshalb die in Alltagssprache formulierten Erklärungen des Beraters den fachlich und gelegentlich in Bankerdeutsch formulierten gedruckten Informationen vor.

Für diese meist mündlich vorgetragenen Berater-Informationen trägt dieser die alleinige Verantwortung. Das gilt übrigens meist auch dann, wenn er in Schulungen seiner Vertriebsgesellschaft oder der jeweiligen Fondsgesellschaft Falsches oder Missverständliches „gelernt“ hat und das ungeprüft an die Anleger weitergibt. Im Falle einer Haftungsklage des Anlegers, gehen Vermittler, die nicht anhand von schriftlichem Schulungsmaterial oder von Aussagen von „Kollegen“ den Schulungsinhalt beweisen können, in solchen Fällen vor Gericht meist unter.

Beispiel

In einer Schulungsveranstaltung einer Vertriebsgesellschaft wird deren Mitarbeitern ein Finanzierungsmodell, das die Einbindung einer Investmentfondsanlage vorsieht, erklärt und als günstig dargestellt. Der Vermittler Müller wendet dieses Finanzierungsmodell bei seinem Kunden Meier an. Das Modell scheitert mit einem großen Schaden für Anleger Meier aufgrund eines wesentlichen Konstruktionsfehlers. Außerdem hat Vermittler Müller ein wichtiges Risiko nicht genannt, nämlich das so genannte Ablaufrisiko, das in diesem Falle besonders gravierend ist, weil das Modell die Rückzahlung eines Bankkredits zu einem festen Termin vorsieht. Anleger Meier verklagt Vermittler Müller auf Ersatz des erlittenen Schadens wegen des Konstruktionsfehlers und wegen der unterlassenen Information (Falschberatung). Vermittler Müller beruft sich bezüglich des Konstruktionsfehlers auf die Vertriebsgesellschaft und deren Schulung, kann das aber nicht beweisen. Wegen der unterlassenen Information über das Ablaufrisiko beruft sich Müller auf die Prospektunterlagen, die auf Kursschwankungen der Anlage hinweisen. Auch das hilft ihm nicht, weil der Richter zu Recht der Meinung ist, dass die Anlagekombination ein besonderes Ablaufrisiko beinhaltet, das bei einfachen Anlagen (auf die die Prospektinhalte gemünzt sind) in diesem Umfang nicht gegeben ist. Anleger Meier gewinnt den Prozess, hat allerdings Pech, weil Vermittler Müller den Schaden nur zu einem geringen Teil aus eigenen Mitteln bezahlen kann.

Das war unser Ausflug in die Welt der Vermittler und Berater in Sachen Investmentfonds. Das Wissen um diese Zusammenhänge ist wichtige Voraussetzung zur Einschätzung der eigenen Situation als Anleger. Das Verständnis für die Situation des Vermittlers ist zudem Voraussetzung für eine echte

Partnerschaft mit „Ihrem" Vermittler und schützt gleichzeitig vor Dilettanten und Scharlatanen.

2.14 Wie informieren eigentlich die Anderen? Ein Blick über den Produkt-Zaun

Wenn Sie aus den vorausgegangenen Darstellungen des Informationsumfangs und der Informationswege in der Investmentfonds-Landschaft einen kritischen Unterton herausgelesen haben, dann ist Ihr Eindruck richtig. Wir sind der Meinung, dass ein Produkt, wie die Investmentfonds, das das Zeug dazu hat, zum zentralen Problemlöser breiter Bevölkerungsschichten in Sachen Altersvorsorge und Altersversorgung zu werden, dieses Ziel nur dann erreichen kann, wenn möglichst wenig Irrwege beim Anleger, beim Vertrieb und bei den Produktgebern gegangen werden.

Dennoch ist dieser Blick über den Zaun hin zu anderen, teilweise mit der Investmentfondsanlage konkurrierenden Produkten zur Relativierung unseres kritischen Untertons wichtig.

Hauptkonkurrent Lebensversicherung/Private Rentenversicherung

Schwer angeschlagen ist derzeit der Hauptkonkurrent der Investmentfondsanlage am Altersvorsorgemarkt, die Lebensversicherung und die private Rentenversicherung. Demnächst soll das uralte Steuerprivileg teilweise fallen, das den Ertrag aus Lebensversicherungspolicen steuerfrei hielt. Gleichzeitig hagelt es derzeit Kritik aus berufenem Mund an der Werbung mit der Ablaufrendite von Lebensversicherungsverträgen und der Gesamtrendite von privaten Rentenversicherungsverträgen, die nur eine exotische Chance haben, jemals erzielt zu werden.

Es geht dabei um ein geradezu absurdes Verfahren der Berechnung und Darstellung der so genannten Überschüsse: Anlegern wird der Eindruck vermittelt, dass es kaum eine Frage wäre, dass diese erzielt werden, während tatsächlich bereits feststeht, dass diese mit großer Wahrscheinlichkeit nicht erzielt werden können.

Im Juli 1999 hat sich zu diesem Thema wieder einmal der Präsident des Bundesaufsichtsamts für das Versicherungswesen aus Berlin gemeldet, der in einem Artikel im Handelsblatt vom 07. 07. 1999 mit dem beziehungsreichen Titel „Scheingenauigkeit der Lebensversicherer unter Beschuss" von einer „irreführenden Scheingenauigkeit" spricht und die Versicherungsbranche eindringlich vor derlei unseriösen Prognosen warnt.

Einige Anleger hätten, so Handelsblatt-Journalist Andreas Kunze in diesem Artikel, bereits mit Erfolg auf Erfüllung der Versprechungen der Versicherer geklagt. Weitere Klagen dürften folgen, die einzelne Versicherungsunternehmen durchaus in Schwierigkeiten bringen könnten, zumal schon heute wiederum das Bundesaufsichtsamt für das Versicherungswesen damit rechnet, dass einige Versicherer in der näheren Zukunft in Liquiditätsschwierigkeiten geraten könnten. Dann wäre nicht nur der einzelne Anleger, der den absurden Versprechungen geglaubt hat, geschädigt, sondern alle Versicherten der jeweils betroffenen Gesellschaften. Nicht umsonst hat Müller erst im Juni 1999 die Einrichtung eines Sicherungsfonds, mit dem im Falle von Liquiditätsschwierigkeiten von Versicherungsgesellschaften Anlegeransprüche gesichert werden sollen, gefordert. Die Versicherungsgesellschaften haben abgelehnt. Müller meinte daraufhin, dass es wohl erst Konkurse geben müsste, damit der Sicherungsfonds durchgesetzt werden kann.

Wenn die Lebensversicherer nicht mehr mit dem Steuerprivileg werben können und ihre Anleger nicht mehr mit missverständlichen Renditeprognosen an der Nase herumführen dürfen, dann wird ihr Anteil am Altersversorgungskuchen, der jetzt noch erheblich ist, schmelzen wie Butter in der Sonne. Dann kommt es darauf an, wer sich diesen Teil des Kuchens einverleiben kann. Die Investmentfondsbranche hat da sicher die besten Startbedingungen, wenn sie keine großen Fehler macht.

Und der Kuchen ist groß und schmackhaft. Das können Sie auf Seite 20 nachvollziehen, wo der Anteil der einzelnen Anlageformen an der Geldvermögensbildung gezeigt wird. Besonders lukrativ ist das Geschäft mit den auslaufenden Lebensversicherungsverträgen, von denen allein in 1998 rund 80 Mrd. DM ausgezahlt wurden.

Für Sie als Investmentfonds-Anleger bzw. -Interessent sind diese Fakten nicht uninteressant, weil zunehmend Gelder aus den Lebensversicherungen in Investmentfonds und zwar vorzugsweise in Aktienfonds umgeschichtet werden dürften. Neben all den positiven Aspekten für die Anleger (Rentabilität) und die Volkswirtschaft (Eigenkapitalbildung), dürften auch die Börsenkurse aufgrund der dadurch ausgelösten permanenten Nachfrage nach Aktien gestützt werden.

Wenn Sie schon einmal einen Lebensversicherungsvertrag abgeschlossen haben, werden Sie sich nach Lektüre der vorangegangenen Darstellung zu den Informationsinhalten nun sicher fragen: Wann wurde ich eigentlich von meiner Lebensversicherungsgesellschaft über die Chancen und Risiken meines Vertrags informiert? Falls Sie nun in Selbstzweifel wegen Ihres vermeintlich kurzen Gedächtnisses verfallen, können wir Sie beruhigen. Diese Aufklärung fand mit sehr großer Wahrscheinlichkeit nie statt. Oder haben Sie gewusst, dass Ihre Lebensversicherungsbeiträge sofort nach der Einzahlung in das Vermögen der Versicherungsgesellschaft eingehen und damit in deren Verfügungsgewalt? Wussten Sie zum Beispiel, dass dieses Vermögen dann folgerichtig bei einem Konkurs der Versicherungsgesellschaft genau so wie die Spareinlagen bei der Bank im Falle eines Falles in die Konkursmasse eingehen? Wenn Sie das alles bereits wussten, dann bestimmt nicht von Ihrer Versicherungsgesellschaft. Die Versicherungsbranche pflegt seit Jahrzehnten den Ruf, besonders sichere Anlagemöglichkeiten zu bieten, mit großem Erfolg, zumindest bei den deutschen Anlegern, obwohl die Realitäten diesem Bild kaum entsprechen.

Das war möglich, weil die Versicherungswirtschaft eigentlich seit vielen Jahrzehnten zu den wichtigsten Finanzierern von Staatsdefiziten gehört. Entsprechend war schon immer ihr Einfluss und entsprechend effektiv war in der Vergangenheit die Lobbyarbeit der Versicherungswirtschaft. Wenn die aktuelle Regierung nicht doch noch umfällt, wird die Beseitigung des Steuerprivilegs, die nun ansteht, einen Meilenstein in der Geschichte der Versicherungswirtschaft darstellen, allerdings keine positive Wegmarke für sie, jedoch sicher für die Branche und die Anleger.

Unser Rat

In der Abwägung, welche Altersvorsorge-Anlage für Sie in Frage kommt, achten Sie vor allen Dingen auf die Transparenz. Dabei sollten Sie sich vor Augen halten, dass Intransparenz in aller Regel nicht bedeutet, dass die Anlage unproblematisch ist, sondern im Zweifel, dass Sie nicht wissen sollen, was genau mit Ihrem Geld passiert. Nur weil Sie zum Beispiel bei der Investmentfondsanlage alle Kosten und Gebühren kennen bzw. aufgrund gesetzlicher Bestimmungen darüber informiert werden müssen, ist die Investmentfondsanlage nicht kostenintensiver als z.B. ein Lebensversicherungsvertrag (eher im Gegenteil), bei dem sich der Versicherungsvorstand weitgehend beliebig aus dem Versichertenvermögen zum Ausgleich von Kosten bedienen kann, ohne dass es der einzelne Versicherte überhaupt bemerkt.

Bausparen – im Land der Häuslebauer ein Naturschutzpark!

Kritisches zum Bausparen zu äußern, ist im Land der Häuslebauer nicht ganz unproblematisch, zumal die Lobby der Bausparkassen über alle Parteien hinweg enorm effektiv agiert. So wurden die Bausparkassen bei jeder Änderung des Vermögensbildungsgesetzes mit immer neuen Wohltaten in Form von öffentlicher Bausparförderung überschüttet, obwohl die Wohnungsnot der Nachkriegsjahre längst beseitigt ist.

Deshalb blieb es auch nicht aus, dass die Prospektmaterialien, mit denen die Bausparkassen arbeiten, und die Werbesprüche, mit denen sie für ihre Produkte werben, immer wieder zu Missverständnissen Anlass geben, ohne dass dies jemals geahndet worden wäre. Der Pferdefuß des Bausparens zum Beispiel, die zeitlich unsichere Zuteilung der angeblich so günstigen Bausparkredite, kommt in den Werbematerialien allenfalls in verschlüsselter Form vor, obwohl dieser Aspekt wohl einer der wichtigsten bei diesem Finanzdienstleistungsprodukt sein dürfte.

Immobiliensparpläne und sparplanähnliche Immobilien-Erwerbs-Konstruktionen

Das leitet gut über zu den Immobilienangeboten mit Sparplancharakter. Weil die deutschen Anleger auf Immobilien „abfahren“ (der Ausdruck ist angemessen, weil bei Immobilienanlegern die Emotion meist vor dem Realitätssinn rangiert), ganz besonders diejenigen, die sich eigentlich keine Immobilie leisten können, wurden die so genannten Immobiliensparpläne erfunden und – aus der Sicht der Initiatoren – erfolgreich eingesetzt. Dabei haben sie alle einen großen Fehler: Aufgrund der geringen Rendite von Immobilien und der hohen Kosten von Sparplänen, die über den freien Kapitalmarkt verkauft werden, verbunden mit weiteren „Weichkosten“, sind solche Pläne nur in den exotischen Ausnahmefällen explodierender Wertentwicklungen an den Immobilienmärkten für den Anleger rentabel. In normalen Zeiten produzieren diese Angebote einen Anlageskandal nach dem anderen. Der letzte Großskandal dieser Art war der der Wohnungsbaugesellschaft Stuttgart (1996/97), bei dem immer noch Tausende von Anlegern um insgesamt einen dreistelligen Millionenbetrag bangen.

Was ist ein Immobiliensparplan? Ausführliches dazu bedürfte eines eigenen Buches. Lassen Sie es uns hier auf die Formel bringen: Immer dann, wenn ein Anleger mit geringen monatlichen Beträgen angeblich in den Besitz einer Immobilie oder eines Anteils an einer Immobilie kommen soll, handelt es sich um einen Immobiliensparplan.

Dank teuer zu bezahlender Wirtschaftsprüfer, Steuerberater und Rechtsanwälte, die sich auf die Prospektierung spezialisiert haben, haben die Prospekte für diese Art von Anlagen inzwischen einen extrem hohen Standard erreicht, der die Initiatoren weitgehend aus der Haftung bringt. Angesichts der vergleichsweise großen Gefahren, die im Immobiliengeschäft entgegen landläufiger Meinung nun einmal lauern, blieb den Initiatoren auch kein anderer Weg, als sich auf diese Art und Weise Anleger vom Leib zu halten, die einen Schaden anmelden könnten. Das geht natürlich auf Kosten der Vermittler, die nun einen großen Teil der Haftungslasten aufgebürdet bekommen – wovon diese allerdings in der Mehrzahl so lange nichts wissen wollen, bis sie selbst betroffen sind.

Unser Rat

Addieren Sie bei solchen Angeboten einfach alle Kosten, die Sie im Prospekt finden können. Subtrahieren Sie diese dann vom angegebenen Gesamtaufwand und überlegen Sie dann nüchtern, ob es angesichts der Kostenstruktur überhaupt noch möglich ist, mit dem Anlageobjekt einen Ertrag zu erzielen. Die Antwort wird häufig negativ ausfallen, schon angesichts der Tatsache, dass für den Vertrieb solcher Pläne bis zu 25 Prozent Provision in der Spitze gezahlt werden, gerechnet auf die nominelle Beteiligung. Da der Initiator sicher nicht schlechter abschneiden will als der Vertrieb, kann man sich leicht ausmalen, dass letztendlich in die Immobilien, wenn überhaupt, nur noch wenig Geld fließen kann.

Prospekte zu Beteiligungssparplänen treiben die Prospektierung auf die Spitze

Die Beteiligungssparpläne haben aus Prospektierungssicht häufig eine Besonderheit zu bieten, die unglaublich klingt: Gemeint ist die vollkommen „offene“ Prospektierung. Im Prospekt werden nämlich alle Risiken unverblümt beim Namen genannt, auch die des Totalverlusts. Der Verlauf wird häufig sogar in den schwärzesten Farben geschildert, immer in der erfahrungsgemäß nicht unbegründeten Hoffnung, dass die meist unbedarften Anleger den Prospekt nicht lesen, und wenn, dann die Risikoangaben nicht ernst nehmen. Dennoch fallen alljährlich Tausende von Anlegern auf solche Angebote herein – aus unserer Sicht ein Indiz für die Unreife des deutschen Finanzdienstleistungsmarktes. Bedauerlich ist daran besonders, dass gerade die typische Zielgruppe dieser Anbieter jeden Pfennig Erspartes eigentlich dringend zur Aufbesserung der Rente benötigt.

Das war unser Blick über den Produktzaun, hin zu jenen Angeboten, die sich in einem gewissen Konkurrenzverhältnis zur Investmentfondsanlage befinden. Befragt man das magische Dreieck der Kapitalanlage – Rendite, Sicherheit und Liquidierbarkeit –, dann müssten die Investmentfonds die Konkurrenz nicht fürchten. In allen drei Disziplinen schneiden sie um so vieles besser ab als die Konkurrenz. Warum deren Anlageformen in Deutschland teilweise (noch) deutlich besser verkauft werden als die Investmentfondsanlage (z. B. Lebensversicherungen und Bausparen) mag mentalitätsbedingt sein. Wir sehen jedoch zwei weitere wichtige Gründe, die wir zum Abschluss dieses Kapitels nennen wollen:

- Der erste Grund ist die gravierende Benachteiligung der Investmentfonds gegenüber der Konkurrenz durch undurchsichtige bzw. unverständliche Steuergesetze und restriktive Reglementierung. Kaum ein Anleger ist zum Beispiel in der Lage, die Besteuerung von Investmentfonds zu verstehen (Zwischengewinn, Quellensteuergutschrift, ZAST – Freistellungsbescheinigung usw.). Für Laien bleibt die Besteuerung ein Buch mit sieben Siegeln. Bezüglich der Reglementierung haben KWG-Novelle und das 3. Finanzmarktförderungsgesetz umfangreiche Bestimmungen eingeführt, die neben den Direktanlagen in Wertpapieren vor allen Dingen die Investmentfondsbranche treffen. Diese Reglementierungen sollten dem Anlegerschutz dienen. Indem der Gesetzgeber jedoch gleichzeitig den grauen Kapitalmarkt mit seinen vielen Betrugsproduktlinien von jeder Reglementierung ausgenommen hat, wirken diese teilweise einigermaßen sinnvollen gesetzlichen Vorgaben wie eine gegen die Investmentfonds gerichtete Aktion.

- Der zweite Grund liegt in der Berichterstattung der Medien über Investmentfonds. Sie ist in Deutschland ausgesprochen kurzatmig. Monatsergebnisse und Quartalsergebnisse werden mit Hingabe kommentiert und in umfangreiche Rennlisten gepresst. Die Langfristergebnisse, die für die Mehrzahl der Anleger, die ja schließlich eine Altersvorsorge suchen, wichtiger wären, kommen in der Berichterstattung gar nicht vor. Das führt dann dazu, dass der desinformierte Anleger zum ungünstigsten Zeitpunkt, wenn nämlich die Kurse gerade gestiegen sind, in kurzlebige Trends investiert und damit in häufig hochspekulative Anlagen, die für sein eigentliches Anlageziel häufig nicht geeignet sind. Enttäuschungen sind verständlicherweise vorprogrammiert. Enttäuschte Anleger suchen sich andere Anlageformen, kehren den Investmentfonds also wieder den Rücken.

I

Anlagestrategien (I): Vermögensanlage und Vermögensverwaltung

I Anlagestrategien (I): Vermögensanlage und Vermögensverwaltung

Da Investmentfonds, angefangen von simplen Fonds mit DM-Renten über breit streuende Aktienfonds bis hin zu in exotischen Nischen investierenden Fonds, nahezu alle Bereiche der Geldanlage abdecken, sind sie auch für nahezu alle Anlagestrategien und Anlegermotive die geeigneten Umsetzungsvehikel. Hier reicht die Bandbreite von Buy-and-hold-Strategien mit dosierbarem Risiko über Strategien mit flexibler Gewichtung diverser nationaler und internationaler Märkte bis hin zur Vermögensverwaltung mittels Investmentfonds, wie sie unter dem Namen „Fonds-Picking“ bekannt geworden ist. Zwar wird eine auf Investmentfonds basierende Anlagephilosophie in dem Maße sinnvoller, in dem sie auch das „Anlageinstrument Aktie“ berücksichtigt, doch auch für deutlich defensiv ausgerichtete Zwecke können Fonds in Frage kommen.

1 Was Sie vermeiden sollten

Allerdings: Für einen sporadischen Einsatz eignen sich Investmentfonds nicht. Sie sollten also entweder – wenn Sie sich zu den Buy-and-hold-Anlegern zählen – einen mindestens mittelfristigen Planungshorizont (fünf bis acht Jahre) mitbringen oder aber – wenn Sie eine flexible Strategie verwirklichen wollen – eine klar definierte konzeptionelle Vorstellung.

Andernfalls droht im Fall von Buy-and-hold-Strategien, dass die Ausgabeaufschläge die bei Ihnen ankommende Performance zu stark dezimieren und sich im Nachhinein Ihr Anlegerverhalten als ineffizient herausstellen wird: Wenn Sie 50.000 DM in einen Offenen Immobilienfonds investieren wollen, dann kommen dort nach Abzug der Ausgabeaufschläge 47.500 DM zur Anlage. Falls Sie nach zwei Jahren, in denen der Fonds mit jeweils 5 Prozent performt hat, plötzlich merken, dass Sie Liquiditätsbedarf haben, dann steht Ihr Fondsdepot auf 52.370 DM, was einer jährlichen Wertsteigerung von 2,3 Prozent entspricht. Mit einem Festgeld, einem Finanzierungsschatz oder einem Sparbrief wären Sie häufig besser gefahren.

Unser Rat

Noch extremer kann sich diese Ineffizienz bei den volatileren Fondstypen auswirken, wozu natürlich die Aktienfonds, aber auch die Rentenfonds gehören. Je nachdem, in welche Phase des Aktien- oder Zinszyklus Sie mit Ihrem zu kurz geratenen Anlagehorizont geraten, können sich Ausgabeaufschläge plus Kursverluste zu nicht unerheblicher Kapitalschmälerung hochschaukeln.

Wollen Sie dagegen die Flexibilität der Investmentfonds nutzen, dann sollten Sie sich vergegenwärtigen, dass sich Ihre Vorstellung, damit erfolgreich an den boomenden Märkten der Welt teilzuhaben, in ganz kurzer Zeit als teure Illusion herausgestellen kann. Es ist um ein Vielfaches leichter, in der Presse darüber zu lesen, dass ein im Schwellenland *XY* investierender Fonds *Z* im letzten Jahr eine Performance von z.B. 60 Prozent gemacht hat, als einen solchen Fonds bzw. einen solchen Markt für das nächste Jahr mit vertretbarem Risiko einzukreisen!

Unser Rat

Ganz wichtig ist deswegen für solche Absichten ein Konzept, d.h. die Festlegung eines oder mehrerer Basismärkte, die bei Ihren Optimierungsversuchen im Zentrum stehen und von denen aus Sie die spekulativen Chancen der übrigen Märkte wahrnehmen.

Wir geben Ihnen nachfolgend für typische Anlagestrategien und -motive Hinweise und Vorschläge zur praktischen Umsetzung mit Investmentfonds. Dies sind:

- Buy-and-hold-Strategien unter Ausschluss von Aktien,
- Buy-and-hold-Strategien unter Einschluss von Aktien,
- aktive Anlagestrategien mit wechselnden Gewichtungen einzelner Märkte,
- Kriterien für die Beurteilung von Fonds-Picking-Programmen.

2 „Sicherheit geht über alles" – Die Rolle von Fonds in einer sicherheitsbewussten Anlagestrategie

Geht es Ihnen über alles, ruhig schlafen zu können, dann kommen für Sie allenfalls die Offenen Immobilienfonds als Sachwert-Komponente neben Ihren festverzinslichen Werten in Frage. Vermutlich zwar (vgl. Kapitel B) wird sich die Vernachlässigung der Aktien in dem Maße als objektiv falsch herausstellen, in dem Ihr Planungshorizont länger ausgelegt ist. Doch die Geld- und Kapitalanlage ist auch eine sehr persönliche und damit subjektive Angelegenheit, so dass Sie sich durch diesen Hinweis nur dann von Ihrem Sicherheitsbewusstsein abbringen lassen sollten, wenn Sie mit dem auch langfristig stets verbleibenden Restrisiko einer Aktien(fonds)anlage klarkommen.

Wenn Sie also bei Ihrem hohen Sicherheitsbedürfnis bleiben, dann kommen von den Investmentfonds für Sie grundsätzlich in Frage:

- die Offenen Immobilienfonds
- die traditionellen Fonds mit DM/Euro-Renten
- die traditionellen Fonds mit internationalen Renten
- Geldmarkt- und Kurzläuferfonds DM/Euro oder international orientiert
- Laufzeitfonds DM/Euro oder international orientiert

2.1 Das Timing und andere Grundsatzfragen

Wenn Sie ein solches zinslastiges Depot in der zweiten Jahreshälfte 1999 oder danach strukturieren, sollten Sie davon ausgehen:

Mit großer Wahrscheinlichkeit dürfte die langjährige Zinssenkungsphase beendet sein; der Trend zu steigenden Zinsen dürfte sich durchgesetzt haben. Hieraus folgt, dass die nächste Phase des Zinszyklus gegen die Anlage in traditionelle DM/Euro-Rentenfonds mit langen Restlaufzeiten spricht. Denn beim Wiederanstieg der Zinsen ist erst einmal der Schmalhans Meister in der Performanceküche. Das gilt auch für traditionelle Fonds mit internationalen Rentenwerten sowie, allerdings in geringerem Umfang, wegen ihres deutlichen Anteils festverzinslicher Werte im Fondsvermögen auch für die Offenen Immobilienfonds.

Unser Rat

Rationaler ist es in dieser Situation, wenn Sie sich auf einen drei- bis vierjährigen Wiederanstieg der Zinsen einstellen und Sie dies mit einem Laufzeitfonds mit Laufzeitende ungefähr Ende 2002 bewerkstelligen. Alternativ dazu können Sie festverzinsliche Wertpapiere mit einer solchen Restlaufzeit erwerben; wenn Sie einen passenden Zerobond finden, dann haben Sie das Problem mit der Wiederanlage der Zinsen nicht.

Einiges spricht dafür, dass am Fälligkeitsdatum der Gipfel des nächsten Zinszyklus der DM erreicht oder zumindest in der Nähe ist. Das wäre dann auch der beste Zeitpunkt, die freigewordenen Mittel Ihres Vermögens in einen traditionellen Rentenfonds zu investieren und sie dort „open end“ arbeiten zu lassen.

Unser Rat

Dass dies jedoch mit einiger Wahrscheinlichkeit zu unterm Strich schlechterer Performance führen wird, als wenn Sie dann möglichst langlaufende Anleihen direkt erwerben und die Zinsen konsequent wieder anlegen (bzw. Zerobonds verwenden), haben wir Ihnen bereits in Kapitel F, Abschnitt 4.4 vorgerechnet. Wie Sie es machen wollen, hängt also letztlich davon ab, wie viel Ihnen der Komfort des Fonds „wert“ ist.

Nicht nur aus Gründen der Streuung Ihres Anlagerisikos auch auf Sachwerte, sondern auch wegen der Steuer sollten Sie einen mehr oder weniger großen Teil des anzulegenden Vermögens in einem Offenen Immobilienfonds anlegen. Sie haben gesehen, dass mittelfristig die Offenen Immobilienfonds vor Steuern in etwa auf dem Niveau der Renten performen, nach Steuern jedoch in dem Maße besser, je höher Ihr Steuersatz ist bzw. je weniger der steuerpflichtigen Erträge Sie im Freibetrag von 6.200 DM (Verheiratete, ab 2000) unterbringen können. Der Umkehrschluss hieraus ist, dass der Anteil des Offenen Immobilienfonds umso höher sein sollte, je mehr diese steuerlichen Bedingungen gegeben sind. Spielen die steuerlichen Aspekte keine Rolle, sehen wir einen Anteil der Offenen Immobilienfonds von 25 bis 30 Prozent. In der Spitze ist der völlige Verzicht auf Rentenwerte – seien es direkt gehaltene, seien sie in einen Fonds verpackt – denkbar.

Einen mehr oder weniger großen Teil Ihres Vermögens schließlich werden Sie liquiditätsnah halten wollen, z.B. für demnächst anstehende Anschaffungen oder als „Kriegskasse“ für die Wechselfälle des Lebens. „Liquiditätsnah“ bedeutet einerseits, dass Sie täglich darüber verfügen können, andererseits sollten Kursrisiken weitestgehend ausgeschlossen sein.

Unser Rat

Sie merken: Der Vorschlag läuft darauf hinaus, dass Sie bis auf einen Sockel Ihr vielleicht zu stark gefülltes Girokonto, vor allem aber Ihr Sparbuch (gibt es bei Ihnen vielleicht sogar mehrere dieser Groschengräber?) plündern und ein Kurzläufer-Depot eröffnen sollten.

2.2 Geeignete Fonds

Laufzeitfonds: Hier wollen wir auf eine konkrete Empfehlung verzichten, da vermutlich alle Fonds, die bei Druckfreigabe dieses Buches zugänglich sind, ihren Anteilverkauf eingestellt haben werden, wenn Sie darangehen, die Vorschläge umzusetzen. Der Hinweis darauf, dass folgende Fondsgesellschaften in der Vergangenheit Laufzeitfonds mit einer größeren Bandbreite der Laufzeiten aufgelegt haben, mag Ihnen die Suche nach einem für Ihre Zwecke passenden erleichtern:

In Deutschland: ADIG, BB-INVEST, DIT, DWS, HPYO-INVEST, UNION.

In Luxemburg: A.L.S.A, DEKA S.A., dam, BfG LUXINVEST, UNION S.A.

Beispiel

Bei den anderen genannten Kategorien sollten folgende Fonds Ihre besondere Aufmerksamkeit genießen:

Offene Immobilienfonds: Hier spricht vieles für den DESPA-Fonds oder den BfG ImmoInvest.

Traditionelle Rentenfonds: Re-Inrenta von DWS und ALSA Euro-Renten sind per Mitte 1999 sicherlich die solidesten Empfehlungen.

Kurzläuferfonds: Erste Wahl sind Unikapital (Union) und DekaTresor.

Beachten Sie aber bei dieser hauptsächlich performancebezogenen Empfehlungsliste: Vor allen Dingen dann, wenn Sie häufiger zwischen den beiden Wertpapierfonds umschichten wollen, kann es wegen der dann anfallenden Ausgabeaufschläge sinnvoll sein, wenn Sie sich unter dem Dach einer einzigen Fondsgesellschaft ansiedeln, die einen möglichst kostengünstigen Tausch von Anteilswerten zwischen ihren Fonds bietet. Oder Sie wählen in solchen Fällen einen Kurzläuferfonds, der auch in der „Trading-Variante" angeboten wird (z.B. Unikapital net, vgl. Seite 236).

3 Aktien erwünscht, Komfortbedürfnis hoch

Vielleicht haben Sie, z.B. in diesem Buch in Kapitel B, davon gelesen, dass unter langfristigen Gesichtspunkten, jedenfalls in der Vergangenheit, die Aktie die beste aller Anlageformen gewesen ist. Das leuchtet Ihnen ein, schließlich sind Aktien Anteile am Produktivvermögen. Langfristig planen können Sie auch, aber die Welt der Aktien ist ein Buch mit sieben Siegeln für Sie: Sie sind der ideale Kandidat dafür, für einen Teil Ihres Vermögens Anteile an einem Aktienfonds zu erwerben, und mehr als diese „liegenzulassen" – also darauf zu vertrauen, dass sich die Überlegenheit langfristig von alleine herausstellen wird – werden Sie nicht vorhaben.

3.1 Zehn bis fünfzehn Jahre sollten es schon sein

Doch „langfristig", was heißt das? Die Analysen des ersten Kapitel zeigen, dass es heißen sollte: „Nicht kürzer als zehn Jahre". Wenn Sie also gegenwärtig 45-jähriger Freiberufler sind und mit 55 den Job an den Nagel hängen wollen, dann könnte es schon knapp sein, wenn Sie jetzt Ihr Vermögen teilweise in einen Aktienfonds investieren, mit dem Sie dann den Ruhesitz auf dem Land oder die Aufbesserung Ihrer Rente finanzieren wollen. Es ist möglich, dass in den zehn Anlagejahren die Sache mit der Überlegenheit der Aktie nicht funktioniert hat, weil eine Baisse just im zehnten Jahr Ihr Vermögen vorübergehend so hat zusammenschmelzen lassen, dass Sie mit der Verwirklichung Ihrer Absichten drei Jahre lang warten müssen, bis sich die Kurse wieder erholt haben.

3.2 Vermeidbare Risiken durch die Fondswahl ausschließen

Bei einer solchen Konstellation von Motiven und Zielen ist es wichtig, dass Sie bei der Auswahl der in Frage kommenden Fondsgruppen alle vermeidbaren Risiken ausschalten. Was bedeutet das?

Unser Rat

Vor allem sollte es heißen, dass alle Gruppen von Aktienfonds, die nicht breit streuen, ausscheiden. Das heißt, Branchen-, Regional- oder Einländerfonds kommen für Sie nicht in Frage. International oder europäisch breit streuende Fonds sind die hauptsächlich für Sie in Betracht kommenden Fondskategorien. Zurückhaltung würden wir Ihnen bei Aktienfonds mit Anlageschwerpunkt Deutschland empfehlen: Da innerhalb des Euro-Währungsgebietes die Währungsrisiken weggefallen sind, gibt es keinen plausiblen Grund mehr, sich die Chancen entgehen zu lassen, die Euroland-Aktien bieten. Die Deutschland-Fonds sind dennoch auf unserer Empfehlungsliste, weil Sie bei einer auf mehrere Fonds verteilten Strategie Sinn machen können.

Beispiel

Von ihren bisherigen Ergebnissen her kommen für Sie vor allem in Betracht:

Abrechnungswährung DM, Anlageschwerpunkt Deutschland:
Außerhalb der „Triple A Fonds" Investa, DVG Select Invest, Plusfonds und SMH Spezial 1 (vgl. Tabelle auf Seite 264) überzeugen uns auch die vorderen Ränge der AA-Fonds.

Abrechnungswährung DM, globaler Anlageschwerpunkt:
Neben Deutscher Vermögensbildung I haben im kurz- und mittelfristigen Bereich Uniglobal, Dekaspezial, Interglobal und SMH International vielversprechende Wertentwicklungen.

Abrechnungswährung DM/Euro, Anlageschwerpunkt Europa:
Erste Wahl sollten neben dem Gartmore Continental Europe der Sun Life European Growth und die anderen Fonds auf den vorderen Rängen sowohl im kurz- wie im mittelfristigen Bereich der Tabelle auf S. 268 sein.

Wenn Sie bereit sind, eine andere Abrechnungswährung als DM/Euro zu akzeptieren, dann sprechen im Bereich global anlegender Fonds die Zahlen für AE Worldfolio 7 Global Equities. Beim häufig in Deutschland gekauften Templeton Growth Fund würden wir abwarten, ob er an die Leistungen früherer Jahre anknüpfen kann.

3.3 Vorschlag für eine Portfoliostruktur

Natürlich empfehlen wir Ihnen nicht, Ihr ganzes Vermögen in den ausgewählten Aktienfonds zu stecken. Dies zum einen deswegen nicht, weil Sie das auch langfristig verbleibende Restrisiko der Aktienanlage streuen sollten. Hierzu bieten sich – obwohl wir dieser Fondsspezies eher skeptisch gegenüberstehen – die Offenen Immobilienfonds als wenig volatiler Gegenpart an, auch, weil sie gegenüber der gleichfalls denkbaren Alternative „Rentenfonds" steuerlich günstiger sind. Wir halten ein Verhältnis von 70 Prozent Aktienfonds und 30 Prozent Immobilienfonds für einen 15-jährigen Planungshorizont für angemessen; bei kürzerer Planung sollte wegen des dann höheren Risikos der Aktien der Anteil des Offenen Immobilienfonds größer sein.

Der zweite Grund für die Empfehlung, nicht alles in einen Aktienfonds zu investieren, hängt damit zusammen, dass Sie mit großer Wahrscheinlichkeit auch Anlageziele haben, die Sie vor Ablauf von zehn Jahren erreicht haben wollen. Hierfür können Sie sich an die Depotstrukturen anlehnen, die im Abschnitt zuvor diskutiert wurden.

Beispiel

Als Orientierung für ein Geldvermögen von 250.000 DM könnte somit folgende Aufteilung dienen:

Langfristig anzulegen 185.000 DM

davon

140.000 DM in einen oder mehrere der auf Seite 335 genannten Aktienfonds

45.000 DM BfG ImmoInvest. 1

Kurz- und mittelfristig anzulegen 50.000 DM

davon

25.000 DM Laufzeitfonds drei bis vier Jahre (dann – s.o. – Timing beachten!)
25.000 DM Kurzläuferfonds, z.B. Unikapital

Kasse
15.000 DM

An die Stelle der konkret genannten Fonds können auch die anderen der oben in der jeweiligen Kategorie genannten Fonds treten.

Je nach Timing beim Aktienfonds wird ein so strukturiertes Depot es auf Sicht von 15 Jahren auf eine jährliche Wertsteigerung zwischen 8 und 10 Prozent bringen, von der mit einiger Wahrscheinlichkeit ca. 50 bis 70 Prozent steuerfrei sein werden.

4 Investmentfonds in einer aktiven Anlagestrategie

4.1 Was sind aktive Anlagestrategien?

Aktive, vorausschauende Anlagestrategien

- gehen nicht von einer mehr oder weniger starren Aufteilung des Vermögens in Geld- und Sachanlagen aus;
- „kleben" nicht an dem einen oder anderen Papier;
- streben im Rahmen einer Prognosebandbreite möglichst große Flexibilität an und nutzen diese auch.
- „Langfristig" bedeutet für Sie, dass langfristig nur sicher ist, dass sich die Bedingungen an den Kapitalmärkten laufend ändern, und morgen falsch sein kann, was heute noch richtig ist.
- Auch wenn Sie Hektik vermeiden, werden Sie, je nach Gang der Dinge, mehr oder weniger häufig umschichten.

Die Transaktionskosten sind also auch ein Kriterium einer aktiven und vorausschauenden Anlagestrategie.

Aber auch eine noch so fundiert geplante Strategie wird nicht alles auf die „Karte Wertpapierfonds" setzen. Wie groß der Notgroschen für den Fall der

Fälle sein oder ob er besser aus Gold oder Geld, aus einer zusätzlichen Lebensversicherung oder einem Van Gogh bestehen soll, das wird im Einzelfall sehr verschieden sein. Mehr als 80 Prozent Ihres disponiblen Vermögens sollten Sie jedenfalls nicht in die Fondsstrategie stecken; und wenn Sie mit nur 40 Prozent anfangen wollen oder können, dann ist dies andererseits kein Grund, es gleich ganz bleiben zu lassen.

Unser Rat

Das bezweckt eine aktive Anlagestrategie: Denjenigen Teil Ihres Vermögens, den Sie in Aktien anlegen wollen, möglichst nahe an Aktien „unterzubringen", um ihn schnell, problemlos und kostengünstig dann in Aktien investieren zu können, wenn die Zeichen danach stehen – um ihn ebenso schnell und kostengünstig dort wieder abziehen und anderweitig parken zu können, wenn der Börsenzug wieder zum Stehen gekommen ist.

4.2 Kriterien für die Auswahl der Fonds

Sie werden sehen, dass Sie auch für solche Absichten Fonds optimal einsetzen können. Bei der Auswahl der Fonds müssen Sie noch andere Kriterien zu Rate ziehen als diejenigen, die wir Ihnen oben nahegelegt haben.

Zwei grundlegende Möglichkeiten bieten sich Ihnen. Sie verwirklichen diese Strategie mit den sog. Trading-Fonds, zwischen denen Sie hin und her wechseln können, ohne jedes Mal den Ausgabeaufaufschlag zahlen zu müssen. Dass dies aber mittel- und langfristig eine teure Angelegenheit ist, haben wir Ihnen in Kapitel G, Abschnitt 4 gezeigt.

Wir empfehlen Ihnen deswegen den zweiten Weg, bei dem es darauf ankommt:

- Sie brauchen eine Fondsfamilie, deren einzelne Fonds dort investieren, wo Ihrer Meinung nach in den nächsten Jahren die Musik spielt.
- Für Ihre Strategie ist es wichtiger, dass alle Fonds, die Sie benötigen, gemäß den in Kapitel G, Abschnitt 9 diskutierten Auswahlkriterien mindestens in der oberen Hälfte ihrer Kategorie angesiedelt sind, als dass einer ganz oben steht und die anderen nichts taugen.

- Sie müssen innerhalb der Fondsfamilien kostengünstig in alle Richtungen „switchen“ können; optimal ist es, wenn auch der Umtausch von Anteilen eines Rentenfonds in Anteile eines Aktienfonds ebenso kostenlos möglich ist wie der umgekehrte Vorgang.

Sie sollten allerdings ins Kalkül ziehen, dass auch Umschichtungen von direkt gehaltenen Wertpapieren mit Kosten belastet sind. Insofern ist z.B. die bei Union geltende Regelung einer Gebühr von 0,5 Prozent pro Fondswechsel noch immer vergleichsweise sehr günstig. Auch solche Regelungen, dass bei einem Fondswechsel die jeweilige Differenz der Ausgabeaufschläge zu zahlen ist (in der Regel also 2 Prozent im Fall des Wechsels aus einem Rentenfonds in einen Aktienfonds, im umgekehrten Fall spesenfrei – durchschnittliche Spesenbelastung beim „Aktien-Renten-Switch“ also 1 Prozent), führen noch immer zu geringeren Transaktionskosten als bei vergleichbaren Umschichtungen direkt gehaltener Papiere.

Insofern sollte es für Sie kein „Ausschlusskriterium“ sein, wenn eine Fondsfamilie nicht den vollständig kostenlosen Fondswechsel ermöglicht. Grundsätzlich zu teuer für eine solche Strategie sind nur solche Fonds, die auch im Einzelfall keine Vergünstigung gewähren. Da Ihnen aber im Übrigen zu einem in der Tendenz eher sparsamen Umgang mit der Tauschmöglichkeit geraten werden muss, werden sich bei den anderen Fonds die Differenzen bei den Spesen ohnehin in Grenzen halten (und können leicht durch besonders günstige Entwicklungen einzelner Fonds aufgefangen werden).

4.3 Konzeptionelle Grundlagen für drei Anleger-Temperamente

Eine solche Konzeption definiert als *ersten Schritt* die Basis-Fonds, sprich: die Kernmärkte, die bei einer solchen aktiven Strategie langfristig im Zentrum stehen sollen. In aller Regel werden das für in DM bzw. Euro denkende Anleger die Euro-Märkte für Aktien, Renten und Tagesgelder sein, optional oder ergänzend im Aktienbereich auch ein Portefeuille mit international breit gestreuten Aktien.

Der *zweite konzeptionelle Schritt* ist, jene Märkte zu definieren, die bei der Anlagestrategie zusätzlich berücksichtigt werden sollen. Hierbei ist nach unserer Überzeugung große Sorgfalt geboten, und für die weit überwiegende Zahl von Anlegern, für die eine solche Strategie in Frage kommt, dürfte sich der alte Satz bewahrheiten: Weniger ist Mehr. Denn es dürfte nicht selten auch semiprofessionellen Anlegern schwer fallen, sich über einen langen Zeitraum hinweg über Hintergründe und Gesetzmäßigkeiten der Entwicklung einer Vielzahl von Märkten informiert zu halten. Wir denken, dass mit der Berücksichtigung der wichtigsten Märkte einer oder maximal zweier weiterer Regionen oder Hemisphären einerseits eine ganz erhebliche Steigerung des Chancen- und Risikopotentials möglich ist, andererseits damit aber auch die individuellen Voraussetzungen an das persönliche Know-how in aller Regel erschöpft sein werden.

Der *dritte konzeptionelle Schritt* besteht darin, die individuelle Risikobereitschaft festzulegen. Das geschieht sinnvollerweise so, dass Sie einen maximalen Anteil des/der Basis-Aktienfonds zuzüglich der ausländischen Spezialmärkte festlegen, den Ihr gesamtes, über die Fonds zu verwaltendes Vermögen in besonders günstig erscheinenden Phasen haben darf. Dann nehmen Sie die Feinabstimmung vor, in der Sie festlegen sollten, wie groß der Anteil der ausländischen Spezialmärkte innerhalb dieser beiden Strukturelemente Ihres Depots maximal sein darf; dabei sollten Sie sich von der Devise leiten lassen, dass mit dem Anteil der ausländischen Spezialmärkte auch das Risikopotential Ihres Depots steigt. Eine weitere Rolle bei der Festlegung der maximal erlaubten Gewichtungen der einzelnen Strukturelemente wird auch spielen, ob Sie Ihren Liquiditätsbedarf bzw. die Rückstellungen für mittelfristig planbare Ausgaben über Ihre persönliche Vermögensverwaltung mit Investmentfonds abdecken wollen. Falls ja: Dann sollten Sie den Anteil der DM-Renten- bzw. geldmarktorientierten Fonds entsprechend hoch halten.

Nun geht es im *vierten Schritt* darum, die Fondsfamilie auszuwählen, die für die definierte Konzeption geeignete Fonds bereithält und möglichst kostengünstigen Fondswechsel bietet. Die Konditionen der einzelnen Fondsgesellschaften hierzu finden Sie auf Seite 238ff. Von der Bandbreite der angebotenen Fonds her betrachtet kommen für solche international diversifizierte, aktive Anlagestrategien insbesondere die Investmentgesellschaften ADIG, DIT und DWS in Frage. Von den kleineren Fondsgesellschaften scheinen hauptsächlich Oppenheim, die DVG, MK, MMWI und Frankfurt Trust – alle mit mehreren Aktienfonds mit Länder- und Branchenschwerpunkten – geeignet.

Der *fünfte Schritt* wird häufig vergessen: Er besteht in der Sicherstellung der Informationslogistik. Diese wird bei einfacher ausgelegten Strategien, die sich im DM-Bereich bewegen, eventuell auch unter Einschluss eines breit streuenden internationalen Aktienfonds, weniger problematisch sein. Das „Handelsblatt", die „Süddeutsche Zeitung", die „FAZ" oder eine andere Tageszeitung mit regelmäßigen Nachrichten und Kommentaren zur allgemeinen Wirtschafts- und Konjunkturlage und zu Fragen der Entwicklung von Zinsen und Börsen sind als Informationsbasis sicherlich gut geeignet. Falsch ist es sicher nicht, wenn daneben ein Magazin (z.B. die Zeitschriften „DM", „Finanzen", „Finanztest", „Capital" usw.) oder ein Informationsdienst (z.B. „Vorteilhafte Geldanlagen" oder „Praxishandbuch Geldanlage") bezogen und ausgewertet wird. Bei komplexer gelagerten Strategien jedoch kann die Informationslogistik ein echtes Problem werden; dann sollten Wirtschaftsblätter des Marktes/der Märkte, die Ziel der Strategien sind, vorhanden sein, mindestens jedoch internationale Wirtschaftsblätter vom Schlage des „Wallstreet-Journal" oder der „Financial Times".

Für drei verschiedene Risiko-Mentalitäten – deutlich defensiv, ertrags-/risikobewusst, deutlich offensiv – wollen wir am Beispiel der Fonds von Oppenheim aufzeigen, wie eine solche aktive Vermögensverwaltung mit Investmentfonds vollzogen werden kann. Alle drei Vorschläge gehen davon aus, dass die „Kasse" und die Rückstellungen für die mittelfristig planbaren Ausgaben nicht über die Vermögensverwaltung mit Fonds abgedeckt werden sollen. Die Wahl der Fonds von Oppenheim hat einerseits und hauptsächlich exemplarischen Charakter, berücksichtigt jedoch andererseits in gewisser Weise auch den Umstand, dass diese Gesellschaft sowohl attraktive Tauschkonditionen als auch mit dem Oppenheim EuroStoxx 50 einen marktnahen Fonds ohne Managementrisiko und eine Reihe von Spezialitätenfonds anbietet.

4.4 Deutlich defensive Ausrichtung

1. Schritt: Festlegung der Basis-Fonds

Oppenheim EuroStoxx 50 (Aktien), Oppenheim Priva-Rent K (Euro-Rentenwerte mit Restlaufzeiten unter einem Jahr), Oppenheim Priva-Rent L (Euro-Rentenwerte mit Restlaufzeit über zehn Jahren).

2. Schritt: Festlegung zusätzlicher Märkte

Eine deutlich defensiv ausgerichtete Strategie wird noch einen breit streuenden internationalen Aktienfonds einbeziehen, also Oppenheim Topic Global; alternativ kann sich anbieten, einen Fonds für europäische Spezialwerte (Oppenheim Select Europa) hinzuzunehmen.

3. Schritt: Festlegung der Risikobereitschaft

Wir halten nichts von einer Aussage, dass bei defensiv eingestellten Investoren der Anteil der Aktienfonds höchstens so oder so viel betragen darf, weil wir denken, dass dieser Anteil stark von den individuellen Voraussetzungen abhängt. Anlegern, die über entsprechende Informationsquellen verfügen, vor allem aber über genügend Erfahrung und Sicherheit, sich aus der Meinungsvielfalt, den vielen Einflüsterungen und der Fülle von Tips ein eigenes Bild zu machen, würden wir durchaus empfehlen, den maximalen Anteil des/der Aktienfonds bis auf zwei Drittel des gesamten Depotvolumens festzulegen. Umgekehrt sollte, wo diese Voraussetzungen nicht gegeben sind, der maximale Anteil des/der Aktienfonds 30 Prozent nicht unterschreiten, weil ansonsten – die immer vorkommenden suboptimalen Dispositionen berücksichtigt – ein höheres Ertragspotenzial als das von simplen Buy-and-hold-Strategien kaum erreichbar sein dürfte.

4.5 Ertrags-/risikobewusste Ausrichtung

1. Schritt: Festlegung der Basis-Fonds

Oppenheim EuroStoxx 50 (Aktien), Oppenheim Priva-Rent K (Euro-Rentenwerte mit Restlaufzeiten unter einem Jahr), Oppenheim Priva-Rent L (Euro-Rentenwerte mit Restlaufzeit über zehn Jahren).

2. Schritt: Festlegung zusätzlicher Märkte

Zunächst bietet sich auch hier bei einer solchen Strategie an, den in Schritt 3 festzulegenden Aktienanteil partiell durch einen international breit streuenden Aktienfonds (Oppenheim Topic Global) zu ersetzen. Den ertrags-/risikobewussteren Charakter erhält Ihre Strategie aber durch die Einbeziehung von mindestens einem zusätzlichen speziellen Markt. Es bei einem einzigen zusätzlichen Markt zu belassen, empfehlen wir vor allem Anlegern, die international noch wenig Erfahrung haben. Ob der „Pfeffer“ mit dem Oppenheim Select America oder dem Oppenheim Select Japan in die Strategie eingebracht wird, sollte je nach Lageeinschätzung zum Zeitpunkt Ihres Entschlusses für eine solche Depotstruktur sowie anhand der Informationslage entschieden werden.

3. Schritt: Festlegung der Risikobereitschaft

Unseres Erachtens sollte der Anteil der Aktienfonds allenfalls unwesentlich gegenüber der defensiven Strategie erhöht werden – also maximal auf 75 Prozent. Denn das höhere Ertrags-/Risikopotenzial entsteht in erster Linie durch die Berücksichtigung zusätzlicher Anlagesphären. Grundsätzlich gilt ferner, dass die subjektiven Voraussetzungen (vgl. die Ausführungen hierzu bei der defensiven Strategie) bei der Festlegung des Anteils aller Aktienfonds zusammengerechnet gründlich geprüft werden sollten. Die Feinabstimmung des Ertrags-/Risikopotenzials eines solchen Depots erfolgt durch die Festlegung des Anteils der zusätzlichen Anlagesphäre innerhalb des für Aktienfonds vorgesehenen Depot-Teils sowie durch die Entscheidung, ob eine weitere oder zwei weitere Anlagesphären berücksichtigt werden sollen.

Eine ausgewogene Konzeption könnte folgende Anlagerichtlinien haben:

- maximaler Anteil aller Aktienfonds 70 Prozent
- hiervon maximal 35 Prozent Anlagesphären außerhalb der Basis-Fonds (also entweder Japan oder USA)

4.6 Deutlich offensiv

1. Schritt: Festlegung der Basis-Fonds

Oppenheim EuroStoxx 50 (Aktien), Oppenheim Priva-Rent K (Euro-Rentenwerte mit Restlaufzeiten unter einem Jahr), Oppenheim Priva-Rent L (Euro-Rentenwerte mit Restlaufzeit über zehn Jahren).

2. Schritt: Festlegung zusätzlicher Märkte

Für eine deutlich offensiv ausgerichtete Strategie ist die Berücksichtigung internationaler Aktien in Form des Oppenheim Topic Global ein „Muss“; daneben sollten die Optionen sowohl auf die japanische Börse als auch auf die Wallstreet offengehalten werden, also Berücksichtigung beider Länderfonds, und/oder eines Branchenfonds (Rohstoffe, Food, Technologie).

3. Schritt: Festlegung der Risikobereitschaft

Grundsätzlich sollte eine deutlich offensiv ausgerichtete Strategie die Möglichkeit bieten, das gesamte zu verwaltende Vermögen in Aktien zu investieren; d. h.: maximaler Anteil aller Aktienfonds zwischen 80 und 100 Prozent. Die Feinabstimmung erfolgt auch hier über die Festlegung des maximalen Anteils der Länder- und Branchenfonds, die bei sehr mutigen Anlegern jeweils den gesamten Aktienanteil ausmachen können. Wir raten jedoch dazu, bei der Festlegung der individuellen Anlagerichtlinien die Streuung der Länder-/Branchenrisiken grundsätzlich vorzusehen.

Ausgewogene Anlagerichtlinien im Rahmen einer deutlich offensiv ausgerichteten Strategie könnten so aussehen:

- maximaler Anteil der Aktienfonds 90 Prozent
- hiervon maximal 60 Prozent für einen der Länder-/Branchenfonds (sofern in einer bestimmten Anlagephase aus Gründen der Börseneinschätzung nur einer der Fonds im Depot berücksichtigt werden soll) bzw. 80 Prozent für alle drei Fonds zusammengenommen.

5 Das Timing beim Einsatz von Aktienfonds

Bei der im vorigen Abschnitt beschriebenen aktiven Anlagestrategie setzen Sie vor allem darauf, günstig ein- und teuer zu verkaufen. Mit Ihren „Trading-Gewinnen" wollen Sie auf längere Sicht besser abschneiden als einer der Fonds, die Sie benutzen.

5.1 Timing-Grundsätze für Trader

Nicht nur aus steuerlichen Gründen empfehlen wir Ihnen, das Trading nicht mit den tagesaktuellen Ausschlägen der Anteilswerte zu versuchen; sie sind praktisch nicht vorhersehbar, wodurch eine solche Strategie sehr in die Nähe eines Roulette-Spiels gerät.

Ihre Entscheidungsgrundlagen werden wesentlich rationaler, wenn Sie Ihre aktive Anlagestrategie vor dem Hintergrund mittelfristiger Trends und Zyklen durchführen. Einige grundlegende Zusammenhänge wollen wir Ihnen erläutern.

„An den Börsen werden Zukunftserwartungen gehandelt", war die lapidare Antwort eines Frankfurter Brokers im Oktober 1996 auf die Frage, woran es denn liege, dass der DAX immer neue Höchststände erklimmen würde, obwohl sich die Konjunktur partout nicht auf einen stabilen Wachstumspfad begeben wollte. Treffender kann man einen der wichtigsten Zusammenhänge in der Welt des Geldes nicht beschreiben, der, auf einen volkswirtschaftlichen Nenner gebracht, auch heißen könnte: Die Börse neigt dazu, die Zyklen der Konjunktur vorwegzunehmen. Immer wieder (wenn auch nicht immer) bestätigt sich, dass an der Börse just dann die größten Gewinne zu machen waren, wenn die konjunkturelle Lage besonders trostlos und die Nachrichten besonders schlecht erschienen. Das hat im Wesentlichen zwei Gründe:

- In wirtschaftlichen Krisenzeiten werden in den Unternehmen die Weichen neu gestellt. Neue Produkte werden entwickelt und neue Produktionsverfahren, es wird rationalisiert, neue Marketingstrategien entstehen, neue Märkte werden ins Visier genommen, häufig auch entwickelt sich, zumindest im Ansatz, ein neuer Konsens zwischen den gesellschaftlichen Gruppierungen (was sich bei VW beispielsweise im Herbst '93 in Sachen Arbeitszeit und Lohnverzicht abspielte, das wäre zwei Jahre zuvor noch absolut undenkbar gewesen). Hiervon bekommen die Unternehmensanalysten in den Banken und Investmentgesellschaften als Erste Kenntnis, zu einem Zeitpunkt, wo die schlechten Nachrichten noch die Headlines beherrschen, und längst bevor die in den Unternehmen eingeleiteten Maßnahmen tatsächlich greifen. Für sie gilt es dann, möglichst rasch, d. h. möglichst preiswert mit dabei zu sein, so dass mit der Nachfrage auch die Kurse steigen.
- Der zweite Grund hat mit der relativen Attraktivität der Aktienanlagen gegenüber alternativ zur Verfügung stehenden Anlagemärkten zu tun. Die Zeiten der Rezession sind nämlich üblicherweise auch Zeiten des billigen Geldes, d. h., die Zinsen sind tief, weil damit die Wirtschaft wieder angekurbelt werden soll. Dies bedeutet, dass die Chancen, mit Aktien besser abzuschneiden als mit Zinstiteln, größer sind. Die Nach-

frage nach Aktien wächst. Umgekehrt sind die Zeiten der Hochkonjunktur regelmäßig auch Zeiten des teuren Geldes: Mit hohen Zinsen soll die konjunkturelle Überhitzung vermieden und die Inflationsrate gesenkt werden. Zinsanlagen werden attraktiver, die Chancen, mit Aktien besser abzuschneiden, werden geringer – das Angebot an Aktien wächst.

Das sind – zugegebenermaßen grob skizziert – die Grundlagen der antizyklischen Kapitalanlage.

Unser Rat

Die beschriebenen Mechanismen sind auch Ursache dafür, dass wir Sie in diesem Buch immer wieder davor gewarnt haben, sich bei Ihrer Entscheidung für einen bestimmten Fondstypus von den gerade erzielten Anlageergebnissen leiten zu lassen. Ob Aktienfonds oder Rentenfonds oder Offener Immobilienfonds: Die Gefahr ist viel zu groß, dass Sie dann in der Nähe des Gipfels des gerade aktuellen Zyklus einsteigen und die anstehende Periode erst einmal von Mager-Renditen, vielleicht sogar von Verlusten geprägt ist.

In geradezu klassischer Weise haben sich diese grundsätzlichen Zusammenhänge auch in der jüngeren Vergangenheit, etwa seit 1992/1993 bestätigt.

Beispiel

Ab Sommer 1992 verdichteten sich die Nachrichten zu immer düster werdenden Szenarien: Erst war's ein „Nullwachstum“, dann ein „Minuswachstum“, dann wurde selbst begrifflich nicht mehr gemogelt und offen von der „schärfsten Rezession der Nachkriegsjahre“ gesprochen. Weltkonzerne gerieten ins Trudeln, immer mehr Arbeitslose, immer mehr Sorge um den Industriestandort Deutschland, das Manager-Schelte-Buch „Nieten in Nadelstreifen“ stand ganz oben in den Bestsellerlisten.

Wer sich in diesen trüben, fast aussichtslos erscheinenden Zeiten auf die Börsianerweisheit „buy on bad news“ besann und die Nerven hatte, in Aktien zu gehen, der machte das Geschäft seines Lebens. Um rund 50 Prozent legte der Deutsche Aktienindex (DAX) in der Spitze in diesem Zeitraum zu, begleitet vom gleichfalls typischen Rückgang der Zinsen. Per saldo ähnlich, verlief auch das Jahr 1997, wiederum begleitet von deutlich sinkenden Zinsen.

Und umgekehrt: Seit sich wegen boomender (USA) bzw. anspringender (Deutschland) Konjunkturen die Zinsängste immer mehr verdichteten, tun sich die Aktienkurse dies- und jenseits des Atlantiks immer schwerer.

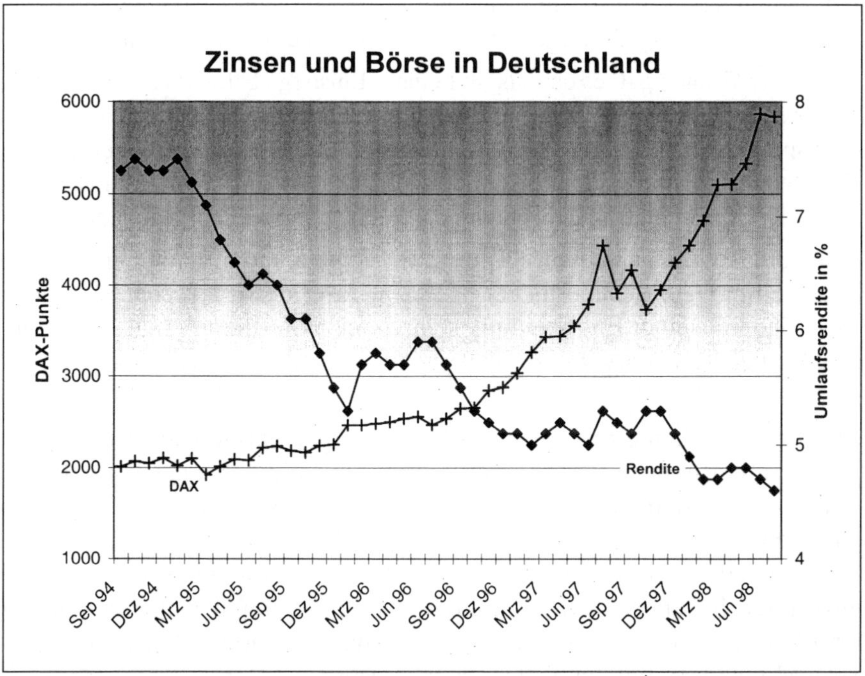

Grafik 36: Von der Entwicklung der Zinsen gehen starke Impulse auf die Börsen aus.

5.2 Timing für „buy and hold"-Anleger

Wie wichtig ist das richtige Timing, wenn Sie Fondsanteile kaufen, um sie (möglichst lange) „liegen" zu lassen? Es ist sicher vorteilhaft, wenn Sie einen günstigen Kurs erwischen; aber vor allem eines bleibt festzuhalten: Ob die Kaufkurse eher hoch oder eher tief waren, stellt sich im Nachhinein in dem Maße als umso unerheblicher heraus, in dem der Planungshorizont länger war. Das lässt sich ungemein plastisch an den vergangenen zwölf Jahren – ein keineswegs unüberschaubarer Zeitraum – aufzeigen:

Beispiel

Am Beginn des Jahres 1987 mit seinem in die Geschichte eingegangenen Crash stand der (zurückgerechnete) DAX bei 1.432,25 Punkten. In den beiden Jahren davor war er um insgesamt fast 75 Prozent gestiegen und hatte, mit damaligen Augen betrachtet, einen sensationellen Höchststand.

Viele gute Gründe gab es damals, mit einem Einstieg abzuwarten; wer dies tat, sein Geld während des Crash-Jahres als Kasse hielt und den Mut hatte, erst ein Jahr später einzusteigen, als der Crash den DAX auf 1.000 Punkte herabrasiert hatte, wurde reichlich belohnt: Per Sommer 1999 hätte er mit einem Investment in den DAX eine jahresdurchschnittliche Rendite von ca. 16 Prozent erzielt.

Doch auch, wer auf jegliches Timing verzichtete und unmittelbar vor dem Crash zu aufgeblasenen Kursen kaufte, wird in der Rückschau sehr, sehr glücklich mit seiner Entscheidung sein: Seine jahresdurchschnittliche Rendite lag bei 12,8 Prozent.

Das sind zwar keine zu vernachlässigenden Differenzen. Die Crux ist aber, dass sich nur in der Rückschau das optimale Timing als ungemein einfach herausstellt[1]. Niemand wusste – um im gewählten Beispiel zu bleiben – am Jahresende 1987, wie es weitergehen wird. Der Schock saß sehr tief und eine schnelle Erholung zeichnete sich nicht ab. Allenfalls institutionelle Investoren hatten damals die Kaltblütigkeit, die tiefen Kurse auf breiter Front zu nutzen. Bei den Privatanlegern dagegen herrschten psychologische Motive vor, und die hießen damals: Angst.

[1] Dazu die immer wieder erzählte „wahre Geschichte“. Einer der erfolgreichsten Fondsmanager dieses Jahrhunderts war Peter Lynch. Er hat über 14 Jahre hinweg einen Fonds so erfolgreich gemanagt, dass er in 12 der 14 Jahre als bester Fonds seiner Kategorie abschnitt. Peter Lynch wollte wissen, was denn seine Anleger vom überragenden Erfolg seines Fonds hatten und hat deren Abschneiden auswerten lassen. Das Ergebnis war auch für ihn äusserst überraschend. Die Mehrheit der Käufer von Anteilen seines Fonds hatte mit Verlust abgeschnitten. Dafür konnte es nur eine Erklärung geben: Die meisten hatten gekauft, wenn die Kurse hoch und wieder verkauft, wenn sie gefallen waren.

Unser Rat

Die Quintessenz dieses Beispiels ist kurz und mag provozieren. Lassen Sie sich, wenn Sie unter längerfristigen Aspekten mit einem Teil Ihres Vermögens auf Aktien setzen, nicht kirre machen von den vielen Einflüsterungen, die Ihnen von richtigen und falschen Einstiegszeitpunkten erzählen. Der Chance, dass Sie einen günstigeren Einstiegszeitpunkt erwischen, steht das Risiko gegenüber, dass niemals mehr ein solcher kommen wird und Sie auf Ihrem Geld sitzenbleiben. Handeln Sie also unmittelbar dann, wenn Sie sich für diese Anlageform entschieden haben, lassen Sie sich allenfalls darauf ein, den eigentlich anzulegenden Betrag auf zwei oder drei Kaufzeitpunkte zu verteilen.

Denken Sie also immer daran: Abgerechnet wird erst in acht, zehn, fünfzehn Jahren oder noch später. Dann werden Sie eher amüsiert auf Ihr heutiges Zaudern zurückschauen.

6 Fonds-Picking: Wenn Ihnen Profis die Vermögensverwaltung mit Fonds abnehmen

Die aktive Verwaltung Ihres Investmentdepots können Sie auch „outsourcen“: Rund 100 Vermögensverwalter bieten sich Ihnen als professionelle Partner mit standardisierten Depot-Varianten an. Meist sind es drei oder vier Portfolios, die in der Bandbreite zwischen „konservativ“ und „offensiv“ liegen. Im Rahmen vorgegebener Anlagerichtlinien schichten sie die einzelnen Depots um, wobei es höchst unterschiedlich ist, wie viele Fonds von den Initiatoren eingesetzt werden. Einige begnügen sich mit wenigen Fonds einer Investmentgesellschaft, andere legen Wert darauf, möglichst viele Fonds einzubinden.

Teilweise sind es die hinter den Investgesellschaften stehenden Banken, welche diese Dienstleistung „Vermögensverwaltung mit Investmentfonds“ anbieten; deren Portfolios sind nicht selten mehrere Milliarden DM schwer. Daneben ist auch eine beträchtliche Zahl bankenunabhängiger Anbieter am Markt. Auffällig ist: Seit es in Deutschland das „Fonds-Picking“ gibt

– ungefähr seit 1990 –, sind es fast durchgängig die „Unabhängigen", welche die besten Ergebnisse erzielen.

Aus dem Blickwinkel des Anlegerschutzes haben Sie mittlerweile ein sehr hohes Maß an Sicherheit, wenn Sie die Dienste eines fondsorientierten Vermögensverwalters – auch eines unabhängigen – in Anspruch nehmen. Seit der 6. Novellierung des Kreditwesengesetzes unterstehen nämlich diese Anbieter, auch wenn sie nicht Banken sind, der Aufsicht durch das Bundesaufsichtsamt für das Kreditwesen. Die „Finanzportfolioverwalter" (so die juristische Bezeichnung für diese Dienstleister) müssen ihre fachliche Eignung nachweisen, sind an Vorschriften über die Mindestkapitalausstattung gebunden und unterliegen umfangreichen laufenden Berichtspflichten.

Unser Rat

Wenn Ihnen die Vermögensverwaltung mit Investmentfonds angeboten wird: Lassen Sie sich im Zweifel nachweisen, dass der Initiator die Erlaubnis des Bundesaufsichtsamtes für seine Tätigkeit als „Finanzportfolioverwalter" hat!

Die angebotenen Programme sind mittlerweile fast so vielfältig wie das Universum der Investmentfonds selbst. Die nachfolgenden Abschnitte sollen Ihnen dabei helfen, die Programme auf die wichtigsten Gesichtspunkte hin zu prüfen und beim Vergleich untereinander herauszufinden, welches für Ihre Zwecke geeignet sein könnte – und welches nicht.

6.1 Anlagegrundsätze der fondsgebundenen Vermögensverwaltung

Auch durch den Umstand, dass Sie die Auswahl einzelner Fonds und die Umschichtungen zwischen ihnen Profis überlassen, wird aus Ihrer Fonds-Anlage natürlich keine Investition, die risikolos ist und gleichförmige Wertentwicklungen auf konstant hohem Niveau erzielt. Richtig ist vielmehr, dass Sie das Chancen- und Risikopotenzial einer direkten Investmentfondsanlage, dessen wesentliche Bestandteile die Marktentwicklung und die Qualität der Fondsmanager sind, um einen weiteren essentiellen Faktor vermehren: die Qualität des von Ihnen eingesetzten Vermögensverwalters.

Ist er gut, dann mag ihm – phasenweise oder auch über längere Zeit – das gelingen, wofür man in der Geldwelt zum Meister aufsteigt: Bei geringerer Volatilität bessere Wertentwicklungen zu erzielen als die von ihm bedienten Märkte. Greift er dagegen daneben, dann potenziert sich ein unter Umständen ohnehin schon hohes Marktrisiko durch falsches Timing bei seinen Umschichtungsmaßnahmen.

Unser Rat

An erster Stelle bei Ihrer Begegnung mit einem fondsorientierten Vermögensverwalter sollte deswegen stehen, seine Anlagephilosophie kennenzulernen. Prüfen Sie dabei vor allem, ob er sich überwiegend im Bereich breiter Standardmärkte ansiedelt, indem er im Aktienbereich vornehmlich auf Blue-Chip-Fonds setzt – oder ob er Ihr Geld schwerpunktmäßig, vielleicht sogar ausschließlich, in engen Spezialmärkten anlegt. Machen Sie sich deutlich, dass ein Vermögensverwalter nicht automatisch die dann höheren Risiken abfedert!

Bei der dabei erforderlichen Analyse der Anlagegrundsätze hilft Ihnen die Finanzpresse nur bedingt weiter. Zwar finden Sie mittlerweile auch in großen Zeitschriften laufende Berichterstattungen und Rankings aus der Welt der fondsorientierten Vermögensverwaltung. Auf die ansonsten in der Investmentwelt weit fortgeschrittene Segmentierung nach unterschiedlichen Anlagerichtlinien müssen Sie aber weitgehend verzichten. Wenn überhaupt, dann finden Sie eine Unterteilung in die Portfolioklassen „offensiv“, „ausgewogen“ und „defensiv“, bei der die Zuordnung einzelner Angebote danach erfolgt, ob sie mehr oder weniger deutlich aktienorientiert sind. Auf diese Weise konkurrieren in den Hitlisten Vermögensverwalter, die sich schwerpunktmäßig auf Spezialmärkten bewegen mit solchen, die sich ausschließlich im Standardbereich aufhalten; in Wirklichkeit aber sind ihre Chancen- und Risikoprofile so unterschiedlich und die jeweils entstandenen Wertentwicklungen so stark von spezifischen Marktentwicklungen geprägt, dass jeder Vergleich zwangsläufig hinken muss und wenig aufschlussreich ist.

Bedenken Sie bei Ihrer Beschäftigung mit den Angebotsunterlagen auch, dass eine Aussage wie: „Wir suchen aus den weltweit zigtausend Fonds für Sie die besten aus“ zwar hübsch klingt, tatsächlich aber ein eher hilfloser

Ersatz für eine stringente Anlagepolitik ist. Wer eine solche Absicht ernsthaft und verantwortungsbewusst umsetzen will, der hat es mit derart hohen Kosten zu tun, dass sie das Entstehen attraktiver Wertentwicklungen im Keim ersticken. Tatsächlich hatten in der Vergangenheit fast immer diejenigen Strategien die besten Anlageergebnisse, die mit einer deutlich beschränkten Anzahl von Fonds auskamen und die mit ruhiger Hand nach einem rigiden Konzept gemanagt wurden: „Minimalisten vorn" lautete einmal das etwas überraschte Urteil einer großen Wirtschaftspublikation.

6.2 Bisher erbrachte Leistungen

Ob das Konzept die moderne Portfoliotheorie, das Markt-Timing oder einen anderen wissenschaftlichen Ansatz als Grundlage hat – ob also die Katze, die für Sie Mäuse fangen soll, schwarz, weiß oder gefleckt sein soll: Auf welche Weise zukünftig die meisten Mäuse gefangen werden, wissen Sie a priori nicht. Umso wichtiger ist es, dass Sie die bisher erbrachten Leistungen der Anbieter unter die Lupe nehmen.

Dabei gelten alle Grundsätze, die wir Ihnen bereits im Abschnitt über die Suche nach dem besten Fonds (vgl. Kapital G 9) vorschlugen. Im Einzelnen:

- Vertrauen Sie Ihr Geld niemals einem Anbieter an, nur weil der in einer einzigen Periode ein Spitzenergebnis nachweisen kann! Gute Verwalter bestätigen ihr Können auch in anderen Perioden!
- Vergleichen Sie kurzfristige Ergebnisse mit den mittelfristig erzielten und lassen Sie sich für die mittelfristigen nicht nur den aufaddierten Wert, sondern die dahinter stehende Zeitreihe nachweisen.
- Den Vermögensverwalter, der immer das beste Ergebnis erzielt, finden Sie vermutlich nie. Vielmehr gilt auch in diesem Marktsegment, dass langfristige Spitzenergebnisse immer so zustande kommen, dass der Vermögensverwalter mit hoher Kontinuität zum besten Drittel seiner Zunft gehört!

Unser Rat

Lassen Sie sich aber nicht nur die Leistungen in Sachen Wertsteigerung nachweisen. Vor allem, wenn Sie eine fondsgebundene Vermögensverwal-

tung für laufende Entnahmen einsetzen wollen, sollten Sie sich auch dafür interessieren, mit welchem Risiko sie erzielt wurden. Wir haben Ihnen in Kapitel J aufgezeigt, wie wichtig gedämpftes Risiko für Entnahmepläne ist.

Lassen Sie sich durch die für Sie in Frage kommenden Anbieter bestätigen, welche Entwicklung ein Ihren Vorstellungen entsprechender Entnahmeplan z.B. in den letzten fünf Jahren genommen hätte. Sie werden staunen, wie verschieden der Verlauf der Entnahmepläne selbst bei identischer Performance ist – und dass vermutlich der günstigste Verlauf nicht bei jenem Angebot mit der besten Performance entstand!

Beachten Sie schließlich auch, wenn Sie die Leistungen unterschiedlicher Angebote miteinander vergleichen, ob Sie auf einer einheitlichen Basis vergleichen. Gemeint ist damit: Sind beim Vergleich die Kosten der einzelnen Programme berücksichtigt? Lesen Sie dazu mehr im nächsten Abschnitt.

6.3 Was kostet die Dienstleistung?

Dass die fondsorientierten Vermögensverwalter ihre Dienste nicht umsonst erbringen, versteht sich. Praktisch bedeutet das, dass sich die fondsspezifischen Kosten – vgl. Kapitel G, Abschnitt 3 – um jene Positionen erhöhen, die vom Vermögensverwalter erhoben werden. Diese bestehen fast immer in einem jährlichen Honorar, das sich nach unserem Überblick zwischen 0,8 und 2,5 Prozent des verwalteten Vermögens bewegt. Nicht selten kommt dazu noch eine erfolgsabhängige Vergütung, die sehr unterschiedlich ausgestaltet sein kann.

Unser Rat

Diese erfolgsabhängige Vergütung wird häufig in den Werbematerialien als besonders fair herausgehoben, weil sie eine Interessenidentität zwischen Ihnen und dem Verwalter darstellt. Im Prinzip ist das schon richtig. Bedenken Sie aber, wenn die erfolgsabhängige Vergütung zusätzlich zu einem Basishonorar erhoben wird: Dann profitiert der Anbieter doppelt vom Erfolg, denn auch sein Basishonorar ist schließlich umso höher, je besser er gearbeitet hat!

Prüfen Sie ferner, welche sonstigen Kosten zusätzlich zu denen der Fonds-Direktanlage auf Sie zukommen. Das können sein:

- andere oder zusätzlich zu den Ausgabeaufschlägen anfallende Einstiegskosten,
- Gebühren, die beim Fondswechsel anfallen können,
- Ausstiegsgebühren,
- Kosten der Depotführung,
- weitere Verwaltungskosten.

Wieviel Ihnen die Dienstleistung Ihres Verwalters jährlich insgesamt wert ist, dürfte von einer Reihe auch subjektiver Faktoren abhängen.

6.4 Sonstige Kriterien

Vergewissern Sie sich, wie folgende Sachverhalte geregelt sind:

- Wie hoch sind die Mindestanlagebeträge?
- Wer führt Ihr Depot, von wem und wann bekommen Sie Depotauszüge?
- Erhalten Sie automatisch die Rechenschafts- und Zwischenberichte der Fonds, mit denen Ihr Verwalter arbeitet?
- Informiert Sie Ihr Verwalter immer, wenn er Umschichtungen vornimmt?
- Welche Berichte erhalten Sie von Ihrem Verwalter?
- Werden Entnahmepläne angeboten?
- Wie werden Auszahlungen technisch und zeitlich vorgenommen?
- Müssen bei Auszahlungen Kündigungsfristen eingehalten werden?
- Wird ein Sparprogramm angeboten, welche Kosten und Konditionen sind damit verbunden?
- Wie erhalten Sie schnell Auskunft über Ihr Depot?

Nur wenn auch diese Fragen zu Ihrer Zufriedenheit geregelt sind, sollten Sie eine Zusammenarbeit ins Auge fassen.

J

Anlagestrategien (II): Sparen

J Anlagestrategien (II): Sparen

Läuft einem da nicht das Wasser im Mund zusammen? Der Durchschnitt der Aktienfonds mit Anlageschwerpunkt Deutschland hatte nach der Statistik des Bundesverbandes Deutscher Investmentgesellschaften aus 100 DM, die monatlich seit Januar 1989 in ein Depot eingezahlt wurden, zum Jahresende 1998 rund 25.000 DM werden lassen. Das entspricht einer jährlichen Wertsteigerung von 14 Prozent. Der beste dieser Fonds übertraf dieses Ergebnis mit ca. 32.000 DM bzw. 17,5 Prozent p. a. deutlich. Lichtjahre scheinen beim Sparen zwischen den Aktienfonds und allen anderen Alternativen zu liegen.

Sind die Aktienfonds also die Wunderwaffe bei der Lösung des wohl dringendsten Problems unserer Zeit, nämlich auf privater Basis Rücklagen fürs Alter zu bilden? Wir meinen: Eindeutig ja! Aber ebenso eindeutig ergibt die Analyse seiner Gesetzmäßigkeiten, dass das so einfach erscheinende Fondssparen jede Menge Tücken und eben so viel Optimierungspotential aufweist. Werfen Sie mit uns also einen Blick ins Innenleben von Investmentsparplänen. Er wird Ihnen behilflich sein, nicht nur beim Kapitalaufbau fürs Alter, sondern auch für alle anderen Zwecke das Beste aus den Sparleistungen zu machen.

1 Das Investmentsparen im Überblick

Sparen mit Investmentfonds: Das können Sie entweder

- bei den Investmentgesellschaften direkt bzw. über deren Partnerbanken in die „ganz normalen“ Investmentfonds, ohne dass Sie sich auf einen bestimmten Zweck oder eine bestimmte Laufzeit festlegen müssen;
- mit den sog. Alterssondervermögen, einer speziell für die Altervorsorge entwickelten Sonderform der Investmentfonds;
- bei feststehenden Laufzeiten im Rahmen von Sonderprogrammen der Investmentgesellschaften, die am Ende der Spardauer eine Risikominimierung vornehmen („Ablaufoptimierung“);

- bei den „Fonds-Pickern“, die vielfach auch für Sparpläne ihre Dienstleistung erbringen;
- im Rahmen des 936-DM-Gesetzes, das für Aktiensparen die Höchstförderung vorsieht;
- in „Fondspolicen“, wo der Versicherungsgedanke mit der Attraktivität des Aktiensparens verknüpft ist;
- im Zusammenhang mit dem Erwerb von Immobilieneigentum, wobei Investmentsparpläne häufig im Rahmen von Tilgungsaussetzungs-Modellen eingesetzt werden.

2 Sparergebnisse mit Investmentfonds

2.1 Momentaufnahmen

Die exemplarische Übersicht über die Sparergebnisse von zehnjährigen Fondssparplänen mit Einzahlungen von monatlich 100 DM zeigt einerseits in der Spitze das typische Renditegefälle zwischen Aktien und Zinswerten, das sich also auch beim Sparen bemerkbar macht. Zum anderen – die Tabelle zeigt jeweils die drei besten und die drei schlechtesten Fonds – wird deutlich, wie wichtig es speziell beim Sparen mit Aktienfonds ist, nicht irgendeinen beliebigen, sondern einen der bewährten Fonds zu besparen.

Auch bei der Auswertung der Sparergebnisse könnte das Missverständnis auftauchen, auf das wir schon bei der Analyse der Ergebnisse von Einmalanlagen (vgl. Kapitel C, Abschnitt 2.4) hingewiesen haben: Dass nämlich die „Sparrenditen“ zwischen 11 Prozent und in der Spitze 17 Prozent für die mit Aktienfonds zu erzielenden Ergebnisse repräsentativ seien, weil sie sich in ungefähr dieser Bandbreite auch im langfristigen 20-Jahres-Bereich einstellten.

Unser Rat

Das Gegenteil ist richtig: Die Ergebnisse des Sparens mit Aktienfonds sind – auch im langfristigen Bereich – besonders sensibel gegenüber dem Verlauf der Anteilswerte des Fonds während der Spardauer.

Sparergebnisse mit Fonds, mtl. 100 DM				
	10 Jahre		**20 Jahre**	
	DM	**% p. a.**	**DM**	**% p. a.**
Aktienfonds, Anlageschwerpunkt Deutschland				
Investa	30.161	17,5	133.657	15,1
Ring Aktienfonds	27.746	16,0	89.005	11,7
Privatfonds	26.763	15,3	97.043	12,4
FT Effekten	23.519	12,9	111.595	13,6
DIT Vermögen	22.495	12,1	97.729	12,5
Fondak	22.138	11,8	86.137	11,5
Aktienfonds, globaler Anlageschwerpunkt				
Interglobal	23.962	13,3	73.478	10,1
Kapitalfonds Spezial	23.809	13,1	90.536	11,9
Uniglobal	22.864	12,4	56.404	7,9
Fondis	20.664	10,5	79.830	10,8
MK Investors	18.875	8,8	51.349	7,1
Wekanord	18.434	8,3	53.503	7,4
DM-Rentenfonds				
BW-Renta Universal	19.050	8,9	56.561	7,9
Deutscher Rentfonds	18.504	8,4	55.911	7,8
Oppenheim Priva-Rent	18.133	8,0	55.054	7,7
Gerling Rendite Fonds	17.140	6,9	53.477	7,4
Oppenheim Spezial 1	17.111	6,9	50.320	6,9
Berenberg Universal	17.094	6,9	54.129	7,5

Quelle: BVI

Stand: 12/98

2.2 Gleitende Sparzeiträume

Dies wird deutlich, wenn wir auch die Sparergebnisse mit der Methode der gleitenden Anlagezeiträume untersuchen. Exemplarisch haben wir so einen der Spitzenfonds und eines der Schlusslichter für zehn- und zwanzigjährige Sparzeiträume unter die Lupe genommen.

Sparergebnisse mit Aktienfonds, mtl. 100 DM, jährlich gleitend								
Spar-Ende	**10 Jahre**				**20 Jahre**			
	Investa		**Fondak**		**Investa**		**Fondak**	
	DM	**% p.a.**	**DM**	**% p.a.**	**DM**	**% p.a.**	**DM**	**% p.a.**
1989	28.762	16,7	27.959	16,1	90.581	11,9	87.996	11,6
1990	21.539	11,3	21.713	11,4	73.340	10,1	72.686	10,0
1991	20.651	10,5	18.694	8,6	74.338	10,2	66.840	9,3
1992	17.442	7,3	14.834	4,2	68.714	9,6	57.618	8,1
1993	22.030	11,7	17.657	7,5	91.254	11,9	71.717	9,9
1994	18.428	8,3	14.787	4,1	78.612	10,7	61.024	8,5
1995	17.843	7,7	14.752	4,0	77.092	10,5	59.884	8,4
1996	21.876	11,6	17.443	7,3	92.680	12,1	67.776	9,4
1997	28.699	16,6	22.231	11,9	121.546	14,3	84.564	11,3
1998	30.161	17,5	22.138	11,8	133.657	15,1	86.137	11,5

Quelle: BVI, FCS

Sie sehen: Auch bei den besten Aktienfonds sind zweistellige „Sparrenditen“ keinesfalls ein eingebautes Konstruktionsmerkmal. Vielmehr ergibt unsere Stichprobe aus der Vielzahl von Ergebnissen, welche die Methode der gleitenden Sparzeiträume liefert, dass auch beim Sparen der Stichtag 31.12.1998 ein weit überdurchschnittliches Ergebnis lieferte. Ihm stehen andere Stichtage des Spar-Ablaufes gegenüber, die – gemessen am Bestwert – nicht einmal die Hälfte der jahresdurchschnittlichen Wertsteigerung brachten.

Natürlich hängt dieses Auseinanderklaffen der Ergebnisse einerseits mit der Performance des Marktes zusammen, den ein Aktienfonds bedient: Weist er vom Beginn bis zum Ende des Sparens eine Wertsteigerung von insgesamt z.B. nur 100 Prozent auf, dann wird auch das kontinuierliche Besparen dieses Marktes schwerlich zu einer Ablaufleistung führen können, die während einer anderen Phase erzielt werden konnte, in welcher der Markt 200 Prozent brachte.

2.3 Sensibler als Einmalanlagen

Doch das ist nur die eine Hälfte der Wahrheit. Dass Investmentsparpläne ungleich komplexere Gebilde als Einmalanlagen sind, fördert ein Vergleich der „Sparrenditen" mit denen von Einmalanlagen im selben Fonds während desselben Zeitraums zu Tage. Ein einziger Stichtag genügt, um Ihnen zu verdeutlichen, worum es geht:

Beispiel

Während Investa für den Investmentsparer Ende 1992 eine „Sparrendite" von jahresdurchschnittlich 7,3 Prozent brachte, ging ein Investa-Einmalanleger im selben Zeitraum mit jahresdurchschnittlich 11,5 Prozent nach Hause!

Schwarze Magie? Mitnichten. Schauen Sie sich Grafik 37 an, die die Entwicklung des Investa-Anteilswertes in diesem Zeitraum zeigt, basiert auf 100 zum Jahresbeginn 1982.

Für die Beurteilung, warum sich die Einmalanlage und der Sparplan unterschiedlich entwickelten, sind zwei Punkte zu beachten:

- Das Ende der Betrachtungsperiode fiel in eine ziemlich deutliche Baisse-Situation. Mit Blick auf die Wertentwicklung des Sparplanes bedeutete dies: In den Monaten seit Jahresbeginn 1990 wurde die deutliche Mehrheit der Investa-Anteile zu höheren Preisen eingekauft, als sie am Jahresende 1992 wert waren. Mit den entsprechenden Sparraten wurden also keine Wertsteigerungen, sondern Wertminderungen erzielt.

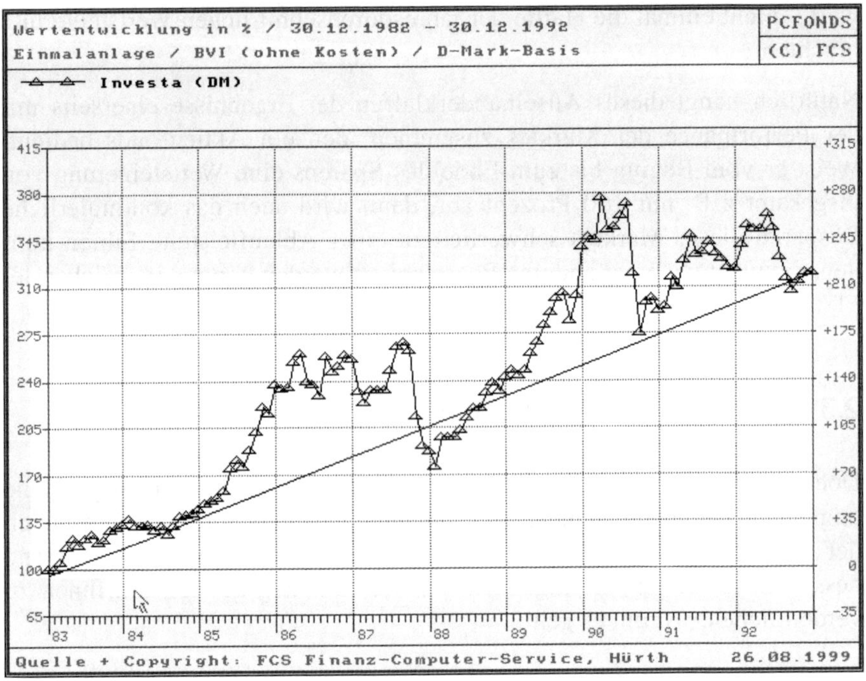

Grafik 37: Ungünstig für Sparpläne: Die Anteilswerte liegen mehrheitlich überdurchschnittlich hoch!

- Betrachten Sie den Verlauf der Investa-Anteilswerte während des gesamten Zehnjahreszeitraumes: Im Vergleich mit der von uns eingezogenen Linie, mit der wir provisorisch ein lineares Eintreten der jahresdurchschnittlichen Wertsteigerung von 11,5 Prozent andeuten möchten, ergibt sich: Weitaus die größte Zahl der Anteile wurde in dieser Börsenphase überdurchschnittlich teuer erworben! Jener Anteil etwa, der zum Jahresbeginn 1987 – also exakt sechs Jahre vor dem Ende der Spardauer – ca. 245 Einheiten kostete: Er war zum Jahresende 1992 305 Einheiten wert. Jahresdurchschnittliche Wertsteigerung dieses Sparplan-Bausteines: 3,7 Prozent!

Natürlich ist auch der umgekehrte Effekt möglich, dass nämlich die jahresdurchschnittliche Wertsteigerung eines Sparplanes über der liegt, die eine Einmaleinlage im selben Fonds und Zeitraum erzielen konnte.

Beispiel

Auch hierfür können wir uns der obigen Tabelle und Investa bedienen: Im Ende 1998 endenden 10-Jahres-Zeitraum konnte mit einem Investa-Sparplan eine jahresdurchschnittliche Wertsteigerung von 17,5 Prozent erzielt werden, die Einmalanlage brachte es im selben Zeitraum auf 15,7 Prozent p. a.

Der zu diesem Zeitraum gehörende Chart hat völlig andere Charakteristika:

Grafik 38: Typisches Verlaufsmuster für starke Sparrenditen: Die Anteilswerte liegen weitgehend unterhalb der Linie der gleichförmigen Entwicklung

- Zwar gibt es auch in diesem Zeitraum einen Einbruch am Ende der Periode; doch dieser ist bei weitem nicht so zäh wie bei der ersten Betrachtungsperiode. Nur einige wenige Sparraten wurden zu höheren Anteilswerten erworben, als sie am Ende wert waren.

- Im Vergleich mit der wiederum von uns eingezogenen Linie der linearen Wertentwicklung zeigt sich, dass fast alle Sparraten deutlich unter dem jeweiligen hypothetischen Durchschnittswert der Investa-Anteile erworben werden. Also hatten sie eine überdurchschnittliche Wertentwicklung: Mit jährlich 18,5 Prozent etwa rentierte bei diesem Verlauf des Anteilswertes jene Sparrate, die sechs Jahre vor dem Sparplanende investiert wurde!

Wir können also folgende Schlussfolgerungen ziehen:

1. Auch für langfristige Sparpläne im Aktienbereich gibt es keine Garantie auf zweistellige jahresdurchschnittliche Wertentwicklungen. Auch ein Aktienfonds-Sparplan wird geprägt von den unterschiedlichen Wertsteigerungs-Potentialen, die kennzeichnend für die Marktverfassung während der Spardauer sind.
2. Aus der Wertentwicklung einer Aktienfonds-Einmalanlage kann nicht auf die eines im selben Zeitraum getätigten Sparplanes geschlossen werden. Je nach Verlauf der Anteilswertentwicklung ist die jahresdurchschnittliche Wertentwicklung eines Sparplans regelmässig höher oder niedriger.
3. Die Entwicklung der Anteilswerte in den letzten Jahren des Sparplanes beeinflusst seine Wertentwicklung entscheidend. Eine Börsenhausse wirkt als Turbo, eine Baisse als Kapitalvernichterin!
4. Kann die Mehrheit der Anteile – gemessen an der durchschnittlichen Wertentwicklung während des gesamten Zeitraumes – nur überdurchschnittlich teuer gekauft werden, dämpft das die Rentabilität. Kann sie dagegen preiswerter als zum hypothetischen Durchschnittswert erworben werden, erhöht das die Sparplan-Effizienz.
5. Die Bandbreite der jahresdurchschnittlichen Wertsteigerungen im Sparbereich – das ist die zwingende Konsequenz aus den geschilderten Gesetzmässigkeiten – ist höher als die der zu den jeweiligen Zeiträumen gehörenden Einmalanlagen!

Aus den geschilderten Gesetzmässigkeiten können Sie einen weiteren Test machen, wie qualifiziert Ihr Berater ist: Rechnet er einfach nur mit der Einmalanlagen-Performance die voraussichtlichen Sparergebnisse hoch, ohne Sie auf die besondere Sensibilität von Sparplänen hinzuweisen, versteht er nichts von seinem Handwerk!

3 Geheimwaffe „Cost-Averaging“?

Gleichgültig, mit welcher Variante des Investmentsparens Sie sich näher befassen: Das „Cost-Averaging“ – auch „Durchschnittspreismethode“ genannt – wird Ihnen auf einem silbernen Tablett als besondere Delikatesse, sozusagen als das Ei des Kolumbus, serviert, das selbst heftigsten Einbrüchen bei den Anteilswerten nur noch Positives abgewinnt:

„Dazu kommt noch ein zusätzlicher Vorteil, der sogenannte ‚Cost-Averaging-Nutzen‘. Da Sie nämlich regelmäßig einen bestimmten Betrag einzahlen, erwerben Sie Investmentanteile entsprechend den Kursschwankungen an der Börse mal zu niedrigen, mal zu höheren Preisen. Infolgedessen kommen Sie auf längere Sicht zu einem günstigen Durchschnittskurs“ – so beschrieb der BVI diese Phänomen. Dies Versprechen ist es wert, genauer unter die Lupe genommen zu werden.

3.1 Wie es funktioniert

Wir tun das, in dem wir für eine angenommene Anteilswertentwicklung während zwölf Monaten miteinander vergleichen, welche Methode effizienter ist: Monatlich einen bestimmten Betrag für den Anteilserwerb aufzuwenden oder monatlich jeweils einen Anteil zu erwerben. Nachfolgende Tabelle zeigt das Ergebnis.

Auch wenn in dieser kurzen Periode die Unterschiede nur geringfügig ausfallen: Die betragsorientierte Strategie war effizienter als die stückorientierte, sie hatte den günstigeren Durchschnittspreis.

Tatsächlich lässt sich zeigen, dass die Durchschnittspreismethode immer eine bessere Performance erzielt als eine stückorientierte Anlagestrategie, wenn sich während der Sparperiode die Anteilswerte verändern. In ganz bestimmten Konstellationen kann sie sogar eine positive Performance bewirken, wenn die stückorientierte Anlagetaktik rote Zahlen schreibt. Im Allgemeinen jedoch wird sie vorübergehende Verluste nicht verhindern können, wenn die Anteilswerte phasenweise rückläufig sind.

Cost-Averaging: 100 DM mtl. vs. 1 Stück mtl.			
		Erworbene Anteile	
Monat	**Anteilswert DM**	**betragsorientiert**	**stückorientiert**
1	100	1,00	1
2	103	0,97	1
3	95	1,05	1
4	103	0,97	1
5	105	0,95	1
6	103	0,97	1
7	99	1,01	1
8	105	0,95	1
9	107	0,93	1
10	109	0,92	1
11	107	0,93	1
12	111	0,90	1
Auswertung:	Anteile gesamt	11,57	12,00
	Wert der Anteile	1284,00	1332,00
	Aufwand DM	1200,00	1247,00
	Gewinn je DM	0,070	0,068
	Durchschnittspreis DM	103,74	103,92

Unser Rat

Unter der Voraussetzung, dass die Werte der erworbenen Anteile mittel- und langfristig steigen, besteht der Vorteil des Cost-Averaging gegenüber der stückorientierten Strategie im antizyklischen Automatismus: Bei tieferen Preisen werden mehr, bei höheren Preisen weniger Anteilstücke erworben.

So weit, so gut. Der Anleger jedoch, der sich monatlich den Erwerb einer bestimmten Stückzahl von Anteilen auf die Fahne geschrieben hat, dürfte ein ziemlich realitätsferner Pappkamerad sein; im Ansparbereich werden solche Programme nach unserem Wissen gar nicht erst angeboten. Insofern mutet es reichlich marktschreierisch an, wenn mancherorts das selbstverständliche Cost-Averaging als aussergewöhnliche Besonderheit angepriesen wird. In Wirklichkeit ist es im Investmentbereich ebenso Standard, wie ein Auto selbstverständlich mit vier Rädern und einem Ersatzrad ausgeliefert wird.

3.2 Achtung: Missverständnisse

Zwei Missverständnisse können leicht entstehen – und werden nach unseren Beobachtungen häufig mehr oder weniger subtil geschürt.

Missverständnis Nr. 1: Wenn Sie einen bestimmten Anlagebetrag nicht als Einmalanlage, sondern periodisch verteilt zum Erwerb von Fondsanteilen benutzen, dann bedeutet das vorteilhafte Cost-Averaging niemals, dass Sie am Ende des periodischen Ansparens mehr in der Tasche hätten als bei der Einmalanlage.

Beispiel

Das ergibt sich aus der Tabelle auf Seite 336: Wer die zur Verfügung stehenden 1.200 DM gleich zu Beginn des ersten Monats in voller Höhe investiert und dafür zwölf Anteile erhalten hätte, hatte nach zwölf Monaten 1.332 DM in der Tasche (12 Anteile × 111 DM Anteilswert).

Diese Aussage gilt auch dann, wenn – wie in einem unserer beiden „Investa-Beispiele“ (vgl. Abschnitt 2.3) – die Rendite des Sparens höher ist als die einer Einmaleinlage zur selben Zeit im selben Fonds.

Beispiel

Der 1998 endende Sparplan hätte im Zehnjahreszeitraum aus monatlich investierten 100 DM in der Endabrechnung 30.161 DM gemacht. Wären jedoch die gesamten 12.000 DM anfänglich als eine Summe angelegt worden, hätten zum Jahresende 1998 50.700 DM auf dem Depot gestanden.

Das scheinbare Paradoxon löst sich auf, wenn Sie sich vergegenwärtigen, dass die „Rendite" auch die Zeitachse berücksichtigt: Je weniger Zeit ein bestimmter Betrag benötigt, um denselben Ertrag zu erwirtschaften, desto effizienter war er investiert und desto höher ist seine Rendite. Während beim Einmalbetrag die gesamte Summe während der gesamten Laufzeit „arbeiten" kann, wird die Arbeitszeit der einzelnen Sparraten immer kürzer, je mehr sich der Sparvorgang dem Ende nähert.

Unser Rat

Wenn Angebote mehr oder weniger offen den Eindruck erwecken, dass die möglichen höheren Sparrenditen bei gleichem Kapitaleinsatz zu höheren Endsummen führen, sollten Sie vorsichtig sein. Der wenig souveräne Umgang mit diesen Zusammenhängen könnte ein Hinweis darauf sein, dass es hauptsächlich darum geht, Ihnen das Geld aus der Tasche zu ziehen!

Das Missverständnis Nr. 2 finden wir ziemlich häufig dort (geschürt), wo es darum geht, besonders schwankungsanfällige Investmentfonds zu verkaufen. Es lautet: „Je volatiler sich ein Investmentfonds entwickelt, desto vorteilhafter wirkt sich das Cost-Averaging aus."

Diese Behauptung ist unzutreffend, jedenfalls dann, wenn mit der Volatilität das Risikomaß „Standardabweichung" (vgl. Kapitel G, Abschnitt 8) gemeint ist. Dass sie nicht stimmen kann, ahnen Sie vielleicht, wenn Sie sich noch einmal die beiden „Investa-Beispiele" in Kapitel J, Abschnitt 2.3 ansehen: Schon der blosse Augenschein führt zur Annahme, dass entscheidend für das Ergebnis eines Sparplans nicht das Ausmaß der Schwankungen sein sollte – als vielmehr die Frage, ob sich die Schwankungen schwerpunktmässig über oder unterhalb der (gedachten) Linie der gleichförmigen Anteilswert-Entwicklungen abspielten.

Ein Experiment, dargestellt in Grafik 39, bestätigt diese Annahme: Wir haben für fünf Jahre drei Verläufe von monatlichen Anteilswert-Entwicklungen simuliert, die alle mit einer Performance von 71 Prozent (= 11,3 Prozent p. a) enden:

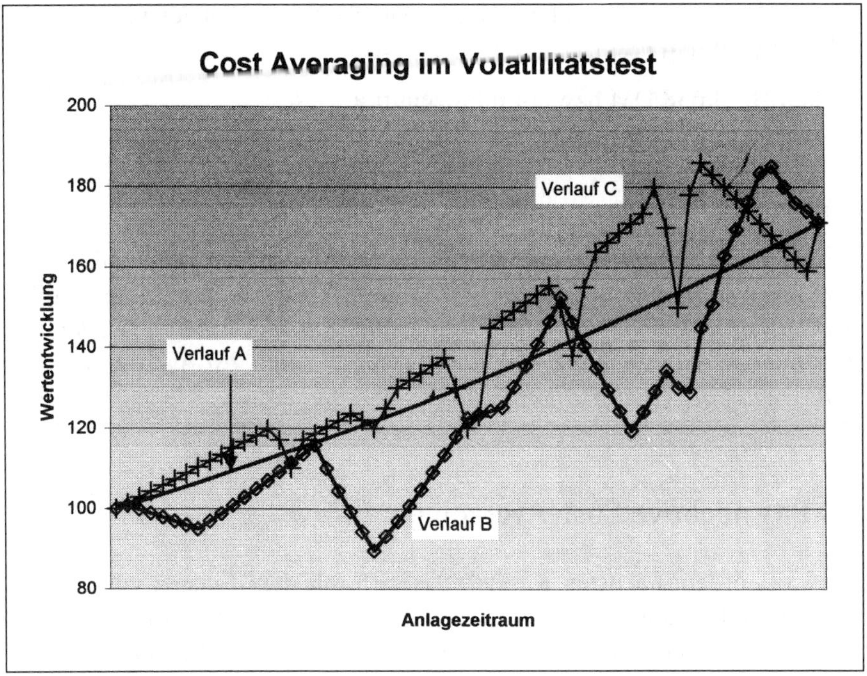

Grafik 39: Von den drei simulierten Verläufen bringt nicht der mit der größten Volatilität (C) das beste Sparergebnis, sondern Verlauf B!

- Verlauf A stellt die gleichförmige Entwicklung der Anteilswerte dar; er hat naturgemäß die geringste Standardabweichung (20,8). (Die Standardabweichungen wurden mit der MS-Excel-Funktion STABW ermittelt.)
- Verlauf B stellt eine schwerpunktmäßig unterhalb der gleichförmigen Entwicklung liegende Schwankung der Anteilswerte mit einer Standardabweichung von 26,8 dar.
- Verlauf C stellt eine schwerpunktmäßig über der gleichförmigen Entwicklung liegende Schwankung der Anteilswerte mit einer Standardabweichung von 30 dar.

Die Ergebnisse eines Sparplanes mit monatlichen Einzahlungen von 100 DM:

Verlauf A: 7.980 DM bzw. 11,3 Prozent p. a.

Verlauf B: 8.638 DM bzw. 14,6 Prozent p. a.

Verlauf C: 7.622 DM bzw. 9,5 Prozent p. a.

Unser Rat

Sie wissen zwar nie, welches der drei Grundmuster ein Aktienfonds während Ihrer Spardauer einschlagen wird. Sie wissen nun aber, dass hohe Volatilitäten nicht zwingend gleichbedeutend sind mit hohen Vorteilen aus dem Cost-Averaging und können an Aussagen zum Cost-Averaging Rückschlüsse auf die Qualifikation Ihres Beraters ziehen!

3.3 Das negative Cost-Averaging

Wir wollen dem nächsten Kapitel, das sich mit dem Einsatz von Aktienfonds und Entnahmeplänen für die Altersvorsorge beschäftigt, nur aus systematischen Gründen ein wenig vorgreifen. Spar- und Auszahlpläne sind finanzmathematisch eng miteinander verwandt, genauer gesagt, sie unterscheiden sich nur durch die Vorzeichen bei den Zahlungsströmen „Sparleistung“ bzw. „Entnahmebetrag“.

Das bedeutet, dass auch bei der Auswertung der Effekte des Cost-Averaging bei Entnahmeplänen die Vorzeichen wechseln: Stehen die Anteilswerte tief (günstig für die Ansparrate), ist dies schlecht für die Entnahme: Um den gewünschten Betrag zu erreichen, müssen mehr Anteile verkauft werden. Stehen sie dagegen hoch (ungünstig für die Sparrate), ist dies vorteilhaft für die Entnahme.

Folglich gelten auch hinsichtlich der Grundmuster der Anteilswertverläufe umgekehrte Vorzeichen: Verlaufsmuster C ist für einen Entnahmeplan besonders vorteilhaft: Die in ihrer Mehrheit überdurchschnittlich hohen Anteilswerte erfordern pro Entnahmebetrag einen Verkauf von weniger Anteilen als es bei den Verläufen A und B erforderlich wäre.

Beispiel

Bei einer Ersteinzahlung von 100.000 DM und einer monatlichen Entnahme von 2.000 DM wäre das Entnahmedepot beim Anteilverlauf B nach exakt fünf Jahren leer, im Fall B stünden noch 13.000 DM und im Fall C noch 20.200 DM auf dem Depot.

Unverändert bleibt die Aussage, dass aus der Performance einer Einmalanlage nicht auf die Effizienz von Entnahmeplänen geschlossen werden kann. Dies wäre nur erlaubt, wenn von der gleichförmigen Entwicklung der Anteilswerte ausgegangen werden könnte. Dies ist aber vor allem im Bereich von Aktienfonds nicht möglich. Deswegen sollten Angebotskalkulationen und Rechenschieber schnellstens verschwinden, die nach dem Muster gestrickt sind: Unser Aktienfonds hat in der Vergangenheit eine Performance von durchschnittlich 10 Prozent, daraus ergibt sich bei feststehendem Anlagebetrag und feststehender Entnahmendauer eine monatliche Entnahmemöglichkeit von X (mit Kapitalverzehr) bzw. Y (ohne Kapitalverzehr).

Unser Rat

Das Einzige, was sicher zu diesen weit verbreiteten (vgl. Kapitel H, Abschnitt 2.10) Rechenspielchen gesagt werden kann: Mit einer Wahrscheinlichkeit von weit über 99 Prozent gehen die Zahlenkolonnen, die der so gefütterte Computer oder Rechenschieber häufig sogar mit zwei Stellen nach dem Komma ausspuckt, an der Realität vorbei!

Die Artverwandtschaft zwischen Spar- und Entnahmeplänen führt schliesslich dazu, eine weitere, weitverbreitete Meinung als unzutreffend zu bewerten: Dass nämlich hohe Volatilitäten während des Entnahmezeitraums grundsätzlich schlechtere Auswirkungen haben als geringere (bei identischer Einmalanlagen-Performance). Wir haben oben gezeigt, dass nicht die Volatilität den Verlauf eines Entnahmeplanes bestimmt; entscheidend ist vielmehr, ob sich die Schwankungen mehrheitlich oberhalb oder unterhalb der Linie mit gleichförmigem Anteilsverlauf abspielen.

Unser Rat

Gleichwohl teilen wir die Auffassung, dass Entnahmepläne im Bereich hoher Volatilitäten nichts verloren haben. Schließlich ist a priori unbekannt, welches der Grundmuster die zukünftige Anteilswertentwicklung einschlagen wird. Während Sie beim Ansparen aber immer die Möglichkeit haben, eine eventuelle Fehlentwicklung zu korrigieren (etwa durch eine entsprechende Erhöhung der Sparrate), haben Sie diese Option in der Regel nicht mehr, wenn Sie in das Stadium eingetreten sind, von Ihrem Kapital leben zu müssen.

4 Optimierungsmöglichkeiten beim Investmentsparen

Fassen wir, bevor wir über Optimierungsmöglichkeiten nachdenken, noch einmal die wichtigsten Eigenschaften des Cost-Averaging zusammen:

- Unter der Voraussetzung langfristig steigender Kurse – was als gegeben vorausgesetzt werden kann – ist es vorteilhaft, die zwischenzeitlichen Schwankungen durch die kontinuierliche Leistung von Sparraten in gleichbleibender Höhe zu nutzen. Man kann das Cost-Averaging auch als eine Art Automatismus oder Zwang zum antizyklischen Anlegerverhalten betrachten.
- Jene Phasen aber, in denen das Cost-Averaging besonders vorteilhaft ist – stark einbrechende Kurse –, sind besonders unvorteilhaft für das zu diesem Zeitpunkt bereits angesammelte Kapital, das zunächst durch die einbrechenden Kurse entwertet wird. In der sich anschließenden Erholungsphase müssen zunächst die Verluste aufgeholt werden, bevor das Kapital weiter wächst (während die am Tiefpunkt investierte Sparrate voll von der Aufschwungphase profitiert).
- Besonders drastisch wirken sich einbrechende Kurse am Ende der Spardauer aus: Bevor die Wertminderung des bereits im Sparplan angesammelten Kapitals durch sich erholende Kurse wieder aufgeholt werden kann, muss unter Umständen über das Kapital wegen feststehender Verpflichtungen verfügt werden. Regelmässig sind damit Sparrenditen verbunden, die deutlich unterdurchschnittlich sind.

Dementsprechend bieten sich drei Optimierungsmöglichkeiten an:

- Markt-Timing mit den Sparraten zu betreiben, also mehrere Sparraten so zu bündeln, dass zu günstigen Anteilswerten mehr und zu ungünstigen Anteilswerten möglichst gar nicht investiert wird.
- Markt-Timing mit dem bereits angesammelten Kapital zu betreiben. Dieses hat den Zweck, das bereits angesammelte Kapital in heissen Börsenphasen „aus der Schusslinie" zu bringen, d. h. aus dem Aktienfonds in einen kursstabilen Fonds umzuschichten und bei gesunkenen Anteilswerten des Aktienfonds wieder dort zu investieren.
- Die Ablaufoptimierung, die sich als Variante des Markt-Timings mit dem angesammelten Kapital auf Umschichtungen beschränkt, die gegen Ende der Spardauer vorgenommen werden.

Wir haben für verschiedene Kapitalmarktphasen und mit Echtdaten für die Entwicklung von Anteilswerten das Ausmaß der mit den Optimierungsmöglichkeiten erzielbaren Effekte errechnet. Es hat sich dabei gezeigt, dass die Vorteile, die nur mit dem Sparraten-Markttiming erzielbar sind, gegenüber dem unmodifizierten Cost-Averaging auch bei optimalem Timing nur sehr gering sind, so dass sich der Aufwand dieser Strategie – auch unter dem Gesichtspunkt der Fehleranfälligkeit des Timings selbst – kaum lohnt.

Anders beim Kapital-Markttiming. Hier entstehen deutliche Vorteile gegenüber dem unmodifizierten Cost-Averaging auch dann, wenn bei einem langfristigen Sparplan nur wenige Umschichtungen vorgenommen werden, die zudem auch suboptimal sein können.

Diese Erkenntnisse bedeuten zusammengefasst: Ein moderner Sparplan behält für die Sparraten das unmodifizierte Cost-Averaging bei, behandelt aber das angesammelte Kapital unter Markttiming-Gesichtspunkten und/ oder bietet ein Ablaufmanagement an.

Unser Rat

Das einfachste Ablaufmanagement können Sie selbst einrichten. Kalkulieren Sie Ihren Sparplan nicht zu knapp, sondern planen Sie einen „Pufferzeitraum" von ca. zwei Jahren ein, während dem Ihr Geld eine unter Umständen eintretende Börsenbaisse am Ende des Sparzeitraums überbrücken kann. Wenn Sie also ab dem 65. Lebensjahr über Ihr Kapital verfügen wollen, sollten Sie die monatlich erforderliche Sparleistung so kalkulieren, dass das angestrebte Kapital schon zwei Jahre früher erreicht ist!

5 Sondersparformen der Investmentgesellschaften

5.1 Sparpläne mit Ablaufmanagement

Vor allem die grossen Investmentgesellschaften haben die Optimierungsmöglichkeiten teilweise umgesetzt. Mitte der 90er Jahre brachte die DWS die „Investmentrente", der DIT den „Vorsorgeplan", Union „Quattro" auf den Markt. Gemeinsam ist diesen (und weiteren) Programmen: Sie haben ein Ablaufmanagement in die zunächst aktienfondsorientierten Ansparpläne installiert. Beim Anleger wird – anders als beim „normalen" Investmentsparen – die gewünschte Spardauer abgefragt, und die Investmentgesellschaften nehmen Umschichtungen in kursstabilere Fonds vor, wenn sich das Ende der Spardauer nähert.

Wie erfolgreich sie mit dieser Veredelung des Aktiensparens sind, muss noch abgewartet werden: Die Pläne sind erst seit so kurzer Zeit am Markt, dass die Optimierungsphasen noch einige Zeit entfernt sind. Wir beschränken uns deswegen auf einige Anmerkungen zu den Konstruktionsmerkmalen.

Am problematischsten scheint uns die computergesteuerte „Zwangsoptimierung" zu sein, die bei diesen Programmen – ausgenommen die DWS-Investmentrente – unabänderlich einsetzt, sobald sich der Sparplan bis zu einem bestimmten Zeitraum seinem beabsichtigten Ende genähert hat. Unabhängig von der bis dahin erreichten Wertsteigerung und unabhängig von der dann herrschenden Börsensituation wird nach teilweise höchst komplizierten Algorithmen sukzessive aus den Aktienfonds in Renten- oder Kurzläuferfonds umgeschichtet, so dass am Ende der Spardauer das Kapital vollständig in mehr oder weniger kurssicheren Fonds untergebracht ist. Lediglich bei der DWS geht in die Entscheidung, ob und wie viel umgeschichtet werden soll, die Kapitalmarktsituation ein.

Dass es mit einer Optimierung nicht unbedingt viel zu tun haben muss, wenn der Computer nach einem feststehenden Zeit- und Rechenwerk die Anlageentscheidungen übernimmt, liegt auf der Hand. So gibt es z. B. in diesen Programmen keine Sperre gegen das negative Cost-Averaging: Sinken etwa die Anteilswerte des Aktienfonds drei oder vier Jahre vor dem Sparende, dann wird trotz dieser unvorteilhaften Situation trotzdem umgeschichtet, unter Umständen in einen Rentenfonds, dessen Anteilswerte gerade wegen steigender Zinsen nicht von der Stelle kommen.

Unser Rat

Wir meinen: Solange sich die Sparplan-Ingenieure keine flexibleren und die Marktverfassung berücksichtigenden Lösungen ausgedacht haben, müssen Sie einen solchen computergesteuerten Sparplan nicht unbedingt haben!

5.2 Die Altersvorsorge-Sondervermögen

Seit Inkrafttreten des Dritten Finanzmarktförderungsgesetzes ist es den deutschen Investmentgesellschaften möglich, einen speziellen Fondstyp aufzulegen, eben die Altersvorsorge-Sondervermögen (AS). Das KAGG verpflichtet die AS auf sachwertorientierte Anlage des ihnen anvertrauten Vermögens mit Schwerpunkten auf Aktien und Immobilien (vgl. Kapitel D, Abschnitt 3.3).

Neben dieser Sachwertorientierung müssen die AS zwingend anbieten:

- Sparpläne mit regelmässigen Einzahlungen über mindestens 18 Jahre oder mit einer Laufzeit bis mindestens zur Vollendung des 60. Lebensjahres,
- Auszahlpläne,
- Möglichkeit der kostenlosen Vermögensumschichtung in kursstabilere Investmentfonds, sobald drei Viertel der vereinbarten Vertragslaufzeit abgelaufen sind.

Für die Anleger bleibt jedoch die gesamte Flexibilität der Investmentwelt erhalten: Die periodischen Sparleistungen können erhöht, vermindert, ausgesetzt oder gänzlich eingestellt werden, Entnahmen und Zuzahlungen sind jederzeit möglich.

Knapp 50 solcher Fonds hat die Investmentbranche bis Mitte 1999 aufgelegt. Eine Reihe von Investmentgesellschaften bietet gleich mehrere Fonds an, die innerhalb der gesetzlich vorgeschriebenen Anlagerichtlinien unterschiedliche Profile – größerer oder kleinerer Schwerpunkt auf Aktien bzw. Immobilien – besetzen. Überwiegend wird die für Aktien in den Sondervermögen geltende Maximalquote von 75 Prozent weitgehend ausgeschöpft, nur wenige gehen bei den festverzinslichen Wertpapieren an die Höchstgrenze von 49 Prozent. Die Ausgabeaufschläge liegen zwischen 3 Prozent und 5 Prozent, als jährliche Verwaltungsvergütung erheben die AS häufig zwischen 1 Prozent und 1,5 Prozent des Sondervermögens. Sie sind damit nicht unbedingt im preiswerten Spektrum des Investmentuniversums angesiedelt (vgl. nebenstehende Tabelle).

Dass die anfänglich mit gewaltigem Werbeaufwand geförderten AS zur Jahresmitte 1999 gerade eben erst 780 Millionen DM verwalteten, mag natürlich auch damit zusammenhängen, dass sie – wenn überhaupt – weit überwiegend mit Sparraten bedient werden und kaum von Einmalanlagen. Für den weitaus wichtigeren Grund aber halten wir, dass es überhaupt keinen triftigen Grund zum Einsatz der AS gibt – solange die steuerliche Förderung dieser Variante der Altersvorsorge ausbleibt. Wer eine sachwertorientierte Altersvorsorge betreiben will, kann dies ohne Probleme mit den sonstigen Angeboten der Branche. Und vielfach auch werden sich die Anleger fragen, warum sie – wie für die AS vorgeschrieben – einen Mindestbestand von festverzinslichen Wertpapieren bzw. Immobilien von 25 Prozent im Depot halten müssen.

Dass dennoch so viele AS bereits aufgelegt sind, kann kaum anders interpretiert werden, als dass es sich um „Vorratsgründungen" der Kapitalanlagegesellschaften handelt. Die höchst zögerliche Nachfrage dürfte sich nämlich schlagartig ändern, wenn es zu einer steuerlichen Begünstigung auch dieses Standbeines der Altersvorsorge kommen sollte. Kaum vorstellbar ist, dass dies nicht eintreten wird. Mit der steuerlichen Förderung wird dann auch der Misch-Masch der meisten AS in anderem Licht erscheinen – und auf die Investmentbranche wird eine gewaltige Umsatzwelle hereinbrechen.

AS-Fonds im Überblick

Name der Fonds	Gesellschaft	WKN	Aus-gabe-Auf-schlag	Anteil am Fonds-Vermögen in %		
				Aktien	Renten	Immo-bilien
Adig-Zukunft 2 AS	Adig	978 694	3,0	75	25	—
Adig-Zukunft 3 AS	Adig	978 695	3,0	51	49	—
AS AktivDynamik	Adig	978 696	3,0	75	17,5	7,5
AS AktivPlus	Adig	978 697	3,0	50	35	15
BB-EuropaAS-Invest	BB-Invest	978 608	4,0	70	20	10
BfG GenerationPlus	BfG-Invest	976 924	3,0	70	15	15
BWK-Dynamik-AS	BWK	978 038	2,5	70	5	25
BWK-Kontinuität-AS	BWK	978 039	2,5	25	45	30
Citibank AS Union	Union	848 193	3,5	70	16	14
CS SolAS	Credit Suisse	977 920	2,5	45	25	30
CS TopAS	Credit Suisse	976 988	3,5	75	25	—
Deka-PrivatVorsorge	Deka	978620	3,5	75	15	10
DIT-Altersvors. 35	DIT	848 191	4,5	70	25	5
DIT-Altersvors. 45	DIT	848 192	4,0	60	30	10
DIT-Altersvors. 55	DIT	848 192	3,5	50	35	15
DIT-Altersvors. 55plus	DIT	848 194	3,0	40	45	15
DWS Vors. Dynamik	DWS	976 988	4,0	70–75	20–25	max. 5
FWS Vorsorge Flex	DWS	976 989	4,0	50–60	30–50	max. 10
FT Life-Inv. Classic	Frankfurt-Trust	977 030	5,0	40	30	30
FT Life-Invest pro	Frankfurt-Trust	977 031	5,0	70	10	20
FVB-AS-Union	Union	975776	3,0	70	16	14
Gamax AS Classic	Zürich-Invest	978 696	5,25	60	30	10
GenoAS: 1	Union	975 768	3,0	70	16	14
Gerling AS	Gerling Invest.	848 119	4,5	55–75	max. 15	max. 30
HANSAas	Hansainvest	976 776	5,0	75	—	25
Hypo-Inv. Privatrente	Hypo-Invest	977 979	3,0	60–75	20–40	max. 10
KCD-Union-AS	Union	975 772	3,0	70	16	14
MK VIVA	MK	848 503	5,0	75	25	—
Nordinvest-AS	Nordinvest	979 200	3,5	75	15	10
Opti-Mix FI	Franken Invest	977 704	4,0	70	10–20	10–20
QB Rendite-AS CS	Credit Suisse	976 988	entfällt	75	15	10
Vorsorge AS 1	Zürich Invest	849 039	4,5	60	30	10
Entnommen aus: Praxishandbuch Geldanlage 2/99						

Unser Rat

Im jetzigen steuerlichen Umfeld halten wir die AS für überflüssig – und damit auch nicht für einen Anlass, eine bisher mit Aktienfonds betriebene Altersvorsorge umzustellen. Sollte es zu einer steuerlichen Förderung kommen, könnten sich die AS als „Rendite-Turbo" erweisen, auf den Sie innerhalb der zu erwartenden Höchstbeträge nicht verzichten sollten. Erste Wahl sind aus unserer Sicht dann jene AS, welche die mögliche Aktienfondsquote von 75 Prozent maximal ausschöpfen. Allenfalls bei Laufzeiten von weniger als 15 Jahren sollten die anderen Varianten in Erwägung gezogen werden.

5.3 Fonds für Vermögenswirksame Leistungen

Seit Jahresbeginn 1999 gilt das neue Vermögensbildungsgesetz, das staatliche Zuschüsse für Vermögenswirksame Leistungen bis zu einer Höhe von 1.736 DM vorsieht. Die Sparzulage erhalten Sie aber in voller Höhe nur dann, wenn Sie Ihre VL auf zwei Anlagearten verteilen: Aufs Bausparen (max. 936 DM) und auf einen Investmentfonds mit einem Aktienanteil von mindestens 60 Prozent. Auch ausländische Fonds sind VL-fähig, sofern sie diese Bedingung erfüllen und in Deutschland zum Vertrieb zugelassen sind.

Auf den Bausparanteil zahlt der Fiskus einen Zuschuss von 10 Prozent, auf den Aktienfondsanteil einen von 20 Prozent bzw. 25 Prozent in den neuen Bundesländern. Die Maximalförderung liegt also bei jährlich 254 DM bzw. 294 DM.

Heraufgesetzt wurden auch die Einkommensgrenzen, bis zu denen die Förderung gewährt wird: Sie liegen nun bei 35.000 DM bzw. 70.000 DM (Verheiratete), wobei das versteuerte Einkommen maßgebend ist. Unverändert blieb, dass die Sparleistungen sechs Jahre lang erbracht werden müssen und dann ein Jahr gesperrt bleiben: Erst nach dem siebten Jahr können Sie also – wenn Sie das angesparte Kapital nicht stehen lassen wollen – über Ihr Geld verfügen.

Dass längst nicht alle Aktienfonds sich für diese attraktive Konstellation geöffnet haben, liegt wohl an den kleinen Beträgen und dem hohen Verwaltungsaufwand. Die vom Bundesverband Deutscher Investmentgesellschaften veröffentlichte Liste zeigt Ihnen, welche Fonds in Frage kommen.

Unser Rat

Sofern Sie die subjektiven Voraussetzungen erfüllen, sollten Sie zum VL-Sparer werden. Die gesamte Höhe der Sparzulage – Bau- plus Aktienfonds-sparen – können Sie komfortabel bei einem jener Kombi-Produkte in Anspruch nehmen, das die größeren Bausparkassen anbieten. Der Komfort kann allerdings seinen Preis haben: Die von den Bausparkassen eingesetzten Fonds sind nicht immer erste Wahl!

Fonds für Vermögenswirksame Leistungen	
Fondsname	**WKN**
Anlageschwerpunkt Deutschland	
AC Deutschland	847 136
Adifonds	847 103
Adig Plusfonds	847 108
Adiselekt	976 956
Alte Leipziger Trust Fonds A	847 106
BB-Deutschland-Invest	847 928
BfG Inv. Aktienfonds	847 347
Citibank Privat Inv.	849 123
DekaFonds	847 450
DWS-Deutschland	849 096
DWS-Provesta	847 415
Fondak	847 101
Frankf. Sparinvest Deka	848 073
FT Frankfurt-Effekten-Fonds	847 805
Gerling Deutschland Fonds	848 112

Fondsname	**WKN**
Hansaeffekt	847 910
HMT-Proinvest	975 411
Hypo-Invest Kapital	975 230
IGB Berlin Invest	975 760
Köln Aktienfonds Deka	848 067
LG Top Selection Deka	977 196
MK Alfakapital	847 770
Nürnberger Adig A	847 122
PVF Spezial-Allfonds	848 046
RWS-Aktienfonds-Veritas	976 330
SBG Aktien Deutschland	975 271
SchmidtBk. Aktien Deutschland	976 134
Thesaurus	847 501
UniFonds	849 100
UniGlobal	849 105
Veri-Valeur	976 320
Viktoria EuroKapital	975 746
Zürich Invest Aktien	849 000
Anlageschwerpunkt Global	
AC Welt	847 137
Adig Weltvision	978 692
Adig Convest 21 VL	976 963
DWS Top 50 Welt	976 979

Fondsname	WKN
Fondis	847 102
FT Interspezial	847 800
Gerling Dynamik Fonds	848 104
Gerling Kapitalfonds Spezial	848 102
MK Investors Fonds	848 500
Naspa-Aktienfonds Deka	977 195
Oppenheim Topic Global	848 660
Anlageschwerpunkt Europa	
AriDeka	847 451
BB Europa-Invest	847 924
BfG Invest EuroCompanies	976 920
BfG Invest Europafonds	847 438
BWK Europrofil	978 022
DEVK-Sparda-Aktien-CS	847 799
DIT Vermögensbildung Europa	848 181
DWS Top 50 Europa	976 972
Europavision	976 967
FT Nürnberger Aktien Europa	977 025
Industria	847 502
MK Euroaktiv	848 802
Schmidtbank Euro Aktien	976 131
Quelle: Handelsblatt 11/12.06.1999	

K

Anlagestrategien (III): Altersvorsorge

K Anlagestrategien (III): Altersvorsorge

1 Altersvorsorge in Deutschland

Sie haben nun die Systematik von Sparplänen kennengelernt und damit eine wichtige Voraussetzung zum Verständnis der folgenden Abschnitte geschaffen. Schließlich sind Sparpläne kein Selbstzweck:

Die Lücken in der Altersvorsorge der Mehrheit der Deutschen ist eines der drängendsten nationalen Probleme der Gegenwart. Wenn sich die Deutschen nicht besinnen, droht eine gesellschaftliche Katastrophe empfindlichen Ausmaßes. Um die aktuelle Situation zu beschreiben, zeigen wir zunächst, welche Altersvorsorge-Leistungen die Deutschen im Durchschnitt zu erwarten haben. Wir stützen uns dabei insbesondere auf die vorläufigen Ergebnisse einer von Infratest Burke Sozialforschung im Auftrag des Verbandes Deutscher Rentenversicherungsträger (VDR) durchgeführten Untersuchung zur „Altersvorsorge in Deutschland (AVID)".

Danach wollen wir Wege aufzeigen, die aus dem Dilemma herausführen, natürlich mit demjenigen Anlageprodukt, das Thema dieses Buches ist, den Investmentfonds.

Dass die Investmentfonds die Altersversorgungsprobleme der Deutschen lösen könnten, ist keine Fiktion. Das ergibt sich nicht nur aus den herausragenden Anlageergebnissen dieser Anlageform. In anderen Ländern nämlich hat man die besondere Eignung der Aktien-Investmentfondsanlage zur Altersvorsorge und zur Altersversorgung viel stärker erkannt.

Diese auf den Zahlen von 1998 basierende Untersuchung zeigt, dass Deutschland noch einen erheblichen Nachholbedarf in Sachen Investmentfondsanlage aufweist und zwar im Vergleich zu den meisten untersuchten Ländern. Überraschend ist, dass auch in einem Land wie Schweden (S), das immer noch einen Ruf als Vorbild-Sozialstaat genießt, die Aktien-Investmentfondsanlage und damit die private Eigenvorsorge deutlich weiter verbreitet ist als in Deutschland.

Grundlagen der Untersuchung

Altersvorsorge in Deutschland (AVID)

Vollständiger Titel:
Die Altersvorsorge in Deutschland 1996

Quelle:
Erste Ergebnisse der Untersuchung „Strukturen und Trends der Altersvorsorge von 40-60jährigen Rentenversicherten und ihrer Ehepartner"

Auftraggeber:
Verband Deutscher Rentenversicherungsträger (VDR), Eysseneckstraße 55, 60322 Frankfurt/Main, Tel. 069/1522-0 Fax Nr. 069/1522-320 (Dort sind auch Materialien zur Untersuchung beziehbar).

Beauftragtes Institut:
Infratest Burke Sozialforschung

Durchführung:
Dr. Klaus Kortmann, Dr. Christof Schatz

Phasen der Untersuchung (Kurzdarstellung):

1. Befragung von 14.635 Personen einer aus der Gesamtheit der Inhaber von GRV-Konten (Rentenversicherten) gezogenen Stichprobe.
2. Klärung der Konten durch die Versicherungsträger
3. Fortschreibung bis zum 65. Lebensjahr

Einbezogene Alterssicherungssysteme:
Gesetzliche Rentenversicherung, Beamtenversorgung, landwirtschaftliche Alterssicherung, berufsständische Versorgung, Private Vorsorge in Form von Lebens- und privaten Rentenversicherungen, der Besitz von Wohneigentum und die Unterstützung durch Kinder und Lebenspartner.

Basiskennzahlen:
In den alten Bundesländern besitzen 95 % aller Männer und 93,5 % aller Frauen ein GRV-Konto. In den neuen Bundesländern besitzen 100 % aller Frauen und Männer ein GRV-Konto.

Der in den vergangenen beiden Jahren fast explosionsartige Anstieg der Investitionen lässt jedoch keinen Zweifel daran aufkommen, dass die Aktienfonds auf dem besten Weg sind, auch in Deutschland zum Altersvorsorgeinstrument Nr. 1 zu werden.

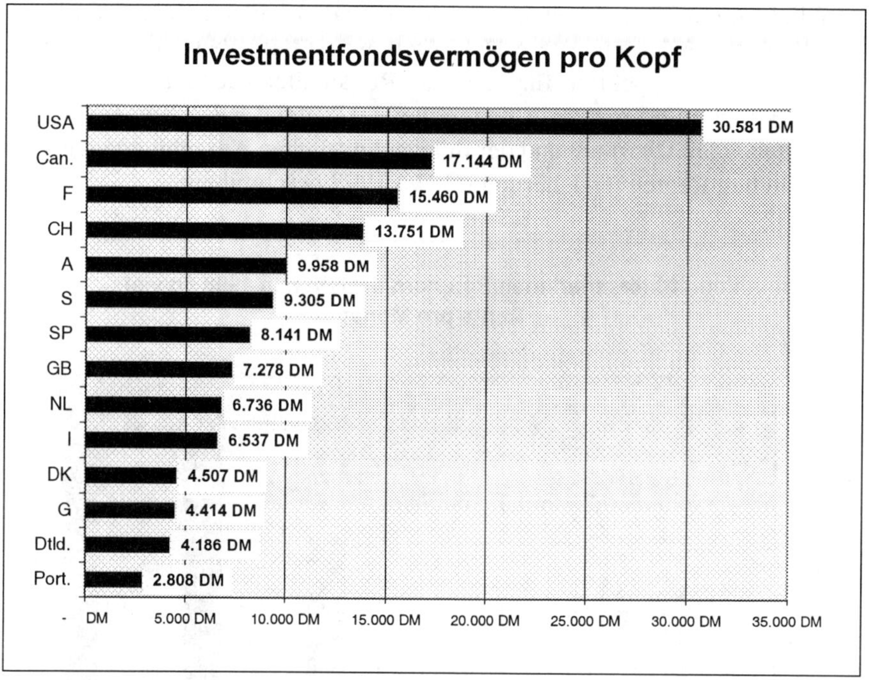

Quelle: Bundesverband deutscher Investmentgesellschaften e.V./BVI

Grafik 40: Das Investmentvermögen ist in Deutschland noch immer deutlich geringer als in anderen Industriestaaten.

2 Einmal mehr das Rentendilemma, aber mit Perspektive

Eigentlich hieße es Eulen nach Athen zu tragen, das bundesdeutsche Rentendilemma erklären zu wollen, denn schließlich füllt das Thema seit Jahren fast täglich die Zeitungsspalten. Sicher geht es Ihnen jedoch auch so, dass die komplizierten Detailprobleme für den Einzelnen kein deutliches Bild seiner eigenen Situation und der Situation seiner Mitbürger entstehen lassen. Dem wollen wir versuchen abzuhelfen.

Wir wollen an dieser Stelle jedoch nicht erneut das bestehende Altersversorgungssystem kritisieren, sondern Ihnen zunächst einen realistischen

Einblick in das Thema anhand der vorliegenden Untersuchung von Infratest Burke verschaffen. Diese Untersuchung ist dafür besonders geeignet, weil sie eine Perspektive für über das Rentenalter nachdenkende Altersgruppen bietet und nicht nur den aktuellen Zustand betrauert, den wir im untenstehenden Chart anhand der durchschnittlichen Auszahlungen aus der gesetzlichen Rentenversicherung (GRV) 1998 beschreiben:

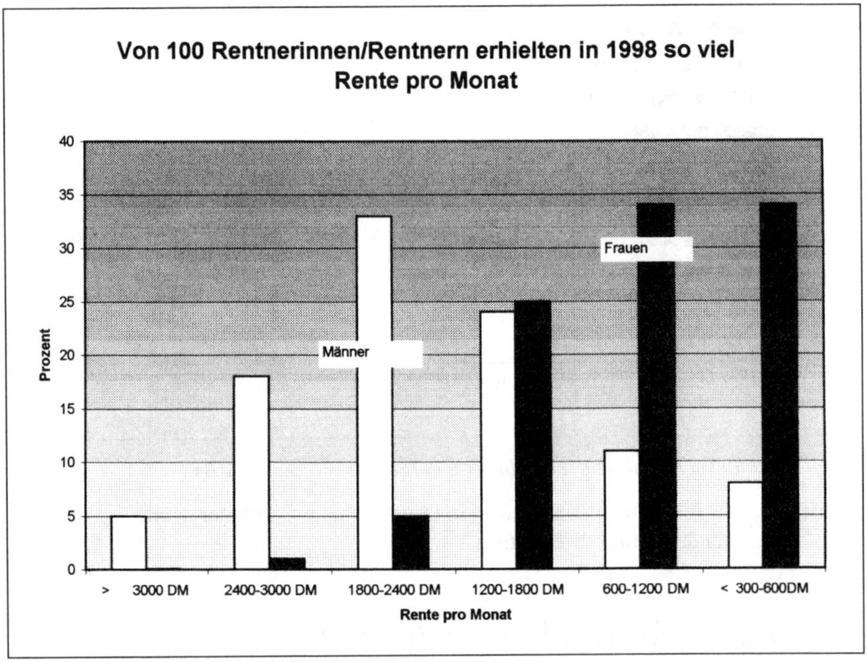

Quelle: Bundesministerium für Arbeit und Sozialordnung

Grafik 41: Dieser Chart zeigt zwei gravierende Rentenprobleme auf einmal: 1. Eine wirklich auskömmliche gesetzliche Rente erhält so gut wie niemand. 2. Frauen sind noch extremer unterversorgt.

So viel zum traurigen Ist-Zustand. Kommen wir nun zur Frage nach der Zukunft: Was können die heute 40- bis 60-Jährigen an Rente erwarten?

Die nicht gerade zum Jubeln animierende Antwort (zunächst nur bezogen auf die gesetzliche Rentenversicherung) finden Sie im folgenden Chart, der auf der oben bereits erwähnten VDR-Untersuchung von Infratest Burke Sozialforschung beruht.

Dort klären wir die Fragen aller Fragen nach den Rentenerwartungen nach Altersgruppen. Das Gesamtniveau ist so niedrig, dass die Hoffnung, auf etwas mehr Rente, die sich die 41 bis 45 Geborenen machen können, kaum ins Gewicht fällt. Außerdem weiß diese Altersgruppe natürlich auch nicht, was gesetzgeberisch noch alles geschieht, bis sie im Rentenauszahlalter angelangt ist.

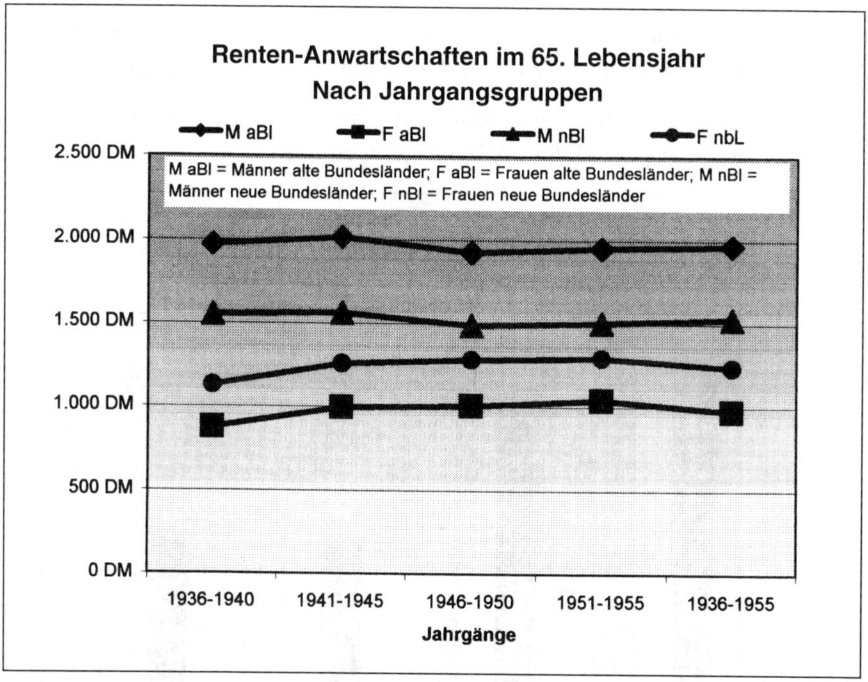

Quelle: AVID

Grafik 42: Die Rentenauszahlungen aus der gesetzlichen Rentenversicherung können die verschiedenen Altersgruppen erwarten (Berechnung im Jahr 1999 auf der Basis der 1996 geltenden gesetzlichen Bestimmungen). Besonders auffallend wiederum die besonders schlechte Versorgungssituation der Frauen in den alten Bundesländern. Der Unterschied zu den Frauen in den neuen Bundesländern ist auf den in der Vergangenheit höheren Anteil berufstätiger Frauen in den neuen Bundesländern zurückzuführen.

Was wir nun noch zur vollständigen Analyse der Situation der künftigen Rentner benötigen, sind die weiteren Einkommensquellen, auf die zurückgegriffen werden kann. Dazu ist es zunächst wichtig zu wissen, dass mehr als die Hälfte der Versicherten ausschließlich mit der gesetzlichen Rente wird auskommen müssen. Bei einzelnen Personengruppen ist der Anteil derer, die nur mit der gesetzlichen Rente werden leben müssen, noch deutlich höher, z.B. bei den verheirateten Frauen in den alten Bundesländern mit rund 75 Prozent. In den neuen Bundesländern werden 82 Prozent der Männer und 77 Prozent der Frauen ausschließlich von der gesetzlichen Rente leben müssen, wenn sie es bis zum Erreichen des Rentenalters nicht schaffen, eine private Zusatzversorgung aufzubauen. Ob das zu schaffen ist bzw. ob es in den vergangenen 15 oder 20 Jahren zu schaffen war, das werden wir später untersuchen.

Zunächst aber zur Höhe der öffentlichen, betrieblichen oder privaten Zusatzversorgungen gemäß der AVID-Untersuchung.

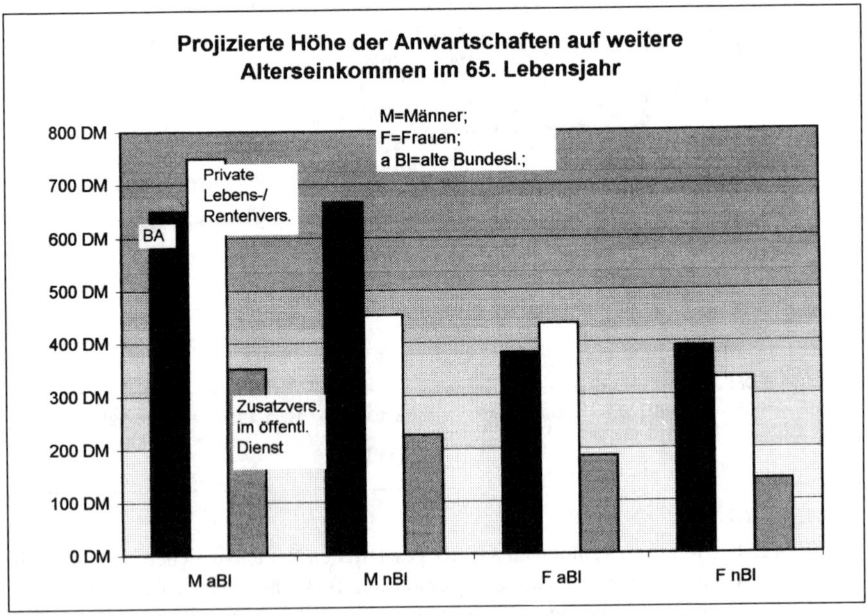

Quelle: AVID

Grafik 43: Hier wird die durchschnittliche Höhe der bestehenden Anwartschaften abgebildet. Mehr als 50 Prozent der Rentenversicherten besitzen keinerlei Anwartschaften auf Zusatzversorgung.

Und nun noch das wichtigste Ergebnis der AVID-Untersuchung, das gesamte Netto-Alterseinkommen im Alter von 65 Jahren der heute 40- bis 60-Jährigen.

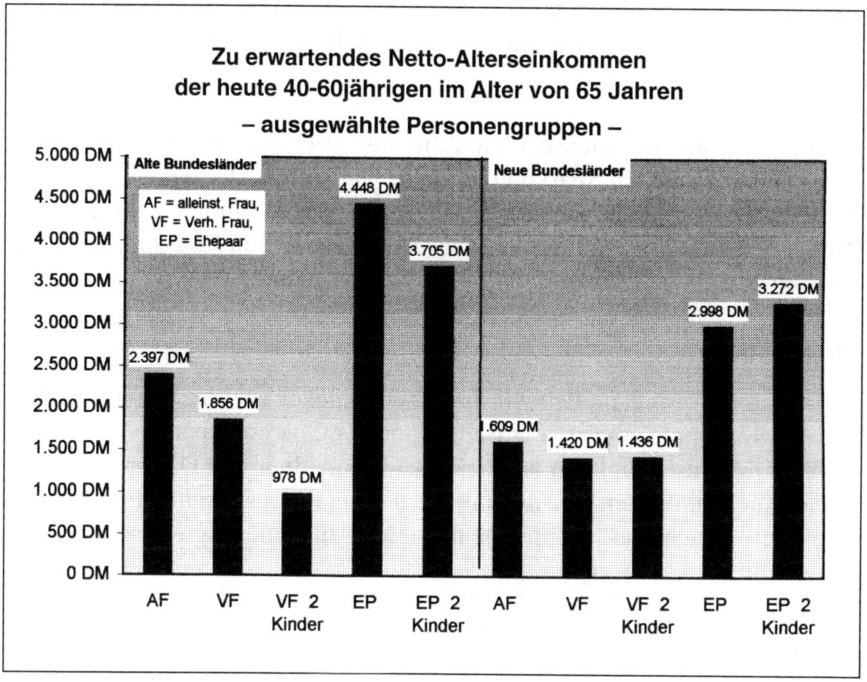

Quelle: AVID

Grafik 44: Prüfen Sie selbst: Wer kann von diesen Alterseinkommen wirklich leben?

So weit die aktuelle Altersvorsorgesituation der 40- bis 60-Jährigen in Deutschland.

Sie werden sich mit uns fragen, was diese Altersgruppe bis zum Erreichen der Pensionsgrenze noch unternehmen könnte oder sollte, um die zu erwartende verbreitete Altersarmut, die sich in diesen Durchschnittszahlen manifestiert, zu verhindern. Wir glauben eine Perspektive bieten zu können.

3 Sind Aktienfonds die Rettung vor Altersarmut?

Natürlich wäre mit einem satten Lottogewinn das Problem auch zu lösen, aber es gewinnen leider viel zu wenige. Aktienfonds bieten Ihnen eine seriösere Möglichkeit mit einer um ein Vielfaches höheren Wahrscheinlichkeit des Eintreffens.

Schauen wir uns die Menschen an, die das Altersvorsorgeproblem haben. Fast alle haben sie ein Sparkonto und dort auch eine Kleinigkeit angespart. Woher soll denn sonst die nach wie vor hohe Sparquote der Deutschen kommen? Hoffen wir mit diesen Menschen, dass sie ein Einkommen haben, von dem sie einen Teil zum Sparen abzweigen können.

Beispiel

Beim ersten Beispiel stellen wir uns einen Anleger vor, der heute zwischen 40 und 45 Jahren alt ist, der sein aktuelles Sparguthaben in Höhe von 25.000 DM einsetzen kann und außerdem monatlich 250 DM sparen kann. Wir versuchen, diesem Beispielanleger die ihn interessierende Frage zu beantworten: Reicht das, um daraus nach der Pensionierung ein schönes Zusatzeinkommen zu beziehen?

Sie ist nicht so einfach zu beantworten. Untersuchen wir also zunächst, wie ein solches Ansparunterfangen in den letzten 15, 20 und 25 Jahren ausgegangen wäre. Angelegt wird in das wohl erfolgreichste Anlageprodukt überhaupt, in Aktienanlagen. Die üblichen Ausgabeaufschläge von Investmentfonds haben wir berücksichtigt, so dass der Verlauf unserer Beispielrechnung der einer Aktienfonds-Anlage in einem Fonds, der schwerpunktmäßig in deutschen Standardaktien investiert, sehr nahe kommt. Wir bedienen uns wieder unserer vorgestellten Datenbank, die den deutschen Aktienmarkt seit 1954 nachzeichnet, und stellen das Ergebnis in folgendem Chart dar:

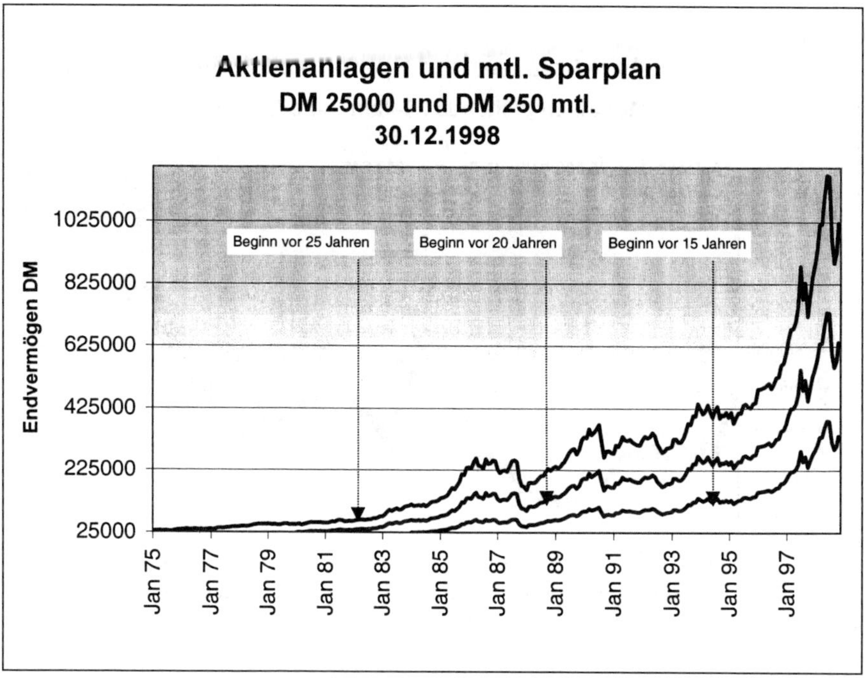

Grafik 45: Also schon mit relativ geringen, von vielen Mitbürgern vergleichsweise mühelos aufzubringenden Sparbeträgen wurden hohe Endvermögen erzielt. Vorausgesetzt natürlich, der Sparer hat sich vor 15, 20 oder 25 Jahren zu dieser Anlage entschlossen und sie auch konsequent durchgezogen.

Aufgrund Ihrer Erkenntnisse aus der Lektüre von Kapitel H werden Sie von uns natürlich die Antwort auf die Frage erwarten, ob dieses Anlagebeispiel auch zu anderen Endterminen ebenso erfreuliche Ergebnisse geliefert hätte. Natürlich bleiben wir Ihnen diese Antwort nicht schuldig:

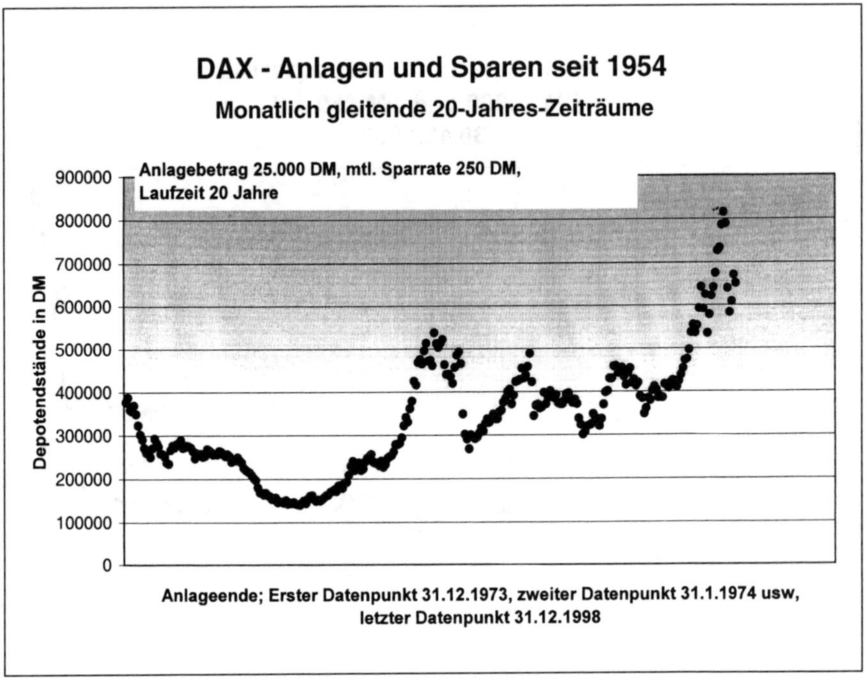

Grafik 46: Die Sparraten summieren sich auf 60.000 DM. Hinzu kommen die 25.000 DM Einmalanlage bei Sparbeginn, so dass wir bei 85.000 DM Einzahlungssumme angelangt sind. Das niedrigste Endergebnis dieser rund 300 Anlagen lag bei 141 TDM, das höchste bei 815 TDM.

Damit ist auch die zweite Frage beantwortet: Das Spektrum der Endergebnisse schwankte zwischen rund 140 TDM und rund 815 TDM. Die meisten Ergebnisse lagen zwischen 250 TDM und 550 TDM. Damit ist das Ertragsrisiko einer derartigen Anlage so genau und so fair wie nur möglich beschrieben.

Unser Rat

Beim Ansparen kommt es auf Konsequenz und Durchhaltevermögen ganz entscheidend an. Ironischerweise kehrt sich ausgerechnet einer der Hauptvorteile der Investmentanlage, nämlich ihre jederzeitige und uneingeschränkte Fungibilität gegen die Anlage selbst bzw. deren Markterfolg, weil viele Anleger nicht konsequent genug sind. Wenn ein neues Cabrio ins Auge sticht, dann ist wegen ihrer leichten Verfügbarkeit immer zuerst die sinnvollste langfristige Anlageform, die Investmentfonds-Anlage, in Gefahr. Das Sparbuch hat immerhin eine Kündigungsfrist und beim Festgeld muss der Fälligkeitstermin abgewartet werden, die Lebensversicherungen sind nur mit großen Nachteilen und sehr umständlich auflösbar und die Steuersparanlagen kann man in aller Regel ohnehin nie mehr verkaufen. Also muss die Investmentanlage bluten. So oder so ähnlich müssen die Gedankengänge bei vielen Anlegern ablaufen, die ihr Investmentdepot wie ein laufendes Konto benutzen. Dass so der Sparvorgang und -fortschritt massiv gestört wird, haben wir Ihnen bereits in Kapitel E, Abschnitt 2 vorgerechnet.

Die nächste Frage, die sich nun stellt, lautet natürlich: Wie wirkt sich die langfristige Konsequenz bei der Investmentfondsanlage aus? Was kann ich im Alter daraus monatlich an Auszahlung erwarten?

Wir wollen nun ganz bewusst nicht die in der Vergangenheit erzielbaren Maximal-Renditen unserer Beispielrechnung weiterrechnen in Entnahmepläne. Die einfachen Schlussfolgerungen, die dadurch gezogen werden könnten, entsprechen nicht dem Charakter einer Anlageform, die nun einmal Kursrisiken und einem speziellen finanzmathematischen Risiko, dem negativen Cost-averaging-Effekt, den wir in nachstehender Tabelle erläutert haben, unterworfen ist. Wir halten es zwar nicht für wahrscheinlich, aber ausgeschlossen ist es nicht, dass der Aktienmarkt zum Beispiel über 15 Jahre hinweg eine Seitwärtsbewegung ausführt. Das kann dann in einem ungünstigen Fall sogar bedeuten, dass ein echter Vermögensverlust eintritt. Lang anhaltende Seitwärtsbewegungen an den Aktienmärkten gab es in der Vergangenheit durchaus, zum Beispiel in den 70er und zu Beginn der 80er Jahre.

Auszehreffekt durch negatives Cost-Avergaing				
	Entnahme	**Ant.-Wert**	**Stücke**	**Vermögen**
Anfangskonstellation	**10.000,00 DM**	**1.000,00 DM**	**100**	**100.000,00 DM**
1. Entnahme	10.000,00 DM	1.000,00 DM	10	
2. Entnahme	10.000,00 DM	800,00 DM	12,5	
3. Entnahme	10.000,00 DM	600,00 DM	16,7	
4. Entnahme	10.000,00 DM	700,00 DM	14,3	
5. Entnahme	10.000,00 DM	900,00 DM	11,1	
6. Entnahme	10.000,00 DM	1.000,00 DM	10	
Gesamte Entnahme	60.000,00 DM		74,6	
Endstand		**1.000,00 DM**	**25.4**	**25.400,00 DM**
Plus Entnahmen	**60.000,00 DM**			**85.400,00 DM**

Grafik 47: Gleichmäßige Anlagebeträge können bei entsprechender Gestaltung beim Ansparen einen durchaus interessanten Effekt auslösen, weil automatisch in Zeiten niedriger Kurse mehr und in Zeiten hoher Kurse weniger Anteile erworben werden. Derselbe Effekt kann jedoch beim Entnahmeplan negativ wirken. In unserem vereinfachten Ablaufbeispiel ist der Kurs am Anfang der Ansparperiode und am Ende der Ansparperiode gleich hoch. Dennoch hat das Vermögen dieses fiktiven Anlegers einen deutlichen Wertverlust erlitten, weil in der Zwischenzeit bei niedrigen Kursen viele Anteile verkauft werden mussten um die Entnahmerate darzustellen.

Wir plädieren deshalb bei den Entnahmeplänen, mit denen der Altersversorger die Ernte seines konsequent besparten Investment-Anlageplanes einbringen will, für ein Sicherheitspolster. Bei unseren Recherchen zu diesem Kapitel hat sich zum Beispiel eine Auszahlhöhe als vergleichsweise risikoarm herausgestellt, die ungefähr in der Größenordnung der sog. Garantierente-Angebote privater Rentenversicherungsverträge der Lebensversicherungswirtschaft angesiedelt sind. Sie beträgt nach unserem Überblick pro Monat, je nach Vertragsgestaltung, zwischen 0,50 und 0,54 Prozent der Einzahlungssumme.

Im Gegensatz zu den Lebensversicherern, die ihre privaten Rentenverträge immer mit der sog. Gesamtrente bewerben, rechnen wir auf der Basis der sog. Garantierente, die von den Versicherern eher verschämt genannt wird, dafür jedoch den Vorzug hat, zumindest von den leistungsfähigeren Gesellschaften auch ausgezahlt werden zu können. Bei den Gesamtrenten der Lebensversicherer darf man inzwischen mit einiger Sicherheit davon ausgehen, dass sie nicht oder nicht in voller Höhe oder nicht über die gesamte Vertragslaufzeit gezahlt werden können.

Um Ihnen unsere Erkenntnisse zur Auszahlhöhe weiterzugeben und Ihnen ein „Muster“ für in der Vergangenheit erfolgreiche Auszahlpläne anbieten zu können, bilden wir nachstehend zwei Charts ab, die in der bereits praktizierten Art einerseits den Auslauf entsprechender Auszahlpläne per 31.12.1998 und andererseits die Relativierung nach der Methode der gleitenden Anlagezeiträume wiedergeben.

Diese Entnahmekonstellation brachte in der Vergangenheit hervorragende Endergebnisse. Auch bei der Anlage in einem entsprechenden Investmentfonds wären diese Ergebnisse mindestens annähernd ebenso erzielt worden. Wir haben übrigens wiederum einen für Aktienfonds üblichen Ausgabeaufschlag bei der Berechnung berücksichtigt.

Natürlich bedarf auch dieses Ergebnis wiederum der Relativierung, durch die nach der Methode gleitender Durchschnitte mit Hilfe unserer Datenbank ermittelten 300 verschiedenen Endvermögen.

Wenn auch die Entnahmekonstellation in der Vergangenheit zum weit überwiegenden Teil sehr positive Ergebnisse produzierte, wird dennoch deutlich, dass auch Risiken lauern.

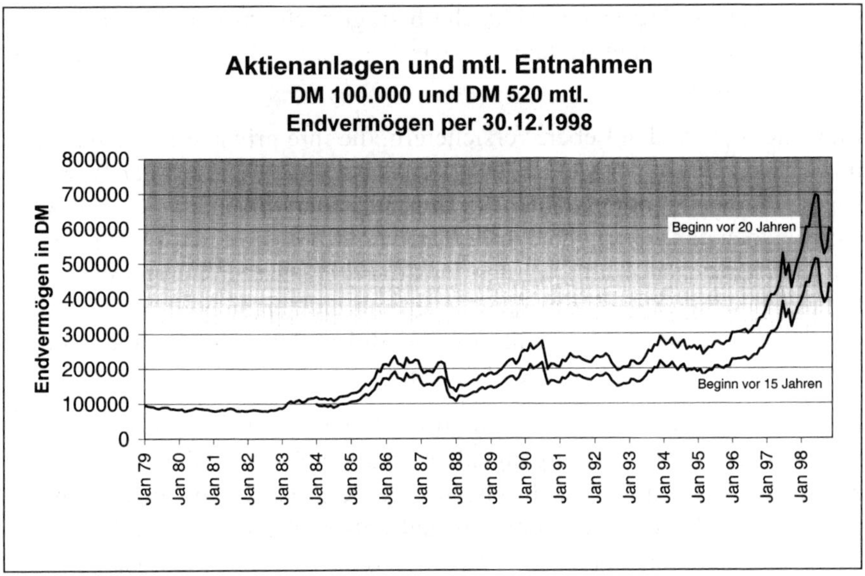

Grafik 48: Hier wurde das Durchhaltevermögen des Sparers wieder reich belohnt.

Unser Rat

Wenn es Ihnen beim Entnehmen darauf ankommt, mit Sicherheit dauerhaft den Entnahmebetrag erhalten zu können, dann raten wir Ihnen zu folgenden Maßnahmen:

1. *Reizen Sie einen Entnahmeplan nicht aus: Je niedriger Sie den Entnahmebetrag wählen, desto sicherer funktioniert der Entnahmeplan über die benötigte Dauer.*
2. *„Eng" kann es bei einem Entnahmeplan nach unseren Berechnungen werden, wenn Sie monatlich mehr als 0,6 Prozent des angelegten Betrags entnehmen.*
3. *Setzen Sie nicht Ihre gesamte Altersvorsorge auf die „Karte" Investmentfonds!*
4. *Wenn Sie Buch über die Ist-/Soll- Entwicklung Ihrer Kapitalanlage führen, können Sie starke Börsenphasen erkennen und für zusätzliche Entnahmen – so sie benötigt werden – nutzen.*

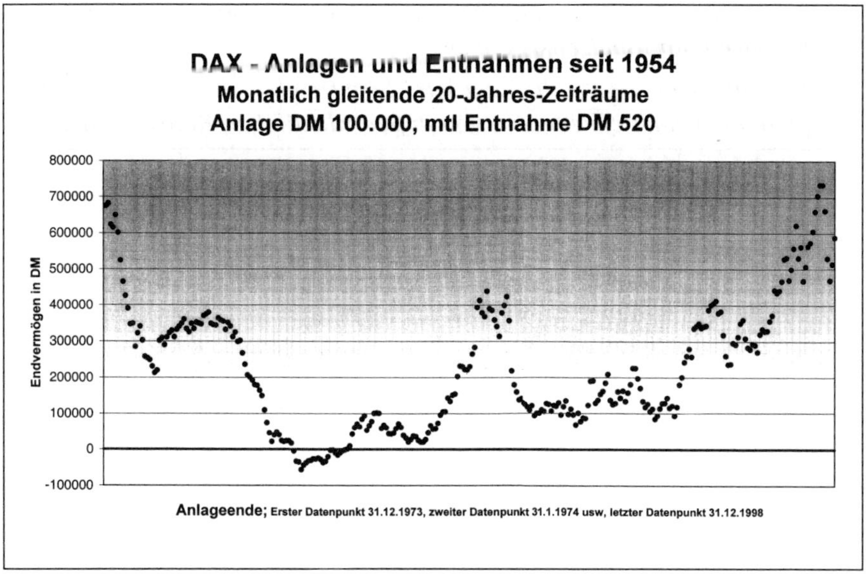

Grafik 49: Vor allem, wenn die Altersvorsorge aus mehreren Bausteinen besteht, sind die Risiken eines maßvollen Verhältnisses zwischen Anlage-/Entnahmebetrag vertretbar.

5. *Wenn Sie noch über andere Mittel verfügen, sollten Sie in schwachen Börsenphasen mit Entnahmen aussetzen. So mindern Sie die möglicherweise verheerenden Folgen des „negativen Cost-Averagings".*
6. *Prüfen Sie periodisch (oder lassen Sie es von Ihrem Berater prüfen), ob der gewählte Fonds dauerhaft die ursprüngliche Qualität halten kann. Zögern Sie ggf. nicht, einen besseren Fonds einzusetzen und verhandeln Sie dann hart in Sachen Ausgabeaufschläge!*
7. *Das Risiko der Fondsqualität können Sie reduzieren, wenn Sie Ihre Entnahmen auf zwei oder drei Fonds verteilen.*
8. *Investmentfonds mit hoher Volatilität sollten für Entnahmepläne gemieden werden.*
9. *Je gleichmäßiger die Anteilswertentwicklung auf möglichst hohem Niveau verläuft, desto besser für Ihren Entnahmeplan. Eine besonders effiziente Möglichkeit, die Schwankungen Ihrer Anlage zu reduzieren,*

können die konservativeren Varianten von Vermögensverwaltungsprogrammen auf Fondsbasis bieten.

10. *Ihre Altersvorsorge sollte tabu sein! Benutzen Sie also Ihren Entnahmeplan nicht zur Befriedigung von außerordentlichen Konsumwünschen!*

L

Anhang

L Anhang

1 Investmentfondsergebnisse per 31. 07. 1999

Die wichtigsten Daten zu den deutschen Investmentfonds

Nachfolgend finden Sie die wichtigsten Daten zu den in Deutschland zum Vertrieb zugelassenen Investmentfonds. Sie wurden von FCS Finanz-Computer-Service (Dieter Reitz) ermittelt und zur Verfügung gestellt.

Weitere Informationen erhalten Sie bei
FCS Finanz Computer Service
Innungstraße 27a
D-50354 Hürth
Tel.: 0 22 33 / 9 32 46-0
Fax: 0 22 33 / 9 32 46 46

Die Tabelle gliedert sich nach den *Anlageschwerpunkten*:

- Deutsche Aktien
- Internationale Aktien
- Aktien Emerging Markets International
- Europäische Aktien
- Aktien Länderfonds Westeuropa
- Osteuropäische Aktien
- Nordamerikanische Aktien
- Lateinamerikanische Aktien
- Aktien Fernost
- Japanische Aktien
- Länderfonds Fernost
- Rohstoff-Fonds
- Branchen-Fonds
- Telekommunikations-Fonds
- Umwelt-Fonds

- Optionsscheine
- DM Renten
- Renten International
- Renten mehrere europäische Währungen
- Renten einzelne europäische Währungen
- Renten Fernost-Währungen
- Renten US-Dollar / Kan.-Dollar
- DM Renten geldmarktnah
- Renten geldmarktnah International
- Renten geldmarktnah mehrere europ. Währungen
- Renten geldmarktnah einzelne europ. Währungen
- Renten geldmarktnah Fernost-Währungen
- Renten geldmarktnah US-Dollar / Kan.-Dollar
- Wandelanleihen
- Genussscheine
- Spezielle Instrumente
- Laufzeitfonds DM Renten
- Laufzeitfonds Renten International
- Laufzeitfonds Renten europäische Währungen
- Geldmarktfonds DM
- Geldmarktfonds europäische Währungen
- Geldmarktfonds US-Dollar/Kan.-Dollar
- Gemischte Anlage Deutschland
- Gemischte Anlage International
- Offene Immobilienfonds

Die Tabelle ist alphabetisch sortiert. Sie enthält:

- die Fondsbezeichnung
- die auflegende Fondsgesellschaft
- die Abrechnungswährung
- den Ausgabeaufschlag

- die jährlichen, unter Berücksichtigung von Wechselkursveränderungen (also auf Euro-Basis) ermittelten Wertsteigerungen für die per 31.07. 1999 endenden Ein-, Fünf- und Zehnjahreszeiträume
  - nach der FCS-Methode (Ausgabe- zu Rücknahmepreis)
  - nach der BVI-Methode (Rücknahme zu Rücknahmepreis, auch „Managementleistung“ genannt)
- den Risikofaktor, der auf Grundlage des statistischen Maßes der „Standardabweichung“ die Volatilität der Anteilswertentwicklung des jeweiligen Fonds beschreibt.
- die gleitenden 60-Monats-Renditen für die Fonds, die seit mindestens sechs Jahren am Markt sind. Das Minimum zeigt die durchschnittliche jährliche Wertentwicklung des schlechtesten 60-Monats-Zeitraums, das Maximum die des besten 60-Monats-Zeitraums; der Durchschnitt gibt die durchschnittliche jährliche Wertentwicklung aller 60-Monats-Zeiträume an.
- die Benchmark: Diese gibt an, wie sich der jeweilige Teilmarkt entwickelt hat.

Investmentfondsergebnisse per 31.07.1999

Erweiterte und aussagekräftige Investmentfonds-Analyse

In der nachfolgenden Tabelle finden Sie die Daten der dynamischen Analyse auf Basis gleitender 60-Monats-Zeiträume. Mit diesen von FCS (Dieter und Elke Reitz) ermittelten Analysedaten ist die Beurteilung der Investmentfonds auf höchstem professionellem Niveau möglich. Nachfolgend ein kommentiertes Muster der Tabellen für Ihre bessere Übersicht.

FCS-Fondsergebnisse/Rendite + Wertentwicklung p.a./FCS- u. BVI-Methode/Gleitende 60-Monats-Renditen (FCS-Methode)

Fonds	Gesellschaft	Währung	Ausgabeaufschlag in Prozent	Anlageergebnis per 30.07.1999 1 Jahr (p.a.) FCS	1 Jahr (p.a.) BVI	5 Jahre (p.a.) FCS	5 Jahre (p.a.) BVI	10 Jahre (p.a.) FCS	10 Jahre (p.a.) BVI	Risikofaktor	Gleit. 60 Mon. p.a. Min.	Durch	Max.
Anlageschwerpunkt: Deutsche Aktien													
MEGAeffekt	MEGAinvest	DM	5,00	2,2	6,8	–1,7	–0,8	6,3	6,9	14,3	–2,3	16,8	7,9

Hier finden Sie die Angaben zur durchschnittlichen jährlichen Wertsteigerung für den jeweiligen Stichtag und die zurückliegenden Ein-, Fünf- und Zehn-Jahres-Zeiträume. Die FCS-Methode zeigt den Anlegererfolg nach Berücksichtigung der Ausgabeaufschläge, die BVI-Methode zeigt die Managementleistung ohne Berücksichtigung der Ausgabeaufschläge.

Das Risiko – die statistische Standardabweichung – ist ein Maß für die Volatilität der Anteilswerte (Monatsbasis, annualisiert). Sie wird für dreijährige Anlagezeiträume errechnet für alle Fonds, die bereits so lange auf dem Markt sind. Je höher das Risiko, desto stärker schwanken die Ergebnisse um ihren Durchschnittswert.

Die gleitenden 60-Monats-Renditen werden für Fonds ermittelt, die mindestens seit sechs Jahren am Markt sind. Der früheste 60-Monats-Zeitraum beginnt am 30.06.1982. Das Minimum zeigt die durchschnittliche jährliche Wertentwicklung des schlechtesten 60-Monats-Zeitraums, das Maximum die des besten 60-Monats-Zeitraums; der Durchschnitt gibt die durchschnittliche jährliche Wertentwicklung aller 60-Monats-Zeiträume an.

Investmentfondsergebnisse zum 31.07.1999

Fonds	Gesellschaft	Währung	Ausgabeaufschlag in Prozent	Anlageergebnis per 31.07.1999 1 Jahr (p.a.) FCS	1 Jahr (p.a.) BVI	5 Jahre (p.a.) FCS	5 Jahre (p.a.) BVI	10 Jahre (p.a.) FCS	10 Jahre (p.a.) BVI	Risikofaktor	Gleit. 60 Mon. p.a. Min.	Durch.	Max.
Anlageschwerpunkt: Deutsche Aktien													
JB SpecGerman Stck B	J.Baer MStck	EUR	5,00	64,3	72,5					22,0			
Kling JD-Universal	Universal	EUR	3,00	44,6	48,9								
Adiselekt	Adig	EUR	5,00	19,7	25,7					19,1			
HWG-Fonds	Universal	EUR	4,00	14,1	18,7	14,3	15,4	10,1	10,8	13,9	–0,7	8,3	23,0
RWS-Aktien-Veritas	Veritas SG	EUR	6,00	5,9	12,3								
GWP-Fonds FT	FT	EUR	0,00	5,0	5,0	11,8	12,0			10,7	9,8	11,2	12,8
Metallbank Aktien	DWS	EUR	5,00	4,7	10,0	19,2	20,6			17,2	–1,7	10,3	20,7
Baring GermGrw Trust	Baring FM	GBP	5,25	3,3	8,7	26,8	28,1			21,4			
Gontard-IPO-Fonds UI	Universal	EUR	5,00	2,0	7,1								
Plusfonds	Adig	EUR	5,00	0,9	6,1	21,8	23,3	13,0	14,2	22,5	–2,1	10,7	25,6
DIT-Spezial	DIT	EUR	3,00	–1,2	1,8	9,5	10,3	6,5	7,1	18,9	–4,5	4,5	12,7
JB Santander DtAkt B	J.Baer MCoop	EUR	0,00	–2,3	–2,3								
Veri-Valeur Fonds	Veritas SG	EUR	6,00	–4,3	1,5	21,8	23,4			20,1	12,9	20,9	28,4
Nürnberger Adig A	Adig	EUR	5,00	–4,7	0,1	25,2	26,6			22,2	–2,5	14,6	29,3
DM-Aktien-Fonds	HSBC Trink.	EUR	3,00	–5,2	–2,4	13,7	14,4			16,9	12,1	14,9	18,1
Hauck-Kontrast	Universal	EUR	4,00	–6,2	–2,4	7,1	8,0			21,1	–1,0	5,6	11,4
Oppenh. DA	Oppenheim	EUR	6,00	–6,5	–0,9	5,6	6,9			12,8	0,9	4,5	9,0
Berlinw.Weberbank OP	Oppenheim	EUR	5,00	–6,6	–1,9	11,4	12,6			18,6			
Hypo-Inv. Spezial	Hypo-Inv.	EUR	5,00	–6,7	–2,0	10,8	12,1			17,3	8,1	12,1	17,3
NB-Portfolio FT	FT	EUR	4,00	–7,0	–3,4	13,3	14,4			16,1	8,6	13,1	18,5
DWS Provesta	DWS	EUR	4,00	–7,0	–3,3	17,4	18,5	13,1	13,9	17,4	2,0	11,7	26,0
DekaLux-MidCap D	Deka Intl.	EUR	0,00	–7,1	–7,1								
HANSAsecur	Hansainvest	EUR	5,00	–7,2	–2,5	9,4	10,4	3,9	4,5	16,1	–10,3	2,8	19,5
SMH-SmallCap-UBS	UBS Invest	DM	4,00	–7,6	–3,8	13,9	15,0			15,3	12,3	15,3	20,6
MMWI-Defensiv-Fonds	MMWI	EUR	6,00	–7,7	–2,2								
HIS Aktien Deutschl.	Helaba (CH)	EUR	5,00	–8,5	–3,9					15,3			
Citibk Invest Union	Union	EUR	5,00	–9,5	–4,9	18,0	19,3	11,6	12,4	18,6	–0,6	10,3	21,7
Gerling Deutschland	Gerling	EUR	4,50	–9,5	–5,4	13,0	14,2			17,4	10,1	13,8	18,9
DWS Dt. Aktien O	DWS	EUR	0,00	–10,3	–10,2					25,0			
Quelle Akt. Dtschld	Quelle Inv.	EUR	4,00	–10,3	–6,8								
IGB Berlin Invest	Union	EUR	5,00	–10,5	–6,0	15,2	16,4			18,8	4,8	11,9	18,9
DIT-Aktien Dtschl AF	DIT	EUR	0,00	–10,8	–10,8					23,0			

DekaLux-Deutschland	Deka Intl.	EUR	0,00	–11,2	–11,2					22,9			
Frankf.Sparinvest oA	Deka	EUR	0,00	–11,3	–11,3								
JB German Stock B	J.Baer MStck	EUR	5,00	–11,6	–7,1	18,6	19,8			17,6	16,6	17,7	19,8
Victoria-Eurokapital	Victoria	EUR	5,00	–11,7	–7,3	20,0	21,3			20,0	8,1	17,6	26,7
Köln-Aktien Deka oA	Deka	EUR	0,00	–11,7	–11,7					22,2			
Adifonds	Adig	EUR	5,00	–12,7	–8,4	18,6	20,1	11,7	12,8	24,0	–2,2	10,4	25,8
Camco Dt. Aktien	CAMCO Invest	EUR	5,00	–12,7	–8,3					15,8			
Portf. Partner UI G	Universal	EUR	4,00	–12,8	–9,2	11,5	12,5			20,1	5,9	10,2	14,5
Universal-Effect	Universal	EUR	4,00	–13,2	–9,6	9,8	11,0	5,7	6,3	20,9	–2,6	6,7	23,1
DIT-Spezial 2	DIT	EUR	3,00	–13,5	–10,9								
Allianz Aktienfonds	Allianz	EUR	5,00	–13,7	–9,4	18,4	19,8			21,9			
Ring-Aktienfonds	DWS	EUR	4,71	–13,8	–9,7	18,5	19,8	11,9	12,9	20,5	–3,2	8,6	26,5
LG Top Selection	Deka	EUR	4,17	–14,0	–10,3								
HMT-Proinvest	HMT	EUR	5,00	–14,0	–9,7	18,4	19,8			22,3	5,7	14,4	25,3
MMWI-DAXTrend-Fonds	MMWI	EUR	5,00	–14,1	–9,8								
Zürich Akt.Deutschld	Zürich Inv.	EUR	5,00	–14,1	–9,7	17,1	18,5	11,9	12,9	21,7	–0,3	11,9	24,2
Oppenh. Select	Oppenheim	EUR	5,00	–14,1	–9,8	14,8	16,1			21,5	–2,0	10,6	22,4
BWK-Aktien-Strat. D	BWK	EUR	5,00	–14,3	–10,0	13,6	14,9			20,3	11,2	15,0	20,5
DIT-Wachstumsfonds	DIT	EUR	3,00	–14,3	–11,7	18,0	18,9	11,0	11,7	21,4	–3,7	8,7	26,7
Frankf.Sparinvest	Deka	EUR	4,17	–14,3	–10,7	15,8	17,0			21,5	–1,4	11,0	23,5
Trink. Capital Fonds	Inka	EUR	3,00	–14,6	–12,1	17,0	17,9	11,3	12,0	21,8	2,9	12,6	24,6
UnicoUF TrendSpez. B	Unico	EUR	3,50	–14,8	–11,8	8,1	8,9			16,4			
HANSAeffekt	Hansainvest	EUR	5,00	–15,0	–10,7	15,4	16,7	8,2	9,1	21,7	–4,5	8,6	22,3
Trink. Spez. Dtschl.	Inka	EUR	3,00	–15,1	–12,5					15,3			
Fondak	Adig	EUR	5,00	–15,1	–10,9	14,0	15,4	8,6	9,5	19,6	–3,6	8,5	23,3
PVFspezial-allfonds	Allfonds	EUR	3,75	–15,2	–12,0					18,9			
UniFonds -net-	Union	EUR	0,00	–15,2	–15,2								
CB-Pf Dt. Aktien B	A.L.S.A.	EUR	0,00	–15,4	–15,4	16,7	16,7			23,9	15,3	19,1	25,6
UniDeutschland	Union	EUR	3,50	–15,4	–12,4	18,2	19,3			23,1			
TIF German Growth 1	Threadneedle	EUR	5,26	–15,5	–11,0								
DekaFonds	Deka	EUR	5,26	–15,5	–11,1	16,2	17,6	10,8	11,8	22,6	–3,0	9,8	23,9
AC Deutschland	Axa Colonia	EUR	4,50	–15,6	–11,8	16,5	17,7	10,8	11,6	23,6	–0,3	11,0	23,8
DVG Select-Invest	DVG	EUR	5,00	–15,6	–11,3	19,7	21,2	13,7	14,7	22,0	–0,5	12,7	27,1
GT Dt. Aktienfonds	Invesco KAG	EUR	5,00	–15,8	–11,6	15,7	17,1			20,4	3,6	12,8	22,8
SMH-MidCap-UBS	UBS Invest	DM	4,00	–15,8	–12,5					15,0			
MerckFinck 100 B	Merck Finck	EUR	5,00	–15,8	–11,6								
Walser DM Akt. Spez.	HSBC Trink.	EUR	5,00	–15,9	–11,7					13,6			
FVB-Dt. Aktien-BWK	BWK	EUR	2,50	–16,0	–13,9								
Aktien Deutschld. HI	Hypo-Inv.	EUR	1,00	–16,5	–15,7								
SMH-Special-UBS I	UBS Invest	DM	4,00	–16,5	–13,2	16,9	18,1	10,6	11,5	22,2	–3,4	12,7	26,8
Postbk.Dyn.Dax	Dt. Post Lux	EUR	2,50	–16,6	–14,6								

Fonds	Gesellschaft	Währung	Ausgabeaufschlag in Prozent	Anlageergebnis per 31.07.1999 1 Jahr (p.a.) FCS	1 Jahr (p.a.) BVI	5 Jahre (p.a.) FCS	5 Jahre (p.a.) BVI	10 Jahre (p.a.) FCS	10 Jahre (p.a.) BVI	Risikofaktor	Gleit. 60 Mon. p.a. Min.	Durch.	Max.
SchmidtBk Aktien D	Franken Inv.	EUR	5,26	–16,7	–12,3					22,4			
MAT Deutschland	Maintrust	EUR	4,17	–16,7	–13,2	16,8	17,9			21,5	3,0	12,3	22,1
Gerling Aktiv	Gerling	EUR	4,75	–16,8	–12,8	13,8	15,1	8,2	9,0	20,7	–4,8	7,3	21,1
DWS Deutschland	DWS	EUR	3,00	–16,8	–14,3	17,0	17,9			20,6	15,4	16,7	18,8
DAX Dt. Aktienindex	**Benchmark**	**EUR**	**4,50**	**–16,9**	**–13,1**	**17,9**	**18,9**	**12,1**	**12,6**	**22,6**			
Köln-Aktien Deka	Deka	EUR	5,26	–16,9	–12,5	15,5	17,0	10,7	11,7	21,7	–1,8	10,5	23,3
Aufhäuser Fonds I	Universal	EUR	5,00	–16,9	–12,7	14,4	15,7	7,7	8,5	19,9	–4,1	6,9	21,5
Helvetia Aktienfonds	FT	EUR	5,00	–16,9	–12,7	12,1	13,5			19,8	5,0	11,4	19,6
Investa	DWS	EUR	5,00	–17,0	–12,7	19,1	20,6	13,5	14,7	23,2	0,2	11,7	27,6
FT Frankf.-Effekten	FT	EUR	5,00	–17,0	–12,9	13,0	14,4	9,8	10,8	19,2	0,6	11,2	26,4
UBS(D) Aktien-Dland	UBS Invest	EUR	4,00	–17,1	–13,7								
Metzler Akt. Dtschl.	Metzler	EUR	5,00	–17,3	–13,1	18,1	19,4			22,3	10,6	18,3	26,4
Concentra	DIT	EUR	5,00	–17,4	–13,2	16,1	17,5	11,4	12,4	22,5	–1,5	11,2	23,9
BBV-Invest-Union	Union	EUR	5,00	–17,4	–13,3	17,2	18,5			20,9	5,7	15,0	23,7
VLP Dt. Aktien	A.L.S.A.	EUR	2,00	–17,4	–15,8	16,5	17,0			23,3	15,2	19,0	25,7
Oppenh. DAX-Werte	Oppenheim	EUR	5,00	–17,7	–13,6	17,7	19,1			23,0	11,1	18,5	26,4
Privatfonds	Metzler	EUR	5,00	–17,8	–13,6	18,0	19,4	10,2	11,0	22,9	–2,8	9,0	26,0
Adig-Aktien-Dtschld.	Adig	EUR	4,00	–17,8	–14,5	17,8	19,0			23,1	16,5	17,8	20,3
CB-Pf Dt. Aktien A	A.L.S.A.	EUR	4,00	–18,1	–14,8								
BB-Deutschland	BB-Invest	EUR	5,00	–18,1	–14,0	13,2	14,4			21,3	6,6	13,1	21,5
Thesaurus	DIT	EUR	5,00	–18,4	–14,3	14,6	15,9	9,7	10,6	21,1	–3,4	9,8	22,6
UniFonds	Union	EUR	5,00	–18,7	–14,5	15,7	17,2	10,5	11,6	21,4	–2,8	9,6	23,3
UBS(CH)EF-Germany	UBS	EUR	5,00	–18,7	–14,7	14,5	15,7	10,5	11,0	21,8	–2,8	8,4	24,2
UBS(D) EF-Germany UI	Universal	EUR	4,00	–18,9	–15,7	16,3	17,4			23,2	12,1	18,3	25,3
Nordakku	Nordinvest	EUR	5,00	–18,9	–14,8	15,9	17,3			22,8			
Hypo-Inv. Kapital	Hypo-Inv.	EUR	5,00	–19,2	–15,1	16,2	17,5			21,9	5,7	14,4	24,8
FT Deutschl. Dynamik	FT	EUR	5,00	–19,2	–15,1	15,9	17,3			21,9	10,7	16,9	24,9
Delbrück Aktien	Union	EUR	6,00	–19,4	–14,6	10,8	12,2			20,7	4,6	10,6	17,3
AL Trust Fonds A	AL Trust	EUR	5,00	–19,6	–15,6	15,0	16,4	11,6	12,6	20,7	0,3	10,7	23,6
MMWI-Flex-Fonds	MMWI	EUR	5,00	–19,8	–15,9	12,3	13,6			19,9	5,3	12,1	18,7
Dir. Neuro DM Akt.MI	Metzler	EUR	3,00	–19,9	–17,5								
GIF II Germany T	Indosuez	DM	5,82	–20,1	–15,4	12,3	13,6			19,3	2,8	11,8	20,5
DIT-Vermögensbildung	DIT	EUR	5,00	–20,1	–16,1	12,1	13,5	10,3	11,3	19,4	0,4	11,1	21,3
MMWI-Progress-Fonds	MMWI	EUR	5,00	–20,4	–16,4	14,9	16,2	11,1	12,0	22,4	–4,4	7,8	26,7
BfG Aktienfonds	BfG Invest	EUR	4,00	–20,7	–17,5	13,5	14,6	8,6	9,5	21,7	–2,8	9,1	21,8
FidF Germany	Fidelity	EUR	5,25	–20,9	–16,7	14,6	15,7			20,6	3,7	12,9	24,2
CP German Equity	Citiport Lux	EUR	5,00	–20,9	–17,0	11,9	13,0			21,3	–2,2	9,9	21,6

Parv. Germany C	Paribas Lux	EUR	4,00	–21,0	–17,8	15,2	16,2			20,9	14,2	17,1	25,1
Hauck-Main I-Univ.	Universal	EUR	3,00	–21,1	–18,7	14,4	15,4	9,6	10,5	22,3	–2,9	9,3	22,9
AAF Germany EqF	ABN AMRO Lux	EUR	5,25	–21,9	–17,8	22,4	23,6			24,4			
PEH Q-Aktien D	PEH Quint.	EUR	4,00	–22,2	–19,1								
UnicoUF D-Aktien	Unico	EUR	5,00	–22,5	–18,7	7,1	8,1			22,6	5,7	9,1	15,4
MK Alfakapital	MK	EUR	7,53	–22,7	–16,9	16,0	17,9	9,5	10,7	24,2	–3,5	8,1	25,3
Nestor Deutschland	Nestor Inv.	EUR	5,00	–24,1	–20,3					27,0			
Lux-Linea	MM Warb.-Lux	DM	3,00	–24,1	–21,9	16,4	17,1			26,1	13,5	19,9	28,7
top twenty germany	Union	EUR	5,00	–24,5	–20,7								
Dt. Berenberg-Fonds	Universal	EUR	5,50	–25,9	–21,9	13,5	14,9	9,2	10,1	23,3	–2,3	10,1	24,6
Anlageschwerpunkt: Internationale Aktien													
DAC-Fonds UI	Universal	EUR	4,00	51,4	57,5								
Acatis Akt.Global UI	Universal	EUR	5,00	41,2	48,3								
PH Royal	PH Capital	EUR	0,00	33,1	33,1								
Dt. Vermögensbdg. I	DVG	EUR	5,00	31,2	37,8	23,7	24,9	14,6	15,3	18,8	–0,9	8,3	23,7
Young World	A.L.S.A.	EUR	2,50	30,1	33,4								
SMH-Internation.-UBS	UBS Invest	DM	4,00	27,5	32,5	22,7	23,6	8,9	9,4	20,0	–10,2	6,9	27,3
Lingohr-System-BB	BB-Invest	EUR	5,00	26,2	32,2								
ISP Int.StockPicking	F & V	EUR	5,50	24,7	31,6	8,7	9,9			16,4	–1,2	6,4	12,6
FidF Intern. Fund	Fidelity	USD	5,25	24,7	31,2	20,6	21,9			19,7	10,7	16,6	21,8
FidF PA Intern. Fund	Fidelity	EUR	5,25	24,6	31,1								
Sant. Glob.Aktien OP	Oppenheim	EUR	0,00	24,3	24,2								
Postbk.Dyn.Global	Dt. Post Lux	EUR	3,00	23,9	27,7					19,4			
WM Akt. Glob. US$ UI	Universal	USD	5,00	21,8	27,9								
ACM GI GlobGrwTr BX	Alliance Lux	USD	0,00	21,6	24,6	26,0	26,0			22,3	14,2	20,1	27,3
ACM GI GlobGrwTr B	Alliance Lux	USD	0,00	20,9	23,9					22,3			
Intervest	DWS	EUR	4,00	20,1	24,8	16,7	17,6	10,0	10,5	17,5	–1,2	8,1	19,1
Interglobal	DIT	EUR	5,00	20,0	25,9	20,3	21,4	9,6	10,1	17,4	–8,6	6,2	21,1
MercST Global Opps A	Mercury AM	USD	5,26	19,8	26,1					19,6			
UniGlobal -net-	Union	EUR	0,00	19,7	19,7								
ACM GI GlobGrwTr AX	Alliance Lux	USD	6,67	17,9	25,8	25,6	27,2			22,1	13,9	19,8	26,9
Allianz Akt.Intern.	Allianz	EUR	5,00	17,8	23,6					17,7			
DWS(CH)-Aktien	DWS Schweiz	SFR	4,00	17,7	22,4					16,9			
ACM GI GlobGrwTr A	Alliance Lux	USD	6,67	17,3	25,1					22,0			
DekaSpezial	Deka	EUR	5,26	17,0	23,0	18,6	19,7	7,8	8,4	19,3	–11,1	2,4	19,2
GAMAX Maxi-Fd.Int. A	GAMAX	EUR	5,26	16,9	23,1	8,4	9,5			23,1	–0,3	8,0	16,3
Köln-Akt. Glob. Deka	Deka	EUR	0,00	16,6	16,6								

Fonds	Gesellschaft	Währung	Ausgabeaufschlag in Prozent	Anlageergebnis per 31.07.1999						Risikofaktor	Gleit. 60 Mon. p.a.		
				1 Jahr (p.a.)		5 Jahre (p.a.)		10 Jahre (p.a.)					
				FCS	BVI	FCS	BVI	FCS	BVI		Min.	Durch.	Max.
Top 50 Welt	DWS	EUR	4,00	16,1	20,7								
MS Global SmC Equ I	Morgan Stan.	USD	0,00	16,0	16,0								
FidF World Fund	Fidelity	EUR	0,00	15,8	15,8								
UniGlobal	Union	EUR	5,00	15,6	21,3	18,8	19,9	9,1	9,7	16,6	–8,5	3,2	19,6
Aktien Intern. HI	Hypo-Inv.	EUR	1,00	15,1	16,2								
Zürich E&S Akt. Welt	Zürich Inv.	EUR	3,00	14,8	18,1								
SunLife GlobalRecov.	Sun Life	USD	6,95	13,7	21,6	11,6	13,1	7,2	7,9	17,4	–2,0	4,6	12,6
MSCI World Gross Div.	**Benchmark**	**USD**	**5,00**	**13,5**	**19,5**	**18,9**	**20,0**	**10,1**	**10,6**	**17,5**			
PEH Q-Discount	PEH Quint.	EUR	4,00	13,4	17,9	10,0	10,9			20,6	3,0	10,9	19,2
WFBV-Univ.-Shareval.	Universal	EUR	5,00	13,3	19,0								
BB-TopPortfolio	BB-Invest	EUR	5,00	13,2	18,7								
Hypo-Inv. Top Welt	Hypo-Inv.	EUR	3,00	12,7	16,0								
AL Trust Fonds G5A	AL Trust	EUR	5,00	12,7	18,3								
FidF PS Global Grwth	Fidelity	USD	5,25	12,5	18,4								
MercST Global Equ A	Mercury AM	USD	5,26	12,3	18,3	15,2	16,4	8,6	9,1	17,4	–9,3	5,0	17,5
Quelle Akt. Welt	Quelle Inv.	EUR	5,00	12,1	17,7								
Wekanord	Nordinvest	EUR	5,00	12,1	17,5	13,8	14,8	7,0	7,7	16,5	–6,7	4,9	15,0
WeltVision	Adig	EUR	2,50	12,0	14,7								
DekaTeam-Glob.Sel. A	Deka Ireland	EUR	0,00	11,5	11,5								
Unico Equity Fund	Unico	EUR	5,00	11,5	17,0	11,9	13,0	6,4	6,9	15,3	–2,5	4,8	13,0
Akkumula	DWS	EUR	5,00	10,7	16,2	15,1	16,2	10,1	10,7	16,3	1,3	11,3	24,2
GAMAX Junior A	GAMAX	EUR	5,26	10,6	16,4								
J.Führ UI Akt.Global	Universal	EUR	0,00	10,6	10,6								
SunLife Glob.Masters	Sun Life	USD	6,95	10,3	17,9	12,2	13,7	10,4	11,2	16,9	1,4	7,3	15,0
Ceros-Univers. III S	Universal	EUR	5,50	10,2	16,2					17,3			
Templeton Growth	Templeton	USD	6,10	10,2	17,4	15,1	16,9	11,6	12,6	18,6	–0,8	9,4	23,0
LibertyNWP GlobalOpp	Liberty NWP	USD	8,40	10,0	19,3	15,4	17,3	8,6	9,4	18,0	–5,7	6,7	18,4
Delbrück Format	Union	EUR	6,00	10,0	16,6	16,2	17,6	17,6	11,0	14,0	16,8		
TempGS Glob.Growth A	Templeton GS	USD	5,54	9,9	16,0	13,1	14,4	14,5	4,9	11,9	21,1		
Dir. Welt Aktien MI	Metzler	EUR	5,00	9,5	14,9								
TempGS Intern. Fd. A	Templeton GS	USD	5,54	9,4	15,4								
Schrod. Glob. Equ. C	Schroders	USD	3,09	9,3	12,7					17,3			
Sar. EquiSar	Sarasin Inv.	EUR	5,00	9,3	14,8								
VEGP Global Equity	Von Ernst	USD	5,26	8,9	14,6	12,9	14,1			16,6	–1,0	7,4	15,4
Gartm. Global Equity	Gartmore	USD	5,00	8,7	14,1	11,9	13,0	7,6	8,1	17,8	–4,3	5,7	14,5
GlobN-Gl.Equ Profit	DIMS	USD	5,00	8,6	14,1					17,5			
UBS(CH)EF-Global Sel	UBS	USD	5,00	8,5	14,1	14,9	16,2	8,1	9,0	16,8	–6,4	4,6	16,5

GlobN-Gl.Equ H.Yield	DIMS	USD	5,00	8,4	13,8					17,5			
MS Global Equity I	Morgan Stan.	USD	0,00	8,3	8,3	18,2	18,2			17,3			
GlobN-Gl.Equ Income	DIMS	USD	5,00	8,2	13,6					17,5			
DekaTeam-Glob.Sel. B	Deka Ireland	EUR	3,75	8,2	12,3								
Zürich Top Akt. Welt	Zürich Inv.	SFR	4,50	8,0	12,9								
DB International DVG	DVG	EUR	3,00	7,9	11,0	20,0	20,7			19,6	12,1	16,7	20,8
GIF II Internatl. T	Indosuez	USD	5,82	7,8	14,1	12,3	13,6			16,7	1,4	8,0	13,6
TempGS GlobGrw EUR A	Templeton GS	EUR	5,54	7,7	13,6	11,7	12,9			13,1	6,7	12,2	20,2
Carls.Eq Global	Carlson	USD	5,00	7,3	12,7	13,3	14,4			17,9	3,1	9,8	16,7
Baring GlobGrw Trust	Baring FM	GBP	5,00	7,2	12,6	19,0	20,2	12,2	12,8	18,7			
Lazard GE Intl. Equ.	Lazard	USD	5,00	7,0	12,4								
Dt. Vermögensbdg. A	DVG	EUR	5,00	6,7	12,0	26,0	27,1	12,7	13,3	18,4	–4,1	9,8	26,4
ACM GI Int. Priv. B	Alliance Lux	USD	0,00	6,5	9,5	12,1	12,1			20,6			
TIF Glob.Sel.Grth 1	Threadneedle	USD	5,26	6,4	12,0								
AC Welt	Axa Colonia	EUR	5,00	6,3	11,5	12,1	13,2	8,6	9,4	20,2	–1,8	8,0	17,8
GAMAX Top 100 A	GAMAX	EUR	5,26	6,3	11,9					17,5			
BWK-Aktien-Strat. I	BWK	EUR	5,00	6,2	11,4	13,7	14,7			16,7	7,7	12,4	15,3
CS PF(Lux)Growth US$	CSAM Lux	USD	5,00	6,2	11,5	11,6	12,7			13,9	5,4	8,3	12,7
JB MI-Fds InterSt. B	J.Baer MCoop	SFR	2,76	6,2	9,4								
Schrod. Glob. Equ. A	Schroders	USD	5,26	6,2	11,7	14,8	16,0			17,0	8,9	12,1	15,6
Naspa-Aktien Deka	Deka	EUR	4,17	6,1	10,5								
Oppenh. Topic Global	Oppenheim	EUR	5,00	6,0	11,2					17,7			
AAF Global EqF	ABN AMRO Lux	USD	5,25	5,9	11,5								
Fondis	Adig	EUR	5,00	5,7	10,9	15,4	16,4	7,5	8,1	17,9	–5,5	7,7	30,2
Parv. World Equ. C	Paribas Lux	USD	4,00	5,6	9,8								
UBS(LU)SF-Growth USD	UBS Lux	USD	5,00	5,0	10,2	13,2	14,3			12,4	5,3	10,7	15,7
DIT-Vermögen Global	DIT	EUR	5,00	4,8	9,8								
DIT-Wachstum Plus	DIT	EUR	5,00	4,5	9,7					12,6			
ACM GI Int. Priv. A	Alliance Lux	USD	6,67	3,6	10,5	11,7	13,2			20,4			
Flem.FF Intl. Equity	Fleming	EUR	5,26	3,5	9,5	10,7	11,9	6,3	7,0	16,4	–0,1	6,9	16,7
FT Interspezial	FT	EUR	5,00	3,4	8,6	13,3	14,6	10,7	11,5	16,0	3,4	10,0	19,9
CI VIP - Selector	Citinv. Lux	USD	5,00	3,0	8,2	10,5	11,5	8,1	8,6	18,9	1,2	8,5	17,6
DIT-Wachstum Global	DIT	EUR	5,00	2,8	7,8								
Maffei Internatl. OP	Oppenheim	EUR	5,00	1,8	6,7								
TempGS SmallerComp A	Templeton GS	USD	5,54	0,3	5,8	10,8	12,0			17,9	2,9	11,6	22,0
Nordlux Aktien	MK Luxinvest	EUR	0,00	0,1	0,1								
CS PF(Lux)Growth DM	CSAM Lux	DM	5,00	–0,3	4,7	11,2	12,3			14,3	6,5	9,2	12,1
Glob.Adv.-Major Mkts	State Street	EUR	5,00	–0,3	5,0	9,5	10,6			17,6	5,8	8,4	12,5
Pion. Global Equ USD	Pioneer Ltd.	USD	5,26	–0,6	4,6					19,1			
CS PF(Lux)Growth SFR	CSAM Lux	SFR	5,00	–1,0	4,0	11,1	12,2			13,6	6,6	9,1	11,6
Hypo-Inv. Potential	Hypo-Inv.	EUR	5,50	–1,0	4,2	8,9	9,9			14,5	3,1	6,0	9,8

Fonds	Gesellschaft	Währung	Ausgabeaufschlag in Prozent	Anlageergebnis per 31.07.1999 1 Jahr (p.a.) FCS	1 Jahr (p.a.) BVI	5 Jahre (p.a.) FCS	5 Jahre (p.a.) BVI	10 Jahre (p.a.) FCS	10 Jahre (p.a.) BVI	Risikofaktor	Gleit. 60 Mon. p.a. Min.	Durch.	Max.
Flem.FF Global Equ	Fleming	USD	5,26	–1,0	4,8	8,7	10,0	7,1	7,7	15,8	1,6	6,9	14,3
Sar. BlueChipSar	Sarasin Inv.	EUR	5,00	–1,1	3,8								
BHF Trust Portf. FT	FT	EUR	5,00	–1,9	3,0	11,5	12,6	8,6	9,3	15,1	–0,5	8,3	20,1
InvPS Glob. Growth	Invesco	USD	5,00	–2,0	2,9	12,8	13,9			17,5	2,0	10,0	17,7
MK Investors Fonds	MK	EUR	7,53	–2,0	5,2	13,0	14,5	6,7	7,5	18,0	–5,1	3,5	14,0
Pioneer Intl. Growth	Pioneer	USD	6,10	–2,2	3,8	5,8	7,8			21,9	–0,9	5,4	17,7
UBS(LU)SF-Growth EUR	UBS Lux	EUR	5,00	–2,6	2,3	11,4	12,5			10,9	6,6	10,6	14,3
Carls.Eq EAFE	Carlson	USD	5,00	–2,8	2,0								
SKWB Schoe. Aktien	SKWB-Invest	EUR	4,00	–2,9	1,0	15,6	16,5			16,0	11,7	15,6	18,3
UBS(LU)SF-Growth CHF	UBS Lux	SFR	5,00	–3,1	1,7	10,2	11,2			10,8	6,3	9,9	13,4
FidF Privatisation+	Fidelity	EUR	5,25	–3,4	1,7								
Metzler Wachstum Int	Metzler	EUR	6,00	–3,6	2,1	17,6	19,0			19,1	11,6	16,2	20,1
Carls.Eq Internat. A	Carlson	USD	5,00	–4,4	0,4	7,6	8,7			9,3	2,8	6,8	12,1
PictetTF Intl.SmCap	Pictet Lux	USD	5,00	–4,6	0,2					18,6			
Kapitalfonds Spezial	Gerling	EUR	6,38	–4,6	1,5	16,6	18,1	11,3	12,2	17,8	–2,2	9,3	20,9
Hypo-Inv. Vorsorge	Hypo-Inv.	EUR	0,00	–4,7	–4,6								
BW-Wartberg-Univers.	Universal	EUR	3,75	–5,7	–2,2	14,2	15,1	8,9	9,5	17,6	–1,4	8,4	21,4
PH Monarch	PH Capital	EUR	0,00	–6,2	–6,2								
Star Portfolio-UI	Universal	EUR	5,00	–7,4	–2,8								
PEH-Universal I	Universal	EUR	4,00	–8,1	–4,5	10,9	11,9	7,5	8,1	19,7	–0,8	8,1	18,5
Templeton Glob. SmCo	Templeton	USD	6,10	–8,4	–2,8	8,5	9,9	7,2	8,1	17,4	–5,3	6,8	20,9
RWS-Wachstum-MI	Metzler	EUR	7,50	–9,3	–2,6	13,8	15,5			17,9	9,5	13,2	17,8
GAM St.Univ. EUR/Ac	GAM	EUR	5,26	–26,0	–22,2	12,6	13,8			20,3	9,6	16,0	24,0
Hanseatic Fund	MM Warb.-Lux	EUR	2,00	–30,2	–28,8								
Anlageschwerpunkt: Aktien Emerging Markets International													
DVG Emerging Markets	DVG	EUR	5,00	42,0	49,1								
PictetTF Emerg.Mkts	Pictet Lux	USD	5,00	41,3	48,4	3,7	4,7			28,3	–9,3	6,2	19,5
Gartm. Emerging Mkts	Gartmore	USD	5,00	36,9	44,0	2,5	3,5	2,9	3,4	32,7	–13,3	1,3	13,9
TempGS Emerg.Mkts. A	Templeton GS	USD	5,54	30,5	37,8	1,4	2,5			32,3	–10,0	5,3	18,8
Pro Fonds EmerMkts B	Pro Fonds	SFR	5,00	26,4	32,8	4,9	6,0			26,7			
PEH Q-Emerging Mkts.	PEH Quint.	EUR	4,00	19,3	24,1								
MSCI EmMkts Free Gross Div.	**Benchmark**	**USD**	**5,00**	**18,9**	**24,8**	**–0,8**	**0,2**	**10,6**	**11,1**	**31,0**			
MS Emerg.Mkts Equ I	Morgan Stan.	USD	0,00	16,2	16,2	0,5	0,5			31,5			

Sar. EmergingSar	Sarasin Inv.	EUR	5,00	15,6	21,3					27,3			
Berenberg-Emerg.Mkts	Universal	EUR	5,50	14,1	20,1	–4,4	–3,4			29,5			
Schrod. Emerg.Mkts C	Schroders	USD	3,09	13,2	16,6					29,4			
Schrod. Emerg.Mkts A	Schroders	USD	5,26	10,5	16,3	2,2	3,2			28,8			
ACM GI DevRegMkts B	Alliance Lux	USD	0,00	10,4	13,4	–0,6	–0,6			31,9	–12,5	–1,3	8,1
AAF Global EmMk EqF	ABN AMRO Lux	USD	5,25	8,0	13,7								
ACM GI DevRegMkts A	Alliance Lux	USD	6,67	7,4	14,6	–0,9	0,4			31,5	–12,8	–1,6	7,8
FidF Emerg. Markets	Fidelity	USD	5,25	5,6	11,1	–4,6	–3,6			29,9	–13,9	–9,3	–2,6
Flem.FF Em. Markets	Fleming	USD	5,26	4,3	10,3	–0,4	0,7			32,3			
MercST Emerg.Mkts A	Mercury AM	USD	5,26	3,8	9,3	1,8	2,8			30,3	–8,1	–2,3	4,2
GIF II Dev.Markets T	Indosuez	USD	5,82	1,8	7,7	–5,1	–4,0			31,8	–17,3	–0,6	10,8
InvGT Devel. Mkts A	InvescoGT AM	USD	5,25	0,7	6,0	–4,8	–3,9			30,5	–14,7	3,3	17,1
Emerging-Fund	HSBC Trink.	EUR	5,00	–0,1	4,9					31,6			
Baring EmergingWorld	Baring IFM	GBP	5,00	–0,3	4,7	–3,5	–2,6			30,0			
Vont. EmergMkts Eq B	Vontobel	USD	4,50	–0,4	4,1	–0,5	0,3			29,8	–9,3	0,3	8,6
Glob.Adv.-Emerg.Mkts	State Street	EUR	5,00	–2,6	2,6	–1,6	–0,6			29,5	–11,2	–5,3	0,6
Hypo New Horizon	Hypo-Inv.Lux	EUR	6,00	–3,7	2,1	–0,6	0,6			30,2	–10,7	3,1	16,3
InvPS Glob. Em. Mkts	Invesco	USD	5,00	–5,8	–1,1	–4,3	–3,3			31,9	–14,2	2,5	13,7
Lazard GE Em. World	Lazard	USD	5,00	–7,0	–2,2	–2,9	–2,0			26,3			

Anlageschwerpunkt: Europäische Aktien

Löwen-Aktienfonds	DWS	EUR	4,00	23,8	28,7								
Adig-Convest 21 VL	Adig	EUR	5,00	9,6	15,2					17,2			
VB Europafonds BKG	BKG	EUR	0,50	5,8	6,3								
Aktien-Global-Fonds	HSBC Trink.	EUR	5,00	5,5	10,8	14,8	15,9			19,9	9,5	13,1	16,4
FI LUX Euro Dynamik	Franken Int.	EUR	4,00	4,0	8,2								
SunLife Europ.Growth	Sun Life	EUR	6,95	2,9	10,0	17,3	18,9	10,4	11,2	18,5	–5,4	7,1	22,2
CC-Aktien Europa OP	Oppenheim	EUR	0,00	1,8	1,7								
Frontr.I Europ. Equ	Frontrunner	EUR	5,00	1,7	6,8								
Liga-Pax-Akt.-Union	Union	EUR	0,00	1,6	1,5								
UniDynamic: Europa	Union Lux.	EUR	4,00	1,1	5,2								
Hauck-Mundus-Univ.	Universal	EUR	3,00	0,9	3,8	18,7	19,3	9,2	9,4	16,6	–5,0	7,0	20,0
Konzept Europa plus	BWK	EUR	0,00	0,6	0,5								
FidF PS Growth	Fidelity	EUR	5,25	0,4	5,7					18,5			
ivera fonds	Gerling	EUR	4,50	0,4	4,9	15,8	16,9	10,7	11,3	17,4	–1,7	8,8	20,2
DWS Europ. Aktien O	DWS	EUR	0,00	0,3	0,2					18,8			
Vont. European Eq B	Vontobel	EUR	4,50	0,2	4,7	19,4	20,5			18,2	9,3	16,4	21,8
Metzler Euro Growth	Metzler Ltd.	EUR	5,00	0,2	5,2								

Fonds	Gesellschaft	Währung	Ausgabeaufschlag in Prozent	Anlageergebnis per 31.07.1999 1 Jahr (p.a.) FCS	1 Jahr (p.a.) BVI	5 Jahre (p.a.) FCS	5 Jahre (p.a.) BVI	10 Jahre (p.a.) FCS	10 Jahre (p.a.) BVI	Risikofaktor	Gleit. 60 Mon. p.a. Min.	Durch.	Max.
Zürich Top Akt. Euro	Zürich Inv.	SFR	4,50	0,1	4,6								
Nestor Europa Index	Nestor Inv.	EUR	5,00	–0,4	4,6								
UniEuropa -net-	Union	EUR	0,00	–0,6	–0,6								
VEGP European Equity	Von Ernst	EUR	5,26	–0,8	4,4	17,8	19,0			18,2	–2,0	10,6	20,3
Schrod. EuropEqMCp C	Schroders	EUR	3,09	–1,2	1,9					17,4			
Nestor Europa	Nestor Inv.	EUR	5,00	–1,4	3,5	16,0	17,1			18,5			
VLP Europ. Aktien	A.L.S.A.	EUR	2,00	–1,6	0,4								
Schrod. EuropEqGDP C	Schroders	EUR	3,09	–1,7	1,4					18,0			
Gartm. Europewide Fd	Gartmore	EUR	5,00	–1,8	3,1					19,0			
BB-Europa-Invest	BB-Invest	EUR	5,00	–2,2	2,6	16,6	17,7			17,1	–0,4	10,2	19,5
Gerling Dynamik	Gerling	EUR	4,50	–2,2	2,2	15,0	16,0	10,3	10,9	17,8	–1,2	8,9	21,7
DIT-Wachstum Europa	DIT	EUR	5,00	–2,2	2,7								
HIS Aktien Intern.	Helaba (CH)	EUR	5,00	–2,2	2,7					18,5			
DekaLux-Europa	Deka Intl.	EUR	0,00	–2,3	–2,3					20,5			
Sant. Eur.Aktien OP	Oppenheim	EUR	0,00	–2,4	–2,4	17,9	17,9			18,1	13,8	18,3	22,3
Metzler Euro SmCap	Metzler Ltd.	EUR	5,00	–2,5	2,4								
Oppenh. EuroStoxx50	Oppenheim	EUR	5,00	–2,6	2,2								
Euroland Small Cap	DBIM	EUR	4,00	–2,7	1,2								
DIT-Aktien Europa AF	DIT	EUR	0,00	–2,8	–2,9								
DJ Stoxx Performance	**Benchmark**	**EUR**	**4,60**	**–2,9**	**1,6**	**21,1**	**22,2**			**16,7**			
TempGS Europ.Fund A	Templeton GS	USD	5,54	–2,9	2,5	13,2	14,4			15,6	3,6	12,7	21,5
BWK-EuroProfil	BWK	EUR	1,50	–3,3	–1,9								
Trink. Europa Fonds	Inka	EUR	3,00	–3,5	–0,7								
Gartm. Conti. Europe	Gartmore	EUR	5,00	–3,7	1,1	26,2	27,4	13,3	13,8	20,1	–2,5	12,6	29,9
RG Europe Fund N.V.	Robeco-Group	EUR	0,00	–3,7	–3,7	20,2	20,2			19,2	8,0	18,7	26,0
MMWI-Eurak-Fonds	MMWI	EUR	3,00	–3,8	–1,0	15,1	15,8			16,4	–3,3	10,1	20,2
Schrod. EuropEqMCp A	Schroders	EUR	5,26	–3,8	1,2					17,1			
Trink. Aktien Europa	Inka	EUR	3,00	–3,8	–1,1					18,0			
1822-Eur.Aktien Deka	Deka	EUR	3,75	–3,9	–0,3								
Nordglobal	Nordinvest	EUR	5,00	–3,9	0,9	12,4	13,6			17,8	2,9	9,5	16,7
Oppenh. Sel.Europa	Oppenheim	EUR	5,00	–4,2	0,5	15,5	16,6			18,4	–4,8	7,0	17,3
Nord-EuroAktien	Nordinvest	EUR	5,00	–4,3	0,4								
GT Euro. Aktienfonds	Invesco KAG	EUR	5,00	–4,3	0,4	14,0	15,1			16,5	0,5	9,1	16,3
Degussa Akt. Euro UI	Universal	EUR	3,00	–4,5	–1,7								
Schrod. EuropEqGDP A	Schroders	EUR	5,26	–4,6	0,5	18,1	19,3			17,6	15,3	17,1	19,7
Deka-EuropaSelect	Deka	EUR	3,75	–4,6	–1,0								
UBS(CH)EF-SmC Europe	UBS	SFR	5,00	–4,8	–0,1	15,7	16,9			21,4	10,6	13,1	17,1

SMH-APO-EuroDS-Fonds	UBS Brinson	DM	4,00	–4,8	–1,2								
MercST European A	Mercury AM	USD	5,26	–4,8	0,2	19,1	20,4	9,6	10,1	18,0	–5,7	7,2	23,1
SchmidtBk Euro-Akt.	Franken Inv.	EUR	5,26	–4,9	0,0	14,5	15,7			19,4	1,1	9,4	16,1
BfG EuroCompanies	BfG Invest	EUR	3,75	–4,9	–1,5								
Aktien Europa HI	Hypo-Inv.	EUR	1,00	–5,2	–4,3								
Allianz Akt.Europa	Allianz	EUR	5,00	–5,2	–0,5								
UniEuropa	Union Lux.	EUR	5,00	–5,2	–0,4	17,2	18,4			16,6	13,1	16,7	20,0
Eurovesta	DWS	EUR	4,00	–5,3	–1,6	17,2	18,1	10,6	11,0	17,2	2,2	11,2	21,1
HMT-Euroinvest	HMT	EUR	5,00	–5,3	–0,8								
UBS(LU)EF-Europe	UBS Lux	EUR	5,00	–5,6	–0,8	16,5	17,6			17,2	3,9	12,3	20,7
SMH-ProfiLux I	SMH Inv. Lux	EUR	5,00	–5,6	–0,8					12,7			
FT Europa-Dynamik	FT	EUR	5,00	–5,6	–1,0	17,1	18,1			18,0	13,8	18,1	22,1
PEH Q-Europa	PEH Quint.	EUR	4,00	–5,7	–2,0								
AC Europa	Axa Colonia	EUR	5,00	–5,7	–1,1								
UBS(LU)EF-EuroStxx50	UBS Lux	EUR	5,00	–5,8	–1,1								
JB Eur.Leadg.Stock B	J.Baer MStck	EUR	5,00	–6,2	–1,5								
AriDeka	Deka	EUR	5,26	–6,2	–1,4	19,6	20,8	11,0	11,6	19,8	–3,2	8,3	24,0
AC Euro-Spezialwerte	Axa Colonia	EUR	5,00	–6,3	–1,7	9,4	10,5			18,6			
Zürich Akt.Europa	Zürich Inv.	EUR	5,00	–6,4	–1,9					17,7			
HANSAeuropa	Hansainvest	EUR	6,00	–6,5	–1,1	15,9	17,3			18,0	9,0	14,3	18,6
BfG Europafonds	BfG Invest	EUR	4,00	–6,7	–3,1	17,6	18,4			19,2	–2,1	9,7	21,9
Lazard GE Pan Europ.	Lazard	EUR	5,00	–6,7	–2,0	18,6	19,8			18,1	12,5	18,3	24,4
European Grwth Trust	Spängler	EUR	5,00	–6,8	–2,2	15,5	16,6			13,6	–4,7	8,8	19,0
EuroAction: MidCap	Euro-Action	EUR	3,00	–7,1	–4,3					18,9			
Parv. Euro Equ C	Paribas Lux	EUR	4,00	–7,1	–3,4								
JB Europe Stock B	J.Baer MStck	EUR	5,00	–7,2	–2,6	19,9	21,1			17,6	4,4	13,8	22,8
FidF PA Europ.Growth	Fidelity	EUR	5,25	–7,5	–2,6	20,4	21,7			18,4	5,8	17,6	28,4
FidF Europ. Growth	Fidelity	EUR	5,25	–7,5	–2,6	20,4	21,7			18,4	5,8	17,6	28,4
Vermögens-Aufbau-F.	DIT	EUR	5,00	–7,5	–3,0	19,7	20,9	10,5	11,2	18,8	–3,6	7,8	22,3
CP Cont. Europ. Equ.	Citiport Lux	EUR	5,00	–7,6	–3,0	18,1	19,2	11,1	11,7	18,8	–1,4	10,6	23,7
Quelle Akt. Europa	Quelle Inv.	EUR	4,00	–7,6	–3,9								
CS EF(Lux)EurBlue B	CSAM Lux	EUR	5,00	–7,6	–3,0	17,7	18,8			17,4	–3,3	9,8	21,1
EuropaVision	Adig	EUR	2,50	–7,7	–5,4								
Hypo Top Europa	Hypo-Inv.Lux	EUR	5,00	–7,7	–3,1	16,3	17,4			16,1	–0,9	11,0	20,1
Dir. Europa Akt. MI	Metzler	EUR	4,00	–7,8	–4,2								
MercST Europ.Opps A	Mercury AM	USD	5,26	–7,9	–3,1	21,8	23,0	12,7	13,3	16,2	–5,4	12,7	31,4
Oppenh. Spezial II	Oppenheim	EUR	5,00	–8,0	–3,5								
Industria	DIT	EUR	5,00	–8,0	–3,5	19,4	20,5	11,3	12,0	18,8	–0,6	9,9	23,1
Fondiropa	Adig	EUR	5,00	–8,1	–3,6	16,9	18,0			17,9	–4,4	9,0	20,5
Comgest Europe B	Comgest	SFR	5,00	–8,2	–3,6	21,7	22,9			13,3	21,4	23,9	27,3
Walser Aktien Int.	HSBC Trink.	EUR	5,00	–8,3	–3,7	16,3	17,4			18,9	11,2	15,6	19,7

Fonds	Gesellschaft	Währung	Ausgabeaufschlag in Prozent	Anlageergebnis per 31.07.1999 1 Jahr (p.a.) FCS	BVI	5 Jahre (p.a.) FCS	BVI	10 Jahre (p.a.) FCS	BVI	Risikofaktor	Gleit. 60 Mon. p.a. Min.	Durch.	Max.
TIF EuropSmCo Grth 1	Threadneedle	EUR	5,26	–8,3	–3,5								
Baring Eur Grw Trust	Baring FM	GBP	5,00	–8,3	–3,7	22,1	23,3	15,2	15,7	19,5			
MS Europ. ValueEqu I	Morgan Stan.	EUR	0,00	–8,3	–8,3	13,9	13,9			16,7			
Eufinvest (A)	EUFIGEST	EUR	5,26	–8,4	–3,5	17,2	18,4			17,9	–0,4	11,8	22,3
MMWI-Euroleaders	MMWI	EUR	5,00	–8,5	–4,0								
Schrod. Europ. SmC C	Schroders	EUR	3,09	–8,5	–5,7					16,6			
AAF Euro EqF	ABN AMRO Lux	EUR	5,25	–8,6	–3,8								
InvPS Europ. Enterp.	Invesco	EUR	5,00	–8,6	–4,0	21,1	22,3			18,3	6,8	17,2	27,2
PictetTF SmC Europe	Pictet Lux	EUR	5,00	–8,8	–4,3	9,7	10,8			18,7	4,6	11,4	21,4
Frontr.I Europ Value	Frontrunner	EUR	5,00	–8,9	–4,3	9,0	10,0			14,6	–2,7	8,7	16,9
CS Aktien Plus	CSAM KAG	EUR	5,00	–9,0	–4,5								
SMH-EuroMaster-UBS	UBS Invest	DM	4,00	–9,0	–5,5								
DEVK-Sparda-Akt.-CS	CSAM KAG	EUR	4,50	–9,1	–5,2	17,6	18,5			19,1	8,3	16,4	21,6
Flem.FF European SmC	Fleming	EUR	5,26	–9,2	–3,9	17,7	19,0			16,6			
Metzler Akt. Europa	Metzler	EUR	5,00	–9,2	–4,8	16,9	18,1			17,3	9,2	16,3	21,3
Lazard GE European	Lazard	USD	5,00	–9,3	–4,8	17,6	18,7			19,6	12,7	18,3	25,0
TIF EuropSel Grth 1	Threadneedle	EUR	5,26	–9,3	–4,6	25,7	27,0	15,0	15,6	21,6			
Astra-Fonds	Franken Inv.	EUR	0,00	–9,6	–9,6					19,7			
Nürnb. Akt.Europa FT	FT	EUR	4,00	–9,8	–6,3								
PictetTF Euroval	Pictet Lux	EUR	5,00	–9,9	–5,4	16,6	17,8	11,0	11,6	17,0	0,6	9,3	21,9
Sar. EuropeSar	Sarasin Inv.	EUR	5,00	–10,3	–5,8	16,6	17,7			17,3	12,7	17,1	21,6
Metzler Südeuropa	Metzler	EUR	5,00	–10,6	–6,3	14,0	15,0			20,8	–1,2	9,3	17,5
GIF II Europe SmCo T	Indosuez	EUR	5,82	–10,7	–5,5					14,4			
Parv. Europe C	Paribas Lux	EUR	4,00	–10,7	–7,2	17,8	18,7			17,4	0,8	13,1	23,4
AAF Europe EqF	ABN AMRO Lux	USD	5,25	–10,8	–6,2					18,4			
Aberd.EuropeanEq A	Aberdeen	USD	6,38	–10,9	–5,2	16,8	18,3	11,5	12,2	18,6	–0,6	10,8	24,6
Schrod. Europ. SmC A	Schroders	EUR	5,26	–11,0	–6,3					16,3			
InvPS Europ. Growth	Invesco	EUR	5,00	–11,5	–7,0	20,5	21,7			19,6	3,2	15,5	25,4
Top 50 Europa	DWS	EUR	4,00	–12,0	–8,5					18,2			
DIT-Vermögen Europa	DIT	EUR	5,00	–12,3	–8,0								
Parv. Europe MidCp C	Paribas Lux	EUR	4,00	–12,4	–8,9					15,5			
G & P Univ. Aktien	Universal	EUR	5,00	–12,7	–8,3					21,6			
TIF Europ. Growth 1	Threadneedle	EUR	5,26	–12,7	–8,1	18,6	19,8	14,0	14,6	20,7			
GIF II Eurostocks T	Indosuez	EUR	5,82	–12,8	–7,7	19,2	20,6			19,9	7,0	16,1	24,3
GT Europe Fund A	Inves.GT Lux	USD	5,25	–13,3	–8,8	17,0	18,2	12,2	12,8	19,3	1,0	13,6	24,4
Pion. Europ. Equ USD	Pioneer Ltd.	USD	5,26	–14,4	–9,9								
Carls.Eq Mediterran.	Carlson	USD	5,00	–14,5	–10,2	16,3	17,4			26,1	–3,4	10,3	25,8

Flem.FF European	Fleming	EUR	5,26	–14,6	–9,7	15,6	16,9	10,4	11,0	17,5	0,3	11,0	23,3
UBS(LU)EF-MidC Europ	UBS Lux	EUR	5,00	–15,2	–10,9					15,0			
Berenberg-EuroAktien	Universal	EUR	5,50	–15,2	–10,6								
Flem.FF Euro Equity	Fleming	EUR	5,26	–15,8	–10,9	15,7	17,0	10,1	10,7	19,6	–2,1	10,[illegible]	23,1
Trendc. Aktien-Euro	Universal	EUR	5,00	–16,3	–12,2								
Carls.Eq Cont. Eur.	Carlson	USD	5,00	–16,3	–12,2	16,4	17,6			20,6	5,9	14,2	23,4
Baring Eur Sel Trust	Baring FM	GBP	5,00	–16,9	–12,7	20,8	22,0			17,7			
MK Euroaktiv	MK	EUR	7,53	–17,0	–10,9	16,4	18,0			19,4	1,1	10,9	19,4
GAM St.Europa EUR/Ac	GAM	EUR	5,26	–17,1	–12,7	12,6	13,8			17,2	10,5	14,6	19,8
FidF Europ. SmallCo	Fidelity	EUR	5,25	–18,5	–14,2					18,3			
Euro-Strategie-Akt.	HSBC Trink.	EUR	5,00	–19,6	–15,6					14,2			
InvGT European SmC A	InvescoGT AM	USD	5,25	–26,1	–22,2	9,0	10,1	6,1	6,7	17,4	–4,7	6,9	21,8

Anlageschwerpunkt: Aktien Länderfonds Westeuropa

Berenberg-Hellas UI	Universal	EUR	5,50	51,6	59,9								
Schrod. Ital. Equ. C	Schroders	EUR	3,09	17,9	21,5								
Schrod. Ital. Equ. A	Schroders	EUR	5,26	14,4	20,4					24,3			
DIT-Fonds Grossbrit.	DIT	EUR	3,00	13,7	17,1	24,4	25,1	12,0	12,3	17,6	0,3	11,4	25,7
Baring UK Grw Trust	Baring FM	GBP	5,00	10,2	15,2	20,5	21,6	10,7	11,0	15,6			
DIT-DGS UK SmCo US$	DIMS	USD	0,00	9,9	9,9								
DIT-DGS UK SmCo GBP	DIMS	GBP	0,00	9,8	9,8								
DIT-DGS UK SmCo	DIMS	EUR	0,00	9,8	9,8								
Schrod. UK Equity C	Schroders	GBP	3,09	9,5	12,9					17,0			
DWS Skandinavien	DWS	EUR	4,00	8,8	13,0					19,3			
CP UK Equity	Citiport Lux	GBP	5,00	6,9	12,3	16,3	17,4	6,5	7,0	14,3	–4,0	5,9	17,9
TIF UK SmC Growth 1	Threadneedle	GBP	5,26	6,6	12,2					17,3			
Schrod. UK Equity A	Schroders	GBP	5,26	6,4	12,0	19,7	21,0	16,6	11,2	16,5	20,9		
Parv. Scandinavia C	Paribas Lux	SKR	4,00	6,3	10,6								
Deka-Großbritannien	Deka	EUR	3,25	6,1	9,5	19,8	20,6			16,0			
DIT-DGS Nordeuro US$	DIMS	USD	5,00	5,1	10,4								
DIT-DGS Nordeuro	DIMS	EUR	5,00	5,1	10,3								
Gartm. United Kingd.	Gartmore	GBP	5,00	4,8	10,1	17,9	19,1	10,6	11,2	14,3	–1,4	8,6	20,1
VEGP UK Equity	Von Ernst	GBP	5,26	4,7	10,2	14,9	16,0			14,6	–0,2	7,5	16,3
MercST UnitedKingd A	Mercury AM	GBP	5,26	4,5	10,0	18,7	20,0	10,0	10,6	15,7	–6,7	7,6	20,5
Metzler Nordeuropa	Metzler	EUR	5,00	4,3	9,3	22,2	23,3			18,8	5,5	18,7	28,2
VEGP UK Small. Comp.	Von Ernst	GBP	5,26	4,1	9,5	14,2	15,4			16,7	5,0	13,8	24,2
Adig-Aktien-Frankr.	Adig	EUR	4,00	3,8	7,9	18,5	19,4			21,8	12,6	16,8	20,9
DWS Italien	DWS	EUR	4,00	3,6	7,6					26,5			

Fonds	Gesellschaft	Währung	Ausgabeaufschlag in Prozent	Anlageergebnis per 31.07.1999 1 Jahr (p.a.) FCS	1 Jahr (p.a.) BVI	5 Jahre (p.a.) FCS	5 Jahre (p.a.) BVI	10 Jahre (p.a.) FCS	10 Jahre (p.a.) BVI	Risikofaktor	Gleit. 60 Mon. p.a. Min.	Durch.	Max.
Adig-Aktien-Grossbr.	Adig	EUR	4,00	2,4	6,5	19,7	20,7			16,7	14,1	18,5	21,5
TIF UK Growth 1	Threadneedle	GBP	5,26	2,1	7,5	20,4	21,7	11,7	12,3	14,7			
GIF II UK T	Indosuez	GBP	5,82	1,9	7,8	18,5	19,8			16,0	2,9	13,3	20,9
Frontr.I Swedish Equ	Frontrunner	SKR	5,00	1,7	6,8								
InvPS UK Growth	Invesco	GBP	5,00	1,3	6,4	17,1	18,3			15,3	10,4	14,5	18,5
Flem.FF UK Enterpr.	Fleming	GBP	5,26	1,3	7,1	20,4	21,8			14,2	12,0	18,2	23,4
SunLife UK Growth	Sun Life	GBP	6,95	1,2	8,3	14,7	16,2	5,6	6,3	14,8	–4,1	4,7	16,7
DWS Frankreich	DWS	EUR	4,00	1,0	4,7	17,2	17,9			21,2	11,4	14,5	19,2
Deka-Frankreich	Deka	EUR	3,25	0,9	3,9	16,8	17,4			21,9			
Carls.Eq Sweden	Carlson	SKR	5,00	0,9	5,9	27,5	28,8			21,6	7,3	20,0	33,1
TIF UK Select Grth 1	Threadneedle	GBP	5,26	0,8	6,1	19,6	20,8	11,8	12,4	14,5			
Schrod. Portfolio A	Schroders	GBP	5,26	0,7	6,0					14,1			
SunLife Distribution	Sun Life	GBP	6,38	0,5	7,0	16,4	17,8			12,7	10,4	14,4	17,4
Lazard GE UK Equity	Lazard	GBP	5,00	0,4	5,4					15,9			
Gartm. UK Smaller Co	Gartmore	GBP	5,00	0,3	5,4					17,7			
DIT-Fonds Frankreich	DIT	EUR	3,00	0,0	3,0	18,3	19,0	9,6	9,9	22,9	–4,0	7,5	20,7
FidF United Kingdom	Fidelity	GBP	5,25	–0,3	4,9	17,2	18,4			15,4	6,5	14,7	23,8
Nestor France Index	Nestor Inv.	EUR	5,00	–0,4	4,6								
Parv. United Kingd C	Paribas Lux	GBP	4,00	–0,6	3,4	20,6	21,5			16,4			
AC Nordic	Axa Colonia	EUR	5,00	–0,8	3,9					19,2			
CS EF(Lux)UK B	CSAM Lux	GBP	5,00	–1,0	3,9	16,1	17,3			14,0	1,1	11,9	19,0
GIF II France T	Indosuez	FF	5,82	–1,4	4,4	15,7	17,0			18,9	1,0	8,7	17,8
CS EF(Lux)France B	CSAM Lux	EUR	5,00	–1,8	3,1	15,8	16,9			19,0	1,5	10,0	17,4
FidF Nordic	Fidelity	SKR	5,25	–2,1	3,0	25,3	26,6			20,0	16,1	26,5	41,2
Deka-Italien	Deka	EUR	3,25	–2,1	0,9	17,9	18,6			27,6			
Carls.Eq Scandinavia	Carlson	USD	5,00	–2,5	2,4								
JB SpecSwiss Stck B	J.Baer MStck	SFR	5,00	–2,7	2,2	10,8	11,9			17,3	5,1	13,5	20,2
Parv. France C	Paribas Lux	EUR	4,00	–2,8	1,1	16,2	17,1			18,9	8,1	13,0	18,6
DJ Stoxx Performance	**Benchmark**	**EUR**	**4,60**	**–2,9**	**1,6**	**21,1**	**22,2**			**16,7**			
Carls.Eq UK	Carlson	GBP	5,00	–3,6	1,2	16,4	17,5			17,7	10,7	20,6	
Frontr.I Nordic Equ	Frontrunner	EUR	5,00	–3,6	1,2	11,8	12,9			16,1	7,7	15,3	22,4
CP French Equity	Citiport Lux	EUR	5,00	–4,1	0,7	13,6	14,7			19,9	2,8	8,9	16,3
Deka-Benelux	Deka	EUR	3,25	–5,5	–2,6	23,1	23,8			19,8			
Parv. Holland C	Paribas Lux	EUR	4,00	–6,2	–2,5	23,3	24,3			18,2	6,9	20,4	29,9
Schrod. Swiss Equ. C	Schroders	SFR	3,09	–6,4	–3,5					19,0			
UBS(LU)EF-Netherld	UBS Lux	HFL	5,00	–7,6	–2,9	22,4	23,6			19,7	19,7	23,9	30,1
UBS(CH)EF-SmC Switz.	UBS	SFR	5,00	–7,7	–3,1					19,0			

Carls.Eq Nordic	Carlson	USD	5,00	–8,5	–3,9	20,2	21,4			20,7	8,3	19,7	33,0
FidF France	Fidelity	EUR	5,25	–8,8	–4,0	12,1	13,2			20,3	4,8	10,4	18,0
CS EF(Lux)Netherl B	CSAM Lux	EUR	5,00	–9,0	–4,5	23,0	24,2			18,1	21,7	26,1	30,8
Schrod. Swiss Equ. A	Schroders	SFR	5,26	–9,1	–4,3					18,6			
GIF II Italy T	Indosuez	LIT	5,82	–9,2	–3,9					26,7			
DIT-Fonds Italien	DIT	EUR	3,00	–9,6	–7,1	13,5	14,0	4,6	4,7	28,1	–12,6	2,6	24,0
DWS Iberia	DWS	EUR	4,00	–10,0	–6,6	23,7	24,4	10,7	10,9	20,8	–3,4	11,2	32,1
Vont. SwissStarsEq B	Vontobel	SFR	4,50	–10,4	–6,3								
CS EF(Lux)Italy B	CSAM Lux	EUR	5,00	–10,5	–6,0	14,5	15,6			24,2	10,6	16,0	23,8
Deka-Schweiz	Deka	EUR	3,25	–10,7	–7,9	21,8	22,5			22,2			
Parv. Italy C	Paribas Lux	EUR	4,00	–11,3	–7,7					26,9			
Frontr.I Danish Equ	Frontrunner	DKR	5,00	–11,4	–7,0								
FidF Switzerland	Fidelity	SFR	5,25	–11,6	–6,9					19,0			
Aberd.UK Equ A	Aberdeen	GBP	6,38	–11,8	–6,2	15,9	17,3	8,4	9,1	14,9	0,1	8,8	22,3
AAF Italy EqF	ABN AMRO Lux	EUR	5,25	–12,4	–7,8								
AAF Switzerland EqF	ABN AMRO Lux	SFR	5,25	–12,6	–8,1					20,5			
FidF Italy	Fidelity	EUR	5,25	–12,9	–8,3	17,1	18,3			27,1	–3,1	12,5	32,3
GIF II Spain T	Indosuez	PTA	5,82	–12,9	–7,9					20,9			
UBS(LU)EF-Italy	UBS Lux	LIT	5,00	–13,2	–8,8								
Zürich Akt.Schweiz	Zürich Inv.	EUR	5,00	–13,2	–9,1	20,4	21,3			20,9			
AAF Netherlands EqF	ABN AMRO Lux	EUR	5,25	–13,5	–9,0								
DIT-Fonds Schweiz	DIT	EUR	3,00	–14,7	–12,3	21,9	22,5	13,2	13,4	22,0	3,9	15,1	29,1
DWS Schweiz	DWS	EUR	4,00	–15,2	–12,0					20,6			
TIF Benelux Growth 1	Threadneedle	EUR	5,26	–15,3	–10,8								
CS EF(Lux)Spain B	CSAM Lux	EUR	5,00	–15,4	–11,2	22,8	24,1			22,8	–6,1	11,6	29,4
Lux-Arc	MM Warb.-Lux	SFR	3,00	–15,6	–13,0								
Aberd.UK SmC A	Aberdeen	GBP	6,38	–15,7	–10,3					19,2			
JB Swiss Stock B	J.Baer MStck	SFR	5,00	–16,0	–11,8	16,8	17,9			18,2	13,2	19,3	25,7
VEGP Swiss Equity	Von Ernst	SFR	5,26	–16,1	–11,7	14,7	15,8			20,5	10,7	13,2	4,7
DWS(CH)-Helvetia	DWS Schweiz	SFR	4,00	–17,1	–13,8								
Parv. Switzerland C	Paribas Lux	SFR	4,00	–17,4	–14,1					19,7			
UBS(CH)EF-Switzerld.	UBS	SFR	5,00	–17,7	–13,6	18,6	19,8	13,7	14,6	20,7	–1,6	12,2	28,6
Carls.Eq Hanse. SmC	Carlson	USD	5,00	–18,4	–14,3								
ALSA-Aktien-Schweiz	A.L.S.A.	SFR	4,00	–18,5	–15,2					22,2			
GIF II Switzerland T	Indosuez	SFR	5,82	–18,9	–14,1	17,3	18,6			21,4	9,5	17,3	26,9
Frontr.I Norweg. Equ	Frontrunner	NKR	5,00	–19,7	–15,7								
CS EqF SwissBlueCh.	CSAM Schweiz	SFR	5,00	–20,1	–16,1	29,4	32,8			25,0	28,1	30,4	22,9
Austrian Index Trust	Spängler	EUR	3,50	–20,1	–17,3					19,3			
FidF Iberia	Fidelity	EUR	5,25	–20,1	–15,9	20,8	22,1			23,9	–1,0	15,2	32,5
Parv. Iberia C	Paribas Lux	EUR	4,00	–20,6	–17,4								
DIT-Fonds Iberia	DIT	EUR	3,00	–20,6	–18,5	21,8	22,3	9,2	9,3	23,8	–4,8	10,4	33,8

Fonds	Gesellschaft	Währung	Ausgabeaufschlag in Prozent	Anlageergebnis per 31.07.1999 1 Jahr (p.a.) FCS	1 Jahr (p.a.) BVI	5 Jahre (p.a.) FCS	5 Jahre (p.a.) BVI	10 Jahre (p.a.) FCS	10 Jahre (p.a.) BVI	Risikofaktor	Gleit. 60 Mon. p.a. Min.	Durch.	Max.
Parv. Belgium C	Paribas Lux	EUR	4,00	–22,4	–19,3					17,5			
Nestor France	Nestor Inv.	EUR	5,00	–31,8	–28,4								
Anlageschwerpunkt: Osteuropäische Aktien													
CB EMF:EastEurope(A)	A.L.S.A.	EUR	3,50	9,3	13,1								
Baring EasternEurope	Baring IFM	USD	5,00	3,1	8,3								
Flem.FF Em. European	Fleming	USD	5,26	–4,0	1,6								
VB Osteuropa BKG	BKG	EUR	3,00	–4,5	–1,6								
UBS(LU)EF-CentrEurop	UBS Lux	SFR	5,00	–8,4	–3,9								
CECE Osteuropa	**Benchmark**	**USD**	**4,60**	**–9,1**	**–4,9**					**34,3**			
DB Osteuropa	DBIM	EUR	4,00	–11,2	–7,6					27,2			
Osteur. Index Trust	Spängler	USD	5,00	–14,1	–9,8								
GIF II East.Europe T	Indosuez	USD	5,82	–14,2	–9,2								
TempGS EastEurope A	Templeton GS	USD	5,54	–14,6	–9,8								
Zürich Akt.M-Osteur	Zürich Inv.	EUR	4,50	–14,7	–10,9								
BB-Tschechien-Invest	BB-Invest	EUR	5,00	–15,6	–11,7					26,5			
PictetTF EastEurope	Pictet Lux	EUR	5,00	–16,8	–12,6					34,0			
Pion. Em. Europe USD	Pioneer Ltd.	USD	5,26	–18,0	–13,7								
Carls.Eq East. Eur.	Carlson	USD	5,00	–19,3	–15,3					33,9			
AAF East. Europe EqF	ABN AMRO Lux	EUR	5,25	–19,9	–15,7					34,4			
Flem.FF East. Europe	Fleming	EUR	5,26	–20,2	–15,6	9,5	10,7			37,1			
AC Osteuropa	Axa Colonia	EUR	5,00	–20,4	–16,5								
EM Osteuropa	Union Lux.	EUR	5,00	–21,3	–17,4					32,2			
Hypo Osteuropa	Hypo-Inv.Lux	EUR	5,00	–22,2	–18,3					37,0			
MercST East.Europ. A	Mercury AM	EUR	5,26	–23,3	–19,3					37,6			
JB CentrEurop Stck B	J.Baer MCoop	EUR	5,00	–25,4	–21,7					39,3			
Aberd.EmergEurope A	Aberdeen	USD	6,38	–28,7	–24,2					31,8			
Vont. EastEurop Eq B	Vontobel	EUR	4,50	–28,9	–25,7					36,3			
DIT-DGS OsteuropaUS$	DIMS	USD	5,00	–30,2	–26,7					33,6			
DIT-DGS Osteuropa	DIMS	EUR	5,00	–30,3	–26,8					33,6			
Parv. East Europe C	Paribas Lux	EUR	4,00	–32,9	–30,2								

Anlageschwerpunkt: Nordamerikanische Aktien

Orbitex US WestCoast	Orbitex	USD	5,93	152,9	167,9					48,0			
FidF American Growth	Fidelity	USD	5,25	54,2	62,3								
Alger American Asset	Alger Lux	USD	6,10	51,0	60,2								
MS US EmergEquGrth I	Morgan Stan.	USD	0,00	40,1	40,1	25,7	25,7			21,8			
Frontr.I NthAm Value	Frontrunner	USD	5,00	35,7	42,5								
TIF AmerSel Growth 1	Threadneedle	USD	5,26	35,6	42,7	33,0	34,4	18,7	19,3	20,7			
DIT-DGS US Equity Fd	DIMS	USD	0,00	33,7	33,7					17,8			
MMWI-Amerak-Fonds	MMWI	EUR	3,00	30,4	34,2	30,6	31,3			19,5	–4,1	11,2	31,7
MS US SmC Equity I	Morgan Stan.	USD	0,00	24,8	24,8	23,6	23,6			22,8			
Alger Growth	Alger Mgmt.	USD	0,00	24,7	28,7	29,7	30,1	19,7	20,0	22,6	2,4	17,0	32,6
DWS Nordamerika	DWS	EUR	4,00	24,5	29,4	25,7	26,6			21,1			
DWS US Aktien O	DWS	EUR	0,00	24,1	24,0					19,8			
Gartm. US Smaller Co	Gartmore	USD	5,00	23,6	29,8					27,7			
Fondamerika	Adig	EUR	5,00	23,1	29,2	33,5	34,7	14,7	15,2	19,5	–2,4	15,2	35,2
CS EF(Lux)USA B	CSAM Lux	USD	5,00	22,1	28,2	24,7	26,0			20,0	5,3	17,1	27,0
ACM GI AmerGrowth AX	Alliance Lux	USD	6,67	21,8	29,9	31,0	32,7			23,7	13,3	22,1	32,5
Lux-Direct	MM Warb.-Lux	USD	3,00	21,8	25,4					22,1			
MercST NthAmerOpps A	Mercury AM	USD	5,26	21,6	28,0	20,9	22,2	19,1	19,7	25,3	2,2	17,5	26,3
BWK-Aktien-Strat. A	BWK	EUR	5,00	21,5	27,3					17,8			
TIF American Grth 1	Threadneedle	USD	5,26	21,5	27,8	27,0	28,3	15,6	16,2	19,8			
CB-Pf US-Aktien B	A.L.S.A.	USD	0,00	21,4	21,4	28,5	28,5			18,2	19,6	23,9	30,0
ACM GI AmerGrowth A	Alliance Lux	USD	6,67	21,1	29,2								
Oppenh. Sel.America	Oppenheim	EUR	5,00	20,8	26,7					20,4			
GIF II NorthAm SmC T	Indosuez	USD	5,82	20,7	27,7								
MS US Equ Growth I	Morgan Stan.	USD	0,00	20,6	20,6								
VLP US-Aktien	A.L.S.A.	USD	2,00	19,4	21,7	28,2	28,7			17,5	19,6	23,7	29,8
Adig-Aktien-USA	Adig	EUR	4,00	18,9	23,5	29,5	30,4			17,4	22,3	26,9	31,1
Alger MidCap Growth	Alger Mgmt.	USD	0,00	18,7	23,7	27,7	28,4			23,2	15,6	21,9	30,6
Carls.Eq North Amer.	Carlson	USD	5,00	18,4	24,3	22,1	23,3			17,8	3,3	12,8	23,4
FT Amerika Dynamik	FT	EUR	5,00	18,2	24,0	21,7	22,8	10,8	11,2	17,8	–4,3	6,0	22,4
CB-Pf US-Aktien A	A.L.S.A.	USD	4,00	17,6	22,3								
Dow Jones Industrial	**Benchmark**	**USD**	**5,00**	**17,5**	**23,3**	**25,4**	**26,6**	**14,1**	**14,7**	**20,7**			
Aberd.AmericanSmC A	Aberdeen	USD	6,38	17,3	24,7					25,8			
MMWI-US-Diversified	MMWI	EUR	5,00	17,2	23,1								
TIF AmerSmC Growth 1	Threadneedle	USD	5,26	17,0	23,2								
RG America Fund N.V.	Robeco-Group	EUR	0,00	17,0	17,0	27,3	27,3			22,5	9,1	20,5	29,9
Trink. Opt. US Equ A	HSBC Trink.	USD	1,00	16,8	18,0								
MercST NthAmerican A	Mercury AM	USD	5,26	16,7	22,9	30,9	32,3	17,9	18,6	17,9	–2,0	13,8	22,3

Fonds	Gesellschaft	Währung	Ausgabeaufschlag in Prozent	Anlageergebnis per 31.07.1999 1 Jahr (p.a.) FCS	BVI	5 Jahre (p.a.) FCS	BVI	10 Jahre (p.a.) FCS	BVI	Risikofaktor	Gleit. 60 Mon. p.a. Min.	Durch.	Max.
Pioneer Fund	Pioneer	USD	6,10	16,6	23,7	25,4	27,1	14,1	15,1	18,6	–2,9	8,5	27,7
Helios-Amerika-Univ.	Universal	EUR	5,00	16,5	22,4	20,6	21,8			18,2			
InvPS North Am Grwth	Invesco	USD	5,00	16,0	21,8								
Baring AmerGrw Trust	Baring FM	GBP	5,00	15,6	21,4	29,2	30,4	16,1	16,7	19,0			
DekaLux-USA	Deka Intl.	EUR	0,00	15,1	15,1					21,2			
GIF II North Amer T	Indosuez	USD	5,82	15,0	21,7	22,7	24,1			17,7	3,2	13,7	24,1
Transatlanta	DIT	EUR	3,00	14,9	18,1	24,8	25,4	12,0	12,2	18,1	–7,3	6,9	25,8
UniNordamerika	Union	EUR	5,00	14,7	20,4	25,2	26,4			18,2	15,2	21,7	26,2
Gartm. North America	Gartmore	USD	5,00	14,6	20,3	22,9	24,1	11,8	12,3	18,3	–8,1	6,2	24,2
Lazard GE North Am.	Lazard	USD	5,00	14,2	19,9	24,1	25,3			18,2	12,4	18,7	25,4
Flem.FF Amer. Fledg.	Fleming	USD	5,26	13,7	20,3	19,9	21,3	14,2	14,8	20,1	–4,8	10,4	25,0
VEGP North American	Von Ernst	USD	5,26	13,6	19,6	23,2	24,5			18,4	–2,6	9,7	24,9
FidF America	Fidelity	USD	5,25	13,4	19,4	24,3	25,6			19,2	6,4	16,4	26,1
FidF PA America	Fidelity	EUR	5,25	13,4	19,3								
InvPS Americ.Enterp.	Invesco	USD	5,00	13,3	19,0	18,4	19,6			25,1	5,1	13,3	23,7
Trink. Opt. US Equ B	HSBC Trink.	USD	1,00	13,0	14,1								
BB-Amerika-Invest	BB-Invest	EUR	5,00	12,8	18,3	23,2	24,3			17,9	15,9	20,5	24,4
GT Nordamerika Akt.	Invesco KAG	EUR	5,00	12,8	18,3					16,4			
Vont. US Select Eq B	Vontobel	USD	4,50	12,1	17,1	20,6	21,7			19,7	10,9	16,2	22,0
DWS(CH)-US Equities	DWS Schweiz	USD	4,00	11,9	16,4					18,9			
Davis Value Fund	Davis Funds	USD	6,10	11,9	18,7					17,9			
Alger Small Cap	Alger Mgmt.	USD	0,00	11,8	15,8	20,1	20,2	13,7	14,3	24,2	6,5	15,8	28,3
SunLife AmericanGwth	Sun Life	USD	6,95	10,9	18,6	29,2	30,9	16,8	17,6	17,3	3,3	18,9	32,8
Parv. USA C	Paribas Lux	USD	4,00	10,7	15,2	25,8	26,8			20,8	0,7	14,4	28,1
Pioneer Equity Inc.	Pioneer	USD	6,10	10,3	17,1	20,7	22,3			16,1	8,3	15,5	22,9
Schrod. US Equity C	Schroders	USD	3,09	9,2	12,6					17,2			
MS US Value Equ I	Morgan Stan.	USD	0,00	9,1	9,1	16,8	16,8			19,9			
TempGS FrMutBeacon A	Templeton GS	USD	5,54	9,1	15,1								
CP North Am. Equity	Citiport Lux	USD	5,00	9,0	14,4	20,3	21,5	13,1	13,7	19,2	4,5	12,0	22,1
InvGT US Equity A	InvescoGT AM	USD	5,25	9,0	14,7	22,8	24,0			19,2	14,5	19,9	24,9
AAF NorthAmerica EqF	ABN AMRO Lux	USD	5,25	8,8	14,5	24,5	25,7			21,0			
JB US Stock B	J.Baer MStck	USD	5,00	7,3	12,6	23,4	24,6			18,2	4,4	14,7	24,9
Hypo America	Hypo-Inv.Lux	EUR	5,00	6,9	12,3	19,5	20,6			17,8	11,0	16,0	20,7
UBS(LU)EF-MidCap USA	UBS Lux	USD	5,00	6,0	11,3					20,6			
Schrod. US Equity A	Schroders	USD	5,26	6,0	11,6	23,8	25,1			16,9	16,9	20,8	26,2
Vont. US Value Eq B	Vontobel	USD	4,50	5,9	10,7	23,5	24,6			14,7	14,6	19,8	24,8
Flem.FF American	Fleming	USD	5,26	5,6	11,7	25,4	26,9	20,4	21,1	16,3	13,6	21,2	33,0

Flem.FF US Discovery	Fleming	USD	5,26	4,2	10,3	18,3	19,7	16,4	17,0	21,6	8,4	17,1	28,4
LongTerm Value Trust	Spängler	USD	5,00	3,9	9,1	25,8	27,0			19,2	6,7	16,2	27,4
GAM St.Amer. EUR/Ac	GAM	EUR	5,26	3,9	9,4								
UBS(LU)EF-Canada	UBS Lux	CAD	5,00	3,8	9,0	14,4	15,5			22,7	5,8	10,4	16,1
Davis Small Cap Fund	Davis Funds	USD	6,10	2,8	9,1					19,6			
Pioneer Cap. Growth	Pioneer	USD	6,10	2,4	8,6	16,0	17,9			18,1	9,4	17,2	27,5
UBS(LU)EF-SmC USA	UBS Lux	USD	5,00	0,6	5,6	14,8	16,0			22,6	3,7	11,9	22,4
GT US Small Co A	Inves.GT Lux	USD	5,25	0,3	5,6	15,6	16,8	12,9	13,5	23,5	–0,5	12,9	24,1
Schrod. US SmC C	Schroders	USD	3,09	–0,5	2,6					18,9			
MMWI-US-Growth-Fonds	MMWI	EUR	6,00	–3,0	2,6								
Schrod. US SmC A	Schroders	USD	5,26	–3,2	1,9	18,3	19,5	17,1	17,7	18,5	11,3	21,5	33,7
Aberd.AmericanEq A	Aberdeen	USD	6,38	–3,4	2,8	22,1	23,6	11,3	12,1	18,5	–0,4	11,5	24,8
Pioneer II	Pioneer	USD	6,10	–4,3	1,6	14,3	15,9	8,7	9,7	21,0	–3,7	7,4	23,8
Baring AmerSmC Trust	Baring FM	GBP	5,00	–7,8	–3,2	10,3	11,4	10,0	10,6	23,9			
Carls.Eq Amer. SmCap	Carlson	USD	5,00	–9,6	–5,1	10,6	11,7			19,4			
Thieme Fonds Intern.	Thieme AM	EUR	5,00	–10,5	–6,0	3,3	4,3			21,4			
VEGP US Small. Comp.	Von Ernst	USD	5,26	–15,4	–11,0	18,0	19,2			22,3	2,3	16,0	30,1
Orbitex Growth Fund	Orbitex	USD	5,93	–19,2	–14,4	1,3	2,4	4,5	5,1	24,2	–4,9	8,0	17,9

Anlageschwerpunkt: Lateinamerikanische Aktien

MercST LatAmerican A	Mercury AM	USD	5,26	–5,3	–0,3	–0,8	0,2			36,0			
MS Latin American I	Morgan Stan.	USD	0,00	–7,1	–7,1					41,2			
MSCI EMF Latin Am. Gross Div.	**Benchmark**	**USD**	**5,00**	**–8,7**	**–4,1**	**2,8**	**3,8**	**17,1**	**17,7**	**36,8**			
AC Lateinamerika	Axa Colonia	EUR	5,00	–8,8	–4,8								
GIF II LatinAm T	Indosuez	USD	5,82	–12,8	–7,7								
Gartm. Latin America	Gartmore	USD	5,00	–13,9	–9,4					40,7			
Nestor Lateinamerika	Nestor Inv.	EUR	5,00	–15,0	–10,7	3,2	4,2			37,1			
TempGS LatinAmeric A	Templeton GS	USD	5,54	–15,4	–10,7								
Lazard GE Latin Am.	Lazard	USD	5,00	–15,4	–11,4	–3,7	–2,8			39,4	–16,9	1,0	15,6
DB Lateinamerika	DBIM	EUR	4,00	–15,6	–12,2	–3,0	–2,2			37,0			
Flem.FF LatinAmerica	Fleming	USD	5,26	–16,2	–11,4	–1,6	–0,5			39,9	–13,2	4,3	19,8
FidF Latin America	Fidelity	USD	5,25	–16,4	–12,0	–1,3	–0,2			37,3			
DBLA-DreRCM LASF Con	DIMS	USD	5,00	–18,2	–14,1	–5,5	–4,5			36,7			
TIF Latin Am. Grth 1	Threadneedle	USD	5,26	–18,5	–14,3								
InvGT Latin Amer. A	InvescoGT AM	USD	5,25	–18,6	–14,3	–3,7	–2,6			40,5	–15,3	2,4	16,2
Carls.Eq Latin Amer.	Carlson	USD	5,00	–20,9	–16,9								
MK Panamerika	MK	EUR	5,26	–21,0	–17,1								
EM Lateinamerika	Union Lux.	EUR	5,00	–21,5	–17,6					36,8			

Fonds	Gesellschaft	Währung	Ausgabeaufschlag in Prozent	Anlageergebnis per 31.07.1999 1 Jahr (p.a.) FCS	1 Jahr (p.a.) BVI	5 Jahre (p.a.) FCS	5 Jahre (p.a.) BVI	10 Jahre (p.a.) FCS	10 Jahre (p.a.) BVI	Risikofaktor	Gleit. 60 Mon. p.a. Min.	Durch.	Max.
AAF LatinAmerica EqF	ABN AMRO Lux	USD	5,25	–27,0	–23,2	–1,7	–0,7			42,7			
Aberd.LatinAmeric A	Aberdeen	USD	6,38	–30,4	–25,9	–4,4	–3,1			41,1	–13,8	–4,4	7,2
AAF Brazil EqF	ABN AMRO Lux	USD	5,25	–31,4	–27,8								

Anlageschwerpunkt: Aktien Fernost

Fonds	Gesellschaft	Währung	Ausgabeaufschlag in Prozent	1 Jahr FCS	1 Jahr BVI	5 Jahre FCS	5 Jahre BVI	10 Jahre FCS	10 Jahre BVI	Risikofaktor	Min.	Durch.	Max.
EM Fernost	Union Lux.	EUR	5,00	166,2	179,5					45,4			
TempGS Asian DevEq A	Templeton GS	USD	5,54	119,9	132,1								
FidF Asean	Fidelity	USD	5,25	97,3	107,6	–8,9	–8,0			41,0	–23,0	3,8	25,6
InvGT Asean Fund A	InvescoGT AM	USD	5,25	94,3	104,8	–4,2	–3,2	2,2	2,8	39,7	–18,8	2,2	16,3
Frontr.I FarEastVal	Frontrunner	USD	5,00	92,9	102,5	1,6	2,6			36,3			
Top 50 Asien	DWS	EUR	4,00	91,2	98,9					29,6			
ALSA-Asian-Tiger	A.L.S.A.	EUR	5,00	88,7	98,2					33,3			
Pacific Growth Trust	Spängler	USD	5,00	88,1	97,5								
TempGS Asian Grw A	Templeton GS	USD	5,54	82,6	92,7	–4,6	–3,5			36,9	–17,5	–1,8	13,0
FidF Asian Spec.Sit.	Fidelity	USD	5,25	81,8	91,3	36,5							
Mandarin Fonds	DBIM	EUR	4,00	81,5	88,8	2,0	2,8			34,8	–9,3	–4,1	4,1
Vont. Far East Eq B	Vontobel	USD	4,50	75,7	83,6								
DB Tiger Fund	DBIM	EUR	4,00	75,1	82,1	2,1	2,9			33,5	–9,2	7,7	19,2
DWS Asiat. Aktien O	DWS	EUR	0,00	75,1	75,1	27,4							
DekaLux-Pazifik	Deka Intl.	EUR	5,26	74,4	83,6	–2,8	–1,8			35,1			
MS Asian Equity I	Morgan Stan.	USD	0,00	74,1	74,1	–2,9	–2,9			36,8			
JB Pacific Stock B	J.Baer MStck	USD	5,00	73,5	82,2	–1,7	–0,7			37,3	–14,9	1,5	19,2
Schrod. Pacif.Equ. C	Schroders	USD	3,09	73,3	78,6					36,8			
FidF PA S.E. Asia	Fidelity	EUR	5,25	73,1	82,2								
FidF S.E. Asia	Fidelity	USD	5,25	73,0	82,1	2,4	3,5			35,2	–10,1	8,3	22,0
InvPS AsiaTigerGrwth	Invesco	USD	5,00	71,9	80,5	0,5	1,5			34,7	–11,1	8,9	25,5
InvGT Asia (NICs) A	InvescoGT AM	USD	5,25	68,8	77,7								
UniAsia	Union Lux.	EUR	5,00	68,4	76,8	–1,6	–0,7			31,9	–14,2	–0,9	11,0
Schrod. Pacif.Equ. A	Schroders	USD	5,26	67,7	76,5	1,7	2,8			36,0	–10,0	–4,2	4,1
GIF II AsiaPacific T	Indosuez	USD	5,82	65,4	75,0	–1,7	–0,5			33,8	–14,6	5,4	19,5
Flem.FF Pacific	Fleming	USD	5,26	65,1	74,5	10,6	11,8	12,3	12,9	27,2	–7,3	8,1	21,5
Flem.FF Asian Opps	Fleming	USD	5,26	63,6	73,0	1,2	2,3			30,8	–13,5	6,0	17,6
RG Pacific Fund N.V.	Robeco-Group	EUR	0,00	63,3	63,3	3,4	3,4			27,8	–6,7	4,4	16,3
Carls.Eq Asian SmCap	Carlson	USD	5,00	63,0	71,1	30,7							

MercST AsianEmMkts A	Mercury AM	USD	5,26	61,4	69,9					31,7			
Indos. Asian Growth	Indosuez	USD	5,26	60,3	68,7	–1,6	–0,6	7,4	7,9	34,2	–13,5	10,4	28,1
Nestor Fernost	Nestor Inv.	EUR	5,00	59,8	67,7	1,6	2,6			36,6			
TempGS AsianSmallC A	Templeton GS	USD	5,54	59,7	68,5					36,8			
Allianz Akt.SO-Asien	Allianz	EUR	5,00	58,7	66,7								
Trink. Asien Fonds	HSBC Trink.	EUR	5,00	58,3	66,2	–2,5	–1,6			35,4			
Dit-Lux Tiger Fund	dam	EUR	5,00	57,6	65,5	–1,3	–0,4			31,8	–12,6	4,6	16,3
AAF Asian Tigers EqF	ABN AMRO Lux	USD	5,25	56,5	64,7					34,3			
Parv. Asian Growth C	Paribas Lux	USD	4,00	56,5	62,8	–9,0	–8,3			39,5	–19,5	–2,5	11,4
GAM St.Asia EUR/Ac	GAM	EUR	5,26	55,2	63,4					35,5			
GAM St.Orient EUR/Ac	GAM	EUR	5,26	55,1	63,2	1,3	2,3			30,2	–8,2	4,3	19,4
Baring Eastern Trust	Baring FM	GBP	5,00	53,1	60,8	–4,5	–3,5	5,1	5,6	33,7			
TIF Asia Growth 1	Threadneedle	USD	5,26	51,6	59,6	–0,1	0,9			31,0			
GIF II ASEAN T	Indosuez	USD	5,82	49,2	57,9	–12,0	–11,0			40,0	–22,6	2,9	22,4
VEGP Pacific Basin	Von Ernst	USD	5,26	49,0	56,9	–1,7	–0,7			26,2	–11,2	3,4	13,3
MercST Pacific A	Mercury AM	USD	5,26	48,4	56,3	–6,8	–5,8	2,2	2,7	32,6	–18,8	5,7	23,1
TIF FarEast+JapGth 1	Threadneedle	USD	5,26	48,3	56,1	0,1	1,2	2,5	3,0	24,5			
SunLife FarEast Gwth	Sun Life	YEN	6,95	46,3	56,5	–1,2	0,2	–1,0	–0,4	23,4	–10,8	0,3	14,6
Lazard GE Asia Pac.	Lazard	USD	5,00	46,0	53,3	–10,0	–9,1			34,4	–20,4	–12,9	–3,7
Carls.Eq Far East	Carlson	USD	5,00	45,1	52,4	–3,1	–2,2			29,1	–12,3	5,9	18,7
Oppenh. Sel.EastAsia	Oppenheim	EUR	5,00	43,9	51,0					30,2			
Gartm. Asia Pacific	Gartmore	USD	5,00	43,4	50,8	–3,0	–2,1			29,7	–12,7	6,9	20,0
FT/S&P Pacific Basin	**Benchmark**	**USD**	**5,00**	**43,6**	**50,8**	**–2,1**	**–1,1**	**–3,5**	**–3,0**	**24,0**			
PictetTF Australasia	Pictet Lux	USD	5,00	42,7	49,9	0,5	1,4	8,0	8,5	28,8	–9,4	9,5	24,1
Orbitex Asia Pacific	Orbitex	USD	5,93	42,5	51,0	–20,0	–19,1			41,9	–28,3	–24,0	–18,3
AC Asien-Pazifik	Axa Colonia	EUR	5,00	40,4	47,3	–1,4	–0,5			30,6	–10,5	4,3	19,8
CP Asia Pacific Equ	Citiport Lux	USD	5,00	37,8	44,7	4,4	5,4	6,3	6,8	28,2	–5,4	8,7	21,3
Aberd.EmergAsia A	Aberdeen	USD	6,38	37,0	45,8					31,5			
MAT Asia Pacific	Maintrust	EUR	5,26	36,7	43,9	2,7	3,7			27,4	–4,4	–0,4	4,7
MK Asia-Pazifik	MK	EUR	7,53	36,5	46,6	–6,0	–4,7			22,1	–14,2	–2,2	8,9
InvGT Pacific A	InvescoGT AM	USD	5,25	34,0	41,2	2,8	3,8			22,4	–5,8	–0,3	5,2
Aberd.AsianEq A	Aberdeen	USD	6,38	33,7	42,2	–4,8	–3,6	9,3	10,0	32,4	–13,4	14,2	34,9
Carls.Eq Pacific	Carlson	USD	5,00	26,3	32,6	–7,8	–6,9			29,6	–15,7	–10,6	–4,8

Anlageschwerpunkt: Japanische Aktien

Gartm. Japan SmCo	Gartmore	YEN	5,00	160,8	173,9					36,4			
MercST Japan Opps A	Mercury AM	USD	5,26	158,7	172,3	12,7	13,8	7,5	8,1	35,6	–8,6	1,4	17,0
InvPS Nippon Enterp.	Invesco	YEN	5,00	156,8	169,6	5,1	6,1			36,1	–16,6	–3,7	7,5

Fonds	Gesellschaft	Währung	Ausgabeaufschlag in Prozent	Anlageergebnis per 31.07.1999 1 Jahr (p.a.) FCS	BVI	5 Jahre (p.a.) FCS	BVI	10 Jahre (p.a.) FCS	BVI	Risikofaktor	Gleit. 60 Mon. p.a. Min.	Durch.	Max.
Flem.FF Japanese SmC	Fleming	USD	5,26	153,9	168,6	5,5	6,7			38,6			
FidF Japan SmallCo	Fidelity	YEN	5,25	142,7	155,5	2,8	3,8			33,1	–17,3	–5,6	6,2
InvGT Japan OTC A	InvescoGT AM	USD	5,25	130,8	142,9	5,5	6,6			37,7	–14,2	–6,0	5,5
GIF II JapanSmC T	Indosuez	YEN	5,82	128,5	141,8					29,2			
InvGT Japan Entrpr A	InvescoGT AM	USD	5,25	126,7	138,6	9,2	10,3			34,4	–11,6	–3,5	9,2
Parv. Japan SmC C	Paribas Lux	YEN	4,00	118,9	127,7								
UBS(LU)EF-SmMC Japan	UBS Lux	YEN	5,00	114,6	125,4					36,6			
TIF Japan SmC Grth 1	Threadneedle	YEN	5,26	114,2	125,5								
Baring Japan SmCo	Baring IFM	USD	5,00	102,5	112,6					32,3			
Flem.FF Japanese	Fleming	USD	5,26	77,8	88,1	–0,3	0,9	2,8	3,4	27,1	–14,5	–2,4	14,3
Gartm. Japan	Gartmore	YEN	5,00	74,7	83,5	0,5	1,5	1,8	2,3	27,1	–12,1	1,3	14,4
DekaLux-Japan	Deka Intl.	EUR	5,26	70,4	79,4	2,2	3,3			24,6	–7,6	–3,5	2,2
UniJapan	Union	EUR	5,00	62,1	70,2	2,2	3,2			23,5			
CS EF(Lux)Japan YEN	CSAM Lux	YEN	5,00	61,8	69,9	–0,7	0,3			21,4	–13,1	–7,4	–0,7
Schrod. Jap. SmC C	Schroders	YEN	3,09	60,6	65,6					26,2			
InvPS Nippon Growth	Invesco	YEN	5,00	59,8	67,8	–2,5	–1,6			24,6	–14,6	–5,0	7,7
FidF PA Japan Fund	Fidelity	EUR	5,25	57,7	66,0								
SunLife Japan Growth	Sun Life	YEN	6,95	56,8	67,7	–3,8	–2,5	–3,8	–3,2	23,5	–15,9	–6,4	4,8
FidF Japan	Fidelity	YEN	5,25	56,5	64,7	2,0	3,0			22,6	–9,2	–1,0	11,7
Schrod. Jap. SmC A	Schroders	YEN	5,26	56,2	64,4	–7,4	–6,5			25,6	–17,4	–12,5	–7,4
Lazard GE Japan	Lazard	YEN	5,00	55,0	62,8								
FidF Pacific	Fidelity	USD	5,25	54,3	62,3	3,6	4,7			22,0			
DIT-Pazifikfonds	DIT	EUR	3,00	53,5	58,0	0,3	0,8	–4,0	–3,8	23,5	–15,6	–1,5	17,9
MS Japanese Equity I	Morgan Stan.	YEN	0,00	52,5	52,5	3,4	3,4			23,7			
TIF Japan Growth 1	Threadneedle	YEN	5,26	52,4	60,4	–0,2	0,8	0,9	1,4	26,3			
MMWI-Asiak-Fonds	MMWI	EUR	3,00	50,7	55,2	4,1	4,7			23,6	–17,1	–4,0	9,5
Hypo Nippon	Hypo-Inv.Lux	EUR	5,00	50,0	57,5	0,8	1,8			26,6	–11,9	–3,9	4,4
TempGS Japan Fund A	Templeton GS	USD	5,54	49,8	58,1								
DWS Japan	DWS	EUR	4,00	48,3	54,2	5,9	6,7			23,1	–4,8	4,1	16,4
Berenberg-Asia	Universal	EUR	5,50	48,2	56,3	–0,3	0,8			22,0	–14,8	–8,3	–0,3
JB Japan Stock B	J.Baer MStck	YEN	5,00	46,0	53,3	3,8	4,8			20,9	–7,6	–3,1	3,8
MercST Japan A	Mercury AM	USD	5,26	45,7	53,4	–0,2	0,9	0,0	0,5	23,4	–10,6	–2,4	11,9
Aberd.JapaneseEq A	Aberdeen	YEN	6,38	45,7	55,0					25,1			
Schrod. Jap. Equ. C	Schroders	YEN	3,09	45,1	49,6					23,5			
BB-Asien-Invest	BB-Invest	EUR	5,00	44,5	51,6	2,4	3,3			23,2	–7,7	1,5	14,4
BfG JapanFonds	BfG Luxinv.	EUR	5,00	44,3	51,5	–2,9	–1,9			23,9			
Adig-Aktien-Japan	Adig	EUR	4,00	44,3	49,9	–1,4	–0,8			24,1	–8,3	–5,0	–1,4

Adiasia	Adig	EUR	5,00	43,9	51,0	2,2	3,1	–0,3	0,1	19,3	–6,8	–1,0	10,4
Trink. Japan Fonds	Inka	EUR	5,00	43,0	50,1								
Carls.Eq Japan	Carlson	YEN	5,00	41,4	48,5	–3,9	–2,9			21,4	–12,9	0,4	13,1
Carls.Eq Japan Regio	Carlson	YEN	5,00	41,0	48,1	–9,3	–8,4			21,4			
CP Japanese Equity	Citiport Lux	YEN	5,00	41,0	48,0	–2,8	–1,9	–8,2	–7,8	22,7	–16,5	–7,1	7,6
Schrod. Jap. Equ. A	Schroders	YEN	5,26	40,8	48,2	2,3	3,3			23,0	–7,4	–3,0	2,3
AAF Japan EqF	ABN AMRO Lux	USD	5,25	40,5	47,8					22,0			
InvGT Japan Fund A	InvescoGT AM	USD	5,25	39,4	46,7	6,0	7,1			18,6	–4,2	0,6	6,1
Japan-Pazifik-Fonds	Nordinvest	EUR	5,00	39,3	46,1	–0,2	0,7	–2,9	–2,5	24,5	–16,5	–3,3	12,4
FT Nippon Dynamik	FT	EUR	5,00	39,3	46,1	–5,5	–4,7	–2,8	–2,4	23,8	–14,4	3,2	27,3
VEGP Japanese Equity	Von Ernst	YEN	5,26	39,0	46,3	–4,1	–3,1			23,5	–13,0	–3,3	9,6
GIF II Japan T	Indosuez	YEN	5,82	39,0	47,1	–1,9	–0,8			24,0	–10,9	–0,5	13,7
Vont. Japanese Eq B	Vontobel	YEN	4,50	37,6	43,8	–5,9	–5,1			24,1	–15,3	–5,7	7,4
MAT Japan Aktien	Maintrust	EUR	5,26	37,5	44,6								
Oppenh. Sel.Japan	Oppenheim	EUR	5,00	36,1	42,8	1,3	2,3			20,6	–7,3	–3,2	1,3
CS EF(Lux)Japan SFR	CSAM Lux	SFR	5,00	35,0	41,7	1,7	2,7			17,3	–7,7	–3,3	1,7
Baring JapGrw Trust	Baring FM	GBP	5,00	34,5	41,3	–4,2	–3,3	–2,3	–1,8	24,3			
Parv. Japan C	Paribas Lux	YEN	4,00	34,3	39,7	–4,3	–3,6			24,7	–14,1	–5,4	8,4
Nikkei 225	**Benchmark**	**YEN**	**5,00**	**33,7**	**40,3**	**–3,6**	**–2,6**	**–5,5**	**–5,0**	**25,2**			
Nestor Japan	Nestor Inv.	EUR	5,00	33,2	39,9	–8,4	–7,5			22,2			
CB-Pf Akt. Japan A	A.L.S.A.	YEN	4,00	33,1	38,5								
GAM St.Tokyo EUR/Ac	GAM	EUR	5,26	25,1	31,7	4,4	5,5			17,2	–1,5	6,7	20,1
Orbitex Japan Fund	Orbitex	USD	5,93	11,6	18,3					27,6			

Anlageschwerpunkt: Aktien Länderfonds Fernost

Baring Korea Trust	Baring FM	GBP	5,25	199,4	215,1	2,1	3,1			58,0			
Dresd.RCM-ASF Korea	DIMS	USD	5,00	187,5	201,9	–6,3	–5,4			55,8	–24,9	–16,2	–6,3
InvGT Korea Fund A	InvescoGT AM	USD	5,25	178,1	192,7								
Dresd.RCM-ASF Indon.	DIMS	USD	5,00	174,9	188,6	–12,9	–12,1			68,9	–36,5	–28,8	–12,4
FidF Korea	Fidelity	USD	5,25	174,0	188,4					56,5			
FidF Indonesia	Fidelity	USD	5,25	166,2	180,2					68,6			
TempGS Korean Fund A	Templeton GS	USD	5,54	147,8	161,5					49,1			
FidF Thailand	Fidelity	USD	5,25	108,3	119,2	–17,5	–16,6			59,4	–25,8	1,8	31,0
UBS(LU)EF-Singapore	UBS Lux	USD	5,00	107,5	117,9								
FidF Singapore	Fidelity	USD	5,25	96,7	107,0	–1,4	–0,4			41,5	–15,0	6,0	21,1
TempGS Thailand Fd.A	Templeton GS	USD	5,54	92,4	103,0								
Dresd.RCM-ASF Singp.	DIMS	USD	5,00	80,0	89,0	0,8	1,8			38,1	–12,5	–6,5	2,3
DB India Fund	DBIM	USD	4,00	69,9	76,7					31,4			

Fonds	Gesellschaft	Währung	Ausgabeaufschlag in Prozent	Anlageergebnis per 31.07.1999 1 Jahr (p.a.) FCS	1 Jahr (p.a.) BVI	5 Jahre (p.a.) FCS	5 Jahre (p.a.) BVI	10 Jahre (p.a.) FCS	10 Jahre (p.a.) BVI	Risikofaktor	Gleit. 60 Mon. p.a. Min.	Durch.	Max.
Flem.FF China	Fleming	USD	5,26	62,8	72,2	2,8	3,9			48,3			
Hypo Greater China	Hypo-Inv.Lux	EUR	5,00	56,5	64,3					46,4			
TempGS China Fund A	Templeton GS	USD	5,54	56,4	65,0					39,5			
FidF HongKong/China	Fidelity	USD	5,25	53,6	61,7	8,3	9,5			35,4	–5,1	17,2	32,3
UBS(LU)EF-Hong Kong	UBS Lux	USD	5,00	50,8	58,3								
Dresd.RCM-ASF Thaild	DIMS	USD	5,00	47,8	55,2	–16,3	–15,5			45,5	–24,7	–18,2	–11,7
InvPS Gr.China Opps	Invesco	USD	5,00	47,1	54,4	6,1	7,2			38,0	–7,0	7,9	30,4
Flem.FF India	Fleming	USD	5,26	45,7	54,1					28,4			
InvGT PRC Fund A	InvescoGT AM	USD	5,25	45,1	52,7					49,3			
AAF China EqF	ABN AMRO Lux	USD	5,25	44,6	52,1					39,9			
FT/S&P Pacific ex Japan	**Benchmark**	**USD**	**5,00**	**43,6**	**50,8**	**–0,9**	**0,1**	**5,1**	**5,6**	**29,8**			
InvGT Indian SmC A	InvescoGT AM	USD	5,25	42,6	50,1					29,3			
Dresd.RCM-ASF China	DIMS	USD	5,00	41,7	48,7	–3,1	–2,1			41,5	–18,2	–10,7	–0,5
InvGT Hong Kong A	InvescoGT AM	USD	5,25	41,5	49,3	5,3	6,4			37,0	–9,4	2,1	13,7
UBS(LU)EF-Gr China	UBS Lux	USD	5,00	40,3	47,3								
Dresd.RCM-ASF HongKg	DIMS	USD	5,00	39,9	46,9	8,5	9,6			34,7	–5,4	2,4	11,1
Parv. GreaterChina C	Paribas Lux	USD	4,00	36,6	42,1								
MercST Austr&NewZd A	Mercury AM	USD	5,26	26,9	33,5	8,1	9,2	8,7	9,3	19,1	–7,5	8,8	20,2
Dresd.RCM-ASF Aus/NZ	DIMS	USD	5,00	23,4	29,5	5,2	6,2			20,9			
FidF Australia	Fidelity	AUD	5,25	22,1	28,5	9,7	10,8			20,0	3,0	11,5	21,2
Australien-Pazifik	Nordinvest	EUR	5,00	21,3	27,3	8,9	9,9	2,8	3,2	19,5	–15,5	–1,0	14,4
UBS(LU)EF-Australia	UBS Lux	AUD	5,00	20,0	26,0	8,1	9,1			20,9	1,3	5,2	9,7
Aberd.AustrAsianEq A	Aberdeen	AUD	6,38	17,5	25,0	8,3	9,6	5,9	6,6	19,0	–1,0	5,8	18,6
UBS(LU)EF-Taiwan	UBS Lux	USD	5,00	11,0	16,6								
FidF Taiwan	Fidelity	USD	5,25	10,6	16,4								
FidF Malaysia	Fidelity	USD	5,25	–31,1	–27,5	–24,4	–23,6			43,4	–30,0	4,9	28,9

Anlageschwerpunkt: Rohstoff-Fonds

Fonds	Gesellschaft	Währung	Ausgabeaufschlag in Prozent	1 Jahr (p.a.) FCS	1 Jahr (p.a.) BVI	5 Jahre (p.a.) FCS	5 Jahre (p.a.) BVI	10 Jahre (p.a.) FCS	10 Jahre (p.a.) BVI	Risikofaktor	Min.	Durch.	Max.
PEH-Universal Miro	Universal	EUR	4,00	32,4	37,4	–3,1	–2,5			28,7	–12,4	1,9	11,3
MercST WorldMining A	Mercury AM	USD	5,26	32,0	39,0								
DWS Rohstoffonds	DWS	EUR	4,00	27,6	32,6	–0,5	0,2	0,5	0,8	27,9	–8,9	4,0	14,5
Hypo-Inv. Geo Tech	Hypo-Inv.	EUR	5,00	22,0	27,9	8,8	9,7			20,6			
DIT-Rohstoffonds	DIT	EUR	3,00	20,8	24,2	4,7	5,2	2,1	2,2	25,4	–9,9	2,3	14,0
CS EqF Energy	CSAM Schweiz	USD	5,00	16,5	22,4	17,0	18,4			20,8	8,3	13,8	17,4

Fondiro	Adig	EUR	5,00	16,4	22,1	1,2	2,0	0,2	0,5	25,0	–6,1	0,7	9,5
AAF Global Res. SEF	ABN AMRO Lux	USD	5,25	16,0	22,0								
MercST Gold/Mining A	Mercury AM	USD	5,26	15,3	21,3					39,0			
Oppenh. Topic Rohstw	Oppenheim	EUR	5,00	14,3	19,8	4,1	4,9			24,7	–4,3	0,0	4,7
DWS Energiefonds	DWS	EUR	4,00	13,3	17,7	16,2	17,0	7,8	8,1	23,3	–2,9	6,6	20,4
MS Gold I	Morgan Stan.	USD	0,00	10,3	10,3					39,3			
DIT-Energiefonds	DIT	EUR	3,00	10,1	13,2								
Baring GlobResources	Baring IFM	USD	5,00	9,1	14,6					21,9			
Pioneer Gold Shares	Pioneer	USD	6,10	–8,6	–3,0	–11,5	–10,4			40,2	–16,7	–0,2	11,4
Gold plus	DBIM	EUR	3,00	–10,3	–7,6	–4,3	–3,8			11,8			
PEH Q-Goldmines	PEH Quint.	EUR	4,00	–10,5	–6,9								
DWS Goldminen O	DWS	EUR	0,00	–11,2	–11,3								
Reuters Commodities	**Benchmark**	**USD**	**4,60**	**–17,1**	**–13,3**	**–7,4**	**–6,6**	**–4,2**	**–3,8**	**11,2**			
Orbitex Natural Res.	Orbitex	CAD	5,93	–31,4	–27,3	–13,2	–12,2	–2,9	–2,4	21,9	–16,8	5,5	18,5

Anlageschwerpunkt: Branchen-Fonds

DWS US Technoakt. O	DWS	EUR	0,00	86,6	86,6								
MS Asian Property I	Morgan Stan.	USD	0,00	73,4	73,4								
UBS(LU)EF-Technology	UBS Lux	USD	5,00	67,9	76,3								
Flem.FF US Em.Techn.	Fleming	USD	5,26	49,6	58,3								
ACM Int. Technol. B	Alliance Lux	USD	0,00	45,4	48,4					29,6			
ACM Int. Technol. I	Alliance Lux	USD	5,26	43,6	51,1	35,6	37,0	21,7	22,3	30,0			
ACM Int. Technol. A	Alliance Lux	USD	6,67	40,5	49,9					29,2			
InvPS Glob. Leisure	Invesco	USD	5,00	38,7	45,6					18,7			
DWS Technologiefonds	DWS	EUR	4,00	36,4	41,9	28,1	29,1	12,0	12,4	21,8	–12,0	4,5	28,1
InvGT Technology A	InvescoGT AM	USD	5,25	34,7	41,8	34,9	36,3			30,1	21,2	28,3	36,4
DIT-Technologiefonds	DIT	EUR	3,00	34,2	38,1	28,9	29,7	15,0	15,4	21,1	–7,4	7,1	29,2
DIT-Softwarefonds	DIT	EUR	5,00	32,5	39,1								
Aditec	Adig	EUR	5,00	30,5	37,0	25,2	26,4	8,9	9,4	19,9	–10,6	2,9	25,7
Delbrück Special	Union	EUR	6,00	29,3	37,0	12,5	13,8			20,5	6,0	9,6	12,5
FCS-Aktienfondsindex Branchen		DM	5,00	20,3	26,3	22,0	23,2	11,7	12,3	18,6			
MS Europ. Property I	Morgan Stan.	EUR	0,00	1,0	1,0								
UniSport50Plus	Union Lux.	EUR	4,00	–3,0	0,9								
UBS(LU)EF-HealthCare	UBS Lux	USD	5,00	–3,2	1,6								
AAF Global Life SEF	ABN AMRO Lux	USD	5,25	–3,9	1,2								
Oppenh. Food Global	Oppenheim	EUR	5,00	–12,5	–8,2					14,7			

Fonds	Gesellschaft	Währung	Ausgabeaufschlag in Prozent	Anlageergebnis per 31.07.1999 – 1 Jahr (p.a.) FCS	1 Jahr (p.a.) BVI	5 Jahre (p.a.) FCS	5 Jahre (p.a.) BVI	10 Jahre (p.a.) FCS	10 Jahre (p.a.) BVI	Risikofaktor	Gleit. 60 Mon. p.a. Min.	Durch.	Max.
Anlageschwerpunkt: Telekommunikations-Fonds													
Nordinternet	Nordinvest	EUR	5,00	130,8	142,3								
GIF II Multimedia T	Indosuez	USD	5,82	75,2	85,4	37,8	39,4			36,8			
AAF Global Inf. SEF	ABN AMRO Lux	USD	5,25	55,4	63,5								
AMF Union Communic.T	Unico Invest	EUR	5,00	41,7	48,8								
DWS Telemedia	DWS	EUR	4,00	41,2	46,8	29,0	30,0			20,1			
Sar. TecSar	Sarasin Inv.	EUR	5,00	37,7	44,6					22,1			
Deka-TeleMedien	Deka	EUR	0,00	35,8	35,6								
Hypo Tele-Global	Hypo-Inv.Lux	EUR	4,00	34,0	39,4								
DIT-Multimedia	DIT	EUR	5,00	29,7	36,1								
InvGT Telecommunic A	InvescoGT AM	USD	5,25	23,1	29,6	16,2	17,4			24,3	3,2	13,0	22,0
Orbitex Comm&InfoTec	Orbitex	USD	5,93	15,4	22,3					28,7			
DJ Stoxx Telecommunication		EUR	5,00	13,1	18,8	31,4	32,7			20,4			
Anlageschwerpunkt: Umwelt-Fonds													
FCS-Aktienfondsindex Branchen	**Benchmark**	**DM**	**5,00**	**20,3**	**26,3**	**22,0**	**23,2**	**11,7**	**12,3**	**18,6**			
UBS(LU)EF-EcoPerform	UBS Lux	SFR	5,00	6,4	11,8								
KD ™ko-Invest	EKK Invest	EUR	5,00	5,5	10,8	10,2	11,3			14,5	–0,1	5,0	11,7
CS EF(Lux)EcoEff B	CSAM Lux	USD	5,00	4,6	9,8								
Luxinv. SecuraRent	BfG Luxinv.	EUR	3,00	2,2	5,2	7,1	7,7			5,0	2,9	4,5	7,5
SunLife Ecological	Sun Life	DM	6,95	1,7	8,7	3,6	5,0			13,9	–0,8	2,4	5,4
Luxinv. OekoLux	BfG Luxinv.	EUR	4,50	–1,0	3,5	7,1	8,0			16,6	1,0	4,6	8,6
Hypo Eco Tech	Hypo-Inv.Lux	EUR	5,00	–2,6	2,3	7,7	8,8			14,6	2,9	8,0	14,7
Focus GT Umwelt	Invesco KAG	EUR	4,50	–4,6	–0,3	9,4	10,3			14,9	–5,4	2,3	9,9
Oekovision	Oekovis. Lux	EUR	5,00	–4,6	0,1					12,2			
Sar. OekoSar Portf.	Sarasin Inv.	EUR	5,00	–5,1	–0,4	6,7	7,8			8,7			

Anlageschwerpunkt: Optionsscheine

K+W Universal OS	Universal	EUR	6,00	60,1	69,7	–31,1	–30,3			66,8	–48,4	–35,0	–22,3
FI LUX Aktien Japan	Franken Int.	EUR	5,00	28,8	35,2								
MMWI-Oswa-Fonds	MMWI	EUR	5,00	–8,4	–3,9	–4,6	–3,7			36,4	–32,8	–14,4	5,8
CC-Universal-OS	Universal	EUR	5,00	–21,1	–17,1	–26,4	–25,7			30,4	–31,7	–25,4	–17,2

Anlageschwerpunkt: DM Renten

Camco Euro-Renten	CAMCO Invest	EUR	3,00	8,8	12,1					2,9			
DekaLux-S01/98 5JroB	Deka Intl.	EUR	0,00	5,0	5,0								
DekaLux-S10/97 5JroB	Deka Intl.	EUR	0,00	4,9	4,9								
DekaLux-S10/96 5Jro	Deka Intl.	EUR	0,00	4,6	4,6								
VB Europarent BKG	BKG	EUR	0,50	4,4	5,0								
DekaLux 01/98 3Jro C	Deka Intl.	EUR	0,00	4,3	4,3								
Frankf.Sparinrent oA	Deka	EUR	0,00	4,2	4,2								
DekaLux 10/97 3Jro C	Deka Intl.	EUR	0,00	4,2	4,2								
DWS Dt. Renten O	DWS	EUR	0,00	4,1	4,1					2,8			
Deka DM Renten	Deka	EUR	0,00	4,1	4,1					3,2			
DekaLux 07/97 3Jro C	Deka Intl.	EUR	0,00	4,1	4,1								
BfG EuroQuadro B	BfG Luxinv.	EUR	0,00	4,0	4,0								
BfG EuroQuadro A	BfG Luxinv.	EUR	0,00	4,0	4,0	4,5	4,5			2,1	4,5	5,0	5,9
ALSA-BVB-Euro-Rent–2	A.L.S.A.	EUR	0,00	3,9	3,9					3,2			
Re-Inrenta	DWS	EUR	2,50	3,9	6,6	9,5	10,5	8,2	8,7	3,4	3,9	7,1	10,1
Kapitalfonds Prozins	Gerling	EUR	4,50	3,9	8,6	6,5	7,7	7,1	7,8	3,2	4,9	7,3	8,9
DekaLux 04/97 3Jro C	Deka Intl.	EUR	0,00	3,8	3,8								
DekaLux 01/97 3Jro C	Deka Intl.	EUR	0,00	3,6	3,6								
DIT-Renten Dtschl AF	DIT	EUR	0,00	3,5	3,5					3,3			
CB-Pf Euro-Bd medt B	A.L.S.A.	EUR	0,00	3,5	3,5	6,1	6,1			2,6			
Deka Bund+S Fin:3–5	Deka	EUR	0,00	3,5	3,5					2,3			
Köln-Renten Deka oA	Deka	EUR	0,00	3,5	3,5					2,7			
DekaLux 10/96 3Jro B	Deka Intl.	EUR	0,00	3,4	3,4								
Deka Bund+S Fin:5–8	Deka	EUR	0,00	3,2	3,2					3,6			
Nordrent-DM	Nordinvest	EUR	1,00	3,1	4,1					1,4			
DekaLux 07/96 3Jro B	Deka Intl.	EUR	0,00	3,0	3,0								
DekaLux 04/98 3Jro B	Deka Intl.	EUR	1,50	2,8	4,4					0,9			
DekaLux 04/98 3Jro A	Deka Intl.	EUR	1,50	2,8	4,4					0,9			
DekaLux 01/98 3Jro B	Deka Intl.	EUR	1,50	2,8	4,4					0,8			

Fonds	Gesellschaft	Währung	Ausgabeaufschlag in Prozent	Anlageergebnis per 31.07.1999 1 Jahr (p.a.) FCS	BVI	5 Jahre (p.a.) FCS	BVI	10 Jahre (p.a.) FCS	BVI	Risikofaktor	Gleit. 60 Mon. p.a. Min.	Durch.	Max.
DekaLux 01/98 3Jro A	Deka Intl.	EUR	1,50	2,8	4,4					0,8			
DekaLux-S01/98 5JroA	Deka Intl.	EUR	2,25	2,7	5,0	5,1	5,6			1,7	4,9	5,4	6,1
DekaLux 10/97 3Jro B	Deka Intl.	EUR	1,50	2,7	4,2					0,8			
DekaLux 10/97 3Jro A	Deka Intl.	EUR	1,50	2,7	4,2					0,8			
DekaLux-proMissioA/L	Deka Intl.	EUR	0,00	2,7	2,7	3,7							
DekaLux-S04/98 5JroA	Deka Intl.	EUR	2,25	2,6	4,9	5,0	5,5			1,7	4,8	5,3	5,6
DekaLux-S10/97 5JroA	Deka Intl.	EUR	2,25	2,6	4,9	5,2	5,7			1,6	5,1	5,7	6,4
FVB-Dt. Renten-BWK	BWK	EUR	1,50	2,6	4,1								
CC-Rent OP	Oppenheim	EUR	0,00	2,5	2,5								
DekaLux 07/97 3Jro B	Deka Intl.	EUR	1,50	2,5	4,1	4,3	4,6			0,8			
DekaLux 07/97 3Jro A	Deka Intl.	EUR	1,50	2,5	4,1	4,3	4,6			0,8			
ALSA-BVB-Euro-Rent–3	A.L.S.A.	EUR	0,00	2,4	2,4					5,1			
VLP Euro-Media-Rent	A.L.S.A.	EUR	1,00	2,4	3,4	5,9	6,1			2,6			
SchmidtBk DM-Renten	Franken Inv.	EUR	3,00	2,3	5,4					2,4			
Dt. Rentenfonds	DIT	EUR	2,50	2,3	4,8	6,9	7,7	7,2	7,6	3,0	3,5	6,7	9,7
DWS Dt. Renten lg. O	DWS	EUR	0,00	2,3	2,3					4,8			
DekaLux 04/97 3Jro B	Deka Intl.	EUR	1,50	2,3	3,8	4,0	4,3			0,9			
DekaLux 04/97 3Jro A	Deka Intl.	EUR	1,50	2,3	3,8	4,0	4,3			0,9			
Deka Bund+S Fin:8–15	Deka	EUR	0,00	2,2	2,3					5,0			
CB-Pf Euro-Bd lgt B	A.L.S.A.	EUR	0,00	2,2	2,2	7,6	7,6			4,8	7,3	7,8	8,8
SKWB Schoe. TechRent	SKWB-Invest	EUR	2,50	2,2	4,8								
DekaLux 10/95 3Jro B	Deka Intl.	EUR	0,00	2,1	2,1					1,0			
ALSA-Euro-MediumRent	A.L.S.A.	EUR	2,00	2,1	4,2					2,5			
DekaLux 01/97 3Jro B	Deka Intl.	EUR	1,50	2,1	3,6	3,9	4,2			0,8			
DekaLux 01/97 3Jro A	Deka Intl.	EUR	1,50	2,1	3,6	3,8	4,1			0,8			
Allianz Rentenfonds	Allianz	EUR	2,50	2,0	4,6	6,9	7,7	7,4	7,9	2,8	4,0	7,0	10,3
Postbk.Rend.96+3	Dt. Post Lux	EUR	1,50	2,0	3,6	3,7	4,1			0,8	3,7	3,8	3,9
CB-Pf Euro-Bd medt A	A.L.S.A.	EUR	2,00	2,0	4,1								
Gerling LuxRent	DBIM	EUR	3,00	2,0	5,0	6,5	7,1			3,4	5,0	5,9	6,8
DekaLux 10/96 3Jro A	Deka Intl.	EUR	1,50	1,9	3,4	3,7	4,0			0,8	3,6	3,8	3,9
DekaLux 07/98 3Jro B	Deka Intl.	EUR	1,50	1,9	3,4					0,9			
DekaLux 07/98 3Jro A	Deka Intl.	EUR	1,50	1,9	3,4					0,9			
Trink. Renten Mittel	Inka	EUR	2,00	1,9	3,9					2,5			
Securitas-rent-allf.	Allfonds	DM	3,25	1,7	5,0	6,9	7,8			3,0	6,5	7,7	9,3
Wüst. Rent Plus	Wüstenrot IM	EUR	2,75	1,7	4,5	4,0	4,6			1,7	3,9	4,2	4,5
REX-P	**Benchmark**	**EUR**	**2,90**	**1,6**	**4,5**	**7,3**	**8,0**			**7,3**	**7,6**	**3,1**	
BWK-Rent S	BWK	EUR	0,00	1,6	1,6					2,2			

AC Renten Inland	Axa Colonia	EUR	3,00	1,6	4,6	6,2	7,0	6,3	6,8	2,6	3,2	6,[illegible]	9,7
Konzept privat	BWK	EUR	0,00	1,6	1,6					5,8			
Gerling Rendite	Gerling	EUR	3,00	1,6	4,7	6,0	6,9	6,5	7,0	2,1	4,1	6,6	10,5
Hypo DM-Rent	Hypo-Inv.Lux	EUR	2,50	1,6	4,1	6,5	7,0			2,5	6,1	7,6	8,9
Nordlux Renten dis.	MK Luxinvest	EUR	0,00	1,6	1,6					4,3			
Nordlux Renten cap.	MK Luxinvest	EUR	0,00	1,6	1,6					4,3			
Dir. Neuro DM RentMI	Metzler	EUR	1,50	1,6	3,1					3,9			
DekaLux 07/96 3Jro A	Deka Intl.	EUR	1,50	1,5	3,0	3,7	4,0			0,7	3,7	3,9	4,3
BW-Renta-Universal	Universal	EUR	2,50	1,5	4,1	7,4	8,2	7,5	7,9	3,1	2,6	6,6	10,0
CS CapTr(Lux)DM 2000	CSAM Lux	DM	3,00	1,5	4,6	6,3	6,9			1,9	5,1	5,9	6,6
IGB Berlin Rent	Union	EUR	3,00	1,5	4,5	7,5	8,4			3,8	6,0	6,9	8,1
DekaLux 01/96 3Jro B	Deka Intl.	EUR	0,00	1,5	1,5					1,0			
Liga-Pax-Rent-Union	Union	EUR	3,00	1,5	4,5	6,7	7,6			3,1	5,6	7,1	8,1
Inrenta	DWS	EUR	2,50	1,4	4,0	6,7	7,5	6,9	7,3	2,8	3,8	6,6	9,6
VR-Vermögensfonds	Union	EUR	3,20	1,4	4,6	6,4	7,3	6,6	7,1	2,9	5,5	6,8	7,8
Oppenh. Priva-Rent M	Oppenheim	EUR	3,00	1,3	4,3	5,6	6,4			2,2	5,2	5,6	6,0
BWK-Rent D	BWK	EUR	0,00	1,3	1,3								
DekaLux 04/96 3Jro B	Deka Intl.	EUR	0,00	1,3	1,3					0,9			
Rendite 2000 plus	DBIM	EUR	3,00	1,3	4,3	8,3	9,0			2,4	6,4	8,4	10,0
Stuttgarter Renten	FT	EUR	3,50	1,3	4,8	6,6	7,6	6,6	7,1	2,8	3,3	6,4	8,6
Oppenh. Spezial V	Oppenheim	EUR	3,00	1,2	4,0	5,8	6,5			4,7	4,1	5,7	6,7
Frankf.Sparinrent	Deka	EUR	3,00	1,2	4,2	5,6	6,4			2,3	5,2	6,1	7,5
Aufhäuser Renten	Universal	EUR	3,00	1,2	4,2	5,9	6,7			2,2	4,7	5,9	7,4
RenditDeka	Deka	EUR	3,00	1,2	4,2	6,5	7,4	6,7	7,2	3,0	3,2	6,4	9,8
VLP Euro-Renten	A.L.S.A.	EUR	1,25	1,1	2,4	7,4	7,7			4,8	7,1	7,6	8,6
Hypo-Inv. Mediorent	Hypo-Inv.	EUR	3,00	1,1	4,2	5,6	6,4			2,0	5,0	6,7	8,2
AC Renten InlandPlus	Axa Colonia	EUR	3,00	1,1	4,1	6,5	7,4	6,2	6,7	2,8	3,2	5,9	9,4
Adirenta	Adig	EUR	3,00	1,0	4,0	6,4	7,3	6,5	7,1	2,8	2,9	6,4	11,1
ALSA-Euro-Renten	A.L.S.A.	EUR	2,50	0,9	3,4	8,0	8,5			4,7	7,7	8,3	9,2
Nürnberger Adig R	Adig	EUR	3,00	0,9	4,0	6,9	7,8			3,0	6,3	7,3	8,1
DekaLux-Kap. 3–5: DM	Deka Intl.	EUR	3,00	0,8	3,9	5,6	6,2			2,0	5,4	5,9	6,5
UniEuroZins	Union Lux.	EUR	3,00	0,8	3,9	6,2	6,9			2,8	6,0	6,3	6,9
PM-Trend-B-Universal	Universal	EUR	3,00	0,8	3,8								
UniZins	Union	EUR	3,00	0,8	3,8	6,0	6,9	6,5	7,0	2,8	3,4	6,1	8,7
Stuttg. Bank RentInv	Union	EUR	3,00	0,7	3,7	6,2	7,1			2,8	5,1	6,6	8,0
Eur.-Lux DMrent3–6 B	Europa Inv.	EUR	3,00	0,7	3,8	5,6	6,2			2,1	5,0	5,7	6,2
Eur.-Lux DMrent3–6 A	Europa Inv.	EUR	3,00	0,7	3,8	5,6	6,2			2,2	5,1	5,7	6,2
SMH-Rentenfonds-UBS	UBS Invest	DM	3,00	0,7	3,8	6,2	7,1	5,8	6,3	2,8	1,7	5,9	11,5
HANSArenta	Hansainvest	EUR	3,50	0,7	4,2	6,4	7,4	6,4	6,9	2,3	3,0	6,1	9,6
Oppenh. Portfolio 1	Oppenheim	EUR	3,00	0,7	3,7	5,4	6,2			2,0	5,2	5,5	5,8
Euroland Renta	DBIM	EUR	3,00	0,7	3,7	6,6	7,2			2,9	5,8	6,4	7,2

L

Fonds	Gesellschaft	Währung	Ausgabeaufschlag in Prozent	Anlageergebnis per 31.07.1999 1 Jahr (p.a.) FCS	1 Jahr (p.a.) BVI	5 Jahre (p.a.) FCS	5 Jahre (p.a.) BVI	10 Jahre (p.a.) FCS	10 Jahre (p.a.) BVI	Risikofaktor	Gleit. 60 Mon. p.a. Min.	Durch.	Max.
DM-Bond	Hansa-N.-Lux	EUR	3,50	0,7	4,2	5,2	5,9			1,8	4,8	5,2	5,5
Alpha Fonds	DBIM	EUR	2,50	0,7	3,2	5,5	6,0			3,0	4,9	5,3	5,6
Pro Mundo Fonds	Union	EUR	2,50	0,7	3,2					1,4			
Leo-Fonds	dam	EUR	3,00	0,7	3,7	6,7	7,3			3,4	5,4	6,7	8,4
FPF-Universal-Renten	Universal	EUR	3,00	0,7	3,7	5,2	6,0			2,3	3,9	5,6	7,0
FT Interzins	FT	EUR	3,00	0,6	3,7	5,8	6,6	6,3	6,7	2,6	3,4	6,2	10,1
DIT-Kapital Plus	DIT	EUR	3,00	0,6	3,6	12,0	12,9			6,8			
DekaLux 10/95 3Jro A	Deka Intl.	EUR	1,50	0,6	2,1	3,3	3,6			1,0	3,3	4,1	5,1
Inka-Rent	Inka	EUR	3,00	0,6	3,6	6,0	7,0	6,3	6,8	3,3	3,0	6,1	9,9
HMT-Prorent	HMT	EUR	3,50	0,6	4,1	6,2	7,1			2,7	5,9	7,3	9,1
HIS Renten Deutschl.	Helaba (CH)	EUR	3,00	0,6	3,6					2,6			
Südwestbk.-Interrent	Union	EUR	3,00	0,5	3,5	5,6	6,4			2,5	4,6	6,5	7,9
S-BayRent Deka	Deka	EUR	3,63	0,5	4,1	5,8	6,8			2,8	5,0	6,4	7,9
NB-Rentenfonds OP	Oppenheim	EUR	3,00	0,5	3,4	6,2	7,0	6,3	6,8	2,7	3,3	6,1	8,6
Victoria Rent-Adig	Adig	EUR	3,50	0,5	4,0	6,2	7,2	6,4	7,0	2,9	2,9	6,2	9,0
Vereinte Rendite	DIT	EUR	3,50	0,4	3,9	6,4	7,4	6,9	7,4	3,0	5,4	7,4	9,2
Union Bond Baden	Union	EUR	3,00	0,4	3,4	5,8	6,7			2,5	5,0	6,5	7,3
CB-Pf Euro-Bd lgt A	A.L.S.A.	EUR	2,50	0,4	2,9								
MC Income Fund	Master Inv.	EUR	3,00	0,4	3,4					4,3			
CS PF(Lux)Inc. DM(B)	CSAM Lux	DM	3,00	0,4	3,4	7,7	8,4			5,9	6,1	7,2	8,3
Gotharent-Adig	Adig	EUR	3,60	0,4	4,0	6,2	7,3	6,5	7,1	2,8	3,2	6,3	9,4
LG-Rentenfonds	Deka	EUR	3,00	0,4	3,4	5,7	6,5	6,5	6,9	2,2	5,4	7,1	8,8
Victoria-Eurorent	Victoria	EUR	3,50	0,4	3,8	7,6	8,6			3,4	6,9	7,5	8,3
UBS(D) Rent-Euro	UBS Invest	EUR	3,60	0,4	3,9	6,3	7,3			2,8	5,8	7,1	8,3
DekaGenüsse + Renten	Deka	EUR	3,75	0,3	4,0	6,2	7,2			2,9	6,0	6,9	8,2
DKU-Fonds	Union	EUR	2,50	0,3	2,7					5,3			
WestRendit	WestLB CM	EUR	3,00	0,3	3,3	5,9	6,6	6,0	6,3	2,8	4,6	6,3	7,8
Oppenh. Priva-Rent	Oppenheim	EUR	3,00	0,2	3,2	6,7	7,5	6,5	7,0	3,4	3,0	6,4	10,5
Dt. Vermögensbdg. R	DVG	EUR	3,00	0,2	3,3	6,9	7,9	7,2	7,7	3,0	3,6	6,4	8,8
BfG EuropaRent B	BfG Luxinv.	EUR	3,20	0,2	3,4	4,9	5,5			3,1	3,9	4,6	5,5
Mannheimer Rendite	DIT	EUR	3,75	0,2	4,0	7,6	8,8			3,5	6,1	7,4	8,4
BfG EuropaRent A	BfG Luxinv.	EUR	3,20	0,2	3,4	4,9	5,5			3,1	3,9	4,6	5,4
SMH-OptiRent (Lux)	SMH Inv. Lux	EUR	3,00	0,1	3,2	5,2	5,8			2,5	2,6	4,0	5,8
PSD-Rent-Union	Union	EUR	3,00	0,1	3,2	5,6	6,5			2,7	4,6	5,4	6,2
JB DM Bond B	J.Baer MBond	EUR	5,00	0,1	5,2	6,0	7,1			2,5	4,9	5,9	7,1
PVFrent-allfonds	Allfonds	EUR	2,90	0,1	3,1	6,2	7,1	6,4	6,9	3,0	5,8	7,4	9,1
Trink. Renten Lang	Inka	EUR	3,00	0,1	3,1					4,3			

MMWI-Renakop-Fonds	MMWI	EUR	2,00	0,1	2,1	4,8	5,3	5,6	6,0	1,6	4,8	6,3	7,8
MMWI-Ordo-Renten	MMWI	EUR	3,00	0,1	3,0	5,4	6,2	6,2	6,6	3,0	3,2	6,0	8,8
Degussa Univ.-Renten	Universal	EUR	2,00	0,0	2,1	6,6	7,2			3,1	6,0	7,5	8,7
ARA-Renditefonds	DIT	EUR	3,60	0,0	3,6	6,1	7,1	6,5	7,0	2,9	3,2	6,0	8,6
Zürich Renten D	Zürich Inv.	EUR	4,00	0,0	4,0	6,3	7,4	6,8	7,4	2,7	6,0	7,4	8,9
WWK-Rent-Adig	Adig	EUR	3,90	0,0	4,0	6,2	7,3	6,4	7,0	2,8	5,1	7,0	8,7
Walser Rent Euro	HSBC Trink.	EUR	3,00	0,0	3,0					3,0			
BfG Rentenfonds	BfG Invest	EUR	4,00	0,0	3,9	5,8	6,8	6,3	6,9	2,6	5,0	6,8	8,4
DekaLux 01/96 3Jro A	Deka Intl.	EUR	1,50	0,0	1,5	3,0	3,3			1,0	3,0	3,7	4,7
Barmenia Rendite	DWS	EUR	3,50	0,0	3,4	6,4	7,4	6,7	7,3	2,8	5,3	7,2	8,9
Köln-Renten Deka	Deka	EUR	3,63	0,0	3,6	6,1	7,1	6,5	7,1	2,6	5,6	7,3	9,1
DekaLux-S07/98 5JroA	Deka Intl.	EUR	2,25	0,0	2,2	4,6	5,1			1,7	4,5	4,9	5,3
Bayern LB Balanced	Bayern LB	EUR	3,00	–0,1	3,0	6,0	6,7			4,7	4,3	5,8	6,6
BL-Rent DWS	DWS	EUR	3,60	–0,1	3,5	6,5	7,5	7,0	7,5	2,7	5,9	7,4	8,9
Delbrück Renten	Union	EUR	3,00	–0,1	2,9	6,3	7,0			2,7	5,6	6,9	8,1
Fondilux	A.L.S.A.	EUR	3,00	–0,1	2,9	5,5	6,2	5,6	5,9	3,0	4,8	6,5	8,3
ALSA-Rent	A.L.S.A.	EUR	3,00	–0,1	2,9	5,5	6,1			3,0	5,4	5,9	6,4
AL Trust Fonds R	AL Trust	EUR	4,00	–0,1	3,9	5,6	6,7	6,6	7,2	2,8	4,1	6,8	8,6
MK Rentex Fonds	MK	EUR	4,17	–0,2	4,0	7,1	8,2	6,4	7,0	4,1	4,7	6,4	10,0
Ideal-rent-allfonds	Allfonds	EUR	3,25	–0,2	3,1	5,7	6,6			3,0	5,4	6,6	8,2
Helvetia Rentenfonds	FT	EUR	3,00	–0,2	2,8	6,4	7,3			3,3	5,1	6,9	8,5
DekaLux 04/96 3Jro A	Deka Intl.	EUR	1,50	–0,2	1,3	3,2	3,5			0,9	3,2	3,8	4,4
BBV-Fonds-Union	Union	EUR	3,00	–0,2	2,8	6,2	7,1	6,4	6,9	3,2	5,0	6,6	8,0
Albingia Rendite	DWS	EUR	3,63	–0,3	3,3	6,5	7,5	7,0	7,6	2,8	3,6	6,7	9,0
Vermögens-Ertrag-F.	DIT	EUR	4,00	–0,3	3,7	7,2	8,4	6,5	7,1	4,0	1,8	6,1	10,9
DekaLux-proMissioA/A	Deka Intl.	EUR	3,00	–0,3	2,7					3,6			
ALLpens-Techno-Rent	Hypo-Inv.Lux	EUR	5,00	–0,3	4,7					2,9			
Citibk Rendite Union	Union	EUR	3,00	–0,4	2,6	5,7	6,6	6,3	6,7	2,9	5,1	6,4	7,4
BB-DMrent-Invest	BB-Invest	EUR	3,00	–0,4	2,6	6,1	6,9			3,1	5,7	6,9	8,0
MK Rentak Fonds	MK	EUR	4,17	–0,4	3,8	6,6	7,7	6,6	7,2	3,7	3,7	6,1	9,3
Oppenh. Priva-Rent L	Oppenheim	EUR	3,00	–0,4	2,5	7,6	8,5			4,9	6,8	7,3	8,6
BHF-Dlandzins Lux	BHF Invest	EUR	3,00	–0,5	2,5	5,3	5,9			2,6	5,0	5,5	6,3
Veri-Coupons Fonds	Veritas SG	EUR	4,00	–0,5	3,5	5,5	6,5			2,9	4,6	5,7	6,7
DIT-Lux Eurold.RentT	dam	EUR	3,00	–0,5	2,5	4,8	5,4			2,2	4,1	4,9	5,7
UniBond L	Union	EUR	3,00	–0,5	2,5	7,5	8,5			4,6	7,0	7,8	8,8
Nürnberger Renten	DWS	EUR	4,17	–0,6	3,5	6,4	7,5	6,8	7,4	2,8	2,5	5,9	8,9
UnicoUF EUR-Renten B	Unico	EUR	3,00	–0,6	2,4					1,8			
UnicoUF EUR-Renten A	Unico	EUR	3,00	–0,6	2,3	4,5	5,1			1,8	4,5	6,6	8,1
Berenberg-Renten	Universal	EUR	3,50	–0,6	2,9	5,4	6,3	5,9	6,4	2,7	3,7	6,3	11,5
VolkswohlBd Rend.-CS	CSAM KAG	EUR	4,00	–0,6	3,3	6,7	7,8	6,7	7,3	3,1	5,5	7,3	8,8
Adireth	Adig	EUR	3,00	–0,7	2,3	6,7	7,4			3,1			

Fonds	Gesellschaft	Währung	Ausgabeaufschlag in Prozent	Anlageergebnis per 31.07.1999 1 Jahr (p.a.) FCS	BVI	5 Jahre (p.a.) FCS	BVI	10 Jahre (p.a.) FCS	BVI	Risikofaktor	Gleit. 60 Mon. p.a. Min.	Durch.	Max.
Vont. CapGnBd Euro B	Vontobel	EUR	3,00	–0,9	2,1								
UBS(CH)SF-Yield DEM	UBS	DM	4,00	–0,9	3,0	7,5	8,3			4,5	5,8	6,9	8,1
Gerling Zins	Gerling	EUR	3,75	–1,0	2,7	5,0	6,0	5,4	5,9	3,0	4,5	5,9	7,5
Oppenh. Spezial IV	Oppenheim	EUR	3,00	–1,0	1,8	4,8	5,5	5,3	5,8	2,8	4,7	5,9	7,1
Oppenh. Spezial I	Oppenheim	EUR	3,00	–1,1	1,9	5,9	6,8	5,3	5,7	3,4	1,2	5,3	12,3
UniOptima	Union Lux.	EUR	3,00	–1,1	1,8	4,2	4,8			1,9			
GT Dt. Rentenfonds	Invesco KAG	EUR	3,50	–1,2	2,3	5,6	6,5			3,3	5,5	6,5	7,7
Condor-Fonds-Union	Union	EUR	5,00	–1,2	3,8	9,5	11,1	8,3	9,2	4,5	5,8	8,4	10,3
Oppenh. Dispo-Bond	Oppenh.Intl.	EUR	3,00	–1,3	1,7	6,4	7,0			3,2	6,2	6,8	7,8
Hanse-Merkur Rent GT	Invesco KAG	EUR	3,50	–1,5	1,9	5,9	6,9			4,3	4,7	6,3	7,8
DekaLux-S10/98 5JroA	Deka Intl.	EUR	2,25	–1,7	0,5	4,4	4,9			1,7	4,3	4,6	5,0
Trink. Euro high-yld	HSBC Trink.	EUR	3,00	–1,7	1,2					6,3			
Ring-Rentenfonds	DWS	EUR	4,71	–1,8	2,8	6,1	7,3	6,3	6,9	2,9	3,2	6,1	8,9
Lux Global Re-Invest	HSBC Trink.	EUR	3,00	–1,9	1,0	5,0	5,6			7,2	2,9	5,3	6,3
Aktiv Rent HI	Hypo-Inv.	EUR	5,00	–2,0	2,9								
Frontr.I Euro Bond	Frontrunner	EUR	3,00	–2,1	0,9					3,6			
Euro-Wachstum-Fonds	HSBC Trink.	EUR	2,00	–2,2	–0,2	3,7	4,1			1,4	3,5	3,8	4,2
CS PF(Lux)Inc. DM(A)	CSAM Lux	DM	3,00	–2,2	0,7	7,2	7,8			6,2	6,2	8,1	
ProviRent Deka	Deka	EUR	3,63	–2,2	1,3	8,7	9,8			6,0	7,5	8,7	10,3
MerckFinck 25 B	Merck Finck	EUR	3,75	–2,4	1,3					4,4			
CB-Rent-Spezial-Adig	Adig	EUR	2,00	–2,4	–0,7								
BerolinaRent Deka	Deka	EUR	3,63	–2,4	1,2	7,0	8,0			4,9	5,6	7,7	9,5
AAF Euro Bond Distr.	ABN AMRO Lux	EUR	5,25	–2,5	2,6	5,6	6,7			3,0			
SK Top Invest Deka	Deka	EUR	3,25	–2,6	0,6								
Metzler Renten Plus	Metzler	EUR	3,00	–2,6	0,3	6,4	7,2	6,6	7,0	3,8	3,8	6,5	9,6
SBC (Ger)FloorFd. UI	Universal	EUR	4,00	–2,8	1,1	6,8	7,9			3,6	6,1	7,1	8,0
MerckFinck-Univ-Rent	Universal	EUR	3,75	–3,2	0,5	6,3	7,3			4,4	5,6	6,7	8,0
LVM-Fonds-Union	Union	EUR	5,00	–3,9	1,0	6,6	7,9	6,6	7,3	4,3	4,9	6,2	7,6
SMH-OptiPlus (Lux)	SMH Inv. Lux	EUR	3,00	–4,5	–1,6	7,2	7,8			5,0	6,5	7,2	7,8
Anlageschwerpunkt: Renten International													
MercST Yen GlobBd A	Mercury AM	USD	5,26	15,7	21,8	2,8	3,9	6,2	6,8	10,8	–2,2	6,9	14,5
Rorento N.V.	Rorento N.V.	EUR	0,00	13,0	13,0	9,9	9,9	8,6	8,6	5,7	4,9	7,9	11,2
Pion. Global Bd USD	Pioneer Ltd.	USD	3,63	7,9	11,9					6,0			

DWS Int. Renten O	DWS	EUR	0,00	6,5	6,6					5,8			
Nordcumula	Nordinvest	EUR	3,50	6,3	10,2	8,1	9,2	4,5	5,1	7,4	–2,6	3,5	9,4
PEH Q-Renten-Welt	PEH Quint.	EUR	4,00	6,3	10,6	10,8	11,6			7,4			
DekaTeam-GlobalBond	Deka Ireland	EUR	0,00	6,1	6,1								
CC-Rent Global OP	Oppenheim	EUR	0,00	6,1	6,1								
MS Global Bond I	Morgan Stan.	USD	0,00	6,0	6,0	9,0	9,0			6,3			
Sal.Bros. GovtBond Welt	**Benchmark**	**EUR**	**3,60**	**5,7**	**9,5**	**8,7**	**9,5**			**5,5**			
MAT Int. Rentenfonds	Maintrust	EUR	3,09	5,7	9,0	8,3	9,2	6,7	7,2	5,1	3,7	6,8	9,6
UniRenta -net-	Union	EUR	0,00	5,3	5,3								
Panda Rendite DWS	DWS	EUR	3,00	5,3	8,6								
Schrod. Glob. Bond C	Schroders	USD	3,09	5,2	8,4					7,5			
UniRenta	Union	EUR	3,00	4,1	7,3	8,2	9,3	6,9	7,5	4,9	3,2	6,6	9,6
Oppenh. Interlux A	Oppenh.Intl.	EUR	3,00	4,0	7,1					5,3			
Berenberg-Rent-Intl.	Universal	EUR	3,50	3,8	7,5					4,5			
Oppenh. Interlux B	Oppenh.Intl.	EUR	3,00	3,8	6,9	7,6	8,2	6,1	6,4	5,2	4,0	5,6	8,2
Pro Fonds Inter-Bd B	Pro Fonds	SFR	3,00	3,8	6,9	10,2	10,9			6,5			
Pro Fonds Inter-Bd A	Pro Fonds	SFR	3,00	3,8	6,9	10,3	10,9			6,8			
Renten Internat. HI	Hypo-Inv.	EUR	1,00	3,7	4,7								
FidF Intern. Bond	Fidelity	USD	3,50	3,7	7,4	7,2	7,9			7,8	2,4	5,6	8,6
BWK-Württ. Int. Rent	BWK	EUR	3,60	3,6	7,4	7,4	8,5			5,7	4,3	5,9	7,8
BfG Zinsglobal	BfG Invest	EUR	4,00	3,6	7,8	7,6	8,8	5,3	5,9	4,7	1,7	4,8	7,6
Gartm. Global Bond	Gartmore	USD	3,00	3,5	6,7	7,6	8,2	5,6	5,9	5,0	–2,6	4,0	9,6
DekaZins-internatl.	Deka	EUR	2,50	3,5	6,2	6,6	7,3			4,5	4,5	5,8	7,3
UniplusRenta	Union Lux.	EUR	3,00	3,5	6,6	8,6	9,2			4,7	5,5	7,2	9,1
SKWB Schoe. EuroAlt	SKWB-Invest	EUR	3,00	3,3	6,4					6,0			
Adirewa	Adig	EUR	3,00	3,3	6,3	8,3	9,2	5,7	6,2	5,1	2,1	5,6	8,6
Trink. Renten Global	Inka	EUR	3,00	3,3	6,4								
Schrod. HedgGlobBd C	Schroders	USD	3,09	3,2	6,4					23,3			
BfG GlobalRent A	BfG Luxinv.	EUR	3,00	3,0	6,0	6,9	7,5			4,9	3,2	5,0	7,1
BfG GlobalRent B	BfG Luxinv.	EUR	3,00	3,0	6,0	6,9	7,5	5,7	6,0	4,9	3,0	5,1	7,2
Postbk.Rend.Global	Dt. Post Lux	EUR	2,00	2,9	5,0					4,1			
AC Renten Global	Axa Colonia	EUR	3,50	2,9	6,5	7,5	8,5	6,8	7,3	5,0	5,1	6,8	9,6
Frontr.I GlobBd DKK	Frontrunner	DKR	3,00	2,9	6,0	6,8	7,5			4,5	5,4	6,9	8,0
Kölner-Rentenfonds	Union	EUR	3,50	2,9	6,5	7,4	8,4			5,5	4,4	6,6	9,5
Interbond	Hansa-N.-Lux	EUR	3,50	2,8	6,4	7,3	8,0	6,4	6,8	4,6	4,4	6,1	8,3
Frontr.I GlobBd EUR	Frontrunner	EUR	3,00	2,7	5,8	5,8	6,4			4,5	4,1	5,2	6,3
Adiglobal	Adig	EUR	3,00	2,7	5,8	8,0	9,0			5,9	3,9	6,2	8,9
Schrod. Glob. Bond A	Schroders	USD	5,26	2,7	8,0	6,2	7,3			7,0	2,9	4,3	6,3
UBS(LU)SF-FixI USD B	UBS Lux	USD	3,00	2,6	5,7	8,3	9,0			7,7	4,7	6,8	9,2
Inter-Renta	DWS	EUR	3,00	2,6	5,7	7,8	8,8	7,1	7,6	5,5	4,9	7,0	10,4
Flem.FF Intl. Bond	Fleming	USD	3,09	2,5	6,2	7,8	8,6	6,6	6,9	6,4	3,5	6,8	10,7

Fonds	Gesellschaft	Währung	Ausgabeaufschlag in Prozent	Anlageergebnis per 31.07.1999 1 Jahr (p.a.) FCS	1 Jahr (p.a.) BVI	5 Jahre (p.a.) FCS	5 Jahre (p.a.) BVI	10 Jahre (p.a.) FCS	10 Jahre (p.a.) BVI	Risikofaktor	Gleit. 60 Mon. p.a. Min.	Durch.	Max.
UBS(LU)SF-Yld USD B	UBS Lux	USD	4,00	2,3	6,4	9,5	10,4			8,4	4,8	8,1	11,8
ACM GI Glob. Bond BX	Alliance Lux	USD	0,00	2,3	4,3								
HANSAinternational	Hansainvest	EUR	3,50	2,1	5,7	7,8	8,8	6,2	6,7	4,7	0,9	5,6	8,8
H&A Lux Global-Rent	HAIG	EUR	2,00	2,0	4,1	4,5	4,9			3,7	3,1	4,1	4,8
Unico Investment	Unico Invest	EUR	3,00	2,0	5,1	5,7	6,3	4,8	5,1	4,8	2,4	5,6	11,9
Parv. Int. Bonds C	Paribas Lux	USD	4,00	2,0	6,1	5,6	6,4			5,2	2,7	5,5	13,0
Adilux	A.L.S.A.	EUR	3,00	2,0	5,1	7,0	7,6	5,6	5,9	4,7	3,0	5,2	7,3
ALSA-BIT	A.L.S.A.	EUR	3,00	1,9	5,0	7,0	7,7			4,7	4,3	5,7	7,2
BW-Renta-Internatl.	Universal	EUR	2,50	1,8	4,4	7,5	8,3	6,4	6,8	5,4	4,5	6,4	8,5
JB MI-Fds InterBd. B	J.Baer MCoop	SFR	2,76	1,7	4,8								
ACM GI Glob. Bond B	Alliance Lux	USD	0,00	1,7	3,7								
Walser Rent Global	HSBC Trink.	EUR	3,00	1,7	4,8					4,0			
DekaRent-internatl.	Deka	EUR	3,00	1,7	4,7	7,7	8,6	6,6	7,1	5,2	2,6	6,4	9,3
MercST USD GlobBd A	Mercury AM	USD	5,26	1,7	7,0	10,4	11,6	6,1	6,7	8,4	–0,1	5,4	11,2
SunLife Global Bond	Sun Life	USD	6,38	1,7	8,2	6,6	8,0	5,1	5,8	8,4	2,1	4,2	7,7
Inter. Rentenfonds	DIT	EUR	3,00	1,7	4,8	8,5	9,7	6,7	7,3	5,6	2,0	6,6	12,8
BB-Multirent-Invest	BB-Invest	EUR	3,00	1,6	4,6	8,3	9,2	6,4	7,0	5,2	3,7	6,2	9,0
Allianz Rent Int. S	Allianz	EUR	3,75	1,6	5,5								
SchmidtBk Glob.-Rent	Franken Inv.	EUR	3,00	1,5	4,6	7,5	8,4			4,4	5,4	7,1	8,6
Inka-Rendite	Inka	EUR	3,00	1,5	4,6	9,3	10,4	7,2	7,7	5,7	4,0	7,0	10,0
LG-Intl.-Rentenfonds	Deka	EUR	3,00	1,5	4,6	7,3	8,2	6,1	6,5	4,8	3,4	6,0	8,3
Nordrenta Intl.	Nordinvest	EUR	3,50	1,5	5,1	7,5	8,7	5,9	6,5	6,1	1,7	5,5	9,1
Allianz Inter-Rent	Allianz	EUR	3,75	1,4	5,2	8,2	9,4	7,2	7,8	5,1	5,0	7,0	9,3
Inka-Re-Invest	Inka	EUR	3,00	1,3	4,4	4,6	5,4	4,5	4,9	5,5	1,3	4,1	7,0
Fondirent	Adig	EUR	3,00	1,2	4,3	6,8	7,8	5,9	6,5	4,2	3,7	6,2	8,9
Lazard GB Divers.Bd.	Lazard	USD	5,00	1,2	6,2					5,5			
Zürich Inter-Renten	Zürich Inv.	EUR	4,00	1,1	5,2	7,6	8,8			4,5	5,0	6,5	8,4
JB MI-Fonds 30 B	J.Baer MCoop	SFR	2,76	1,0	4,0					5,8			
Lazard GB Intl. Bond	Lazard	GBP	5,00	0,9	6,0					8,7			
Schrod. HedgGlobBd A	Schroders	USD	5,26	0,7	6,0					23,0			
DIT-Lux Staatsanl. B	dam	EUR	3,00	0,6	3,7	7,1	7,7			5,7	4,5	6,6	8,6
DIT-Lux Staatsanl. A	dam	EUR	3,00	0,6	3,6	7,1	7,7			5,7	4,5	6,5	8,6
Hypo Lux Interbond	Hypo-Inv.Lux	EUR	3,00	0,6	3,6	8,6	9,2	6,6	6,9	4,6	4,1	7,0	9,5
Carls.Bd Intl. Bd. A	Carlson	USD	1,00	0,5	1,5	5,7	5,9			5,9	3,2	4,8	7,0
InvGT Bond Fund A	InvescoGT AM	USD	5,25	0,4	5,7	10,6	11,7			7,9	6,6	9,8	12,8
GAMAX Maxi-Bond A	GAMAX	EUR	3,63	0,4	4,1	6,1	6,9			5,3			
JB Global Bond B	J.Baer MBond	EUR	5,00	0,3	5,3	7,6	8,6			5,6	3,6	5,7	7,9

TempGS Glob.Bd EUR A	Templeton GS	EUR	3,09	0,2	3,3	7,4	8,0			6,1	5,0	7,0	9,3
GIF II Global Bond T	Indosuez	USD	5,82	0,1	5,9	8,9	10,1			6,2	3,2	6,6	10,1
VEGP Global Bond	Von Ernst	USD	5,26	0,0	5,3	6,6	7,7			5,5	0,4	3,6	7,2
UBS(D) Rent-Intern.	UBS Invest	EUR	3,60	–0,1	3,4	7,7	8,6			4,5	4,9	6,8	8,7
UBS(LU)SF-FixI CHF B	UBS Lux	SFR	3,00	–0,3	2,7	4,0	4,6			3,7	3,3	4,9	7,2
Profirent S.A.	Unico	EUR	3,00	–0,4	2,6	7,4	8,1			4,2	4,2	6,1	7,8
Sar. BondSar	Sarasin Inv.	EUR	3,50	–0,5	3,0	6,7	7,4			4,4	5,6	6,8	7,6
DWS Rendite Spezial	DWS	EUR	3,00	–0,6	2,7	5,9	6,9			10,1	2,8	7,0	9,4
FT Accuzins	FT	EUR	3,00	–0,6	2,4	7,4	8,3	7,8	8,3	4,9	5,4	8,1	2,0
DWS(CH)-Renten	DWS Schweiz	SFR	3,00	–0,6	2,4					4,5			
PEH-Universal IR	Universal	EUR	2,00	–0,7	1,3	8,0	8,6			4,0	7,8	9,4	11,7
Rendite Extra Europa	DBIM	EUR	3,00	–0,8	2,2	5,6	6,2			9,6	1,2	3,9	5,6
InvPS Glob. Bond dis	Invesco	USD	5,00	–0,9	4,2								
CI Global Bd Account	Citinv. Lux	USD	4,00	–1,0	3,0	7,9	8,8			8,0	4,1	6,1	8,7
Vont. Bal.Pf. Euro B	Vontobel	EUR	4,50	–1,0	3,5					6,6			
Platina Renten Intl.	Universal	EUR	2,50	–1,0	1,4								
MB-International-DVG	DVG	EUR	5,00	–1,1	3,9	8,8	10,1			4,2	7,0	7,9	9,1
UBS(LU)SF-Yld CHF B	UBS Lux	SFR	4,00	–1,1	2,8	5,7	6,6			4,2	4,3	6,7	9,1
Metzler Renten Intl.	Metzler	EUR	4,50	–1,3	3,2	6,0	7,1			5,3	4,2	6,0	8,5
WFBV-Univ.-Bondvalue	Universal	EUR	3,00	–1,3	1,6								
RWS-Rendite-MI	Metzler	EUR	5,00	–1,4	3,5	6,9	8,3			5,9	5,3	6,2	7,4
MercST SFR GlobBd A	Mercury AM	SFR	5,26	–1,5	3,7	4,9	6,0			4,2	4,5	4,8	5,5
ACM GI Glob. Bond AX	Alliance Lux	USD	6,67	–1,6	5,0								
DIT-Lux Bondspez. A	dam	EUR	3,00	–1,8	1,1	8,6	9,2	6,8	7,1	8,8	4,0	6,8	11,2
DIT-Lux Bondspez. B	dam	EUR	3,00	–1,8	1,1	8,6	9,3			8,8	4,5	8,1	11,2
ACM GI Glob. Bond A	Alliance Lux	USD	6,67	–1,8	4,7								
JB ERSTE Bond Fund B	J.Baer MBond	EUR	5,00	–1,9	3,1	6,6	7,7			4,4	5,4	6,7	8,5
AAF Global Bond	ABN AMRO Lux	USD	5,25	–2,1	3,1					7,5			
Universa-Renten-MI	Metzler	EUR	5,00	–2,2	2,7	6,5	7,8			5,4	4,8	6,4	8,6
TempGS Glob.Income A	Templeton GS	USD	3,09	–2,3	0,7	6,9	7,5			8,5	3,6	6,4	10,4
Nordrent-Spezial	Nordinvest	EUR	1,00	–2,3	–0,7								
Baring Sterlg Wld Bd	Baring IFM	GBP	5,00	–2,4	2,4								
MK Interrent	MK	EUR	5,26	–2,7	2,5	6,3	7,7	4,3	5,0	5,6	1,3	4,5	7,7
TIF Global Bond 3	Threadneedle	GBP	5,26	–2,9	2,3								
MercST EuroGlobBd A	Mercury AM	EUR	5,26	–3,0	2,1	5,6	6,7	7,5	8,0	3,5	5,2	7,7	10,1
Baring GlobBd Trust	Baring FM	GBP	5,00	–3,5	0,9	11,3	12,3			10,1			
DIT-Lux Int. Rent AF	dam	EUR	0,00	–3,7	–3,7								
BHF-Weltzins Lux	BHF Invest	EUR	3,00	–4,1	–1,2	7,5	8,1			6,5	5,0	6,3	7,7
GAM St.Tot.Bd EUR/Ac	GAM	EUR	5,26	–5,7	–0,7	5,7	6,8			5,5	5,0	6,2	7,3
GT Intl. Rentenfonds	Invesco KAG	EUR	3,50	–6,9	–3,7	4,9	5,8			5,3	4,9	6,3	7,4
InvGT Strategic Bd A	InvescoGT AM	USD	5,25	–7,7	–3,0	11,6	12,8			13,3			

Fonds	Gesellschaft	Währung	Ausgabeaufschlag in Prozent	Anlageergebnis per 31.07.1999: 1 Jahr (p.a.) FCS	1 Jahr (p.a.) BVI	5 Jahre (p.a.) FCS	5 Jahre (p.a.) BVI	10 Jahre (p.a.) FCS	10 Jahre (p.a.) BVI	Risikofaktor	Gleit. 60 Mon. p.a. Min.	Durch.	Max.
Anlageschwerpunkt: Renten mehrere europäische Währungen													
AAF Europe Bond	ABN AMRO Lux	USD	5,25	6,2	11,7	11,4	12,5			8,3			
Zürich LuxRent	DBIM	EUR	4,00	5,0	9,2	5,4	6,2			1,8	3,6	4,5	5,4
Deka-EuropaBond	Deka	EUR	0,00	3,6	3,6								
Gerling Global Rent	Gerling	EUR	3,75	3,4	7,3	8,2	9,3	7,0	7,6	5,0	4,8	6,9	9,1
UniEuropaRenta -net-	Union	EUR	0,00	3,3	3,3								
DWS Europ. Renten O	DWS	EUR	0,00	3,2	3,2					4,2			
MS Euro Strat.Bond I	Morgan Stan.	EUR	0,00	3,0	3,0	9,9	9,9			4,3			
DIT-Lux Europazins K	dam	EUR	2,50	2,5	5,1					2,8			
Wüst. Globalrent	Wüstenrot IM	EUR	3,00	2,3	5,3	8,8	9,5	6,4	6,7	4,6	2,7	6,0	9,1
FidF Euro Bond	Fidelity	EUR	0,00	2,1	2,1	8,4	8,4			7,2	6,1	8,2	11,4
Sant. Eur.Renten OP	Oppenheim	EUR	0,00	1,8	1,8	7,6	7,8			4,1	6,2	7,3	8,1
DIT-Eurozins	DIT	EUR	3,00	1,7	4,7	10,3	11,5	8,1	8,7	4,7	5,1	7,9	10,4
Trendc. EU-Bond	Universal	EUR	3,50	1,6	5,2					4,6			
BHF-Europazins Lux	BHF Invest	EUR	3,00	1,6	4,6	7,9	8,6			3,8	5,8	7,1	8,8
NB-Eurorent DIT	DIT	EUR	3,00	1,6	4,6	9,8	10,9	7,6	8,2	4,7	4,7	7,4	9,8
MM Warburg-LuxBond	MM Warb.-Lux	DM	3,00	1,5	4,5	6,1	6,7	5,6	5,9	4,7	3,9	4,9	6,8
Eurorenta	DBIM	EUR	3,00	1,3	4,4	9,7	10,4	7,8	8,1	4,0	4,8	7,5	10,3
Oppenh. Rendakta	Oppenheim	EUR	3,00	1,3	4,3	7,3	8,3	5,6	6,1	3,8	3,1	5,1	9,1
DEVK-Sparda-Rent-CS	CSAM KAG	EUR	3,50	1,2	4,8	5,8	6,8			2,8	4,0	5,3	6,5
UniEuropaRenta	Union Lux.	EUR	3,00	1,2	4,2	8,0	8,7	7,0	7,3	3,8	4,9	6,9	8,5
FidF PS Moder. Grwth	Fidelity	EUR	3,50	1,1	4,6					8,3			
DWS Euro Strategie R	DWS	EUR	2,50	1,0	3,5					2,7			
Sal. Bros. GovtBond European		EUR	3,50	0,9	4,5	9,7	10,4			4,1			
DekaLux-Bond	Deka Intl.	EUR	3,00	0,9	3,9	7,4	8,0	7,0	7,3	3,5	5,4	7,4	8,9
MK Lux Eurorent Cap.	MK Luxinvest	EUR	3,63	0,6	4,2	8,0	8,8			4,7	6,6	7,4	8,8
SchmidtBk Rend. 1998	Franken Int.	EUR	2,00	0,5	2,5	6,0	6,4			5,2	4,4	5,4	6,4
Wüst. Europarent	Wüstenrot IM	EUR	3,00	0,5	3,5	6,7	7,3	6,1	6,4	3,1	4,5	5,8	7,2
HIS Renten Intern.	Helaba (CH)	EUR	3,00	0,5	3,5					3,4			
Hypo Euro-Bond	Hypo-Inv.Lux	EUR	3,00	0,4	3,5	7,6	8,2			3,2	6,2	7,7	8,9
CS Renten I	CSAM KAG	EUR	3,00	0,3	3,2	5,8	6,6	5,7	6,1	3,3	3,7	5,5	7,0
CS CapTr(Lux)Eur2000	CSAM Lux	EUR	3,00	0,2	3,2	7,3	7,9			2,2	5,3	6,7	7,8
Adiropa	Adig	EUR	3,00	0,1	3,0	7,0	7,9			3,8	5,0	6,3	8,2
Magdeburger Wert	DIT	EUR	4,00	0,0	3,9	9,0	10,3	7,4	8,1	4,4	1,0	6,1	9,4
UBS(LU)MTermBF-EUR B	UBS Lux	EUR	3,00	–0,1	3,0					2,3			

MK Lux Eurorent Dis.	MK Luxinvest	EUR	3,63	–0,1	3,5	8,0	8,8			4,6	6,6	7,4	8,8
Euronordrenta	Nordinvest	EUR	3,50	–0,2	3,4	6,8	7,9			3,2	5,6	6,7	[illegible]
MAT Euro Plus	Maintrust	EUR	3,09	–0,2	2,8					3,6			
Vont. Euro Bond B	Vontobel	EUR	3,00	–0,2	2,8	8,1	8,8			3,8	7,4	8,3	[illegible]
DIT-Lux Europa RentT	dam	EUR	3,00	–0,2	2,8	7,4	8,0			3,9	5,7	6,8	[illegible]
Parv. Balancd Euro C	Paribas Lux	EUR	4,00	–0,3	3,7								
Eufi-Rent (A)	EUFIGEST	EUR	3,00	–0,4	2,6	8,0	8,6			3,7	4,0	6,7	8,6
UBS(LU)BF-EUR A	UBS Lux	EUR	3,00	–0,4	2,6	8,5	9,1			3,8	7,2	8,6	9,9
UBS(LU)BF-EUR B	UBS Lux	EUR	3,00	–0,4	2,6	8,5	9,2			3,8	7,2	8,6	10,0
MercST European Bd A	Mercury AM	EUR	5,26	–0,6	4,6	8,7	9,9			4,4			
VolkswohlBd intl.-CS	CSAM KAG	EUR	4,00	–0,6	3,4	6,7	7,8	5,7	6,3	5,1	3,5	5,2	7,7
Gartm. European Bond	Gartmore	EUR	3,00	–0,8	2,2	6,8	7,5	6,3	6,6	3,7	1,5	5,8	9,3
Maffei Interrent OP	Oppenheim	EUR	3,50	–0,8	2,7	7,1	8,0	6,1	6,6	4,4	4,3	5,9	7,7
Trink. LuxrentEuropa	HSBC Trink.	EUR	3,00	–1,0	2,0	6,0	6,6			3,8	5,4	6,1	7,1
Parv. Conserv Euro C	Paribas Lux	EUR	4,00	–1,0	3,0								
GT Euro. Rentenfonds	Invesco KAG	EUR	3,50	–1,1	2,4	6,8	7,8			4,3	5,2	6,1	7,2
Schrod. Europ.Bond C	Schroders	EUR	3,09	–1,2	1,9					7,7			
Flem.FF Euro Bond	Fleming	EUR	3,09	–1,4	2,2					3,3			
UBS(LU)SF-Yld EUR B	UBS Lux	EUR	4,00	–1,7	2,3	8,1	8,9			4,5	6,8	8,5	10,6
Allianz Flexi-Renten	Allianz	EUR	3,50	–1,7	1,7	10,9	12,0			6,3	7,1	10,1	11,8
JB Europe Bond B	J.Baer MBond	EUR	5,00	–2,0	2,9	8,4	9,5			4,3	6,0	7,6	8,9
UBS(LU)SF-FixI EUR B	UBS Lux	EUR	3,00	–2,1	0,9	5,9	6,5			3,0	5,3	6,3	7,5
Parv. Obli-Euro C	Paribas Lux	EUR	4,00	–2,1	1,8								
Parv. Europ. Bond C	Paribas Lux	EUR	4,00	–2,1	1,8	7,7	8,5			3,9	6,1	7,6	9,1
InvPS European Bond	Invesco	EUR	5,00	–2,5	2,4					4,3			
AAF Euro Bond	ABN AMRO Lux	EUR	5,25	–3,0	2,1								
TIF European Bond 3	Threadneedle	EUR	5,26	–3,0	2,1								
DIT-Lux BdSpezEuropa	dam	EUR	3,00	–3,1	–0,2								
CP Europ. Curr. Bond	Citiport Lux	EUR	5,00	–3,5	1,3	7,1	8,2	6,4	6,9	4,2	4,1	6,1	8,2
Schrod. Europ.Bond A	Schroders	EUR	5,26	–3,6	1,5					7,6			
TIF European Bond 1	Threadneedle	GBP	5,26	–3,9	1,2								
GIF II European Bd T	Indosuez	EUR	5,82	–4,2	1,3	8,6	9,9			4,8	5,4	7,8	9,1
VEGP Euro. Fix. Int.	Von Ernst	EUR	5,26	–5,4	–0,4	4,9	6,0			4,0	1,3	4,0	6,7

Anlageschwerpunkt: Renten einzelne europäische Währungen

InvGT Gilt Fund A	InvescoGT AM	GBP	5,25	5,8	11,3					9,8			
TIF Sterling Bond 3	Threadneedle	GBP	5,26	5,0	10,6								
Gartm. Sterl. Bond	Gartmore	GBP	3,00	5,0	8,2	13,1	13,8	8,4	8,7	9,3	–1,4	6,3	13,3

Fonds	Gesellschaft	Währung	Ausgabeaufschlag in Prozent	Anlageergebnis per 31.07.1999 1 Jahr (p.a.) FCS	BVI	5 Jahre (p.a.) FCS	BVI	10 Jahre (p.a.) FCS	BVI	Risikofaktor	Gleit. 60 Mon. p.a. Min.	Durch.	Max.
UBS(LU)BF-GBP A	UBS Lux	GBP	3,00	4,4	7,5	13,6	14,3			9,2	7,2	11,2	13,9
UBS(LU)BF-GBP B	UBS Lux	GBP	3,00	4,4	7,5	13,6	14,3			9,2	7,2	11,3	13,9
FidF Sterling Bond	Fidelity	GBP	3,50	4,3	8,0	12,2	13,0			9,4	1,7	7,5	12,9
Lazard GB St.HighInc	Lazard	GBP	5,00	4,1	9,3					9,3			
Flem.FF Sterling Bd	Fleming	GBP	3,09	3,9	7,6	13,8	14,6			9,8	7,8	11,6	14,1
TIF Sterling Bond 1	Threadneedle	GBP	5,26	3,7	9,2								
Frontr.I Sterlg Bond	Frontrunner	GBP	3,00	3,6	6,7	12,2	12,9			9,2	1,6	6,7	12,5
Parv. Obli-Sterlg C	Paribas Lux	GBP	4,00	3,5	7,7	11,6	12,5			8,5	2,7	7,1	12,4
Carls.Bd SEK Long A	Carlson	SKR	1,00	2,6	3,6	13,6	13,8			8,4	5,7	10,2	14,5
DWS(CH)-Bond(SFR)	DWS Schweiz	SFR	3,00	2,4	5,5					4,6			
Vont. SwissFrancBd B	Vontobel	SFR	3,00	2,1	5,1	5,5	6,1			4,8	4,7	7,2	9,7
CS CapTr(Lux)SFR2000	CSAM Lux	SFR	3,00	2,0	5,0	5,0	5,7			4,0	3,8	5,3	7,8
UBS(LU)BF-CHF A	UBS Lux	SFR	3,00	1,9	5,0	5,0	5,6			4,6	4,1	7,0	8,9
UBS(LU)BF-CHF B	UBS Lux	SFR	3,00	1,9	5,0	5,0	5,6			4,6	4,1	7,1	8,9
UBS(LU)MTermBF-CHF B	UBS Lux	SFR	3,00	1,6	4,7					4,5			
UBS(LU)MTermBF-CHF A	UBS Lux	SFR	3,00	1,6	4,7					4,5			
CS CapTr(Lux)FF 2000	CSAM Lux	FF	3,00	1,0	4,1	6,6	7,2			2,2	4,7	6,0	6,9
Sal. Bros. GovtBond European	**Benchmark**	**EUR**	**3,50**	**0,9**	**4,5**	**9,7**	**10,4**			**4,1**			
CS PF(Lux)Inc.SFR(B)	CSAM Lux	SFR	3,00	0,9	3,9	7,5	8,1			5,8	5,7	6,8	7,7
CS PF(Lux)Inc.SFR(A)	CSAM Lux	SFR	3,00	0,9	3,9	7,5	8,1			5,8	5,7	6,8	7,7
VEGP SwissFr Bonds	Von Ernst	SFR	3,09	0,8	3,9					4,9			
VEGP VB Sterl. Fixed	Von Ernst	GBP	5,26	0,8	6,1	10,4	11,5			8,9	–0,5	4,8	10,4
Parv. Obli-CHF C	Paribas Lux	SFR	4,00	0,7	4,7					4,8			
Parv. Balanced CHF C	Paribas Lux	SFR	4,00	0,7	4,7					5,1			
JB Swiss Bond B	J.Baer MBond	SFR	5,00	–0,2	4,8	4,6	5,7			4,6	3,6	6,1	8,5
GIF II SFR Bond T	Indosuez	SFR	5,82	–0,8	5,0	4,1	5,2			4,3	2,5	4,9	6,5
UBS(CH)SF-Yield CHF	UBS	SFR	4,00	–1,1	2,8	7,4	8,2			4,8	5,1	7,4	9,9
Parv. Obli-Scand C	Paribas Lux	DKR	4,00	–1,8	2,1								
JB Austro Bond B	J.Baer MBond	EUR	5,00	–2,0	2,9	5,5	6,5			2,5	5,5	6,6	8,0
Frontr.I Danish Bd	Frontrunner	DKR	3,00	–2,2	0,7	7,5	8,1			4,3	7,2	8,1	9,0
Frontr.I Swedish Bd	Frontrunner	SKR	3,00	–2,3	0,6					9,1			
Frontr.I Norweg. Bd	Frontrunner	NKR	3,00	–2,8	0,1								
GIF II ITL Bond T	Indosuez	LIT	5,82	–3,6	2,0					4,6			
Frontr.I Dan.MortgBd	Frontrunner	DKR	3,00	–3,7	–0,8								
TIF Global Bond 1	Threadneedle	GBP	5,26	–4,0	1,1								
OP-Invest CHF Kl. B	OP-Inv. CHF	SFR	3,50	–4,3	–1,0					6,5			
OP-Invest CHF Kl. A	OP-Inv. CHF	SFR	3,50	–4,3	–1,0					6,2			

JB Bƒloise-activ B	J.Baer MCoop	SFR	5,26	–4,6	0,7					6,2			
Frontr.I Dan.Long Bd	Frontrunner	DKR	3,00	–5,3	–2,4								
Anlageschwerpunkt: Renten Fernost-Währungen													
DB Dragon Bond Fund	DBIM	USD	2,00	37,6	40,4					16,9			
UBS(LU)BF-JPY B	UBS Lux	YEN	3,00	25,6	29,3	4,3	5,0			12,1	–1,1	4,9	12,0
UBS(LU)BF-JPY A	UBS Lux	YEN	3,00	25,6	29,3	4,3	5,0			12,1	–1,1	4,9	12,0
Sal. Bros. GovtBond Japan	**Benchmark**	**YEN**	**3,60**	**25,1**	**29,6**	**5,3**	**6,0**			**11,7**			
Gartm. Yen Bond	Gartmore	YEN	3,00	24,6	28,3	3,1	3,7			11,9	–2,4	3,1	0,5
Parv. Obli-Yen C	Paribas Lux	YEN	4,00	24,4	29,4	3,0	3,8			11,9	–2,3	7,2	7,4
AAF Asia Bond	ABN AMRO Lux	USD	5,25	12,3	18,2								
UBS(LU)BF-AUD B	UBS Lux	AUD	3,00	9,6	12,9	9,1	9,8			13,8	4,6	9,3	15,3
UBS(LU)BF-AUD A	UBS Lux	AUD	3,00	9,6	12,9	9,1	9,7			13,8	4,6	9,3	15,3
Anlageschwerpunkt: Renten US-Dollar/Kan. Dollar													
N-Fonds Nr 2 Amerika	Nordinvest	EUR	1,00	10,1	11,2								
DWS Dollar-Renten O	DWS	EUR	0,00	6,0	6,1								
MS US HighYld Bond I	Morgan Stan.	USD	0,00	5,5	5,5	14,1	14,1			12,9			
Walser Rent Dollar	HSBC Trink.	EUR	3,00	5,5	8,6	6,7	7,3			5,0	4,1	5,6	7,1
Parv. Balanced USD C	Paribas Lux	USD	4,00	5,3	9,5	10,6	11,4			9,9	6,7	9,5	11,7
VLP USD-Media-Rent	A.L.S.A.	USD	1,00	4,8	5,9								
Thesaurent	DIT	EUR	2,50	4,8	7,4	9,4	10,4	6,4	6,9	8,7	0,2	6,0	10,6
MS US Bond I	Morgan Stan.	USD	0,00	4,4	4,4	9,6	9,6			9,1			
UBS(LU)MTermBF-USD B	UBS Lux	USD	3,00	3,5	6,6					8,2			
UBS(LU)ShTBF USGov A	UBS Lux	USD	3,00	3,5	6,6	7,5	8,2			8,2	3,9	6,1	8,4
UBS(LU)ShTBF USGov B	UBS Lux	USD	3,00	3,5	6,6	7,6	8,2			8,2	3,9	6,1	8,4
VB USD-Renten BKG	BKG	USD	3,00	3,2	6,3								
Parv. Conserv. USD C	Paribas Lux	USD	4,00	3,1	7,2	9,0	9,8			9,4			
UBS(CH)SF-Yield USD	UBS	USD	4,00	2,7	6,8	10,8	11,7			9,2	2,3	7,3	12,3
CS PF(Lux)Inc.US$(B)	CSAM Lux	USD	3,00	2,6	5,7	9,4	10,1			9,3	5,3	7,1	10,3
CS PF(Lux)Inc.US$(A)	CSAM Lux	USD	3,00	2,6	5,7	9,4	10,1			9,3	5,3	7,1	10,2
Dollar-Rentenfonds	HSBC Trink.	USD	3,00	2,6	5,7	6,6	7,2			8,0			
UBS(LU)BF-CAD B	UBS Lux	CAD	3,00	2,5	5,6	10,4	11,1			11,2	1,7	7,1	12,0
UBS(LU)BF-CAD A	UBS Lux	CAD	3,00	2,5	5,6	10,4	11,1			11,2	1,7	7,1	12,0
Sal.Bros. GovtBond USA	**Benchmark**	**USD**	**3,30**	**2,3**	**5,6**	**9,5**	**10,2**			**8,7**			

Fonds	Gesellschaft	Währung	Ausgabeaufschlag in Prozent	Anlageergebnis per 31.07.1999 1 Jahr (p.a.) FCS	1 Jahr (p.a.) BVI	5 Jahre (p.a.) FCS	5 Jahre (p.a.) BVI	10 Jahre (p.a.) FCS	10 Jahre (p.a.) BVI	Risikofaktor	Gleit. 60 Mon. p.a. Min.	Durch.	Max.
DIT-Lux BdSel. Ca$-B	dam	CAD	3,00	2,3	5,4	9,6	10,2			11,2	2,7	6,1	10,9
Deka USD Bonds	Deka	USD	0,00	2,3	2,3					9,2			
DIT-Lux BdSel. Ca$-A	dam	CAD	3,00	2,3	5,4	9,6	10,2			11,2	2,7	7,1	10,9
UniDollarBond	Union Lux.	EUR	3,00	2,1	5,2	7,8	8,5			8,1	4,4	6,2	8,5
Dollarrenta	DBIM	USD	3,00	2,1	5,1	9,2	9,8	6,9	7,2	8,5	2,9	6,7	11,6
DIT-Lux BdSel. US$-B	dam	USD	3,00	2,0	5,1	8,2	8,9			8,3	4,8	7,1	10,3
DIT-Lux BdSel. US$-A	dam	USD	3,00	2,0	5,1	8,2	8,9			8,3	4,7	7,1	10,3
Hypo Dollar-Bond	Hypo-Inv.Lux	USD	3,00	2,0	5,1	8,2	8,8			8,2	3,6	6,3	9,4
Parv. Obli-CAD C	Paribas Lux	CAD	4,00	1,9	6,0	8,7	9,5			10,6			
TempGS FrT US Gov. A	Templeton GS	USD	2,04	1,7	3,8	7,6	8,1			9,0	0,0	5,0	9,2
Parv. Obli-Dollar C	Paribas Lux	USD	4,00	1,6	5,7	8,6	9,4			8,1	1,8	5,8	10,0
DWS(CH)-USD Bond	DWS Schweiz	USD	3,00	1,4	4,4								
UBS(LU)BD SIC USD HY	UBS Lux	USD	3,00	1,0	4,0								
UBS(LU)BF-USD B	UBS Lux	USD	3,00	1,0	4,0	9,0	9,6			8,8	5,3	7,8	10,5
UBS(LU)BF-USD A	UBS Lux	USD	3,00	1,0	4,0	9,0	9,6			8,8	5,3	7,7	10,5
Gartm. USD Bond	Gartmore	USD	3,00	0,7	3,8	8,4	9,0			8,1	4,7	7,4	10,5
FidF US Dollar Bond	Fidelity	USD	3,50	0,7	4,2	8,1	8,9			8,2	2,1	5,8	9,4
Frontr.I Dollar Bd	Frontrunner	USD	3,00	0,6	3,6								
Vont. US Dollar Bd B	Vontobel	USD	3,00	0,6	3,6	8,4	9,0			8,8	3,4	6,9	9,8
CP North Am. $ Bond	Citiport Lux	USD	5,00	–0,1	4,9	7,6	8,6	5,7	6,2	8,1	1,5	5,0	9,0
AAF US Bond	ABN AMRO Lux	USD	5,25	–0,4	4,8					8,4			
TIF Dollar Bond 3	Threadneedle	USD	5,26	–0,5	4,7								
JB Dollar Bond B	J.Baer MBond	USD	5,00	–0,8	4,2	8,0	9,0			8,2	1,7	5,5	9,4
GIF II USD Bond T	Indosuez	USD	5,82	–1,0	4,8	7,3	8,5			8,6	0,8	5,0	9,0
Lazard GB USD Bond	Lazard	USD	5,00	–1,3	3,7					8,0			
TempGS FrT HighYield	Templeton GS	USD	3,09	–1,4	1,7					12,6			
TIF Dollar Bond 1	Threadneedle	GBP	5,26	–1,7	3,5								

Anlageschwerpunkt: DM Renten geldmarktnah

Fonds	Gesellschaft	Währung	Ausgabeaufschlag in Prozent	1 Jahr FCS	1 Jahr BVI	5 Jahre FCS	5 Jahre BVI	10 Jahre FCS	10 Jahre BVI	Risikofaktor	Min.	Durch.	Max.
CS Renten D	CSAM KAG	EUR	3,00	5,2	8,4	3,9	4,7	5,0	5,4	1,9	2,0	4,7	6,6
Basis-Fonds I	FT	EUR	0,00	4,0	4,0	5,1	5,3	6,6	6,7	1,1	4,6	6,7	8,5
Aufhäuser Kurzinvest	Universal	EUR	1,00	4,0	5,0	4,5	4,9			1,0	4,3	5,1	6,4
UniKapital -net-	Union	EUR	0,00	3,9	4,0								
ALSA-BVB-Euro-Rent–1	A.L.S.A.	EUR	0,00	3,7	3,7					1,3			

Gerling Reserve	Gerling	EUR	0,50	3,4	3,9					0,6			
R & S Garant	DBIM	EUR	1,00	3,3	4,4	3,6	3,8			0,4	3,6	3,9	4,9
DM Reserve Fonds	DBIM	EUR	1,00	3,3	4,3	3,8	4,0	6,0	6,1	0,5	3,4	6,1	9,2
DVG DM-Zins-Plus	DVG	EUR	0,00	3,1	3,1					0,2			
LBB EuroRent 1–3 BB	BB-Invest	EUR	0,00	3,0	3,0								
DVG Vario-Rent	DVG	EUR	0,00	2,9	2,9	3,4	3,5			0,1	3,4	5,4	7,6
REX-P2 (2-jh. Anleihen)	**Benchmark**	**EUR**	**1,60**	**2,8**	**4,5**					**1,1**			
Postbk.Rend.Cash	Dt. Post Lux	EUR	0,00	2,8	2,8					0,3			
Deka Bund+S Fin:1–3	Deka	EUR	0,00	2,8	2,9					1,1			
DIT-DBS Renditeplus	DIMS	EUR	0,00	2,8	2,8					0,1			
CB-Pf Euro-Cash B	A.L.S.A.	EUR	0,00	2,7	2,7	3,2	3,2			0,3	3,2	3,7	4,1
HANSAzins	Hansainvest	EUR	1,00	2,7	3,8	4,9	5,2	5,9	6,1	1,2	3,4	6,0	8,1
Flexibal	AL Trust	EUR	1,00	2,7	3,7	3,6	3,9			0,6	3,6	3,9	4,2
Citiccy Euro	Citicurr Lux	EUR	0,00	2,6	2,6	3,1	3,1	5,1	5,1	0,1	3,1	5,3	7,2
Oppenh. Inland-Rent	Oppenheim	EUR	1,00	2,6	3,6	4,4	4,8	5,7	5,9	1,0	3,8	5,8	7,8
Liga-Pax-K-Union	Union	EUR	1,50	2,6	4,1					1,0			
FidF Euro Cash	Fidelity	EUR	0,00	2,6	2,6	3,0	3,0			0,1	3,0	3,2	3,4
MercST EuroReserve A	Mercury AM	EUR	0,00	2,5	2,5	3,2	3,2			0,3	3,2	3,4	3,5
FT Accurent K	FT	EUR	1,00	2,5	3,6	4,0	4,3	5,5	5,7	0,6	4,0	5,9	7,0
Flem.Flag.Ser.II EUR	Fleming	EUR	0,00	2,5	2,5	3,2	3,2			0,1	3,2	3,8	4,6
UniOptimus -net-	Union Lux.	EUR	0,00	2,5	2,5					0,6			
ApoCash Euro	Union Lux.	EUR	0,00	2,5	2,5					0,6			
Citifonds 90	Citicorp Lux	EUR	0,00	2,4	2,4					0,3			
BfG LiquiRent Euro A	BfG Luxinv.	EUR	0,00	2,4	2,4	2,9	2,9			0,2	2,6	3,6	5,0
MK DM-Vario-Zins	MK	EUR	0,50	2,4	3,0	3,8	4,0			0,4	3,8	5,4	7,4
Citifonds 360	Citicorp Lux	EUR	0,00	2,4	2,4					0,6			
DIT-Lux Euro Rent SK	dam	EUR	1,50	2,4	3,9	4,1	4,4			1,0			
DekaLux-Flex-DM	Deka Intl.	EUR	0,75	2,4	3,1	3,5	3,7			0,4	3,5	5,4	7,2
DekaTresor	Deka	EUR	2,50	2,4	4,9	5,1	5,8	6,3	6,6	1,4	4,1	5,9	8,0
DIT-Lux Cash Euro A	dam	EUR	0,00	2,3	2,3	3,0	3,0			0,2			
DekaLux-Cash-DM B	Deka Intl.	EUR	0,75	2,3	3,1	3,5	3,7			0,5			
DekaLux-Cash-DM A	Deka Intl.	EUR	0,75	2,3	3,1	3,5	3,7			0,5	3,5	4,6	6,1
Eur.-Lux DMrent1–3 B	Europa Inv.	EUR	0,00	2,3	2,3					1,0			
Eur.-Lux DMrent1–3 A	Europa Inv.	EUR	0,00	2,3	2,3	3,3	3,3			1,0	3,3	3,6	4,0
Dt. Rentenfonds K	DIT	EUR	2,00	2,3	4,4	5,3	5,9	6,5	6,8	1,4	4,6	6,6	8,2
DIT-Lux Cash Euro B	dam	EUR	0,00	2,3	2,3	3,0	3,0			0,2			
UniEuroLiquid	Union Lux.	EUR	1,00	2,2	3,2	3,4	3,6			0,4	3,4	4,4	5,7
ALSA-Euro-Rentplus	A.L.S.A.	EUR	1,00	2,2	3,3	3,9	4,1			0,4	3,9	4,7	5,9
IGB Berlin 'K'	Union	EUR	1,50	2,2	3,7					1,2			
Trink. Renten Kurz	Inka	EUR	1,00	2,2	3,2					0,8			
Oppenh. Priva-Rent K	Oppenheim	EUR	1,00	2,1	3,1	3,4	3,7			0,3	3,4	5,3	7,3

Fonds	Gesellschaft	Währung	Ausgabeaufschlag in Prozent	Anlageergebnis per 31.07.1999 – 1 Jahr (p.a.) FCS	1 Jahr (p.a.) BVI	5 Jahre (p.a.) FCS	5 Jahre (p.a.) BVI	10 Jahre (p.a.) FCS	10 Jahre (p.a.) BVI	Risikofaktor	Gleit. 60 Mon. p.a. Min.	Durch.	Max.
DVG Select-Rent	DVG	EUR	2,50	2,0	4,6	4,6	5,3	5,8	6,2	1,5	4,6	5,9	7,0
UniKapital	Union	EUR	2,50	2,0	4,6	4,9	5,6	6,2	6,6	1,6	4,4	6,2	7,6
Hypo DM-Cash Plus	Hypo-Inv.Lux	EUR	0,50	2,0	2,5	3,0	3,1			0,2	3,0	4,6	6,6
Adikur	Adig	EUR	2,00	2,0	4,0	4,2	4,7	5,4	5,7	0,8	4,2	5,7	6,9
BHF-Rendite Plus Lux	BHF Invest	EUR	0,50	2,0	2,5					0,3			
VLP Euro-Cash	A.L.S.A.	EUR	0,75	1,9	2,7	3,1	3,2			0,3	3,1	3,5	4,0
Victoria-Euroflex	Victoria	EUR	1,00	1,9	3,0	3,2	3,5			0,2	3,2	3,8	4,5
Allianz Mobil-Fonds	Allianz	EUR	2,00	1,9	4,0	5,0	5,6			1,3	5,0	5,9	7,1
Gerling Term	Gerling	EUR	2,00	1,9	4,0	3,8	4,3			1,2	3,8	4,2	4,7
UniOptimus	Union Lux.	EUR	1,00	1,8	2,8	3,4	3,6			0,6	3,4	5,1	6,9
Hypo DM-Kurz	Hypo-Inv.Lux	EUR	0,50	1,8	2,3	3,2	3,3			0,5	3,2	5,2	7,2
MerckFi Euro Cash B	Merck Finck	EUR	1,00	1,8	2,8								
MerckFi Euro Cash A	Merck Finck	EUR	1,00	1,8	2,8					0,3			
DIT-Lux EUR Garantie	dam	EUR	1,00	1,7	2,8	3,2	3,4			0,3	3,2	4,5	6,2
DekaValor	Deka	EUR	1,00	1,7	2,7	3,1	3,3			0,5			
UBS(LU)ShortT EUR A	UBS Lux	EUR	1,00	1,7	2,7								
UBS(LU)ShortT EUR B	UBS Lux	EUR	1,00	1,7	2,7	3,0	3,2			0,1	3,0	4,8	6,8
Rendite Garant	DBIM	EUR	1,00	1,6	2,6	3,1	3,3			0,2	3,1	4,3	6,0
MAT Medio Rent	Maintrust	EUR	2,04	1,6	3,5					1,7			
H&A Lux Euro-Rent	HAIG	EUR	0,50	1,6	2,1	3,5	3,6			1,9	3,5	5,4	7,2
Bayern LB Short Term	Bayern LB	EUR	1,00	1,6	2,6	4,8	5,0			1,5	4,8	5,7	6,8
ALSA-Euro-Cash	A.L.S.A.	EUR	1,50	1,5	3,0	3,3	3,6			0,3	3,3	3,5	3,7
MK Lux Variogeld	MK Luxinvest	EUR	0,81	1,5	2,3	3,9	4,0			0,9	3,9	4,3	4,8
CB-Pf Euro-Cash A	A.L.S.A.	EUR	1,50	1,5	3,0								
UnicoUF EUR-Reser. B	Unico	EUR	1,00	1,5	2,5					0,2			
UnicoUF EUR-Reser. A	Unico	EUR	1,00	1,5	2,5	3,0	3,2			0,2	2,1	3,4	4,8
Walser Euro CashWchs	HSBC Trink.	EUR	1,00	1,4	2,4					0,2			
GT Dt. Kurzläufer	Invesco KAG	EUR	1,50	1,3	2,8	3,1	3,6			0,3	3,1	4,7	6,6
TempGS EUR LiquRes A	Templeton GS	EUR	0,00	1,2	1,2	2,2	2,2			0,4			
Zürich R&S Renten D	Zürich Inv.	EUR	2,50	1,2	3,8	4,0	4,7			1,1	4,0	5,2	6,8
Uni 93/96 Lux Liquid	Union Lux.	EUR	1,50	1,2	2,7	3,4	3,7			0,1	3,4	3,8	4,3
UniEuroKapital	Union Lux.	EUR	2,50	1,2	3,7	4,3	4,8			1,2	4,2	4,5	4,7
UnicoUF EUR-ShortT A	Unico	EUR	2,00	1,1	3,2	3,1	3,5			1,4	2,9	3,2	3,5
UnicoUF EUR-ShortT B	Unico	EUR	2,00	1,1	3,2					1,4			
Oppenh. Dispo-Cash	Oppenh.Intl.	EUR	1,00	1,1	2,1	2,7	2,9			0,5	2,1	3,1	3,9
JB DM Cash	J.Baer MCash	EUR	2,00	0,9	2,9	3,1	3,5			0,2	3,1	4,4	6,2
Oppenh. Priva-Rent E	Oppenheim	EUR	3,00	0,4	3,5					1,8			

DekaLux-Kap. 1–3: DM	Deka Intl.	EUR	2,50	0,3	2,8	4,4	4,9			1,0	4,4	4,7	5,1
Quelle Rent. DM-Euro	Quelle Inv.	EUR	3,00	0,2	3,2								
Lux-Awo	MM Warb.-Lux	DM	3,00	0,1	3,1	2,5	3,1			0,5	2,4	3,4	4,7
MerckFi OptiZins	Merck Finck	EUR	2,25	–0,2	2,1					0,6			
Berenberg-Effekten	Universal	EUR	3,00	–0,6	2,4	2,5	3,1			0,2			
Citifonds 720	Citicorp Lux	EUR	0,00	–1,4	–1,4					4,0			
Lux-Select	MM Warb.-Lux	DM	3,00	–2,1	0,9	3,7	4,3			1,9	3,7	5,4	6,5
VEGP Euro Short Term	Von Ernst	EUR	5,26	–2,6	2,5	1,2	2,2			0,3	1,1	1,2	1,2
FidF PS Defensive	Fidelity	EUR	3,50	–3,3	0,0					3,1			

Anlageschwerpunkt: Renten geldmarktnah International

DVG Inter-Sel.-Rent	DVG	EUR	2,50	8,9	11,7	4,7	5,4	5,2	5,5	6,5	1,6	3,9	7,6
UniInterKapital-net-	Union	EUR	0,00	6,4	6,5								
DVG Inter-Vario-Rent	DVG	EUR	2,50	5,9	8,5	6,8	7,6			5,1	4,2	5,3	7,3
CitiSelect 200 USD D	CitiSel. Lux	USD	3,00	5,3	8,4								
CitiSelect 200 USD C	CitiSel. Lux	USD	3,00	5,3	8,4								
DIT-Lux _bers.Rent K	dam	EUR	3,00	4,4	7,6	5,6	6,2			7,5			
FCS-Rentenfondsindex	Welt Kurzl.	DM	2,40	4,1	6,6	6,0	6,5	6,0	6,3	4,6			
Inter. Rentenfonds K	DIT	EUR	2,50	3,2	5,9	6,8	7,7	5,9	6,3	5,0	3,7	5,8	8,0

Anlageschwerpunkt: Renten geldmarktnah mehrere europ. Währungen

DB Funds-Euro Garant	DBIM	EUR	1,00	4,1	5,1	4,2	4,4			0,5	4,2	4,9	6,4
MS Sh.Mat.Euro Bd. I	Morgan Stan.	EUR	0,00	3,6	3,6					2,5			
DIT-Lux Eurogeld	dam	EUR	0,00	3,3	3,3	6,1	6,1			1,0	5,0	6,8	8,6
Euro Reserve	DBIM	EUR	1,00	2,8	3,8	5,1	5,3			1,3	4,9	6,0	6,9
BfG EuropaFlex A	BfG Luxinv.	EUR	1,00	2,7	3,8	5,0	5,2			2,3	4,6	5,0	5,5
Frontr.I EUR Reserve	Frontrunner	EUR	1,00	1,0	2,0					1,2			
JB Euro Cash	J.Baer MCash	EUR	2,00	–0,1	1,9	4,3	4,7			1,3	4,2	5,0	5,5
AAF InterGrwthFd EUR	ABN AMRO Lux	EUR	3,00	–0,8	2,2								
Parv. ShortT Euro C	Paribas Lux	EUR	4,00	–1,7	2,2	3,4	4,2			1,2	3,3	4,2	4,8
Parv. MediumT Euro C	Paribas Lux	EUR	4,00	–2,6	1,3								
TIF Euro Money Sec 3	Threadneedle	EUR	5,26	–3,6	1,5								
TIF Euro Money Sec 1	Threadneedle	GBP	5,26	–3,9	1,2								

Fonds	Gesellschaft	Währung	Ausgabeaufschlag in Prozent	Anlageergebnis per 31.07.1999 1 Jahr (p.a.) FCS	1 Jahr (p.a.) BVI	5 Jahre (p.a.) FCS	5 Jahre (p.a.) BVI	10 Jahre (p.a.) FCS	10 Jahre (p.a.) BVI	Risikofaktor	Gleit. 60 Mon. p.a. Min.	Durch.	Max.
Anlageschwerpunkt: Renten geldmarktnah einzelne europ. Währungen													
Drachmen Reserve	DBIM	GRD	1,00	11,7	12,8								
MercST Sterlg Res. A	Mercury AM	GBP	0,00	7,7	7,7	10,2	10,2			8,3	7,7	9,1	10,2
Sterling Reserve	DBIM	GBP	1,00	7,6	8,7	10,8	11,1			8,2	2,2	7,1	11,6
Flem.Flag.Ser.II GBP	Fleming	GBP	0,00	7,4	7,4	10,2	10,2			8,4	4,9	8,6	11,0
DekaLux-Cash-GBP B	Deka Intl.	GBP	1,00	7,2	8,3	9,8	10,0			8,2			
DekaLux-Cash-GBP A	Deka Intl.	GBP	1,00	7,2	8,3	9,8	10,0			8,2	4,6	8,4	10,5
InvPS Sterling Res.	Invesco	GBP	0,00	6,9	6,9	9,6	9,6			8,5	7,0	8,3	9,6
JB Sterling Cash	J.Baer MCash	GBP	2,00	5,6	7,7	10,1	10,5			8,1	6,3	9,0	10,7
SF Reserve	DBIM	SFR	1,00	3,9	5,0	3,1	3,3			4,0	2,8	4,7	6,8
Frontr.I NOK Reserve	Frontrunner	NKR	1,00	3,9	4,9								
MercST SFR Reserve A	Mercury AM	SFR	0,00	3,7	3,7	2,4	2,4			4,2	2,3	2,5	3,1
FF Reserve	DBIM	EUR	1,00	3,5	4,6	5,6	5,8	7,6	7,7	1,1	5,5	7,1	9,4
Frontr.I DKK Reserve	Frontrunner	DKR	1,00	3,0	4,0					0,8			
RG Int.-MoneyPlusEUR	Robeco-Group	EUR	0,00	2,8	2,8	3,2	3,2			0,4	3,2	4,0	5,0
SKWB Schoe. Kurzinv	SKWB-Invest	EUR	0,50	2,6	3,1					0,2			
Parv. ShortT GBP C	Paribas Lux	GBP	4,00	2,6	6,7								
Frontr.I SEK Reserve	Frontrunner	SKR	1,00	2,4	3,5					6,0			
Lazard GB St.Reserve	Lazard	GBP	5,00	2,4	7,6								
VEGP SwissFr ShortT	Von Ernst	SFR	1,52	1,8	3,4					4,1			
SunLife Haven	Sun Life	GBP	5,26	1,8	6,9	7,9	9,1	6,0	6,8	8,7	0,0	4,3	9,0
Carls.Bd SEK Short A	Carlson	SKR	1,00	1,7	2,7	7,4	7,6			6,0	2,9	5,4	8,9
JB Swiss Franc Cash	J.Baer MCash	SFR	2,00	1,6	3,6	2,4	2,8			4,0	2,2	4,3	6,1
GIF II GBP Res. T	Indosuez	GBP	5,82	1,2	7,1					7,9			
Parv. ShortT CHF C	Paribas Lux	SFR	4,00	–0,7	3,3	1,3	2,1			3,9			
DIT-SFR Kapital Plus	DAMS	SFR	3,50	–2,5	1,0	4,9							
GIF II Euro Res. T	Indosuez	EUR	5,82	–3,6	2,0	2,7	3,8			1,0	2,7	4,3	5,7
Anlageschwerpunkt: Renten geldmarktnah Fernost-Währungen													
GIF II Yen Res. T	Indosuez	YEN	5,82	20,5	27,5	–1,4	–0,3			12,0	–6,5	0,4	6,0
Aust Dollar Reserve	DBIM	AUD	1,00	13,5	14,6	5,5	5,7			13,1	2,3	4,0	6,7

Anlageschwerpunkt: Renten geldmarktnah US-Dollar/Kan. Dollar

InvPS Dollar Res.	Invesco	USD	0,00	7,9	7,9	7,4	7,4			8,6	–0,9	4,1	8,3
FidF US Dollar Cash	Fidelity	USD	0,00	7,6	7,6	7,9	7,9			8,4	4,1	6,0	8,6
Flem.Flag.Ser.II US$	Fleming	USD	0,00	7,5	7,5	8,1	8,1			8,4	4,4	6,7	9,2
MercST USD Reserve A	Mercury AM	USD	0,00	7,4	7,4	7,7	7,7			8,3	4,0	6,2	8,5
CB-Pf USD-Cash B	A.L.S.A.	USD	0,00	7,4	7,4	7,7	7,7			8,3	4,0	6,1	8,4
BfG LiqRent Dollar A	BfG Luxinv.	USD	0,00	7,1	7,1	7,5	7,5			8,5	3,2	5,5	8,2
TempGS US$ LiquRes A	Templeton GS	USD	0,00	7,0	7,0	7,3	7,3			8,4			
Postbk.Rend.USD	Dt. Post Lux	USD	0,00	6,9	6,9								
Hypo Dollar-Cash	Hypo-Inv.Lux	USD	0,50	6,8	7,3	7,8	7,9			8,4	0,3	5,5	9,3
BWK-Rent US-$	BWK	USD	0,00	6,6	6,7								
Frontr.I USD Reserve	Frontrunner	USD	1,00	6,5	7,6								
VLP USD-Cash	A.L.S.A.	USD	0,75	6,5	7,3	7,6	7,8			8,3	3,9	6,0	8,3
DekaLux-Cash-USD B	Deka Intl.	USD	1,00	6,3	7,4	7,7	7,9			8,3			
DekaLux-Cash-USD A	Deka Intl.	USD	1,00	6,3	7,4	7,7	7,9			8,3	3,9	6,3	9,0
US Dollar Reserve	DBIM	USD	1,00	6,3	7,4	7,6	7,8			8,4	3,8	6,0	8,3
ALSA-US-Dollar-Cash	A.L.S.A.	USD	1,50	6,0	7,6	7,9	8,2			8,3	4,1	6,1	8,6
VEGP USD Short Term	Von Ernst	USD	1,52	5,6	7,2								
Oppenh. Bond Glob. K	Oppenheim	EUR	1,00	5,5	6,6	7,9	8,4			8,4	2,8	5,1	8,6
CB-Pf USD-Cash A	A.L.S.A.	USD	1,50	5,5	7,0								
JB Dollar Cash	J.Baer MCash	USD	2,00	5,4	7,5	7,5	7,9			8,2	3,7	6,0	8,5
Walser USD CashWachs	HSBC Trink.	USD	1,00	5,4	6,4								
Can Dollar Reserve	DBIM	CAD	1,00	5,2	6,2	5,2	5,4			10,1	0,3	3,3	6,3
AAF InterGrwthFd USD	ABN AMRO Lux	USD	3,00	4,5	7,6	7,3	8,0			8,2	3,1	5,6	8,4
Parv. ShortT USD C	Paribas Lux	USD	4,00	3,2	7,3	6,8	7,6			8,2	0,2	4,2	8,7
GIF II USD Res. T	Indosuez	USD	5,82	1,3	7,2	6,5	7,7			7,9	–1,4	3,6	7,8

Anlageschwerpunkt: Wandelanleihen

MAT Japan Furusato	Maintrust	EUR	4,00	56,2	62,4	2,2	2,9	5,0	5,3	20,1	–9,7	0,9	7,9
Japan CB-Universal	Universal	EUR	4,00	28,0	33,0	6,5	7,3	5,2	5,5	13,5	–0,1	6,6	12,6
DWS Wandel/Optionen	DWS	EUR	3,00	20,9	24,7	17,1	18,2			13,5	6,3	12,[illegible]	17,6
DB Convert Asia	DBIM	USD	3,00	20,6	24,3								
JB Convert Bond B	J.Baer MBond	SFR	5,00	0,8	5,9	10,9	12,0			12,3	5,8	8,4	11,8
Parv. EurConv.Bond C	Paribas Lux	EUR	4,00	–4,6	–0,8								

Fonds	Gesellschaft	Währung	Ausgabeaufschlag in Prozent	Anlageergebnis per 31.07.1999: 1 Jahr (p.a.) FCS	1 Jahr (p.a.) BVI	5 Jahre (p.a.) FCS	5 Jahre (p.a.) BVI	10 Jahre (p.a.) FCS	10 Jahre (p.a.) BVI	Risikofaktor	Gleit. 60 Mon. p.a. Min.	Durch.	Max.
Anlageschwerpunkt: Genussscheine													
Lux-Privat	MM Warb.-Lux	EUR	3,00	3,5	6,6					2,3			
DWS Inter Genuss	DWS	EUR	3,00	2,1	5,2	6,8	7,8			2,3	5,4	6,3	7,3
Trink. Inter Genüsse	Inka	EUR	3,00	1,3	4,3	5,9	6,6			1,3			
DWS DM Spezial	DWS	EUR	2,50	0,9	3,5					3,5			
DVG DM-Rendite-Plus	DVG	EUR	1,00	0,4	1,5					1,1			
MMWI-Multi-Genuss	MMWI	EUR	3,00	0,3	3,3	5,7	6,5			3,0	4,7	5,4	6,1
Trink. Genüsse Int.	Inka	EUR	3,00	–0,1	2,9	5,4	6,1			2,5			
Oppenh. Extra Genuss	Oppenheim	EUR	3,00	–1,2	1,8	6,7	7,4			3,0			
MMWI-Profil-Fonds	MMWI	EUR	3,00	–2,1	0,8	4,9	5,5			3,0	4,0	4,8	5,6
FI LUX 1	Franken Int.	EUR	3,00	–2,2	0,8					3,1			
Anlageschwerpunkt: Spezielle Instrumente													
Top Welt-Gar.04/2003	Hypo-Inv.Lux	EUR	3,50	7,6	12,5								
Dollar Konzept 2001	DBIM	EUR	2,50	7,0	9,7								
Japan Challenge 2000	DBIM	USD	3,00	3,9	7,1								
MerckFi Asien Gar. A	Merck Finck	EUR	5,00	3,1	9,3								
Frankreich Konz.'99	DBIM	EUR	3,00	2,6	5,6					15,5			
ALSA-Sys90G J 02/02	A.L.S.A.	EUR	4,00	0,9	4,9								
Hypo DtschlGar 12/99	Hypo-Inv.Lux	EUR	3,50	0,9	5,0					4,2			
EuroWährungsGar 3/03	A.L.S.A.	EUR	3,00	0,9	3,9								
DIT-Lux JpA Gar06/00	dam	EUR	3,00	0,8	3,8					4,3			
Japan Konzept '99	DBIM	EUR	3,00	0,5	3,5					4,0			
ALSA-System J 02/02	A.L.S.A.	EUR	4,00	0,5	4,5								
Hypo EuroTopGar10/01	Hypo-Inv.Lux	EUR	4,00	–0,1	5,5								
ALSA-System J 07/00	A.L.S.A.	EUR	3,50	–0,1	3,4					4,5			
Eur.-Lux D-Gar.10/00	Europa Inv.	EUR	3,50	–0,4	3,1								
FGF VB Pazifik WmGar	Fleming	DM	3,00	–0,7	2,3								
ALSA-System E 05/03	A.L.S.A.	EUR	4,00	–1,5	2,4								
Europa Konzept 2002	DBIM	EUR	3,00	–1,5	1,4								
Hypo JapanGar. 06/00	Hypo-Inv.Lux	EUR	4,00	–1,7	3,3					4,6			
Hypo DtschlGar 03/01	Hypo-Inv.Lux	EUR	4,00	–1,7	3,8								

Forex Fund	DBIM	EUR	3,00	–2,3	0,6	0,6	1,2	4,5	0,3	0,8	1,7
Beta Fonds	DBIM	EUR	2,50	–2,5	0,0			8,7			
Hypo EmMktsGar 06/01	Hypo-Inv.Lux	EUR	5,00	–2,5	3,9			10,8			
UniContr1:EuroTop100	Union Lux.	EUR	2,00	–3,2	0,8						
VB-EuroTop100Gar1/02	A.L.S.A.	EUR	3,50	–3,5	–0,1						
Postbk.Dyn.EuroGar	Dt. Post Lux	EUR	3,00	–3,5	–0,7						
BfG GarantEurotop100	BfG Luxinv.	EUR	3,75	–3,7	2,0						
DekaLux-EuroPro 3/03	Deka Intl.	EUR	3,25	–4,4	–1,3						
Delta Fonds	DBIM	EUR	5,00	–5,2	–0,5	6,8	7,9	7,4	6,5	8,4	10,5
VB-Top 12 Gar.8/2001	A.L.S.A.	EUR	3,50	–5,3	–2,0						
Europa Konzept 2000	DBIM	EUR	3,00	–5,9	–3,1						
BfG EuropaGarant A	BfG Luxinv.	EUR	3,50	–7,0	–1,8						
FGF DAX DM Garantie	Fleming	DM	5,00	–7,3	–1,7			9,7			
Oppenh. Akt.Pro E I	Oppenh.Intl.	EUR	5,00	–7,7	–3,1						
HIS Akt. Dtschl. Pro	Helaba (CH)	EUR	0,00	–8,5	–8,5						
ALSA-System D 10/02	A.L.S.A.	EUR	4,00	–10,3	–6,7						
Deka-Dt. Aktien DS	Deka	EUR	3,25	–10,4	–7,5						
Apo Plus 2002 B	Oppenh.Intl.	EUR	2,00	–10,5	–8,7						
HNLux-Garant	Hansa-N.-Lux	EUR	5,00	–10,8	–5,4						
Oppenh. Akt.Pro D I	Oppenh.Intl.	EUR	5,00	–11,7	–7,2			12,0			
Deutschland Konz.'99	DBIM	EUR	3,00	–11,9	–9,2			17,1			
ALSA-System D 05/02	A.L.S.A.	EUR	4,00	–12,0	–8,5						
ALSA-System D 03/00	A.L.S.A.	EUR	3,50	–12,9	–9,8			16,3			
ALSA-System D 04/00	A.L.S.A.	EUR	3,50	–13,0	–9,9			16,4			
DIT-Lux Euro Akt. RB	dam	EUR	5,00	–13,5	–9,2	7,3	8,4	9,6			
SMH-System 99 (Lux)	SMH Inv. Lux	DM	3,00	–14,7	–11,2						
DIT-Deutsche Akt. RB	DIT	EUR	5,00	–14,9	–10,6	8,5	9,7	14,0	7,7	8,4	9,3

Anlageschwerpunkt: Laufzeitfonds DM Renten

DIT-DBS Lfz. 12/99	DIMS	EUR	1,00	3,4	4,4						
DIT-Lux EUR Lfz.2002	dam	EUR	1,00	3,1	4,1	7,0	7,2	2,5	6,3	6,9	7,6
Adig-Laufzeit 09/01	Adig	EUR	2,00	2,9	5,0						
DIT-Lux EUR Lfz.2000	dam	EUR	1,00	2,9	3,9			1,2			
ALSA-Laufzeit 06/00	A.L.S.A.	EUR	1,50	2,9	4,4			1,3			
DWS Akkurenta 1999	DWS	EUR	1,50	2,9	4,4	6,7	7,2	1,5	5,3	6,0	6,8
Rendite 1999	DBIM	EUR	1,00	2,8	3,8						
Hypo-Inv. Securent99	Hypo-Inv.	EUR	1,00	2,7	3,7			1,0			
DIT-DBS Lfz. 09/99	DIMS	EUR	1,00	2,5	3,5			1,1			

Fonds	Gesellschaft	Währung	Ausgabeaufschlag in Prozent	Anlageergebnis per 31.07.1999 1 Jahr (p.a.) FCS	1 Jahr (p.a.) BVI	5 Jahre (p.a.) FCS	5 Jahre (p.a.) BVI	10 Jahre (p.a.) FCS	10 Jahre (p.a.) BVI	Risikofaktor	Gleit. 60 Mon. p.a. Min.	Durch.	Max.
DekaLux-SRend.10/00B	Deka Intl.	EUR	2,25	2,3	4,6					1,3			
DekaLux-SRend.10/00A	Deka Intl.	EUR	2,25	2,3	4,6					1,3			
Uni 95/02	Union	EUR	2,50	2,3	4,8					2,7			
DekaLux-SRend.07/00A	Deka Intl.	EUR	2,25	2,2	4,4					1,3			
DekaLux-SRend.07/00B	Deka Intl.	EUR	2,25	2,1	4,4					1,3			
Hypo-Inv. Rent 2000	Hypo-Inv.	EUR	2,50	2,1	4,7					1,5			
Postbk.Rend.2001	Dt. Post Lux	EUR	2,50	2,0	4,6	6,6	7,1			1,8			
Adig-Laufzeit 10/00	Adig	EUR	1,75	2,0	3,8	1,5							
Uni 93/01	Union Lux.	EUR	2,75	2,0	4,8	6,5	7,0			1,7	5,3	6,0	6,8
Postbk.Rend.2000	Dt. Post Lux	EUR	2,50	1,9	4,4	6,1	6,6			1,4	5,1	5,8	6,3
Adig-Laufzeit 10/01	Adig	EUR	1,75	1,8	3,6								
DekaLux-SRend.04/00B	Deka Intl.	EUR	2,25	1,8	4,1					1,2			
DekaLux-SRend.04/00A	Deka Intl.	EUR	2,25	1,8	4,1					1,2			
Apo 1st Bond	Union Lux.	EUR	3,00	1,8	4,9	6,5	7,1			2,3	5,2	5,8	6,7
DVG Rent 2001	DVG	EUR	3,00	1,7	4,8	6,5	7,3			2,1			
DIT-Lux Renten 2006	dam	EUR	1,00	1,7	2,7								
Postbk.Rend.99	Dt. Post Lux	EUR	2,00	1,6	3,6	5,4	5,8			1,0			
DVG Rent 2004	DVG	EUR	3,00	1,6	4,6	7,6	8,5			3,4			
DekaLux-SRend.10/99A	Deka Intl.	EUR	2,25	1,5	3,7					1,0			
DekaLux-SRend.10/99B	Deka Intl.	EUR	2,25	1,4	3,7					1,0			
Adig-Laufzeit 10/02	Adig	EUR	1,75	1,4	3,2								
Hypo Lux Cumrent 99	Hypo-Inv.Lux	EUR	2,50	1,2	3,8	6,2	6,7			1,2	4,9	6,1	7,7
DIT-Lux Zerobd. 2000	dam	EUR	3,00	1,2	4,2	5,9	6,6			1,6	4,8	6,0	8,2
IHS Fonds 6 (Lux)	Union Lux.	EUR	2,50	1,1	3,6					1,0			
Rendite 2002	DBIM	EUR	2,50	1,0	3,6	7,6	8,1			2,9			
DekaLux-SRend.07/99B	Deka Intl.	EUR	2,25	1,0	3,3	5,3	5,8			0,9			
DekaLux-SRend.07/99A	Deka Intl.	EUR	2,25	1,0	3,3	5,3	5,8			0,9			
IHS Fonds 5 (Lux)	Union Lux.	EUR	3,00	1,0	4,0	5,8	6,4			1,1	4,8	5,5	6,2
DekaLux-Wachs 1/01 B	Deka Intl.	EUR	3,00	0,9	4,0					1,4			
DekaLux-Wachs 1/01 A	Deka Intl.	EUR	3,00	0,9	4,0	5,2	5,8			1,4	4,5	5,0	5,5
UniZero 2000	Union Lux.	EUR	4,00	0,7	4,7	6,4	7,2			2,1	5,5	6,8	8,7
DekaLux-Wachs 1/00 B	Deka Intl.	EUR	3,00	0,6	3,6					1,1			
DekaLux-Wachs 1/00 A	Deka Intl.	EUR	3,00	0,6	3,6	4,9	5,6			1,1	4,4	5,2	6,8
IHS Fonds 7 (Lux)	Union Lux.	EUR	2,50	0,3	2,8	2,7	3,2			0,2			
UniAlpha	Union Lux.	EUR	3,00	–0,1	2,9	11,2	11,8			5,1	9,4	11,0	12,2
Postbk.Rend.2000 e	Dt. Post Lux	EUR	2,00	–0,2	1,8					2,4			

Anlageschwerpunkt: Laufzeitfonds Renten International

Konzept MultiRt 2002	BWK	EUR	0,00	4,2	4,2								
DIT-Lux US$Rent 2005	dam	EUR	2,00	2,8	4,8								
Bremen-Pf.-I 9/2001	Oppenh.Intl.	EUR	2,00	0,3	2,3								
DIT-Lfz. Spz. 6/2005	DIT	EUR	2,00	–1,8	0,1								
Hypo EmergRent 12/01	Hypo-Inv.Lux	EUR	1,00	–2,8	–1,8								
DIT-Dre LfzSpz 12/99	DIT	EUR	1,00	–5,4	–4,9					8,9			

Anlageschwerpunkt: Laufzeitfonds Renten europäische Währungen

ALSA-Europa 03/2001	A.L.S.A.	EUR	1,75	3,0	4,8					3,6			
ALSA-CHF 01/2001	A.L.S.A.	SFR	1,75	3,0	4,8					4,5			
DekaLux-Euro 04/00 B	Deka Intl.	EUR	2,75	1,4	4,2					1,5			
DekaLux-Euro 04/00 A	Deka Intl.	EUR	2,75	1,4	4,2					1,5			
SchmidtBk Rend. 2000	Franken Int.	EUR	2,00	1,3	3,3	6,7	7,1			2,9	4,7	6,1	7,1
DekaLux-Euro 01/00 B	Deka Intl.	EUR	2,75	1,2	3,9					1,5			
DekaLux-Euro 01/00 A	Deka Intl.	EUR	2,75	1,2	3,9					1,5			
DekaLux-Euro 10/99 B	Deka Intl.	EUR	2,75	0,8	3,6					1,4			
DekaLux-Euro 10/99 A	Deka Intl.	EUR	2,75	0,8	3,6					1,4			
DekaLux-Euro 07/99 B	Deka Intl.	EUR	2,75	0,4	3,2	5,7	6,3			1,3			
DekaLux-Euro 07/99 A	Deka Intl.	EUR	2,75	0,4	3,2	5,7	6,3			1,3			
Postbk.Rend.Eur.2004	Dt. Post Lux	EUR	2,50	–0,3	2,2								

Anlageschwerpunkt: Geldmarktfonds DM

Pion. Euro Reserve	Pioneer Ltd.	DM	0,00	3,2	3,2					0,1			
BfG MoneyMarket	BfG Invest	EUR	0,00	3,1	3,1								
CB MMF: Euro	A.L.S.A.	EUR	0,00	3,0	3,0					0,1			
Allianz Geldmarkt II	Allianz	EUR	0,00	3,0	3,0					0,1			
DWS Geldmarkt Plus	DWS	EUR	0,00	3,0	3,0					0,1			
Euro-Libor 3 Monate	**Benchmark**	**EUR**	**0,20**	**2,9**	**3,1**	**3,7**	**3,7**	**5,9**	**5,9**	**0,1**			
Aufhäuser Geldmarkt	Universal	EUR	0,00	2,9	3,0					0,1			
Euro-Geldmarkt Inka	Inka	EUR	0,00	2,9	3,0					0,2			
UI MoneyMarket: EUR	Union Lux.	EUR	0,00	2,9	2,9					0,1			
MAT APO Liquid	Maintrust	EUR	0,00	2,9	2,9					0,3			

Fonds	Gesellschaft	Währung	Ausgabeaufschlag in Prozent	Anlageergebnis per 31.07.1999 1 Jahr (p.a.) FCS	1 Jahr (p.a.) BVI	5 Jahre (p.a.) FCS	5 Jahre (p.a.) BVI	10 Jahre (p.a.) FCS	10 Jahre (p.a.) BVI	Risikofaktor	Gleit. 60 Mon. p.a. Min.	Durch.	Max.
Metzler Geldmarkt	Metzler	EUR	0,00	2,9	2,9					0,2			
HMT-Prozins	HMT	EUR	0,00	2,8	2,8					0,1			
Allianz Geldmarkt	Allianz	EUR	0,00	2,8	2,8					0,1			
CB Geldmarkt Dland I	A.L.S.A.	EUR	0,00	2,8	2,8					0,1			
DWS Geldmarktfonds	DWS	EUR	0,00	2,8	2,8					0,1			
FT Accugeld DM	FT	EUR	0,00	2,7	2,7					0,1			
Hypo-Inv. Geldm.Plus	Hypo-Inv.	EUR	0,00	2,7	2,7								
VB Geldmarkt B BKG	BKG	EUR	0,00	2,7	2,7								
Adig-Geldmarkt 1	Adig	EUR	0,00	2,7	2,7					0,1			
DIT-DreBk GeldmSpez.	DIT	EUR	0,00	2,7	2,7					0,1			
VB Geldmarkt A BKG	BKG	EUR	0,00	2,7	2,7					0,1			
UnionGeldmarktFonds	Union	EUR	0,00	2,7	2,7					0,1			
BfG Geldmarkt DM	BfG Invest	EUR	0,00	2,6	2,6					0,1			
BWK-Geldmarktfonds	BWK	EUR	0,00	2,6	2,6					0,1			
DIT-DreBk GeldmExtra	DIT	EUR	0,00	2,6	2,6								
Nürnb. Geldmarkt FT	FT	EUR	0,00	2,6	2,6								
MMWI-Liquid-Fonds	MMWI	EUR	0,00	2,6	2,6					0,1			
DekaLux-Treasury:DM	Deka Intl.	EUR	0,00	2,6	2,6					0,1			
Deka-Geldmarkt L: DM	Deka	EUR	0,00	2,6	2,6					0,1			
Hypo-Inv. Geldmarkt	Hypo-Inv.	EUR	0,00	2,6	2,6					0,1			
Nordgeldmarkt-Fonds	Nordinvest	EUR	0,00	2,6	2,6					0,1			
Oppenh. DM-Geldmarkt	Oppenheim	EUR	0,00	2,5	2,5					0,1			
AC Geldmarkt	Axa Colonia	EUR	0,00	2,4	2,4					0,1			
H&A Lux Cash Euro	HAIG	EUR	0,00	2,4	2,4					0,2			
DIT-DreBk Geldmarkt	DIT	EUR	0,00	2,3	2,3					0,1			
BB-DMGeldmarkt	BB-Invest	EUR	0,00	2,3	2,3					0,3			
LBB Geldmarktfonds	BB-Invest	EUR	0,00	2,3	2,3					0,3			
SchmidtBk DM-Geldmkt	Franken Inv.	EUR	0,50	2,1	2,6					0,1			
HANSAgeldmarkt	Hansainvest	EUR	0,50	2,1	2,6					0,1			
Veri-Liquide Fonds	Veritas SG	EUR	0,50	1,8	2,3								
Gartm. Euro Money	Gartmore	DM	0,00	1,7	1,7	2,3	2,3	4,6	4,6	0,1	2,3	5,0	7,1
AIB Euro Man. Ccy	AIB FM	EUR	1,00	0,2	1,2					1,5			

Anlageschwerpunkt: Geldmarktfonds europäische Währungen

Gartm. Sterl. Money	Gartmore	GBP	0,00	6,6	6,6	9,4	9,4	6,7	6,7	8,3	0,6	6,0	12,5
UBS(LU)MMF-GBP	UBS Lux	GBP	1,00	6,6	7,7	9,6	9,8			8,3	0,8	5,4	10,4
CB MMF: Pfund Sterl.	A.L.S.A.	GBP	0,00	6,1	6,1	9,5	9,5			8,4	–2,0	4,5	10,7
AIB Sterlg. Currency	AIB FM	GBP	1,00	5,6	6,7	9,2	9,4			8,3	3,9	7,8	10,0
UI MoneyMarket: SFR	Union Lux.	SFR	0,00	3,7	3,7					4,1			
Gartm. SwissFr Money	Gartmore	SFR	0,00	3,6	3,6	1,9	1,9	4,0	4,0	4,1	1,4	4,1	[illegible]
DekaLux-Treasury:CHF	Deka Intl.	SFR	0,00	3,4	3,4					4,1			
AIB Sterlg. Man. Ccy	AIB FM	GBP	1,00	3,2	4,2	7,6	7,8			7,7	4,8	7,4	9,9
Euro-Libor 3 Monate		EUR	0,20	2,9	3,1	3,7	3,7	5,9	5,9	0,1			
UBS(LU)MMF-CHF	UBS Lux	SFR	1,00	2,5	3,5	2,2	2,4			4,0	2,0	3,8	5,3
UBS(LU)MMF-EUR	UBS Lux	EUR	1,00	1,2	2,2	4,2	4,4			1,2	4,2	5,1	6,0
AIB ECU Man. Ccy	AIB FM	EUR	1,00	0,9	1,9	4,8	5,0			1,7	4,5	5,8	6,8
AIB IrishPd Man. Ccy	AIB FM	IEP	1,00	–3,1	–2,1	2,8	3,0			5,3	2,6	3,6	5,0

Anlageschwerpunkt: Geldmarktfonds US-Dollar/Kan. Dollar

Libor US-Dollar 3 Monate	**Benchmark**	**USD**	**0,20**	**7,9**	**8,2**	**8,6**	**8,6**	**5,4**	**5,4**	**8,4**			
CB MMF: US-Dollar	A.L.S.A.	USD	0,00	7,7	7,7	8,1	8,1			8,4	–0,3	4,6	9,5
UI MoneyMarket: USD	Union Lux.	USD	0,00	7,7	7,7					8,4			
DekaLux-Treasury:USD	Deka Intl.	USD	0,00	7,6	7,6					8,4			
FT US-Dollar Plus	FT	USD	0,00	7,4	7,4					8,5			
DIT-Lux MM US $	dam	USD	0,00	7,3	7,3					8,4			
DB Cash USD	DBIM	USD	0,00	7,3	7,3					8,5			
Victoria-Dollar-Flex	Victoria	USD	0,00	7,2	7,3					8,5			
Gartm. USD Money	Gartmore	USD	0,00	6,9	6,9	7,2	7,2	4,0	4,0	8,4	–8,3	2,0	8,6
UBS(LU)MMF-USD	UBS Lux	USD	1,00	6,5	7,6	7,4	7,6			8,3	0,0	4,1	8,9
UBS(LU)MMF-CAD	UBS Lux	CAD	1,00	6,3	7,3	5,6	5,8			10,1	–0,4	3,4	7,5
AIB USD Man. Ccy	AIB FM	USD	1,00	1,9	2,9	5,5	5,7			8,4	3,0	6,3	10,2

Anlageschwerpunkt: Gemischte Anlage Deutschland

VMR Strategiey	VMR	EUR	5,00	245,8	263,1								
Oppenh. Spezial III	Oppenheim	EUR	3,00	7,9	11,1	11,1	11,9	7,3	7,9	9,9	2,0	[illegible]	11,8
BB-WeltKap-Invest	BB-Invest	EUR	4,00	5,7	9,9								

Fonds	Gesellschaft	Währung	Ausgabeaufschlag in Prozent	Anlageergebnis per 31.07.1999 1 Jahr (p.a.) FCS	BVI	5 Jahre (p.a.) FCS	BVI	10 Jahre (p.a.) FCS	BVI	Risikofaktor	Gleit. 60 Mon. p.a. Min.	Durch.	Max.
CC-Universal-Global	Universal	EUR	2,50	3,6	6,3	7,2	8,1			6,6	4,8	6,7	8,6
Astir-Fonds FI	Franken Inv.	EUR	3,00	3,3	6,5					8,1			
Metallbank Struktur	Franken Inv.	EUR	3,00	2,9	6,1								
Gerling Vario Fonds	Gerling	EUR	4,00	1,5	5,7	6,9	7,9			6,8			
BWK-Multi Global	BWK	EUR	1,50	0,6	2,2	1,7							
KM-Mitarbeiter	Oppenheim	EUR	3,00	0,5	3,5	10,2	11,2			7,7	5,1	8,7	11,0
OC-Invest OP	Oppenheim	EUR	4,00	0,3	4,3					9,6			
FCS-Fondsindex Mischfonds	**Benchmark**	**DM**	**4,20**	**0,1**	**4,3**	**10,3**	**11,2**	**8,3**	**8,7**	**9,7**			
CS PF(Lux) Bal. DM	CSAM Lux	DM	4,00	0,1	4,1	9,5	10,4			10,1	6,4	8,4	10,3
UniRak	Union	EUR	5,00	–0,1	4,8	11,6	12,9	7,3	8,1	10,8	–1,9	5,4	17,0
Hypo-Inv. Strategie	Hypo-Inv.	EUR	4,00	–2,3	1,6					9,5			
BB-Portfolio Global	BB-Invest	EUR	5,00	–3,1	1,8					15,6			
DWS Bildungsfonds	DWS	EUR	3,00	–3,6	–0,6	16,4	17,5			14,8	14,2	15,4	17,5
MK Lux ClassicPlus C	MK Luxinvest	SFR	2,04	–3,6	–1,6					7,3			
Oppenh. Global-Inv.	Oppenheim	EUR	5,00	–4,8	0,1	7,6	8,9			7,0			
MK Lux ClassicPlus A	MK Luxinvest	EUR	2,04	–4,9	–3,0					7,5			
MK Lux ClassicPlus D	MK Luxinvest	SFR	4,17	–5,3	–1,3					7,2			
Verifonds	Veritas SG	EUR	5,00	–5,4	–0,7	9,3	10,5	6,0	6,7	15,1	–4,4	5,0	12,9
KUC-Fonds-Union	Union	EUR	4,00	–5,8	–2,0	6,5	7,6			5,7	5,5	6,4	8,0
MerckFinck 50 B	Merck Finck	EUR	4,50	–6,0	–1,8					7,2			
MK Lux ClassicPlus B	MK Luxinvest	EUR	4,17	–6,4	–2,4					7,4			
GKD-Fonds	DWS	EUR	4,00	–6,6	–2,8	15,9	17,2	11,8	12,7	14,5	2,0	9,4	19,9
Naspa-Fonds Deka	Deka	EUR	3,63	–6,7	–3,3	8,0	9,0			9,3	5,0	7,4	10,3
Gothaer-Global-BB	BB-Invest	EUR	4,00	–6,7	–3,0					11,4			
Albatros Fonds OP	Oppenheim	EUR	5,00	–9,0	–4,4	9,6	10,9			11,4	7,6	9,6	11,9
GS & P Fonds OP	Oppenheim	EUR	5,00	–9,1	–4,5								
Fondra	Adig	EUR	5,00	–9,2	–4,6	12,9	14,4	7,9	9,0	14,2	–1,0	7,3	18,4
Magnum Fonds	Veritas SG	EUR	5,00	–10,5	–5,9	9,7	11,0			11,8	8,7	9,5	11,0
BHF-Prot. Growth Lux	BHF Invest	EUR	6,00	–10,6	–5,2	7,9	9,2			14,1			
MAT Flex Invest	Maintrust	EUR	5,26	–11,5	–6,9								
MMWI-Bremen-Trust	MMWI	EUR	3,00	–13,8	–11,2	5,8	6,6			15,0	4,3	7,3	10,9
MMWI-Select-Fonds	MMWI	EUR	5,00	–15,4	–11,1	13,0	14,2			17,1	12,2	18,0	24,0
PEH-Univ.-Strat. MS	Universal	EUR	5,00	–15,7	–11,5					15,8			
Ars-Universal-Fonds	Universal	EUR	5,00	–18,1	–14,1	8,6	9,7			17,9	4,2	8,7	16,0
Pro-Plus-Univ.-Fonds	Universal	EUR	4,00	–19,2	–16,0								
DM-Euro-Asset	HSBC Trink.	EUR	5,00	–23,2	–19,3					20,7			
Pro-Plus-Mkt.Trader	Universal	EUR	4,00	–29,1	–26,3								

Anlageschwerpunkt: Gemischte Anlage International

JPV-Glob. Dynamic UI	Universal	EUR	4,75	31,2	37,4								
GT Global Dynamik	Invesco KAG	EUR	5,00	18,9	24,9					19,3			
Thielemann-Global UI	Universal	EUR	0,00	16,3	16,3								
Fiduka-Fonds I	Universal	EUR	6,00	14,7	21,5	14,1	15,5	8,9	9,6	17,4	2,0	8,7	17,2
CitiSelect 400 USD C	CitiSel. Lux	USD	3,00	13,8	17,2								
CitiSelect 400 USD D	CitiSel. Lux	USD	3,00	13,8	17,2								
Ring-International	DWS	EUR	4,71	13,4	18,8	15,5	16,9	11,2	11,9	11,6	3,8	8,7	15,8
HIS US Dollar	Helaba (CH)	USD	5,00	11,1	16,7								
CitiSelect 300 USD C	CitiSel. Lux	USD	3,00	10,0	13,3								
CitiSelect 300 USD D	CitiSel. Lux	USD	3,00	10,0	13,3								
TempGS Glob.Bal. A	Templeton GS	USD	5,54	9,7	15,8	9,6	10,8			13,2			
Veri-Tresor Fonds	Veritas SG	EUR	4,00	9,0	13,4								
AC Vorsorge-Fonds	Axa Colonia	EUR	3,00	8,2	11,4					11,6			
MercST USD GlobBal A	Mercury AM	USD	5,26	7,3	12,9	13,9	15,1			13,0	9,9	12,5	14,9
PM-Trend-A-Universal	Universal	EUR	5,00	6,7	12,0								
Zürich Global	Zürich Inv.	EUR	4,50	5,3	10,0								
Walser Valor	HSBC Trink.	EUR	5,00	5,1	10,4					10,2			
Trend-Univ.-Global	Universal	EUR	3,00	4,1	7,4					16,0			
CS PF(Lux) Bal. US$	CSAM Lux	USD	4,00	4,1	8,3	10,6	11,5			11,4	5,5	7,9	11,6
HANSA D & P	Hansainvest	EUR	5,00	4,1	9,3								
VEGP Global Managed	Von Ernst	EUR	5,26	3,9	9,3	9,9	11,0			11,2	–3,8	4,4	10,7
UBS(LU)SF-Bal USD B	UBS Lux	USD	5,00	3,7	8,8	11,6	12,7			10,3			
UBS(LU)SF-Bal USD A	UBS Lux	USD	5,00	3,7	8,8	11,6	12,7			10,3			
Oppenh. Portfolio G	Oppenh.Intl.	EUR	3,00	3,5	6,6								
UBS(CH)SF-Balan USD	UBS	USD	5,00	3,4	8,5	13,3	14,5			11,4	1,5	8,4	14,6
Parv. Dynamic Euro C	Paribas Lux	EUR	4,00	3,2	7,3								
ALSA-ES Euro-ReFlex	A.L.S.A.	EUR	3,50	2,8	6,4								
JB MI-Fonds 50 B	J.Baer MCoop	SFR	2,76	2,1	5,2					9,0			
Ceros-Univers. I	Universal	EUR	5,50	1,7	7,3	8,1	9,3			10,4	4,1	9,4	15,1
Naspa-Europa Deka	Deka	EUR	0,00	1,0	0,9								
AC Portfolio W	Axa Colonia	EUR	3,00	1,0	4,0	3,4	4,1	3,7	4,0	3,0	–0,9	5,[illegible]	14,5
Oppenh. Portfolio E	Oppenheim	EUR	3,00	0,9	3,9	8,6	9,4	7,0	7,5	8,8	–1,5	5,5	14,6
Sar. GlobalSar(CHF)	Sarasin Inv.	SFR	5,00	0,6	5,6	10,8	11,9			9,5	7,4	9,3	11,6
Gerling Flex	Gerling	EUR	4,75	0,2	4,9	13,7	14,8	7,4	8,0	14,2	–0,2	5,8	14,4
Sar. GlobalSar(EUR)	Sarasin Inv.	EUR	5,00	0,2	5,2					9,6			
FCS-Fondsindex Mischfonds	**Benchmark**	**DM**	**4,20**	**0,1**	**4,3**	**10,3**	**11,2**	**8,3**	**8,7**	**9,7**			
CS PF(Lux) Bal. SFR	CSAM Lux	SFR	4,00	0,0	4,0	9,8	10,7			9,6	6,9	8,6	10,1
Metzler Glob. Select	Metzler Ltd.	EUR	5,00	–0,1	4,9								

L

Fonds	Gesellschaft	Währung	Ausgabeaufschlag in Prozent	Anlageergebnis per 31.07.1999 1 Jahr (p.a.) FCS	1 Jahr (p.a.) BVI	5 Jahre (p.a.) FCS	5 Jahre (p.a.) BVI	10 Jahre (p.a.) FCS	10 Jahre (p.a.) BVI	Risikofaktor	Gleit. 60 Mon. p.a. Min.	Durch.	Max.
Parv. Growth Euro C	Paribas Lux	EUR	4,00	–0,3	3,7								
MC International Fd.	Master Inv.	EUR	5,00	–0,3	4,7					12,5			
GT Balanced Fonds	Invesco KAG	EUR	5,00	–0,4	4,5	6,6	7,7			5,5	4,6	5,7	6,9
ALSA-ES Euro-ProFlex	A.L.S.A.	EUR	3,50	–1,2	2,2								
OIM Vermögensaufbau	Oppenh.Intl.	EUR	4,00	–1,5	2,5					10,1			
CF Privat	SMH Inv. Lux	EUR	5,00	–1,5	3,4								
Abakus-Fonds UI	Universal	EUR	5,00	–1,6	3,3								
Ceros-Univers. II K	Universal	EUR	5,50	–1,9	3,5					6,1			
KD-Union-Fonds	Union	EUR	5,00	–2,0	2,8	9,6	10,9			6,5	1,7	7,1	10,3
UBS(CH)SF-Balan DEM	UBS	DM	5,00	–2,1	2,8	10,8	11,9			8,6	8,5	9,9	11,8
CI Flexi. Global USD	Citinv. Lux	USD	4,00	–2,2	1,7	7,2	8,1	2,3	2,7	13,2	–6,0	1,0	9,9
PH-Univ.-Strategie	Universal	EUR	0,00	–2,3	–2,3					13,6			
DWS(CH)-Balance	DWS Schweiz	SFR	3,50	–2,4	1,0					11,4			
UBS(LU)SF-Bal EUR B	UBS Lux	EUR	5,00	–2,4	2,4	9,4	10,5			7,5			
UBS(LU)SF-Bal EUR A	UBS Lux	EUR	5,00	–2,4	2,4	9,4	10,5			7,5			
UBS(CH)SF-Balan CHF	UBS	SFR	5,00	–2,5	2,4	11,5	12,6			8,5	4,2	9,5	13,7
UBS(LU)SF-Bal CHF B	UBS Lux	SFR	5,00	–2,8	2,0	8,1	9,1			7,5			
UBS(LU)SF-Bal CHF A	UBS Lux	SFR	5,00	–2,8	2,0	8,1	9,1			7,5			
Flem.FF Balanced	Fleming	EUR	5,26	–3,3	2,3					8,5			
ALSA-ES Euro-MultiFl	A.L.S.A.	EUR	3,50	–3,3	0,1								
EuroExpert	Adig	EUR	2,50	–3,3	–0,9								
Delbrück Balance	Union	EUR	6,00	–3,8	1,9	10,9	12,3			11,5	8,7	10,1	11,4
Victoria-Eurowert	Victoria	EUR	4,00	–4,2	–0,3	12,5	13,5			10,5	7,7	11,7	15,4
FI ALPHA Global	Franken Int.	EUR	4,00	–4,6	–0,8								
Nürnb. ClassicMix FT	FT	EUR	4,00	–4,7	–1,0								
JB Bƒloise-progr. B	J.Baer MCoop	SFR	5,26	–5,0	0,3					10,2			
Oppenh. Interkapital	Oppenheim	EUR	5,00	–5,2	–0,5	4,7	5,8			3,5	4,4	5,0	5,6
Sar. SwissMix	Sarasin Inv.	EUR	5,00	–5,9	–1,1								
FMM-Fonds	FT	EUR	0,00	–5,9	–5,9	14,4	14,7	11,5	11,7	17,6	6,3	11,5	19,6
JB Strat.Bal. CHF B	J.Baer MCoop	SFR	5,00	–6,7	–2,0	5,7	6,7			8,1	1,9	3,8	5,9
Euro Konzept Fonds	HSBC Trink.	EUR	5,00	–6,8	–2,1								
FidF PA Euro Balanc.	Fidelity	EUR	3,50	–7,0	–3,8					12,8			
FidF Euro Balanced	Fidelity	EUR	3,50	–7,0	–3,8					12,8			
HIS Schweiz. Franken	Helaba (CH)	SFR	5,00	–8,3	–3,8					12,1			
Dynamis-Universal	Universal	EUR	5,00	–15,2	–10,9								
MMWI-Classic-Fonds	MMWI	EUR	5,00	–17,1	–13,0								

Anlageschwerpunkt: Offene Immobilienfonds

MS US Real Est Sec I	Morgan Stan.	USD	0,00	5,6	5,6					17,4			
iii Fonds Nr. 3	iii	EUR	5,00	2,3	7,4								
BfG ImmoInvest	BfG Immob.	EUR	5,50	0,1	5,6	4,6	5,8	6,3	6,9	0,6	4,5	5,9	6,9
CS Euroreal	CSAM Immo	EUR	5,00	0,0	5,0	4,5	5,5			1,2	4,3	4,8	5,5
DespaEuropa	Despa	EUR	5,26	–0,3	4,9								
HANSAimmobilia	Hansainvest	EUR	5,00	–0,5	4,5	4,5	5,6	6,0	6,6	0,5	4,5	6,1	7,2
CS-WV Immofonds	CSAM Immo	EUR	5,00	–0,6	4,4					0,9			
Haus-Invest	CGI	EUR	5,00	–0,7	4,3	3,9	5,0	5,9	6,5	0,7	3,9	5,6	7,1
iii Fonds Nr. 2	iii	EUR	5,00	–0,9	4,0	3,5	4,6	6,0	6,5	0,4	3,5	5,5	7,6
iii Fonds Nr. 1	iii	EUR	5,00	–1,3	3,7	3,3	4,4	5,8	6,4	0,4	3,3	5,4	7,5
Grundwert Fonds	DEGI	EUR	5,50	–1,3	4,1	3,7	4,9	6,0	6,6	0,8	3,7	5,8	7,5
WestInvest 1	WestInvest	EUR	5,50	–1,4	4,0	3,9	5,1			0,7	3,9	5,6	7,4
Grundbesitz-Invest	DGI	EUR	5,00	–1,4	3,5	3,7	4,8	5,9	6,5	0,8	3,7	5,6	7,3
DespaFonds	Despa	EUR	5,26	–1,5	3,7	3,7	4,8	6,1	6,8	1,1	3,7	5,8	7,8
Difa-Fonds Nr. 1	Difa	EUR	5,26	–1,5	3,7	3,8	5,0	6,0	6,7	0,6	3,8	5,6	7,5
Difa-Grund	Difa	EUR	5,26	–1,5	3,7	3,9	5,1	5,8	6,4	0,7	3,6	5,4	7,1
DekaTeam-ImmoflexUSA	Deka Ireland	EUR	0,00	–4,6	–4,6								
Hypo US-Skyline	Hypo-Inv.Lux	EUR	5,00	–7,9	–3,2								
Davis Real Estate Fd	Davis Funds	USD	6,10	–10,6	–5,2								
ACM US Real Estate A	Alliance Lux	USD	6,67	–12,4	–6,6								
Pion. US RealEst USD	Pioneer Ltd.	USD	5,26	–14,2	–9,7								
DG Lux Lac.US-Reit B	DG Lux Multi	EUR	5,26	–16,2	–11,8								

FCS-Fondsergebnisse nach FCS- und BVI-Methode / Stichtag: 31.07.1999

Quelle für alle Tabellen: FCS Finanz-Computer-Service, Hürth.
FCS-Methode: Durchschnittsrenditen unter Berücksichtigung der Ausgabeaufschläge (nach Erwerbskosten).
BVI-Methode: Durchschnittliche Wertentwicklung vor Erwerbskosten.
Berechnung auf DM-Basis, Wechselkursveränderungen sind berücksichtigt.
Beginn 60-Monatszeiträume: 30.06.82 oder Auflegung des Fonds.

2 Adressen

Adressen deutscher Kapitalanlagegesellschaften			
Firma	**Strasse**	**PLZ**	**Ort**
Aachener Grundvermögen Kapitalanlagegesellschaft mbH	Wörthstraße 32	50668	Köln
ABN AMRO Asset Management (Deutschland) GmbH	Mainzer Landstraße 65	60329	Frankfurt am Main
ADIG Allgemeine Deutsche Investment-Gesellschaft mbH	Richard-Reitzner-Allee 2	85540	Haar b. München
Allfonds Gesellschaft für Investmentanlagen mbH	Apianstraße 5	85774	Unterföhring
Allianz Kapitalanlagegesell-schaft mbH	Reinsburgstraße 19	70178	Stuttgart
Alte Leipziger Trust Investment-Gesellschaft mbH	Alte Leipziger-Platz 1	61440	Oberursel
AXA Colonia Kapitalanlage-Gesellschaft mbH	Gereonstraße 73	50670	Köln
AXA FONDSMANAGEMENT Gesellschaft für Kapital-anlagen mbH	Hans-Bredow-Straße 1	65173	Wiesbaden
Baden-Württembergische Kapitalanlagegesellschaft mbH	Tübinger Staße 28	70178	Stuttgart
BANKGESELLSCHAFT BERLIN INVESTMENT GmbH	Kurfürsten-damm 201	10719	Berlin
Bayerische Kapitalanlage-gesellschaft mbH	Arabellastraße 27	81925	München
Bayern-Invest Kapitalanlage-gesellschaft mbH	Karolinenplatz 2	80333	München

Adressen deutscher Kapitalanlagegesellschaften			
Firma	**Strasse**	**PLZ**	**Ort**
BfG Immobilien-Investment Gesellschaft mbH	Stützeläcker-weg 12+14	60489	Frankfurt am Main
BfG Investment-Fonds Gesellschaft mbH	Ben-Gurion-Ring 158–162	60437	Frankfurt am Main
BSL Fonds Selection	Dorotheenstr. 64	22301	Hamburg
COMMERZ GRUNDBESITZ-Investment-Gesellschaft mbH	Kreuzberger Ring 56	65205	Wiesbaden
Commerzbank Investment Management GmbH	Platz der Einheit 1	60327	Frankfurt am Main
CREDIT SUISSE ASSET MANAGEMENT Immobilien Kapitalanlagegesellschaft mbH	Messe Turm	60308	Frankfurt am Main
CREDIT SUISSE ASSET MANAGEMENT Kapitalanlagegesellschaft mbH	Messe Turm	60308	Frankfurt am Main
DEGI Deutsche Gesellschaft für Immobilienfonds mbH	Bettinastraße 53–55	60325	Frankfurt am Main
Deka Deutsche Kapitalanlage-gesellschaft mbH	Mainzer Landstraße 50	60325	Frankfurt am Main
Deka Investment Manangement GmbH	Mainzer Landstraße 50	60325	Frankfurt am Main
Despa Deutsche Sparkassen-Immobilien-Anlage-Gesellschaft mbH	Mainzer Landstraße 37	60329	Frankfurt am Main
Deutsche Asset Management Investmentgesellschaft mbH	Mainzer Landstraße 16	60325	Frankfurt am Main

Adressen deutscher Kapitalanlagegesellschaften			
Firma	**Strasse**	**PLZ**	**Ort**
Deutsche Grundbesitz-Investmentgesellschaft mbH	Mergenthaler Allee 73–75	65760	Eschborn
Deutsche Postbank Invest Kapitalanlagegesellschaft mbH	Friedrich-Ebert-Allee 122–126	53113	Bonn
Deutsche Postbank Privat Investment Kapitalanlage-gesellschaft mbH	Friedrich-Ebert-Allee 114–126	53113	Bonn
Deutsche Vermögensbildungs-gesellschaft mbH		60612	Frankfurt am Main
DEVIF Deutsche Gesellschaft für Investment-Fonds GmbH	Gutleutstraße 85	60329	Frankfurt am Main
DIFA Deutsche Immobilien-fonds Aktiengesellschaft	Valentinskamp 20	20354	Hamburg
DIT Deutscher Investment-Trust Gesellschaft für Wertpapier-anlagen mbH	Mainzer Landstraße 11–13	60329	Frankfurt am Main
Dresdner Bank Investment Management Kapitalanlage-gesellschaft mbH	Mainzer Landstraße 11–13	60329	Frankfurt am Main
DWS Deutsche Gesellschaft für Wertpapiersparen mbH	Grüneburg-weg 113–115	60323	Frankfurt am Main
Fond Depot (Fonds-Service GmbH)	Klosterstr. 9	89143	Blaubeuren
Franken-Invest Kapitalanlage-gesellschaft mbH	Hallplatz 2	90402	Nürnberg
FRANKFURT-TRUST Investment-Gesellschaft mbH	Grüneburgweg 102	60323	Frankfurt am Main

Adressen deutscher Kapitalanlagegesellschaften			
Firma	**Strasse**	**PLZ**	**Ort**
GERLING INVESTMENT Kapitalanlagegesellschaft mbH	Kaiser-Wilhelm-Ring 11	50672	Köln
Graf Lambsdorff Vermögensverwaltung	Uhlenhorster Weg 7–11	22085	Hamburg
GWA Gesellschaft für Wertpapieranlagen mbH	Goltsteinstraße 17	40211	Düsseldorf
HANSAINVEST Hanseatische Investmentgesellschaft mbH	Schauenburgerstraße 35	20095	Hamburg
Helaba Invest Kapitalanlagegesellschaft mbH	Börsenstraße 7–11	60313	Frankfurt am Main
HMT Hamburg Mannheimer Investment Trust GmbH	Überseering 34	22297	Hamburg
HYPO Capital Management Investmentgesellschaft mbH	Apianstraße 5	85774	Unterföhring
Internationale Kapitalanlagegesellschaft mbH	Königsallee 19	40212	Düsseldorf
Internationales Immobilien-Institut GmbH	Albrechtstraße 14	80636	München
INVESCO Kapitalanlagegesellschaft mbH	Bleichstraße 60–62	60313	Frankfurt am Main
J. P. Morgan Investment GmbH	Börsenstraße 2–4	60313	Frankfurt am Main
JULIUS BÄR KAPITALANLAGE AG	Platz der Einheit 2	60327	Frankfurt am Main
M.M. WARBURG INVEST KAPITALANLAGE-GESELLSCHAFT MBH	Liebigstraße 6	60323	Frankfurt am Main

Adressen deutscher Kapitalanlagegesellschaften			
Firma	**Strasse**	**PLZ**	**Ort**
MAINTRUST Kapitalanlagegesellschaft mbH	Im Trutz Frankfurt 55	60322	Frankfurt am Main
MERCK FINK INVEST KAPITALANLAGE-GESELLSCHAFT MBH	Maximiliansplatz 5	80333	München
Merrill Lynch Mercury Kapitalanlagegesellschaft mbH	Taunusanlage 11	60329	Frankfurt am Main
METZLER INVESTMENT GMBH	Große Gallusstraße 18	60311	Frankfurt am Main
Münchner Kapitalanlage AG	Beethovenplatz 4	80336	München
NORDINVEST Norddeutsche Investment-GmbH	Alter Wall 22	20457	Hamburg
Oppenheim Immobilien-Kapitalanlagegesellschaft mbH	Marie-Curie-Straße 6	65189	Wiesbaden
Oppenheim Kapitalanlagegesellschaft mbH	Unter Sachsenhausen 2	50667	Köln
PARIBAS INVESTMENT MANAGEMENT GmbH	Grüneburgweg 14	60322	Frankfurt am Main
Schroder Investment Management GmbH	Mainzer Landstraße 16	60325	Frankfurt am Main
Siemens Kapitalanlagegesellschaft mbH	Finkenstraße 10	80333	München
State Street Global Investment GmbH	Brienner Straße 59	80333	München
Südkapitalanlagegesellschaft mbH	Börsenstraße 7–11	60313	Frankfurt am Main

Adressen deutscher Kapitalanlagegesellschaften			
Firma	**Strasse**	**PLZ**	**Ort**
UBS Brinson Investment GmbH	Friedensstraße 6–10	60311	Frankfurt am Main
UBS Invest Kapitalanlage-gesellschaft mbH	Eschersheimer Landstraße 25–27	60322	Frankfurt am Main
Union-Investment-Gesellschaft mbH	Westendstraße 1	60325	Frankfurt am Main
UNIVERSAL-INVESTMENT-GESELLSCHAFT MBH	Bockenheimer Landstraße 98–100	60323	Frankfurt am Main
VERITAS SG INVESTMENT TRUST GmbH	Bettinastraße 62	60325	Frankfurt am Main
VICTORIA Kapitalanlage-gesellschaft mbH	Thomas-Dehler-Straße 2	81737	München
WestInvest Gesellschaft für Investmentfonds mbH	Hans-Böckler-Straße 33	40476	Düsseldorf
WestKA Westdeutsche Kapitalanlagegesellschaft mbH	Friedrichstraße 62–80	40217	Düsseldorf
Zürich Investmentgesell-schaft mbH	Zürich-Haus am Opernplatz	60252	Frankfurt am Main

Quelle: BVI

Adressen ausländischer Kapitalanlagegesellschaften			
Firma	**Strasse**	**PLZ**	**Ort**
ADIG Investment Luxembourg S.A.	15, rue J. P. Brasseur	1258	Luxembourg
AG für Fondverwaltung	Poststr. 12	6300	Zug
BfG Luxinvest Management S.A.	38–40, rue Ste. Zithe	2763	Luxembourg
BHF Investment Management AG	283, route d'Arlon	1150	Luxembourg
Deka international S.A.	13, rue de la Porte-Neuve	2227	Luxembourg
Deutsche Bank Investment Management	2, Boulevard Konrad Adenauer	1115	Luxembourg
Devo AG	Postfach 450	4061	Olten
Dresdnerbank asset management S.A.	13, rue de Beaumont	1219	Luxembourg
Fidelity Funds	Place de l'Etoile	1021	Luxembourg
Fleming Fund Management (Luxembourg) S.A.	45, rue de Scillas	2529	Howald-Luxembourg
Gartmore Indosuez Funds (Lux)	39, Allee Scheffer	1011	Luxembourg
H.C.M. Hypo capital Luxembourg Management S.A.	27, Boulevard de Prince Henry	1724	Luxembourg
Himac AG	Peter Merian Str. 58	4002	Basel
Interfonds	Aeschenplatz 6	4002	Basel
Intrag AG	Bahnhofstr. 45	8021	Zürich
Investissements Fonciere S.A.	Case Postal	1006	Lausanne
Leu Fondsleitung AG	Bahnhofstr. 32	8022	Zürich

Adressen ausländischer Kapitalanlagegesellschaften			
Firma	**Strasse**	**PLZ**	**Ort**
M.M. Warburg-LuxInvest S.A.	2, Place Dargent	1413	Luxembourg
Oppenheim Investment Management International S.A.	10, rue Antoine Jans	1820	Luxembourg
Societe Internationale de Placement (SIP)	Elisabethenstraße 41	4010	Basel
Societe Internationale de Placement S.A.	Albisstr.28	8038	Zürich
Solvalor S.A.	Avenue Mon Repos 14	1200	Lausanne
Templeton Global Strategic Services (Deutschland) GmbH	Taunusanlage 11	60329	Frankfurt
UNION INVESTMENT Luxembourg S.A.	123, Ave. X Septembre	2551	Luxembourg

Quelle: BVI und eigene Recherchen

Behörden und Verbände			
Behörde/Verband	**Strasse**	**PLZ**	**Ort**
Bundesaufsichtsamt für das Kreditwesen/BaKred	Gardeschützen-weg 71–101	12203	Berlin
Bundesaufsichtsamt für den Wertpapierhandel/BaWe	Lurgiallee 12	60439	Frankfurt am Main
Bundesministerium der Finanzen/BMF	Wilhelmstr. 97	10117	Berlin
BVI Bundesverband Deutscher Investment-Gesellschaften e.V.	Eschenheimer Anlage 28	60318	Frankfurt am Main
Deutsche Bundesbank	Postfach 100602	60006	Frankfurt am Main
Europäische Zentralbank/EZB	Kaiserstr. 29	60311	Frankfurt am Main

Investmentfonds im World Wide Web
– Ausgewählte Internet-Adressen –

http://www.adig.de	**ADIG Investment, Haar b. München**

Anmerkungen/Besonderheiten:
Breites Info-Angebot über das eigene Programm.

http://www.bvi.de	**Bundesverband Deutscher Investmentgesellschaften e.V. / BVI, Frankfurt am Main**

Anmerkungen/Besonderheiten:
Statistiken, Presseerklärungen, Fondspreise; reichhaltiges Download-Angebot

http://bakred.de	**Bundesaufsichtsamt für das Kreditwesen, Berlin**

Anmerkungen/Besonderheiten:
Neben aktuellen Pressemitteilungen Verordnungen und Gesetze auch zum downloaden.

http://www.bundesbank.de	**Deutsche Bundesbank, Frankfurt am Main**

Anmerkungen/Besonderheiten:
Bundesbank-Monatsberichte zum downloaden.

http://www.deka.de	**DGZ DekaBank, Deutsche Komunalbank, Frankfurt am Main**

Anmerkungen/Besonderheiten:
Interaktives Chartprogramm, natürlich beschränkt auf das eigene Fondsprogramm.

http://www.dit.de	**DIT Deutscher Investment Trust Gesellschaft für Wertpapier-anlagen mbH**

Anmerkungen/Besonderheiten:
Vorstellung des umfangreichen Fondsprogramms (mit historischen Daten).

http://www.dm-online.de	**Infos der Zeitschrift „DM“**

Anmerkungen / Besonderheiten:
Umfangreiches Info-Angebot zu Fonds – insbesondere aktuelle Kurse praktisch aller in Deutschland angebotenen Fonds.

http://www.dws.de	**Deutsche Gesellschaft für Wertpapiersparen mbH, Frankfurt am Main**

Anmerkungen / Besonderheiten:
Mit Internet-Rechenschieber

http://www.exchange.de	**Deutsche Börse**

Anmerkungen / Besonderheiten:
Parkettkamera der Frankfurter Börse; Real-Time-Indizes Deutschland, Europa, deutscher Rentenmarkt.

http://www.finanzenonline.de	**Infoseiten der Zeitschrift FINANZEN**

Anmerkungen / Besonderheiten:
Reichhaltige Kapitalmarktinfos; Kurse fast aller gängigen Fonds.

http://www.fleming.de	**Fleming-Fonds Marketing GmbH, Frankfurt am Main**

Anmerkungen / Besonderheiten:
Sachliche und informative Infos über das Fondsprogramm.

http://www.invesco.de	**INVESCO Fondsservice GmbH, Frankfurt am Main**

Anmerkungen / Besonderheiten:
Sachlich und informativ.

http://www.statistik-bund.de	**Statistisches Bundesamt Wiesbaden**

Anmerkungen / Besonderheiten:
Unerschöpflich scheinende Quelle für Basisdaten.

http://www.templeton.de	**Templeton Global Strategic Services (Deutschland) GmbH Frankfurt**

Anmerkungen/Besonderheiten:
Sachliche aber informative Berichterstattung über das eigene Angebot.

http://quote.yahoo.de	**Yahoo!**

Anmerkungen/Besonderheiten:
Zugang zu den Kapitalmarkt-Infoseiten dieses Anbieters. Bietet aktuelle Indizes, viele gut strukturierte Nachrichten und Links zu einer großen Anzahl von deutschen und ausländischen Investmentfonds-Gesellschaften.

Stichwortverzeichnis